口絵1 シマフクロウ
（山本純郎氏撮影）

口絵2 雪どけの川を遡上するイトウ（1992年4月23日撮影）

口絵3 サルフツ川支流の河畔林からの木漏れ日（1989年10月12日撮影）

口絵4 根釧原野のランドスケープ（斜め空中写真）と垂直写真（右上：国土地理院撮影のカラー空中写真）

口絵6 アカゲラ

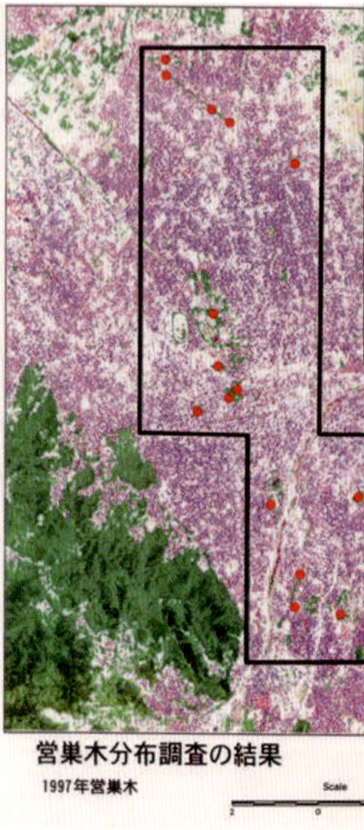

口絵5 ランドサットデータでみる札幌の市街地（緑：樹林地、紫：住宅地）枠は営巣木の調査範囲、●が1977年時点の営巣木（以下、すべてKotaka1998bによる）

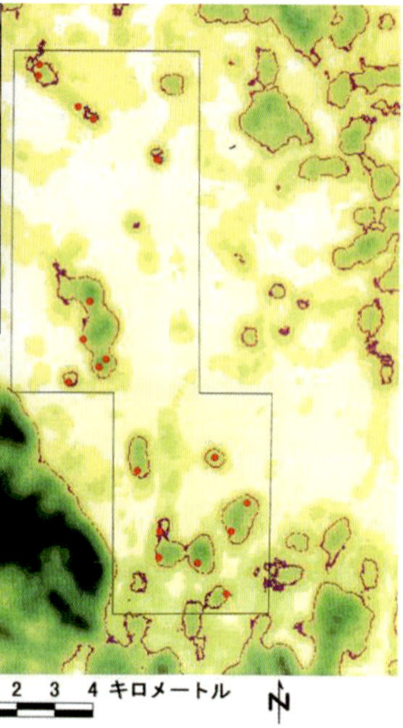

口絵9 HSI 75以上のエリア（紫の線より内側）と営巣木（●）分布との対応

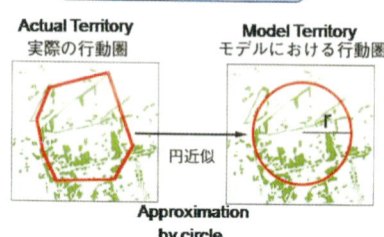

口絵7 北大のキャンパスの樹林分布と、アカゲラのテリトリー（左：実際のテリトリー、右：テリトリーを同面積の円で近似したもの）

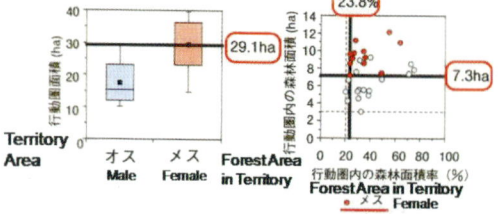

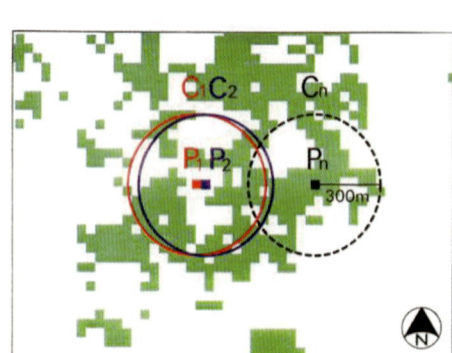

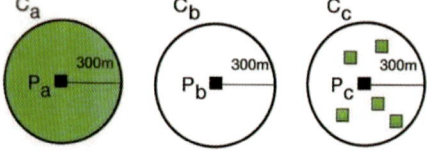

口絵8 HSIの概念とGISによるHSI 75以上の地域の抽出方法

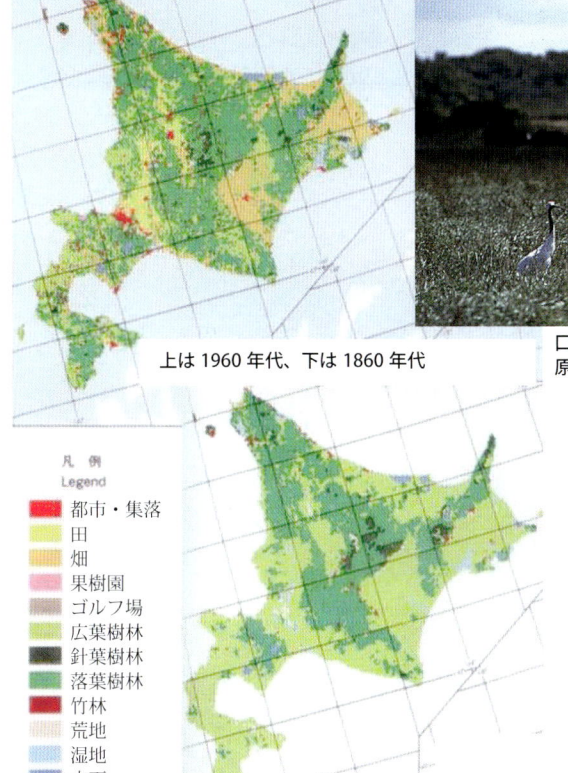

上は1960年代、下は1860年代

口絵11 湿地の減少により牧草地で営巣する根釧原野のタンチョウ（岡井 健氏撮影）

口絵10 1860〜1960年代の100年間の北海道の土地利用変化（氷見山1995；有薗1995による）

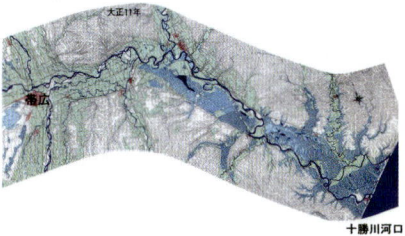

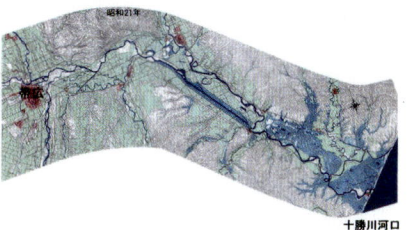

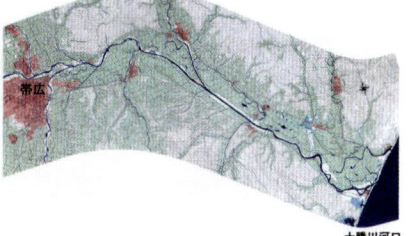

口絵13 十勝川、レイサクベッでの湿地復元（手前が下流、2012年10月16日撮影）

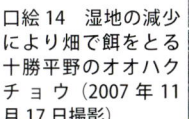

口絵14 湿地の減少により畑で餌をとる十勝平野のオオハクチョウ（2007年11月17日撮影）

口絵12 1922-1985年の十勝川下流域の湿地の変化と、十勝川の河道の変遷. 青（湿地）；緑（農地）；赤（市街地）（北海道開発局帯広開発建設部提供資料による）

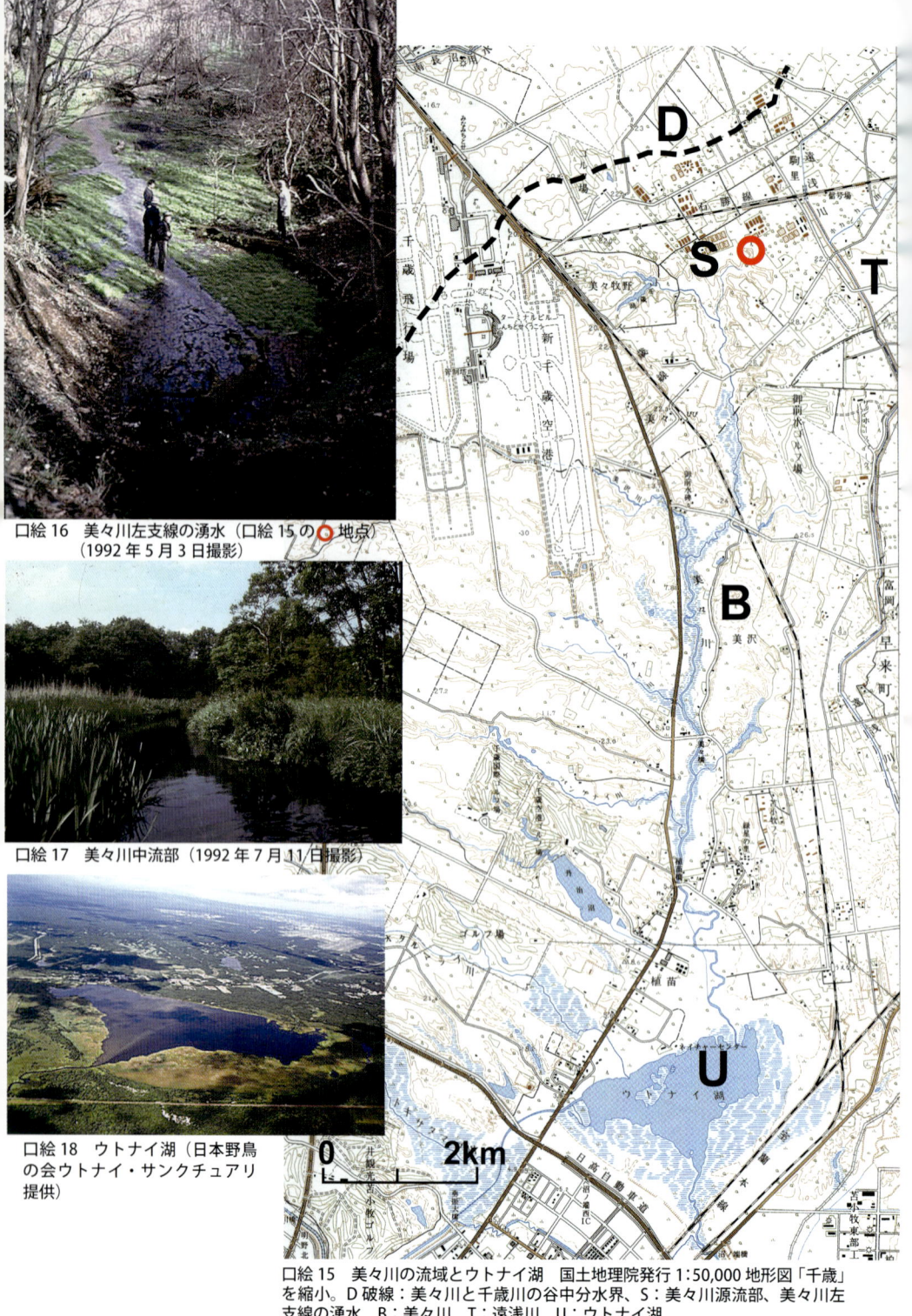

口絵16 美々川左支線の湧水（口絵15の ◯ 地点）
（1992年5月3日撮影）

口絵17 美々川中流部（1992年7月11日撮影）

口絵18 ウトナイ湖（日本野鳥の会ウトナイ・サンクチュアリ提供）

口絵15 美々川の流域とウトナイ湖 国土地理院発行 1:50,000 地形図「千歳」を縮小。D破線：美々川と千歳川の谷中分水界、S：美々川源流部、美々川左支線の湧水、B：美々川、T：遠浅川、U：ウトナイ湖

口絵 20 サンル川に遡上した
サクラマス（足立聡氏撮影）

口絵 19 サンルダム予定地のサンル川
（2006年6月17日撮影）

口絵 21 天塩川をサンル川まで遡上するサクラマス（「サンル川のえほん」北海道の森と川を語る会 2009 より）

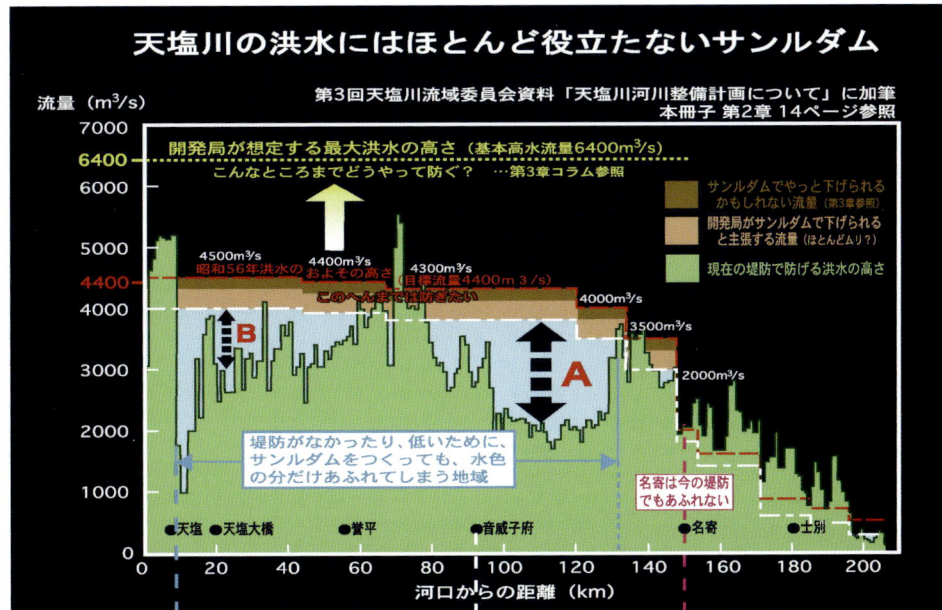

口絵 22 サンルダムが天塩川中・下流の洪水にはほとんど役立たないことを示す図
　現在の流下能力（緑）は、目標流量（赤線）に対して大きく不足しており（水色）、サンルダムをつくってもその効果（茶色）はきわめて小さい。さらに基本高水流量（黄色）を処理するには、はるかに足りないが、開発局は具体的な治水対策を示せていない。天塩川流域委員会の資料に加筆（北海道の森と川を語る会 2006 による）

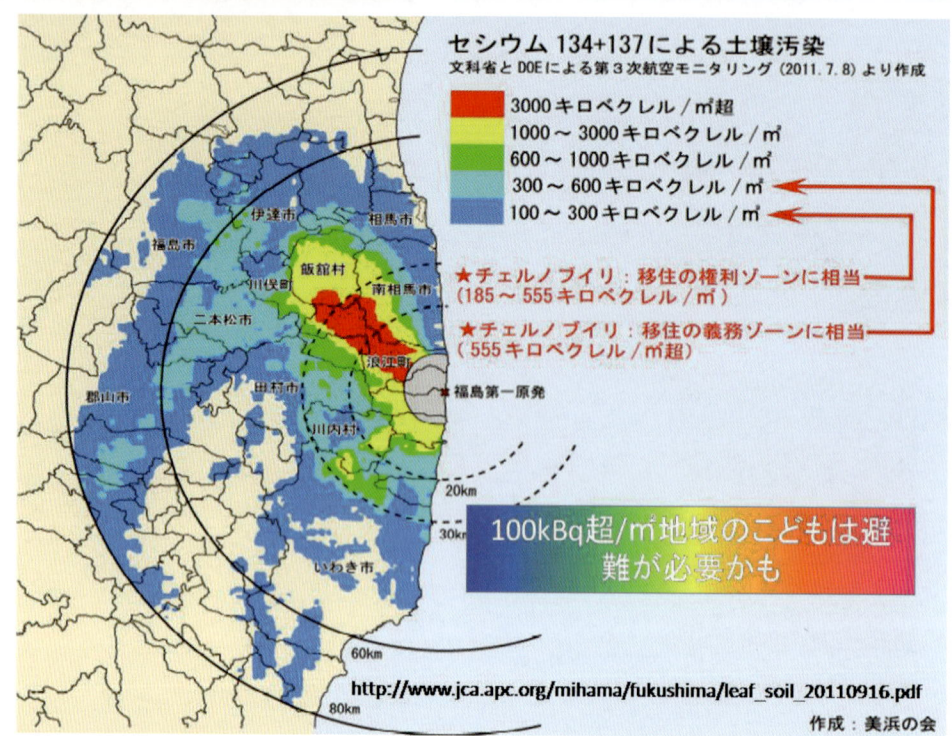

口絵 23　福島第一原発事故から放出されたセシウム 134 + 137 による土壌汚染およびチェルノブイリ原発事故との比較（美浜の会のウェブサイトより）

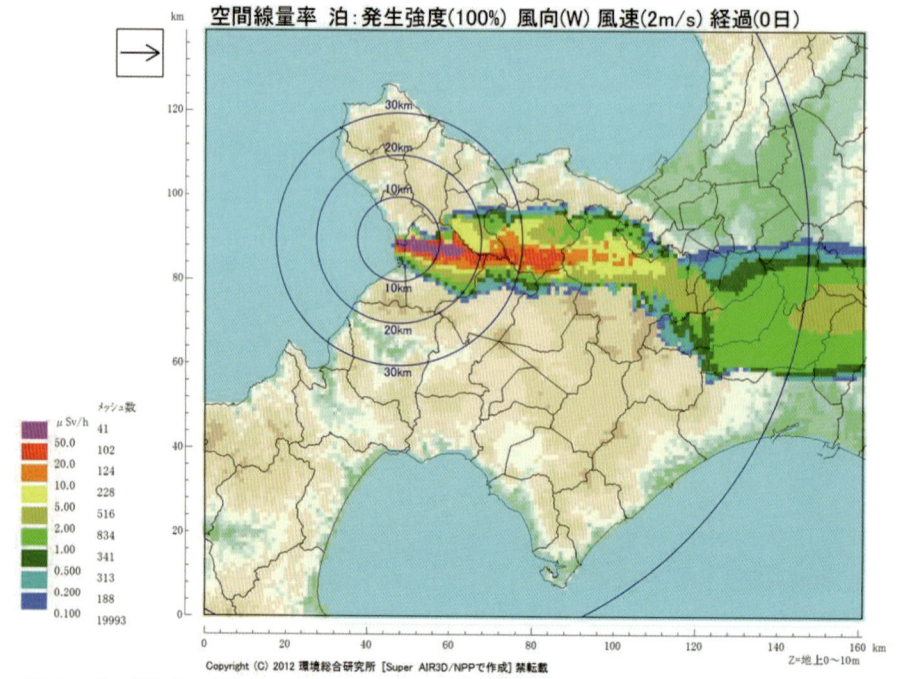

口絵 24　泊原発からの放射性物質の拡散シミュレーション（西風時）（青山・鷹取 2012 による）

口絵 25　アナグリフ立体画像（中田ほか 2012）で見た日本海東縁部の海底地形と北海道南西沖地震を起こした活断層（3つの爆発マークで示す）

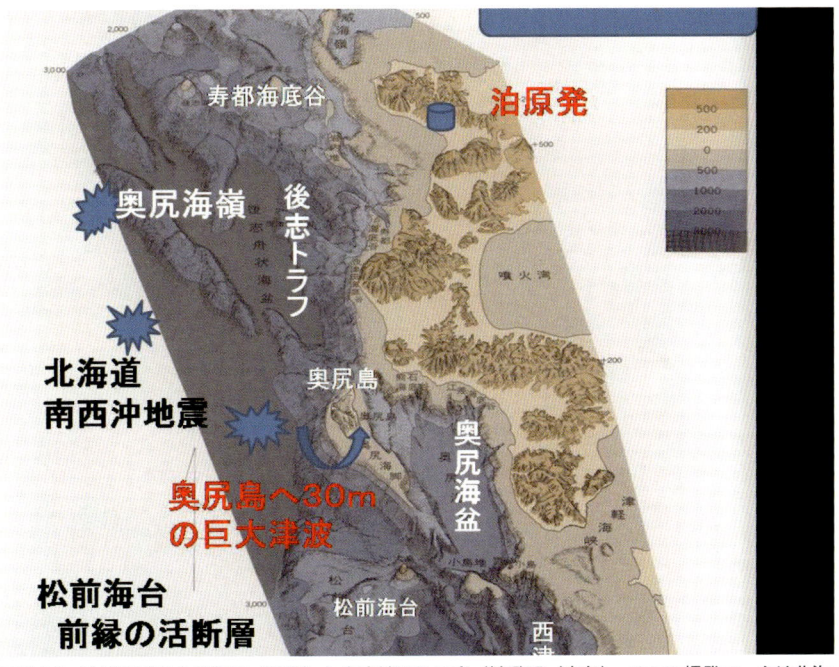

口絵 26　泊原発周辺の鳥瞰図（茶色）と海底地形を示す（鯨瞰図（青色）。3つの爆発マークは北海道南西沖地震をもたらした活断層を示す（茂木 1977；宮内 2003 に加筆）

口絵 27

「日本」の歴史を見直す

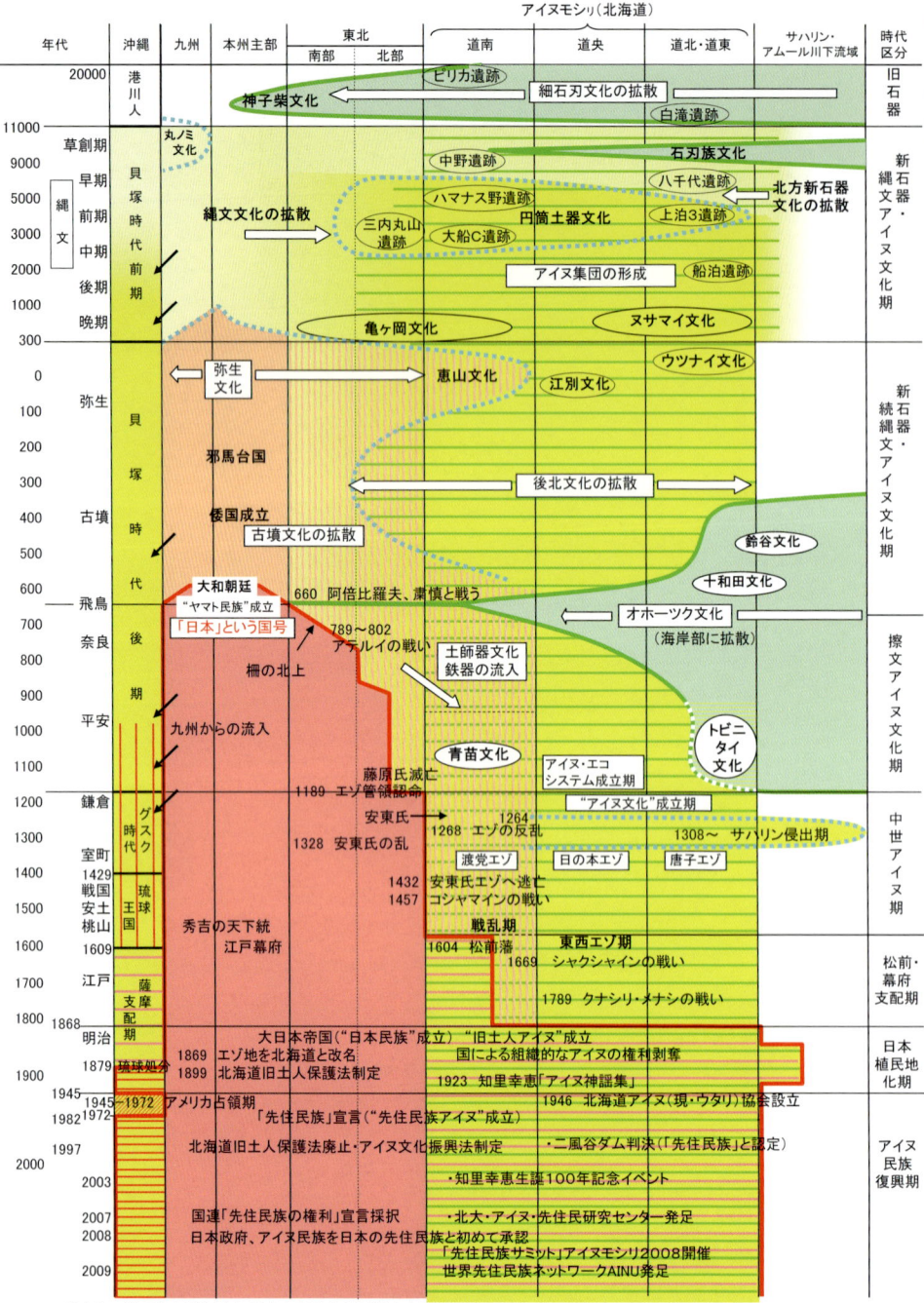

各文化の地理的広がり（横方向）と年代的広がり（縦方向）を模式的に示す。色の重なりは文化の複合を示す。
緑：シベリア・サハリンからの文化、薄黄：縄文文化、濃黄：アイヌ文化、サーモンピンク：弥生・古墳文化、濃ピンク：「日本」文化、
赤線：「日本」の支配範囲、緑線：オホーツク文化の到達範囲、青破線：縄文・弥生・アイヌ文化の到達範囲

（小野 2010aによる）

Active Geography
たたかう地理学

小野有五著

古今書院

Active Geography

ONO Yugo

Kokon-Shoin, Publishers, Tokyo, 2013

Active Geography
たたかう地理学

はじめに

　それがいつから心に根ざしたことなのか。
　今となっては定かではないが、1980年に東京で開かれたIGC（国際地理学会）のときには、全力をあげて氷河地形や周氷河地形のそれまでの研究成果を海外の研究者にアピールすることだけを考えていたのだから、やはりそのあとにちがいない。
　明確に記憶しているのは、1981年に出かけていったヒマラヤのランタン谷での出来事である。そのことは、すでに『ヒマラヤで考えたこと』という中高校生向けの本[注1]に書いた。フィールドワークそのものによって、自分たちがヒマラヤの環境を壊してしまったことを知って、自然や人間を純粋に研究の対象としてきたことへの懐疑が生まれた。自然や人々を研究の対象にするより、人々の側にたって自然を考えることが必要なのではないか、という発想が生まれた。
　地理学は自然と人間の関係、その相互作用を研究する学問と言われる。だが、いま必要なのは、たんに研究する学問ではなく、人間と自然の関係をよりよくするための研究ではないか、それが、環境の科学としての地理学ではないか。
　そういう思いで、筑波大学の地球科学系から環境科学を標榜する北大の研究科に移ったのが1986年である。それまでのことを書いた第1章を除くと、本書は、北海道に移ってから25年間に行ったことがらを中心に書いた。それを一言でいえば、「大学と社会を結ぶ」ということだったかもしれないが[注2]、地理学研究者の立場からすれば、新しい地理学をつくろうとする試みであったともいえる。

その地理学を、本書では、「行動する地理学」という意味で、"Active Geography" と呼びたい。それはまた、行政や政府と「たたかう 地理学」でもあった。たんに自然地理学の研究者であった人間がそのような地理学を志向し、そのような地理学を、曲がりなりにもつくってきた過程を描いたのが本書である。

なぜ、そうしたのか、どのように行動したのか、その結果、どうなったのか、そういうことをできるだけ具体的に示すことで、行動することをためらっている人たちに、一歩を踏み出すきっかけをつかんでいただけたらと思う。

行動する、ということの意味を、はっきりさせるために、7つのキーワードを選んだ。

「Walk 歩く」、「Connect むすぶ」、「Teach 教える」、「Act 演じる」、「Change 変える」、「Trial 訴える」、「Imagine イマジン」の7つである。それぞれを章のタイトルとした。各章で扱っているテーマは異なるので、どこから読んでいただいても構わないが、「行動する地理学」をつくってきた過程は、ほぼ章立ての順になっている。

それぞれのテーマで、行動しながらさまざまなテクストを書いてきた。もっとも多く書いたのは意見書や要望書であったかもしれない。また、主催する講演会や市民集会のために書いた資料やチラシも多い。公けの議事録には厖大な量の発言が残されているし、パネルディスカッションや座談会での発言もあれば、裁判所に提出した意見書もある。「行動する地理学」にとっては、これら全体が重要なのである。本書では、それらをできるだけ再録するとともに、それぞれのテーマに関して、私が書いてきた論文や論考を1編ないし数編、選んで各章に載せた。したがって、それぞれの章は、これらのオリジナルな論文・論考と、その背景の説明で構成されている。論文というものは、論文化された時点で、すでに生々しい現実からあるていど離れてしまっているが、それでも、今という時点で新たに書き起こすよりは、よほどそのときの意気込みといったものを伝えてくれると思ったからである。

第6章の後半には、3.11以後のことを書いた。原発事故の直後にやりとりしたメールをそのまま再録したのは、それが行動する地理学の「そのまま」を伝えられると思ったからである。3.11から数日間、刻々と変わる状況を、すべての人々がそれぞれに生きたはずであるが、たたかう地理学者はそれをどう

生きたかを、メールから読みとっていただけたらさいわいである。

(注1) 小野有五（1996）『ヒマラヤで考えたこと』岩波ジュニア新書
(注2) 2011年3月18日に北大クラーク会館で行った定年記念講演会の講演や、参加者に配布した冊子のタイトルを『大学と社会を結んで25年』としたのは、そのためである。本書は、この95ページの冊子をさらに拡大し、3.11以後のことを大幅に付けくわえたものともいえる。

Active Geography
たたかう 地理学
目次

iii ─ はじめに

1 Walk 歩く

　　1 ─ ジャワのタマムシ

　　3 ─ 針ノ木岳のフィールドワーク

　　5 ─ 「フィールドワーク論」

　　7 ─ 再録 | フィールドワーク論　『地理』25巻5号（1980）

針ノ木岳山頂の辻村太郎と筆者（1964）

18 ─ 「熊楠のフィールドワーク」

19 ─ 再録 | 熊楠のフィールド・ワーク　『現代思想』20巻7号（1992）

28 ─ あるく・みる・きく

熊野神社の大楠

2
Connect
むすぶ

30 ― シマフクロウとの出会い

31 ― サルフツ川の森で

35 ― 再録 市民のための川の科学　大学における科学の
ありかたを問う　『科学』69 巻　12 号（1999）

千歳川と石狩川の合流点

3
Teach
教える

51 ― ランドスケープ・エコロジーと地理学

51 ― 講義 1「フンボルトの発見」
  51 ― 1. フンボルトの魅力
  53 ― 2. フンボルトの南米探検
  55 ― 3.「赤道地域の自然図」
  59 ― 4. フンボルトの発見

62 ― 講義 2「自然はパッチワーク」
  62 ― 1. トロールの発見
  65 ― 2. パッチとコリドー
  69 ― 3. ランドスケープ・エコロジー
    の意味：SLOSS 問題

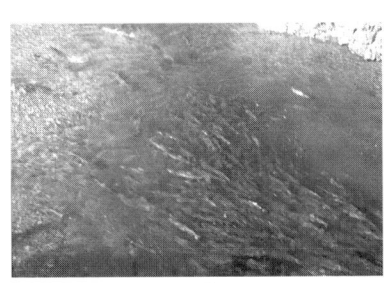
遡上するサケ（ユーラップ川）

75 ― 講義 3 「森と川のコリドー」
　　75 ― 1. 川のなかのパッチ
　　80 ― 2. 近自然工法と多自然型工法
　　85 ― 3. 近自然工法による川の再生
　　88 ― 4. ランドスケープの意味

空からみた美々川（加藤雅昭氏撮影）

4
Act
演じる

98 ― 地理学者は環境問題のアクターになれるか

100 ― 千歳川放水路問題への関わり

102 ― 環境科学者として

105 ― 地理学者として

112 ― 3G の法則

120 ― 再録　本多勝一・筑紫哲也・野田知佑・藤門弘・小野有五（1997）「もう一言いいたい」環境フォーラムを締めくくる、講演者全員による座談会『とりかえそう北海道の川：ストップ・ザ・放水路＆ムダなダム講演録』

139 ― レトリック＆ポレミック――たたかう地理学

1997 年 3 月 16 日の環境フォーラムで講演する本多勝一さん（左）パネラーの筑紫哲也さん、野田知佑さん、藤門　弘さん

5 Change 変える

152―高レベル放射性廃棄物の最終処分場建設問題

155―再録　高レベル放射性廃棄物の深地層処分をめぐる活断層研究の社会的責任　『日本地理学会発表要旨集』59号（2001）

158―地理学の政治性：人間を幸福にしない地理学というシステム

163―再録　人間を幸福にしない地理学というシステム　*E-journal GEO*, Vol.1, No.2（2006）

189―市民のための市民の科学

羅須地人協会跡の看板

190―再録　市民のための市民の科学を　『科学』71巻4/5号（2001）

196―水俣病問題と向き合って

198―地理学における「水俣学」をめざして

6 Trial 訴える

203―

205―（1）「富川水害訴訟」

218―再録　富川水害・損害賠償請求事件　意見書　札幌地方裁判所平成17年（ワ）第17号（2009）

236―（2）「泊原発の廃炉をめざす訴訟」
　　　（1）3.11以後（日記より抜粋）

246―再録　3.11直後から3.20までのメールのやりとり（2011）

270―（2）原告募集と提訴

281―再録　泊原発の廃炉を求める訴訟　意見陳述内容（2012）

さよなら原発北海道1万人集会のデモ（2012年10月13日、札幌、左より西尾正道さん、倉本聡さん、雨宮処凛さん、筆者）

7
Imagine
イマジン

296 —（1）「知里幸恵記念館」とアイヌ語地名併記運動

知里幸恵の墓（右）と金成マツの記念碑（左）

305 —再録　対話　コスモポリタンとしての幸恵、そしてアイヌ文化
山口昌男×小野有五
北海道文学館編『知里幸恵「アイヌ神謡集」への道』（2003）

山口昌男さんと筆者（2003）

325 —（2）マオリとの出会いと
　　　　シレトコ世界遺産問題

332 —再録　シレトコ世界自然遺産へのアイヌ民族の参画と研究者の
役割—先住民族ガヴァナンスからみた世界遺産—
『環境社会学研究』12 巻（2006）

349 —（3）ポストコロニアリズムと地理学〜先住民族地理学の意味〜

360 —再録　先住民族の視点から見た沖縄と
アイヌモシㇼ『琉球大学国際沖
縄研究所所報 2009』（2010）

379 —あとがき

387 —人名索引

北大構内の遺跡で説明する小川隆吉さん

1
Walk
歩く

　つねに変わらなかったのは、まず現場に立つ、歩いてみる、ということであった。地図を読み、現地に行って、そこにある自然と、そこにいる人間をともに見るということであった。地理学が、ほかの学問分野に比べて優れている点があるとすれば、これしかないのではないか、と思う。行動する学問はほかにもたくさんあるが、地理学がもっともすぐれていると思うのは、地理学だけが、そのすべてをやってのける力をもっているからである。

ジャワのタマムシ

　小学生時代、昆虫採集に夢中になったのは、動物学者だった父親の影響もあったかもしれない。だが、昭和23年生まれの団塊世代には、夏休みの自由研究に昆虫採集はさして珍しいテーマではなかった。大学時代の親友が立派な昆虫標本をもっているから、見せてもらうといいということで、小学校3年生の春、母親に連れられて行ったのは、東大の裏手、弥生町にある板塀に囲まれた古い家であった。その1週間ほど前に、大きな字で、
　「ジャワのタマムシを見にいらっしゃい」
と書かれた葉書をもらっていた。自宅の近くで初めてタマムシをとって嬉しがっていた小学生には、ジャワという文字そのものがすでに魅力的であった。
　畳敷きの薄暗い部屋に置かれたどっしりとした木製の標本簞笥から、子どもには憧れでもあった高価な標本箱を次々と取り出してくる禿頭の老人は、魔術師のようにも思われたものである。
　それが日本の地形学の泰斗、辻村太郎博士であるとは少年にはわかっていな

かったけれども、早い時期に、そうした出会いを体験できたことはもちろん僥倖であった。

辻村博士からは２ヶ月ほどして、もう１枚のはがきがきた。

「５月なかばに都下、三宅島にゆきました　オーストンヤマガラ、クネゴマ（コマドリ）七トウメジロ、イイジマメボソ、カラスバトなどめずらしい鳥がいい声でなきあわせていました

６月になかばには山口縣秋吉の石灰岩洞とカルスト高原をみにゆきました

あけがたゲンジボタルが光りツヅレサセコオロギがもうなきだしフクロウがなきました

この鳥の声はやまびこになってフー（フー）フーフルツクフーフーときき、このへんではゴロシチゴーゴーとききます　お父さんやお母さんによろしく」

小学３年生に読ませようと、ていねいにルビを振り、鳥や虫のことをくわしく書き記したこの葉書は、私に不思議な印象を残した。

だが２年後に父親が死に、生活が一変すると、昆虫採集どころではなくなった。年の離れた母一人、子一人という母子家庭の息苦しさに学校でのいじめも重なり、今から思えば、小学校の最後の２年間は地獄のようなものであった。中学校で生物部に入り、そこで顧問をしていた松江幸雄氏[注1]が私を野外に連れ出してくれなければ、その後の人生はなかったであろう。中学生の私にとって、山登りや化石採集は、のがれがたい現実からの逃避だったともいえる。だがしだいに、山歩きを逃避ではなく、仕事にできるような職業につきたいと思うようになった。当時、漠然と思っていたのは地質調査員のようなものである。

高校２年生の春、経済的にも行き詰まるなかで進路を決めなければならなくなったとき、地質といえば、小学生のときに会った辻村博士も似たようなことが専門ではなかったか、という思いが浮かんだ。もちろん高校生には、地形学などという学問は未知である。地質学をやりたいが、ついてはどの大学がいいだろうかというような不躾な手紙を出したのであろう。

「お手紙はいけんしました　地質も今ではかなりむずかしくなり、また古生物か岩石学かそれとも物りきな構造学か　いずれも基礎のがくもん、しっかり、健康第一！　東大でなければ、教大がなかなかいい学者を出しています……」という返事があった。

末尾には、
「誕生の日をことほぐと児がうえし　エリザベスてふ薔薇の茜色」
という歌が書かれていた。このとき、辻村博士は 74 歳であった。

それに勇気づけられて、弥生町のお宅を訪ねたのは 6 月のことである。狭い玄関からいきなり急な階段を上がると、古い畳敷きの 6 畳ほどの和室が博士の居間兼寝室であった。敷かれたままのせんべい布団のまわりには、内外の学術雑誌や石ころが散らかり、一年中置かれているらしい火鉢を前に、布団の上に浴衣姿で座った博士から聞かされたのは、当時、博士が夢中になっていた低位置氷河論のようなことで、夏に針ノ木岳に調査に行くから、興味があったら同行するように、というお誘いがあった。こちらはとにかく山に行けるだけでもうれしいので、喜んで針ノ木岳の調査にお供したのが、私のフィールドワークの始めである。

針ノ木岳のフィールドワーク

同行したのは、辻村が東大を退官後、日大で育成した大角留吉さんというもう 50 代を過ぎた独学の士と、私と同い年くらいのその息子さん、学芸大で断層地形を研究していた有井琢磨教授ほか数人であった。日本山岳会の初期の会員であり、山岳会創立者のひとり辻村伊助を従兄にもつ辻村太郎は、日本アルプスの氷河地形研究において重要な役割を演じた地形学者[注2]であったが、高校 2 年生の私には、そうした事情はまだ何もわかっていなかったに等しい。

新宿を朝の特急で出、その日は大町に着いただけで町中の旅館に泊り、翌日は山麓の百瀬小屋までというのんびりした行程。建設がほぼ終わった黒四ルートの扇沢トロリー・ターミナルを見て、建築についての批評があった。北アルプスの核心部をトンネルやロープウェイで貫く黒四ルートについては、辻村もその環境影響評価の検討委員の一人であった。最終的にほとんどの人工物を地下に潜らせたとはいえ、自然への影響をどれだけ減らせたかを確認することも、このフィールドワークの目的のひとつであったにちがいない。

翌朝はさすがに 5 時起きで、7 時過ぎには山小屋を出発。いよいよ針ノ木岳に登るのだという高揚した気持ちで、籠川の沢沿いにつけられた登山道をず

んずん登っていると、ちょっと止まれ、といきなり博士のカミナリが落ちた。
　「いったい、何を見ているんです？　なんのために山に来ているんです？　ほら、ここに咲いているこの花、これはなんです？　そこに赤い実をつけている木はなんです？　いまどこを歩いているのか、地図でどこまで来ているのか、そんなことも考えずにただ歩いているようじゃだめだ、だめだ」
　道のかたわらに、すっとのびて濃いピンクの花をつけていたのはカライトソウ、赤い実をつけ始めていたのはガマズミとそこで教わった。ただ山に登ればいいというのではなく、フィールドワークとは、すべての感覚を研ぎ澄ませて、あらゆるものをとらえ、それらを総合してその場所を理解しようとすることであることを、そのとき知った。
　針ノ木雪渓が見えてきている。もうすぐ待ちに待った雪渓を歩いて、針ノ木峠に登れるのだと思っていたが、一行は雪渓の手前で登山道からそれ、籠川の河床に降りていく。何をするのかといぶかしんでいると、それからが本格的な調査、氷河の擦痕礫探しであった。これが、このときのフィールドワークの真の目的だったのである。
　日本で最初に氷河地形を報告したのは、辻村太郎の師、山崎直方（やまさきなおまさ）であった。「氷河、本邦に存在せざりしか」という1902年に出た最初の論文で、山崎は、この針ノ木岳の氷河地形にもふれている。これまで日本アルプスのさまざまな地域を歩き、その氷河地形を論じてきた辻村も、針ノ木岳にはまだ来ていなかった。師が氷河地形研究の先鞭をつけた山で、さらに低位置から氷河の堆積物を探し出したい、と辻村は願ったのであろう[注3]。
　擦痕礫探しは2時間近くも続いた。氷河によって運搬されるあいだに、岩石と擦れ合って、傷がついた礫のことである。たとえ礫にそのような擦痕がついていたとしても、それが本当に氷河によってつけられた傷なのかどうか、判断することは容易ではないこともある。
　しかし、1964年当時、針ノ木岳の氷河地形として学会で認められていたのは、山崎が認定したマヤクボとよばれる山頂直下の小さなカール地形だけにすぎなかった。最初の発見から60年たっても、まだそのような状況であった。針ノ木雪渓末端よりさらに下流の低所まで、氷河が拡大していたことを予想していた者は皆無であったともいえよう。74歳になりながら、そのようなこと

を考え、自らフィールドに出かけてそれを明らかにしようとした辻村の情熱には頭が下がる。

　フィールドワークとは、そのような全身全霊をかけた行為である。だが地理学者にとっては、フィールドにいる瞬間、瞬間が最も充実した時間なのだ。私たちの倍以上の時間をかけて辻村は雪渓を登り、夕方になって針ノ木小屋に着いた。翌日は快晴で、針ノ木岳の山頂を極め、剣・立山から薬師、黒部五郎、赤牛、水晶、野口五郎、槍ヶ岳へと続く辻村にとっても忘れがたい山々を眺めながら、氷河地形や高山植物についての講釈をきいた。目次に載せた写真は、針ノ木山頂での辻村と私である。93歳で辻村が亡くなるまで、これからまだ20年も辻村との交流が続くとは夢にも思わず、自分が数年後に氷河地形の研究者になるとも思わず、高校生の私は、ただ針ノ木岳の山頂をわたる風に吹かれていたにすぎない。

　辻村から学んだのは、フィールドにあるすべてに関心をもつことであった。まだ小学3年生の少年に対して、昆虫から鳥の声の聞きなしまでくわしく書いてよこした辻村は、地形を研究するのなら、そのようなすべてが重要であることをすでに教えようとしていたのであろうか。

「フィールドワーク論」

　東京教育大学理学部に入り、地質学を専攻した私は、一人で地質図をかけるようにするという地質学教室の方針によって、徹底的にフィールドを歩くことを学ばされた。大学1年生の夏休みには、北海道を調査している上級生について芦別の奥にあった三井芦別炭鉱に行き、炭住に1ヶ月住んで、フィールドワークを行った。ヘルメットをかぶった坑夫たちと同じトロッコに乗り、暗い坑口の前で下してもらって、そこからすぐ裏の沢へ入るのである。生い茂った熊笹を分けて、沢の斜面を下り、地下足袋にゲートルといった格好で沢に露出する岩盤をハンマーで叩きながら、歩測とコンパス（クリノメーター）で地図をつくり、そこに観察結果を記載していく作業であった。

　そういうことを4年間やったあと、大学院も同じ教育大学の地質に進み、こんどは日高山脈の氷河地形をテーマに、修士・博士論文を書いた。山が好きと

いっても、登山道のある山しか登ったことのない者にとって、重荷を背負いながら困難な沢登りを要求される日高山脈は、登るだけでも大変であった。5年間のフィールドワークでも、歩けたところはほんの一部分にすぎない。

　指導教官だった橋本　亘教授や、大学院の先輩たちと大人数で調査に入れた最初の年には、ようやく調査すべきポロシリ岳の七つ沼カールに着いたその夜、ヒグマによる遭難事件がすぐ近くのカムイエクウチカウシ岳で起きた。やむなくいったん下山して、入山禁止のなか、こっそりまた登り直して調査するという始末であった。悪天候にも悩まされ、2週間分の食料を担いで入山して、わずか1日しか調査ができないということもあった。また1973年、平川一臣さんと調査に入ったときは、一晩中、テントのまわりをヒグマに徘徊され、生きた心地がしなかった夜もあった。

　フィールドワークとはそういうものである。まだ青函トンネルも石勝線もなく、林道も奥までは入っておらず、東京から日高に入るには、三日か四日がかりという時代であった。

　いまでは、世界中のどこでも、それくらいの日数でたいがい行けるようになったが、それでもフィールドワークでは、ふつうの人の行かないところに行くことが多い。現地に行くということ自体が、すでにフィールドワークの一部になっているともいえよう。

　「フィールドワーク論」は、1976年7月から1977年6月まで1年間、フランス政府の給費研修生として、ノルマンディーにあるフランス科学院のカン地形学研究所に行って帰国したあと、1979年の雑誌「地理」に書いたものである。初めて海外に出、アルプスの氷河や氷河地形を見、研究所の整った図書館や設備を目の当たりにして、今後、日本の地理学会や地理学教室はどうあるべきかと、気負って書いているところが30年もたつと気恥ずかしい。しかし、前述したような経緯で地理学や地質学の道に入った人間が、フィールドワークをどうとらえていたかをまとめた論考として、読んでいただければ幸いである。

『地理』Vol. 25　No.5　pp.13-24.（1980）

フィールドワーク論

1

　フィールドワークは地形学だけのものではない。フィールドワークを主たる研究手段とする学問は、地質学、生態学、農学、林学、民俗学、文化人類学、考古学など多くの分野に広がっている。これらの諸科学の総合のうえに立つ地理学にとって、フィールドワークがきわめて重要な役割を果たしていることは、言をまたない。しかし一方では、フィールド・サイエンスとしての地理学を、すでに時代遅れのものとみなす傾向が現れていることも、また事実であろう。文化人類学者がどこかへいってくる。彼が帰ってくると早速新しいお話が始まるといったのはたしかレヴィ・ストロース自身であったが、フィールドを歩いてくればそれで論文が書けるというのは（自然科学として）おかしいことではないか、と考えている地形学者も少なくないのである。人文地理学の分野においても、おそらく同様の問題提起が行われていることであろう（たとえばウリッグレイ、1965年の地誌的地理学批判は、こうした見方を別の側面から論じたものとみることもできる）。某々地域の何々についてといった論文は、いつになったらなくなるのであろうか、あるいはまたなくなるべきではないのであろうか…。

　ところで地理学の発展史を振り返ってみると、そこにはいくつかの巨大なフィールドワークが、地理学の視野を飛躍的に増大させた原動力としてその陰に隠されていることに、人は気づくであろう。15世紀以降のいわゆる地理的発見の時代が地理学の発展に寄与したことは、広く認められている。しかし未知の大陸や航路や水源を求めて行われたこれらのおびただしい探検や冒険を、フィールドワークとみなす人はまれであろう。我々がこんにち用いるフィールドワークという言葉には、たとえ地理的発見を目指していたにせよ、こうした探検とは明らかに異なった意味が込められている。とはいえ、地理発見の時代、それは探検という行為そのものが、彼らにとってそのままフィールドワークとなりえた至福の時代であった。そういいうるのは、しかしヨーロッパ人だけにすぎない。ヨーロッパ人に"発見"されたがために、"新大陸"においてどれだけ多くの素朴な民族と文明とが失われたかは、アステカやインカの例を引くまでもなく、枚挙に暇がない。

　ヨーロッパ人がこれだけの犠牲のうえに獲得したものは、何であったか。略奪し

たものは新大陸の金銀と富である。しかしヨーロッパ人がこの300年にわたる地理的発見の時代の果てに発見したもの、それはじつに地理学そのものではなかったかと私は考える。地理的発見の時代は、同時に地理学それ自身を発見するための一つの長い準備期間だったのではあるまいか…。たしかにストラボンは、紀元前すでにその『地理学』を著した。しかし、そうした言い方をするならば、原子物理学も地質学もすべてギリシャ時代に見出されていることになるであろう。我々の地理学の直接の源は、そこにあるのではない。我々の地理学は、この300年にわたる彷徨の末に発見された、ヨーロッパ人の学問にその源をもつのである。

2

フィールドワークという言葉は、オクスフォード辞典（1933年版）によれば、18世紀に農作業の意味に用いられた例があり、次いで軍隊用語として、野外での一時的な防御工事を指すのに用いられたようである。1819年の用例をみると「フィールドワークは……大部分、穴掘りからなる」とあるから、おそらくこのあたりから地形学、地質学の用語として使われ始めたのではあるまいか。

こんにち用いられているような意味において、最初のフィールドワークを行ったのはだれであろうか…。この問いに答えることはなかなか難しい。たしかにレオナルドは、流水の侵蝕作用についての鋭い観察記録を残している。しかし、トスカナの丘陵を切って流れるアルノ川のほとりにただずむ幼いレオナルドの姿は想像できても、彼がそのために特別なフィールドワークをやったとは思われない。レオナルドほどの天才であれば、じっと川の流れを見つめるだけで、すでにフィールドワークになるのかもしれないが、ここではアルノ川の峡谷を描いた彼のスケッチ（1473年8月5日付）が、地形景観を主題としたヨーロッパ最初のスケッチであることを認めてやって、レオナルドにはひとまずお引き取り願うことにしよう。

私の考えでは、最初のフィールドワーカーの名に値するのは、重力異常でおなじみのブーゲーである。彼とその仲間たちによって一つの壮大なフィールドワークが行われたのは、じつに1735年のことであった。それはフランス政府の肝入りで行われたものであって、地球がもし完全な球体でなく回転楕円体であるならば、子午線弧1度に相当する距離は、低緯度地域より高緯度地域で長くなるはずである。なるはずであるが、本当にそうなっているかどうかわからないから、実際にいって測ってこようという、まさに地球的規模のフィールドワークであった。高緯度地域の代表としてはラップランド、低緯度地域の代表にはペルーが選ばれ、北へはモーペルチュイの一行が、南にはピエール・ブーゲーに率いられた遠征隊がでかけていった

のである。

　アンシャン・レジームに多くの欠陥があったことは、なによりもその後の歴史がそれを証明している。しかし最上徳内や間宮林蔵が、細々と地図をつくり始めるはるか以前に、すぐに役に立つ地図とは異なり、いっけん何の役に立ちそうにもないこの理論の検証のために遠征隊までだした政府というものを、私は尊敬する。日本ではおそらくこれだけ豊かになった現在でさえ、同じような企ては容易に受け入れられないであろう。地理学は、そしてヨーロッパの学問全体は、こうした政府のもとで、否こうした政府をつくりえた人間によって、初めて生み出されたというのは、いいすぎであろうか。そうした人間の一人として、我々はまずジュネーヴの博物学者、物理学者、オラース・ベネディクト・ドゥ・ソースュールに出会うであろう。
　1760年、ジュネーヴからシャモニーまで歩いてきてモン・ブランの魅力にとりつかれた彼は、ヨーロッパの最高峰であるこの山の初登頂に莫大な賞金をかけ、ついに27年後の1787年8月3日、じつに45歳の年に、初登頂者のジャック・バルマに導かれてモン・ブランの第二登を果たすのである。一般に、この日は近代アルピニスムの発祥の日とされている。しかし19名の同行者を従えて行われたこの登攀は、決して山頂だけを獲得しようとするだけのアルピニスムではなかった。単に初登頂を狙うのならば、なにゆえ賞金までだして他人にその栄誉を与える必要があったろうか。ソースュールは6時間ちかくもモン・ブランの山頂で過ごした。その6時間は、気圧・湿度・風力などの気象学的な観測に始まって、沸点降下の測定から、さらには高所医学上のさまざまな測定に及ぶ、ありとあらゆる観察に費やされたのである。これはヨーロッパ・アルプスにおけるその後の輝かしいフィールドワーク（ルイ・アガスィー、ジョン・ティンダル、アーノルド・ハイム、オットー・アムフェラーなど）の時代の、まさに始まりを告げるものであった。
　とはいえ、我々はあまりに華々しいフィールドワークだけに注目しすぎたのかもしれない。もう少し眼を日常的なレヴェルに移してみるならば、朝に家を発ち夕べには家へ戻る、我々にも親しい形式のフィールドワークを行っていた人々がこの時代にもいたはずである。霧雨に煙る海岸を、あるいはヒースにおおわれたハイランドを、こうして日がな歩きまわっていた、たとえばジェームス・ハットンのような人々が…。

3

　アイルランド、トリニティ・カレッジのデーヴィース教授（1968）によれば、イギリスに戻って農業に従事していたハットンが、一切の職業から手を引いてエディ

ンバラに移り、まったくの趣味人として生きる決意をしたのは1768年、彼が42歳の時であった。以後約28年間彼は地質学、地形学の偉大なアマチュアとして過ごし、晩年の1795年には『地球の学説・証拠および描絵付』を出版するのである。我々はここにヨーロッパの学問のもう一つの形式をみるであろう。それは個人的な、つつましいものであるが、日本人一般の生活からはいかに隔たった形式であろうか。人はこのアマチュア精神の現代日本における稀有な具現者の一人として、林 達夫氏を思い起こすこともできるであろう（たとえば林1972）。

　学問を糊口の途にしないこと。まったくの趣味としてのフィールドワーク——ハットンの死後20年足らずの間に、イギリスではハットンの行ったようなフィールドワークが、爆発的な流行をみるにいたる。そこでは「ウィンザの国王一家からパン屋の小僧に至る社会のあらゆる階級の人々」が、この新しい趣味に夢中になったのである。かくして「じきに、紳士の書斎はそこに地質標本を飾る小さな棚を置かなければ完璧ではないと見做されるようになり、科学者風を装いたがるこれらのディレッタント達は、見かけ倒しのハンマーや、虫メガネや、採集袋をもって旅行した」（デーヴィース1968）のである。日本では同頃、椿、つつじ、蘭、朝顔などの鉢物が江戸で大流行したことが知られている（川添1979）が、地学的な趣味は『雲根志』を著した木内石亭がでた程度で、とても大衆的な流行にはいたらなかった。柳沢洪園のような風流人には愛石の趣味があったことがうかがわれるけれども（渋澤1974）、鉢物といい愛石といい、現代の日本まで連綿として続くこれらの趣味の特徴は、それらがついに学問とは無縁なことである。鉢物・盆栽を賞でる人は植物学を知らず、愛石家は奇石・珍石を求めて山野を跋渉することがあるけれども、彼らのなかで地質学のアマチュアと呼べる人はきわめて少ない。アンモナイトがその古生物学的、地質学的意味を十分に知られることなしに、一般にはただ珍石として高価な値段で売買されていることはその現れであるし、屋久島シャクナゲやその他の高山植物の盗人が絶えないのは、日本では結局のところ、植物が生態系のなかで理解されず、単に植木としてしかみられないからであろう。いずれの現実も、日本におけるフィールドワークの伝統のきわめて貧しいことを裏づけるのである。

4

　ブーゲー、ソースュール、ハットンの三者は、いずれも18世紀に相次いで現れた最初のフィールドワーカーたちを代表するものであるが、これらは地理学におけるフィールドワークのいわば先駆者であって、厳密な意味で最初の地理学的フィールドワークを行ったのは、近代に、地理学の祖、アレクサンダー・フォン・フンボルトそ

の人であろう。フンボルトの輝かしい貢献については、生誕を記念して出版された『アレクサンダー・フォン・フンボルト　業績と世界的価値』のなかでさまざまな角度から述べられているから、ここではふれない。しかしそのなかでトロール（1969）も述べているように、彼の巨大なフィールドワーク、南米への5年にわたる遠征は、幼時から植物、岩石、火山、地層、地磁気、地震などあらゆる自然現象に興味をもっていたフンボルトが、その時代の最も新しい測器とその測定技術を手にし終えた時に、初めて可能となったのであった。

　この南米へのフィールドワークについて、フンボルトはその旅行記の序文に次のように書いている。「ここにその実地見聞記を著そうとする旅行に対して、私は二つの目的をもっていた。すなわち私が訪れた国々を人々に知らしめること、そしてまだほんの粗削りな科学、世界の物理、地球の理論、または自然地理学の名ではなはだ漠然と呼ばれている科学に対して光を与えるのに適した事実を集めることであった。この二つの目的のうちで、後者が私には最も重要であった」（フンボルト 1814）。フンボルトは「植物学と動物学のいくつかの分野を情熱的に愛していた」が、彼にとっては「未知の新属を発見するよりも植生の地理学的関係や、植物社会の移動や、コルディエラの頂上に至るまでの間、それぞれの異なった植物群がどんな高さにまで及んでいるかを観察することの方がはるかに興味深い」ことであった。こうして、初めての地理学的なフィールドワークが、地理学とともにフンボルトによって打ち立てられたのである。単なる事実の収集にとどまることなく、いっけんかけ離れた個個の現象間にある真の関係を、あくまでもフィールドワークに基づいて明らかにしようとするフンボルトの方法は、ダーウィン、リヒトフォーフェン、そしてヘディンへと続く19世紀後半から20世紀へかけての野外科学の、見事な開花への道を切り開くものであった。いま翻って日本の地理学界を考える時、その19世紀はなお夜明け前の暗黒にあったことを認めなければならないであろう。しかし人はその暗闇のなかに、あたかも明けの明星のように輝いた一つの巨星をみないであろうか。

　南方熊楠——彼は厳密にいえば地理学者の範疇にはいらないし、その足跡もフンボルトやダーウィンに比べると決して広いものではない。彼は新大陸を横切り、キューバへ渡り、その後8ヶ月をロンドンで過ごしただけであって、その踏査した地域はかなり限られた範囲にとどまっている。しかし1891年から翌年にかけてのわずか2ヶ月間のキューバ滞在、それも曲馬団に加わって辛うじて糊口を塗しながらの困難な旅において、彼は367種の菌類を含む多数の標本をつくり続けていた。一方、ロンドンで彼のやったことは、大英博物館にこもってひたすら古今東西の文献を猟渉する作業であった。フィールドワークとは野外調査を意味するけれども、異国の地における果てしない文献の猟渉も、また広い意味ではフィールドワークとはいえな

いであろうか。彼は膨大な文献のなかにまさに現実の世界をみていたのであって、逆にいうならば、そのなかで初めて見い出される世界が、彼のフィールドであった。

　フォークロアと植物学と、このいっけん全くかけ離れた二つのフィールドを歩き続けた南方が、その学問の究極の目的として一つの全体的な世界像——鶴見（1978）のいう南方曼陀羅——の構築と提示を意識していたことを考える時、コスモスを著したフンボルトと南方との類似はきわめて明らかになるであろう。南方に、フンボルトのような整然とした体系が欠けていることは、事実である。しかしフンボルトが地球上の一切のものを収集し、観察し、そして異なった空の下で集められた膨大な事実を相互に関連づけて考察し理解することを目指した（西川 1959）ことを考える時、南方がフンボルトと共通の地平に立っていたことは明らかであろう。さらにフンボルトがコスモスにおいて、そのすべての現象を体系づけようとし、生きた自然全体のなかに働く法則を求めたことは、南方曼陀羅によって象徴される南方の思想との究極的な同一性を示すものではなかろうか。そこにみられるのは、同一の思想の仏教的とゲルマン的との表現形式の迷いだけであって——この形式のちがいが、思想それ自体の本質的な乖離を意味する場合の多いことは否定しないけれども——少なくとも日本は南方によって、ほぼ100年の遅れはあるにせよ、一挙にフンボルトの水準にまで達したといえるであろう。日本における本格的なフィールドワークの始まりを告げる今西錦司らの大興安嶺探検が、南方の死の翌年に行われていることは、こうした意味においてきわめて象徴的といわねばならない。

5

　日本の地理学者自身による遠征的なフィールドワークは、1950年代以降、急速にその数を増し、質を高めていった。とりわけアンデスやアフリカ、ヒマラヤにおける継続的なフィールドワークは、いまや世界の水準を凌駕しているといっても過言ではあるまい。しかし一方ではこれらのすぐれた研究の成果を、我々ははたして十分に生かしきっているかという問題が残されているように思われる。すでに収集されたであろう多くの標本類が研究室の隅でほこりをかぶっていたり、得られた貴重な資料が広く人々の眼にふれる機会を得ていないことはないであろうか。故泉　靖一博士を中心としたアンデス研究の成果は、東京大学の総合資料館に保管され、その一部は展示にも供している。しかしそうした例は、むしろまれなのではなかろうか。あるいはまた、これだけ多くの地理学者が同じような地域にでかけていきながら、それぞれの研究者が異なった大学や機関に属しているために、研究者相互の緊密な交流や意見の交換が、必要以上に妨げられていることはないであろうか。私

は河口慧海や大谷探検隊の業績を決して過小に見積もるつもりはない。しかし彼らの探検には、ヘディンやスタインの探検に比べて、決定的に欠けていた何かがあったのではなかろうか。それは、こうした大規模なフィールドワークを支える組織であり、学会の力であった。フィールドワークは野外で終わるものではない。収集された厖大な資料の整理とその管理、成果の継続的な出版がなされて、初めてそれは完結するのである。これは海外遠征のような大きなフィールドワークでも、一個人の行う小さなフィールドワークでも同じことであろう。一個人のレヴェルにおいては十分にフィールドワークを行う能力をもっている日本の地理学者が、一方では今西錦司氏を中心とするいわゆる京都グループが、さまざまなかたちで学問の実践（戦的な組織化に成功しているにもかかわらず、いまだにフィールドワークの有効な組織化を行いえずにいることは、奇妙なこととおわなければならない。しかし我々は、吉田栄夫氏や藤原健蔵氏をはじめとする多くの地形学者の努力により、ともかくも極地研究所をもつまでにいたったのである。我々が努力を怠らないならば、いつの日か南アメリカ研究所が、あるいはアフリカ研究所、ヒマラヤ研究所が地理学者の手によって組織され、現在では各大学や機関でばらばらに行われている多くのフィールドワークに、有機的な中心を与えることが可能となるにちがいない。そのためには、日本の学界において必ずしも高いとはいえない地理学の位置を、我々一人一人が率先して高める努力をしなければならないであろう。

　文献の収集・整理ということも、その一つである。いやしくも海外でフィールドワークを行うならば、その地における従来の研究文献のできるかぎり完璧な収集を行うことが常識であり、そうして集められた文献をそれ以後、誰もが利用できるように整えておくことは、その国の地理学界全体のレヴェルを高めるためには必須のことではあるまいか。現在までにそうした試みは、果たしてどれほど行われ、そして過去のフィールドワークは、今後同じような地域でフィールドワークをやろうとする人々の力として、どれほど生かされているであろうか——誰もがすべてを一から始めなければならない時代を、我々はそろそろ終わりにしなければならない。

　ヨーロッパの大部分の地理学教室は、日本の地理学教室よりも設備において決してすぐれているものではない。しかしその図書室にいって我々が驚くのは、単行本はいうに及ばず、学術雑誌に載せられた論文の一つ一つがすべてカードに記入され、著者名別、地域別、さらには項目別と、どれからでも引き出せるようにきちんと整理されているという事実である。どんな素人でも、自分の調べたいことさえはっきりしておれば、その問題に関してこれまでにどれだけのことが知られており、まだ何が知られていないかを直ちに調べられる仕組みになっているということ。それは学問をすべての人間に解放し、誰でもやる気さえあればその道のエキスパートにな

れることを保証するために、大学がやらなければならない最低限の義務であると同時に、専門家が今後フィールドワークを能率的かつ有効に行っていくためにも、いま日本の地理学者に最も求められていることの一つではあるまいか。

6

　近代地形学の二つの巨星、ペンクとデーヴィスが、ともにその地形学を彼らの豊かなフィールドワークのなかからつくり上げたことは、疑う余地がない。ヴァルター・ペンクが早くも20の歳に父親とともに新大陸に渡り、さらにハワイ、日本、華北、シベリアを旅して、多くの地形景観に接したこと、とくにハワイでの火山との出会いが、彼の地質学者としての将来を決定づけたことは、彼の遺著となった『地形分析』の序文で、父アルブレヒト・ペンクによって述べられているとおりである。ヴァルター・ペンクが行った小アジア、アンデスでの厖大なフィールドワークの素地は、すでにこの時につくられたのであろう。

　デーヴィスにとっては、その地域についての地図や利用しうるすべての情報を読んだうえで、その地域を訪れることがすなわちフィールドワークであった。彼は生涯を通じて、このルールをたった一度しか破らなかったという（チョーレイほか1973）。彼にはまた「自然地理学におけるフィールドワーク」の一文があって（デーヴィス 1910）、とくに高等学校での地理教育におけるフィールドワークの重要性が強調されていることは、周知の事実であろう。このなかで興味深いのは、一学期の初めに行うフィールドワークと三学期になってからのフィールドワークとでは、その内容・指導の仕方を変えるべきだという主張である。すなわち最初のフィールドワークは、その地域の地形からよみとれる地形学の一般的な概念を把握することを目的とし、後の方ではその地域の地形にみられる個々の特徴に眼を向けさせるべきだというのである。

　このデーヴィスの考え方は、どんな地域の地形から出発しても地形学の一般的な理論に達することが可能だという、彼の思想を表明している。それが彼の侵蝕輪廻説であることはいうまでもないが、たとえデーヴィスの理論がいまではそのまま受け入れられなくなったにしても、個々の地形をつねに他地域の地形と比較し、最も一般的な地形発達のモデルを考えていくという彼の方法は、フィールドワークのすすめ方の根本として、いまも揺るがないであろう。大規模な海外調査だけがフィールドワークなのではない。最も身近な、自分の周囲の地形を対象としたフィールドワークこそ、とりわけ教育の場においては最も重要なのである。

　しかしそうした個々の地形が教師の頭のなかではつねに地球上のすべての地形と

対比され、その全体のなかに正しく位置づけられているのでなければ、その地形をフィールドとすることの意味を正しく学生に伝えることは、ついにできないであろう。一地域の詳細なフィールドワークは、つねに必要なものである。しかしそれぞれの地域にみられる現象を、つねに地球的な尺度において眺める視点が欠けているならば、我々はトリヴィアリズムに陥らないともかぎらないのである。私自身についていうならば、日本のような貧弱な氷河地形しかないところで、氷河地形の研究をやるのはまちがっているという批判を、ある地形学者から受けたことがある。しかし日本のように降雨や積雪の影響を強く受け、かつ森林限界に近いような場所で、これだけの氷河地形がみられるところは世界でもそう多くはない。こうしたきわめて特殊な気候・地形条件下におかれた氷河地形を研究することは、典型的・教科書的な氷河地形の研究に劣らず重要なことだと、私自身は考える。ともあれ、マンメリーがかつて語ったように、「そこに山（エヴェレスト）があるから登る」といったかたちでのフィールドワーク、すなわちまだ誰も研究していないから、その地域のことならなんでも調べてこようといった仕事は減っていくであろう。現に我々が行っている地形のフィールドワークも、その地域の地形すべてを取り扱ってはいないのである。我々はフィールドワークのイニシアティヴを、現実の自然から次第に我我の手のなかへ、取り戻しつつあるともいえるであろう。

　こうして自然は、ついに我々にとって一つの巨大な野外実験場となろうとしているのではあるまいか。野上（1978）が指摘したように、自然の神があらゆる条件の組み合わせのもとで、完全な実験を行ってきた結果としてこの自然をとらえること、それは我々に新しいフィールドワークのかたちを示唆するものであろう。たとえば鈴木隆介氏ら（1977）が六甲山地で試みたように、およそ現在可能なすべての測定技術を用いて一地域における風化現象のすべてを記載しつくそうとする研究は、実験室で風化現象を扱うのと同じような精密さで、自然の野外実験場に生じつつある現象を測定しようとするものである。これはある意味では、その時代の観測・測定技術のすべてを身につけたうえで南米に出発した、フンボルトの態度を髣髴させるものであろう。地形のフィールドワークを有効なものにするためには、ともすれば地理学の枠のなかにとじこもりがちな弊を捨てて、我々が新しい科学技術の進歩をより積極的に、大胆に取り入れていくことが必要である。地形のフィールドワークに有効なさまざまなテクニックを紹介したマニュアルのようなものがちかい将来にできることを私は念願している。

　しかしながら、新しい測器を使って得られた精密なデータも、それが直接的に地形の解明に役立つことはまれである。地形変化は全体としてみれば緩慢であるが、一つ一つの変化は往々にして急激に生じる。デーヴィスは先の論文のなかで、学生

に川をみせるならば通常の時だけでなく大雨の後にも連れていってみせよと述べているが、巨礫が音を立てて流れている増水時の河川や、木々をなぎ倒していく雪崩や、じわじわと動いていく地すべりをまのあたりにした研究者とそうでない研究者の自然に対する見方は、決して同一ではないであろう。関東大地震が多くの地形学者に地殻変動に対して眼を開かせる重要な契機となったことは、我々の記憶にも新しいことがらである（吉川ほか 1973）。しかし我々の観測しうる時間間隔は悠久の自然のなかの一瞬にすぎず、その空間的広がりは広大な対象のなかの微塵にすぎない。観測や測定値の地形に対する位置づけを誤るならば、ここにもトリヴィアリスムに陥る危険は少なくないのである。

　けれども学問の進歩は、決して最短距離だけを経て得られるものではない。たとえそれが直接に地形をつくる営力とは思われないものであっても、個々の営力に対する研究がすすむにつれて、我々は次第に最も重要な地形形成営力に接近していけるのだともいえるであろう。そうした意味おいても、現実の自然条件のなかで生じている地形変化をできるかぎり正確に記録しようとするフィールドワークは、地形学の研究にとって今後ますます重要となるにちがいない。近年イギリスの地形学者たちによって Earth Surface Processes（Kirkby, M. J. ed., John Wiley & Sons.）が発刊されたことも、こうした認識が世界的に高まっていることの一つの証左であろう。約80年前、カールの成因を明らかにするために、深いベルクシュルントのなかに身を挺して懸垂下降したジョンソン（1899）のようなフィールドワークこそ、新しい技術によって装備された、将来の地形学者によってさらに発展させられなければならないものであろう。否、地形学者にとって、またフィールドワークを行うすべての者にとって「ある土地を正しく知るためには、そこで眠ってみなければならない」というヘイエルダール（1958）の言葉こそ、じつは永遠のフィロソフィーなのではあるまいか。地理学の方法は、実験的な経験主義にちかいものであり続けねばならない——といったのは、フィールドワークを最も重視したフランスの地形学者、ドゥ・マルトンヌであった。

文献

(1) 林　達夫（1972）十字路に立つ大学　林　達夫著作集 6『書籍の周囲』165-183.　平凡社
(2) 川添　登（1979）『東京の原風景』NHK ブックス　235p.
(3) 木内石亭（1773）『雲根志』（復刻版　今井功・訳注解説 1969）築地書館　607p.
(4) 今西錦司編（1952）『大興安嶺探検』（復刻版 1975）講談社　524p.
(5) 西川　治（1959）フンボルトのコスモスイデー『Humboldt, Ritter, 100』6-10.　日本地理学会
(6) 野上道男（1978）自然地理学における時間・空間　地理　23 (1)　13-24.
(7) 渋澤龍彦（1974）石の夢　『胡桃の中の世界』8-25.　青土社

(8) 鈴木隆介・平野昌繁・高橋健一・谷津栄寿（1977）六甲山地における花崗岩類の風化過程と地形発達の相互作用　中央大学理工学部紀要 20　343-389.
(9) 鶴見和子（1978）『南方熊楠』（『日本民俗文化体系』4）講談社　416p.
(10) 吉川虎雄・杉村　新・貝塚爽平・太田陽子・阪口　豊編（1973）『新編日本地形論』東大出版会　375-376.
(11) Chorley, R. J., Beckinsale, R. P. and Dunn, A. J.（1973）*The history and study of landforms or the development of geomorphology.* Vol. II, Methuen, London. 839p.
(12) Davies, G. L.（1968）*The earth in decay. A history of British Geomorphology.* 1578-1878. Elsevier Pub. Co., 390p.
(13) Davis, W. M.（1910）*Field work in physical geography. in Geographical essays.* Dover edition, 1954, 236-248p.
(14) Dresch, J.（1973）*Correspondance à propos du centenaire d'Emmanuel de Martonne.* B. A. G. F., 408/409, 555-557p.
(15) Heyerdahl, T.（1958）*Aku-Aku. The secret of Easter Island.* 山田晃訳（1975）『アクアクー孤島イースター島の秘密・上』社会思想社（現代教養文庫）　321p.
(16) Humboldt, v. A.（1813）*Relation historique du Voyage aux Régions équinoxiales du Nouveau Continent. Tome I.* Hanno Beck ed., F. A. Brockhaus Komm-Gesch. Gmbh., Abt. Antiquarium, Stuttgart, 1970, 643p.
(17) Johnson, W. D.（1899）An unrecognized process in glacial erosion. *Science*, IX, 106p.
(18) Maix, K.（1966）*Berge-ewiges Abenteuer.* München berger Verlagshandlung, 543p. 横川文雄訳（1975）山々・永遠の冒険（第2部・山が人間に呼びかける〈はじめに精神ありき〉）岳人 337　136-139.
(19) *Oxford English Dictionary* Vol. IV, F-G, Oxford Univ. Press, 1933, 532p.
(20) Penck, W.（1924）*Die Morphologische Analyse.* 町田貞訳（1975）『地形分析』古今書院　401p.
(21) Troll, C.（1969）Die Lebensformen der Pflanzen. Alexander von Humboldts Ideen in der ökologischen Sicht von heute. in Pfeiffer, H. ed., *Alexander von Humboldt, Werke und Weltgeltung. R.* Piper & Co Verlag, München, 197-246p.
(22) Wallace, R.（1972）*The world of Leonardo,* 1452-1519. Time-Life. 摩寿意善郎監修（1972）『巨匠の世界・レオナルド』タイム・ライフ社　192p.
(23) Wrigley, E. A.（1965）Changes in the philosophy of geography. in Choley, R. J. and Hagget, P. eds., *Frontiers in geographical teaching.* Methuen, London, 3-20p.

「熊楠のフィールドワーク」

「熊楠のフィールドワーク」は、それから13年後の1992年に、『現代思想』の南方熊楠特集号に書いた論考である。「フィールドワーク論」のなかでも、すでに熊楠には言及していたが、この13年のあいだに、ヒマラヤに行き、研究のための研究に疑問を感じ、環境のための研究を志向するようになっていた私には、フィールドワーカーとしての熊楠より、日本で最初の環境運動者としての熊楠のほうが重要に見えてきたといえる。

それはちょうど、1991年から、第4章で述べる千歳川放水路問題に本格的に取り組むようになったこととも密接に関連していた。ちょうど、北極圏スヴァルバール諸島での地形学的調査を行っていた私は、放水路問題に時間をとられるようになり、どちらかを選択せざるを得なくなるほど追いつめられていたからである。スケールこそちがえ、粘菌研究に夢中になっていた熊楠が、神社合祀問題に関わり、研究を放棄し、ときには牢獄につながれながらも、鎮守の森として残った照葉樹林を守る運動にのめりこんだことが、私には自分自身のことと重なりあって見えた。

そのような、研究者・運動者としての相克だけでなく、熊楠とは個人的にも関連があった。論考のなかでふれたように、私の祖父と熊楠のあいだには密接な交流と対立関係があり、父親もまた、その関係のなかにいたからである。アカデミズムのなかで生きようとする祖父と、それを拒否し、在野に生きようとする熊楠。その対立は決して過去のものではなく、今も続いているのである。

私は大学にとどまったが、第5章でふれる高木仁三郎さんのように、大学をやめてしまった研究者もいる。宮沢賢治も大学に残ることを拒否し、在野で生きることを選択した研究者であった。

行動する地理学にとっても、その選択は重い。たとえ大学を辞めなくても、社会と関わることを優先することは、アカデミズムの世界から否定されるリスクを負うからである。

どう生きるべきかを考える岐路に立っていた私にとっては、「熊楠のフィールドワーク」は、それを書くことによって自分の立ち位置が決まっていくよう

な論考でもあった。熊楠にとっても、フィールドワークそのものが、彼の人生を逆戻りできない地点にまでおしすすめ、それを決定していったように。

『現代思想』Vol. 20　No. 7　pp.160-167.（1992）

熊楠のフィールド・ワーク

　明治45年（1912）6月22日の日記に、熊楠が
　　「明朝五時頃ふと（抄経申）明日あたり小野俊一氏（又大西、片岡氏）より状来るべしと思ふ。ここにかき付け、ためす也」。
と書いている小野俊一は、アナーバーで熊楠が共に学生生活を送った留学生仲間のひとり、小野英二郎の長男にあたる。英二郎はアナーバーで学位をとり、帰国後は同郷の新島　襄に乞われて同志社で経済学を講じたのち、日本興業銀行総裁になった人物である。アナーバー在住の日本人留学生のなかでは最も早く学位をとった人間であり、熊楠もその『珍事評論』のなかの「列伝、アナバ府人傑銘々伝画抄目録」では、勉強列伝に入れているから、その勉強ぶりには熊楠も一目おいていたのであろう。しかし、アナーバーで生じたいくつかの事件においては、英二郎は熊楠と対立する側にまわり、ために熊楠からは手厳しい批判を受けている。
　英二郎は性、温厚、人と争うことを好まず、書籍を愛し、銀行家としては異色の人材であった。飲酒事件の顛末をフランス革命になぞらえた熊楠が、自らを「ちと狂人らしく見ゆる故自推するなり」としてルソーになぞらえ、
　　「人がらがよくて、たれもかれもルイ万歳　ルイ万歳といふに引かえ、マリーアントワネットのやうな不徳なものと組んだ上、姦人におだてられた故、終に曾て見ざる恥辱をとりしなり」
と英二郎をルイ16世にたとえたのは、けだし熊楠の眼力の鋭さを示すものであろう。
　その息子である俊一は、大正3年（1914）に東京帝国大学を中退、動物学を学ぶために渡欧し、モスクワで第一次世界対戦の勃発に遭遇、ドイツへの留学を断念し、以後ロシア革命までペトログラード大学に留まり、動物学教室の助手になりながら、革命によって帰国を余儀なくされた動物学徒であった。英二郎は俊一の留学に際して、「社会主義に染まるな。外国人を娶るな。熊楠のようになるな」。と釘をさしたという話を私はきいたことがある。維新によって没落した士族の出である英二郎にとって、アメリカで学位を取得し、それをもとに貧窮した一家をたて直して、自ら

も新生国家のために粉骨砕身の努力を払うことは、自明の道であったに違いない。熊楠が渡米を前に親友羽山繁太郎に贈った写真の裏書に、

　「僕も是から勉強をつんで／洋行すました其後は／ふるあめりかを跡に見て／晴る日の本立帰り／一大事業をなした後／天下の男といはれたい」。

と書いたのは、まさに英二郎と共通した明治の著者の気概そのものであった。英二郎が、いわばその生涯を通じてこの気概をおし通したのに対して、熊楠はなぜ渡米後数年にして、全くの方向転換をなしとげたのであろうか。ここに、熊楠の生涯とその仕事を考えるうえでの重要な鍵が隠されていると思うのは私だけではあるまい。

　10年ほど前に、私の専門とする地理学とフィールド・ワークの関わりについて小論をまとめたとき[1]、熊楠の著作を初めて地理学の視点から見直して、熊楠こそ、日本のアレクサンダー・フォン・フンボルトではないかと述べたことがある。その時は、まだ平凡社版の全集しかでておらず、滞米時代の日記は公刊されていなかったので、フンボルトと熊楠との関わりについては、それ以上、調べることができなかった。

　いま熊楠日記の、明治23年（1890）3月28日の記述を見ると、

　「昨夜より今朝大風、家屋震動す。費府フート氏より所購左の書籍着」。

として、リンドレイ・ハットンの『グレイト・ブリテンの化石フローラ』、ドーソンの『石炭紀のフローラ』などとともにフンボルトの『コスモス』が購入リストにあげられていることに気付くのである。

　熊楠はこれに先立つ1月17日、

　「終日臥蓐。此夜よりアリストートル、プリニー、ライプニッツ、ゲスネル、リンネ、ダールウキン、スペンセル及白石、馬琴の九名を壁に掲げ、自ら鑑み奨励するの一助となす」。

と日記に書き、既に博物学を己れの学問の目標とする意志を明らかにしている。16世紀のスイスに生きた大博物学者、コンラッド・ゲスネルの伝記を読み、「吾れ欲くは日本のゲスネルとならん」と日記に熊楠が記したのは、前年、明治22年（1889）の10月21日の夜のことであった。

　博物学は採集から始まる。コレクト・マニアではない博物学者は存在しないであろう。熊楠の収拾癖が渡米以前からも、すでに動植物、昆虫だけでなく、石器、土器や鉱物、化石にまで広く及んでいたことは、大学予備専門時代の日記がよくものがたっているとおりである。アメリカに到着して以後の採集は、サンフランシスコ上陸後、20日ばかり後の明治20年（1887）1月29日の日記に、

　「海岸に出、蛤の属、岩に附たるもの拾収す」と記されているのが最初であろう。

サンフランシスコ滞在中の熊楠は、その前日の1月28日に海馬（ジュゴン）の歯を一つ25セントで買ったほかは、もっぱら外国の硬貨と切手の収拾に熱を上げている。しかし1887年八月初めに同地を去ってランシングに向う途中では、オマハ駅で売られていた鉱物標本を貰い（8月11日）、9月4日には、ナイアガラ滝を見物、近くの土産物屋で鉱物と化石を買うなど、博物熱はいぜん続く。ランシングでの最初の採集品は、9月20日、寄宿舎近くの芝の上で拾った化石らしい石塊であった。

　しかし熊楠が本格的に採集に熱を入れ始めるのは、同年11月にアナーバーへ移って以後のことであろう。翌1888年4月6日には、友人のマンソンと農学校の東方まで3マイルの日帰り品集旅行を行ない、サンゴ化石2、腕足類化石1、サルノコシカケ3個を拾っている。アナーバー周辺は、古生代後期の地層が削られてできた侵食平野である。日本ならば、北上山地や飛騨山地などの山奥に入りこんで、岩石をハンマーで叩かなければ採集できないサンゴや腕足類の化石が、地面の上にただころがっていて、見つければ手あたりしだいに採集できるのを知った熊楠の興奮は想像するに難しくない。地質構造が複雑で、また人の住む平野はごく新しい時代の河川堆積物や海成層で覆われてしまっている日本では、化石採集はなかなか難しいものなのである。

　アナーバーは熊楠にとってそれ以後ロンドン時代まで続く、独学によるライフ・スタイルを確立した場所であった。1888年の日記の巻末にのせられた131冊の科学書は、博物学者、熊楠を生み出した書物といえるであろう。そこでは、ダーウィン、ハクスレー、ヘッケル、ウォーレスといった進化論の関係書がかなりの割合を占めている。ダーウィンの親友であり、近代地質学の確立者であるライエルの著作、タイラーやラボックの著作はいずれも人類の起源や進化に関するものが選ばれ、中でもスペンサーの『総合哲学体系』は、目録の筆頭にのせられている。フンボルトの『コスモス』もこのリストの中にあり、それが熊楠の元に届くのは前述したように翌々年、1890年の3月28日であるから、このリストは少なくとも1888年の時点では、すでに熊楠の所蔵、あるいは読了していた書籍の目録ではない。日記を辿ると、他にもこのリストにのせられた書物が、1889年から1890年にかけて、発注先のフート氏から熊楠の元に郵送されていることがわかる。しかし、すべての本について、熊楠日記は到着日や読書日を語っているわけではないから、この131冊のリストに限ってみても、熊楠がいつそれを読んだかを確定するのは容易ではない。

　1888年の熊楠の日記のなかで、明確に読書日が記されているのは、1888年5月9日。
　「終日家居、オリジン・オフ・スペイスを読む」
とあるのと、同じく5月24日の日記に、
「夜大坪氏室にてハックスレー氏オリジン・オフ・スペシース読む」。

というのが目立つだけである。しかし不思議なことに、ダーウィンの『種の起源』も、ハックスレーのこの本も、前述の 131 冊のリストからはぬけおちている。

逆に、リストにのっている本で熊楠がその内容にふれているのは、ウォーレスの名著『マレー群島』で、1888 年 10 月 26 日の日記に述べられているから、このリストは 1888 年末以前に熊楠が読んだ本も確実に含んでいることになる。

熊楠はどの本をいつ読んだのであろうか。それらは熊楠の方向転換にどのような影響を与えたのであろうか。ゲスナーの伝記を読んで、一夜にして進むべき方向を決めたと考えるのは、あまりに単純に過ぎるであろう。

日記の上から僅かに辿れる手がかりは、1887 年 9 月、アナーバーに初めて着いてから、熊楠が植物採集への準備を少しずつ進めている事実である。順に並べてみると、

1887 年 9 月 26 日「本日より植物名彙植品中英米の産ある者の英語を挿記することに着手す」。

同・10 月 18 日「本日より London 植物類典により、人工分科綱目に随ひ属名を類記し、日本対訳を附し、属毎に一画を萃め写す」。

1888・5 月 31 日「植物圧搾器械を買ふ」。

同・9 月 24 日「此日、中心田単を嗤て植物学を専攻す」。

同・9 月 28 日「今日より植物学課業を取る」。

そして 1889 年 4 月 8 日には

「今日エクスプレスコンパニーに之き、費府クヰンスコンパニーよりの植物採集函一つ及び顕微鏡（学校用）一新式受く」。

とあって、これ以後、本格的な採集・観察が始まっている。植物採集そのものは、1888 年 6 月頃から少しずつ始められていたが、それはたまたま見かけた植物をとるといった程度のものであり、89 年 5 月以降の採集とは大いに異なっているのである。87 年の秋から 89 年の春に向けてのこの約一年半は、その後の熊楠のライフ・スタイルを形づくるための、まさに準備期間であったと言えよう。

爆発は、エネルギーが抑圧され、内部に深く蓄積された時ほど大きい。熊楠にとって、フィールド・ワークの名に値する植物採集が 89 年の 5 月、堰を切った奔流のように始まるには、それなりの理由があったに違いない。前述したように、その準備は一年前から始められた計画的なものであった。87 年の 9 月 26 日には、熊楠がランシングの農学校に入学を許可された 1 ヶ月後であり、また初めてアナーバーを訪問し、ミシガン大学を訪れた（9 月 3 日）直後にあたっている。渡米以来、コイン、切手、化石、鉱物とさまざまな対象に心のおもむくまま関心をよせてきた熊楠にとって、農学校への入学許可は、一つの転機を与えたであろう。しかしそれ以上に、初めて見たミシガン大学の偉容は、彼に大きな刺激を与えたに違いない。アナーバー

は都市そのものがこの大学の存在によって成立している大学都市であり、大学の図書館も農学校に比べるとはるかに充実していた。博物館もあった。またそこでは20名を越える日本人留学生が在住していた。

　熊楠の学校嫌いは小学校以来のことであるから、彼がランシングの農学校をやめてミシガン農学校に入学し直そうと熊楠が考えたかどうかはわからない。しかし彼がランシングの農学校入学を後悔したことは想像に難くない。後悔というよりも、それはアナーバーに学ぶ同年齢の若者たちへの羨望と言うべきだろうか。

　熊楠は何も語っていないが、彼がアナーバーに来たがっていたことは、その後の行動がそれを証明している。すなわち初めてミシガン大学を見た3ヶ月後の2月12日にはランシングを去って再びアナーバーを訪問し、以後翌年（88年）の3月26日まで滞在、いったんランシングに帰ったものの、4月27日には再びアナーバーを訪れ、8月27日まで滞在、そして最終的には11月16日、ランシングを発って、以後91年4月、フロリダ、キューバへの採集旅行に旅立つまで、アナーバーは熊楠の精神と学問を育んだのである。

　爆発的なフィールド・ワークが始まる1889年という年は、熊楠の人生を考える上で決定的な年であろう。1月24日と2月12日には、アナーバー滞在中、最大の事件となった"借金・飲酒禁止決議事件"と"『大日本』発行者の追放決議事件"が相ついでもち上がる。前者はミシガン大学長エンジェルからの日本人留学生への苦言を受けて、留学生会が一方的に禁酒決議をしたことに端を発したものであり、後者は熊楠と執筆に加わった、自由平等平和主義を標榜する新聞『大日本』の発行に関して、その首謀者であった3名の留学生（いずれも熊楠の親友）の大学からの追放を留学生会が決議した事件である[2]。

　留学生会のまとめ役であった英二郎は、この二つの事件で熊楠の激しい批判を浴びることになる。とりわけ熊楠にとって我慢ができなかったのは、英二郎が学長エンジェルの意を受けて、いわば欧米人の側に立ち、一部の留学生を圧迫しようとした態度であった。熊楠は渡米直前、自ら友人を招いての宴をひらき、渡米の大抱負を述べている。そこには欧米に対する強烈な対抗意識、愛国心に裏打ちされた競争意識が吐露されていた。留学生の一部には確かにミシガン大学長に苦言を呈させるような問題があったとはいえ、それを受けてアメリカ（＝管理者側）についた英二郎の行動は、熊楠には許し難いものであったに違いない。

　その英二郎は、アナーバー在住の日本人留学生の先頭を切って、6月27日、経済学の学位（Ph.D）を受ける。これは日本人留学生の間のみならず、当時のアメリカでは一つの事件にも匹敵する快挙であった[3]。すでに述べたように、熊楠は英二郎

を勉強列伝中の人物の第一にあげ、その刻苦精励ぶりを高く評価していた。同じく学問に志す者として、英二郎の生真面目さ、学問への精進ぶりは、女の尻を追いまわしたり、馬鹿話に興じている留学生の多いなかでは、最も熊楠の心をとらえたのである。

　しかし一方で、その英二郎が栄えある学位を得ようとしているとき、学問への情熱とそして実際の勉強量において少しもひけをとらない熊楠は、大学生としての身分すらなく、いわばアナーバーに寄生しているに過ぎない自らの境遇を強烈に意識したであろう。英二郎は熊楠よりわずか三つ年長であり、没落士族の子息という点では異なるが、共通点も多い。長谷川興蔵は熊楠の渡米理由の一つとして当時多かった徴兵忌避も考えられるとしているが[4]、英二郎渡米の動機もまた同じであった。

　人は己れと近いものを愛し、また憎む。専門こそ違え、熊楠は英二郎を学問の世界におけるライヴァルと見たであろう。学問における勝利とは何か？　学位をとり母国の教授に迎えられることであろうか。学会誌に論文を書き賞讃を受け、学会で重きをなすことであろうか。少なくともアメリカに出発する時点における熊楠は、学問を武器として、俗世界での成功・出世を夢見ていたはずであった。アナーバーにおいて、英二郎という男がその夢を実現しようとしているのを目のあたりにした時、熊楠に残されたのは、それに対抗し、それを越える道しかなかったであろう。学校嫌いは小学校以来のことである。今さら英二郎と大学で張り合っても仕方がない。そのとき、熊楠の心にひらめいたのは、ダーウィンでありスペンサーであったに違いない。彼らは一生、大学や学会とは無縁の学者であった。学問を職業としない点ではアマチュアであったが、その実力は、プロフェッショナルな学者であるはずの大学教授をはるかにしのいでいたのである。彼らは出世するために学問をしたのではない。学問が好きだったから学問をしたのである。この意味でアマチュアという言葉は、ラテン語の本来の意味、愛好者に通じている。学問の世界における勝利は、学問のプロとして成功することではない。学問そのものにおける到達点によって決まるのだ。それが英二郎との内面的な対決のなかで23歳の熊楠が確立し得たゆるぎない自己の姿勢であったに違いない。

　ひとたび姿勢が決まれば、あとはそれを行動に移すだけである。動かなければ、姿勢は崩れる。熊楠は焦っていたのではないか。英二郎の学位は、学期の終わる6月末に出る。それまでに、自分は自分で進むべき道を少しでも進み、確固たる実績をあげておきたい。大学など行かずとも、学位などもらわずとも、これさえ続けていけば必ず世界に通ずる学問をなしとげられるのだというフィールド・ワークを熊楠は一目でも余計にやりたかったに違いない。

　4月8日に植物採集函と顕微鏡を入手し、4月10日にはアメリカ博物学の祖、ア

ガスィーの『分類論』を注文、同 15 日にはその本とともに植物標品貼紙を購入した熊楠は、同一七日から早速、採集に出かける。

　「朝森中に植物を採る。所獲甚少し」。

という 17 日の日記の文章には、新しい採集用具に身を固め、勇んで朝の森に向った熊楠の落胆がきこえるようだ。しかしその後も採集は続き、5 月 1 日以降はほとんど連日、採集に出かけている。神経もまた、異常に張りつめていたのであろう。4 月 27 日には 3 年ぶりでテンカンの発作が起き、仲間に看護されているのである。

　熊楠のフィールド・ワークは、生涯で三つの時期に分けることができるであろう。一つは 89 年 5 月に始まる滞米時代のフィールド・ワーク。二つ目はロンドン時代、大英図書館に籠りながら、全世界の書物を渉猟することによって行なったフィールド・ワーク。そして最後は那智と神島でのフィールド・ワークである。

　野外調査＝フィールド・ワークとするならば、図書館に籠っての文献渉猟をフィールド・ワークと呼ぶのには異論があるかもしれない。しかし、熊楠にとっては、彪大な資料の森をひとり、案内もなくさまようことは、未知の植物を求めての採集旅行と何らかわらぬフィールド・ワークであったはずである。彼は文献のなかに、まさに現実の世界を見ていたのであって、逆にいうならば、そのなかで熊楠の眼に発見されて、初めて見出される世界が彼のフィールドであった。

　植物学と粘菌学を基盤として、民俗学、神話学、仏教学から人類学、環境学へと、熊楠はさまざまなフィールドを歩き続けたが、そこに一貫しているのは、あくまでも現実と向きあい、具体的事物に即してものごとを考えるという態度であろう。鶴見和子が指摘しているように、熊楠は、具体的事物を捨象した抽象的理論構築を旨指すことがなかった[5]。その学問観の根本にあったのは、この世界をつくる、ありとあらゆるものを知り、それを記述し、ものとものの間にある関係（縁）を明らかにしようという企てであった。土宜法竜宛書簡に熊楠自身が説明しているように、科学は彼の言う物不思議をあらかた片づけ、その順序をざっと立てならべることができたにすぎない。科学ではものとものとの関係は因果であるが、彼の言う縁とは、因果と因果が錯雑して生ずるものである。それは、これまでのような科学では明らかにすることができない。

　縁とは何であろうか。因果が必然であればそれは偶然であろう。

　　「われわれは諸多の因果をこの身に継続しおる。縁に至りては一瞬に無数にあう。それが心のとめよう、体のふれようで事をおこし（起）、それより今まで続けて来たれる因果の行動が、軌道をはずれゆき、またはずれた物が、軌道に復しゆくなり」（土宜法竜宛書簡）。

と熊楠が言うとき、それは今日の分子生物学でいう中立進化を予見したものとみ

ることもできよう。だがそれより何よりも、これは熊楠がフィールド・ワークを通じて獲得したフィールド感覚そのものではないか。

　フィールドでは全神経が張りつめている。私のような地理学者でも、植物学や動物学者、人類学や考古学者でもそれは同じであろう。一瞬先には何が待ちかまえているか、わからないのである。研ぎすまされた感覚だけが何かを発見し、何かを看過ごす。同時にそれは、あらゆるものに向かって開かれた眼を前提としている。アカデミズムの学問、プロフェッショナルなものを目指す学問が、自らの専門を狭く規定し、他の領域には目をつぶることによってお互いを成り立たせているのに反して、フィールド・ワークに撤する学問には境界がない。すべてはつながっているからであり、つながりあった総体としての世界を知ろうとする好奇心だけが、アマチュアの精神のすべてであるからだ。

　アマチュアという言葉は、素人と訳されることによって不当に定められている。だから熊楠は、彼をアマチュアだと軽視した日本のアカデミズムに対し、自分はリテレート（literati）だと反駁するのであるが、それだけ真のアマチュアはとくに明治以降の日本において希薄である。

　アマチュアが発生したのは18世紀のイングランドであった。熊楠のもとにフンボルトの『コスモス』とともに届いた本が、リンドレイとハットンの共著になる『グレイト・ブリテンの化石フローラ』であったというのは興味深い。このハットンこそ、アマチュアとしてフィールド・ワークを始めた人間の一人であるからだ。エディンバラの商人の家に生まれ、エディンバラ大学、ライデン大学で法律や医学を学んだのち、帰国して農場経営や事業を行なって成功したハットンは、1768年、42歳の年に一切の職業から手を引いてエディンバラに移り、以後28年間、地質学と地形学の偉大なアマチュアとして過ごしたのである。ハットンの影響を受けたライエルは近代地質学を築き、その『地質学原理』第一巻をビーグル号にもちこんでいたダーウィンに多大の影響を与えた。しかし22歳のダーウィンがビーグル号に無給の博物学研究者として乗りこんだのは、彼がフンボルトの『南アフリカ旅行記』に魅せられていたからに他ならない。すべてはつながりあうのである。

　フンボルトは熊楠に先立つこと約100年前、1769年にプロイセンで生まれた。「植物学と動物学のいくつかの分野を情熱的に愛していた」彼は、地質学を学び、鉱山監督官をつとめたあと5年間にわたる南米への遠征にのり出す。オリノコ河の水源を探り、チンボラッソ火山を5810 mまで登って当時の登山記録を樹立したこの探検は、一つの壮大なフィールド・ワークであった。

　フィールド・ワーカーとしての熊楠とフンボルトを比較すれば、実際の足跡ははるかに異なっている。しかしフンボルトこそ、地球上の一切のものを収集し、観察し、

異なった空の下で集められた彪大な事実を相互に関連づけて考察することを初めて試みたフィールド・ワーカーだったのである。熊楠がフンボルトと共通の地平に立っていたことは明らかであろう。
　熊楠日記の中では、フンボルトの影響を明らかにすることができない。しかしアナーバーでフィールド・ワークを始めて以後の熊楠は、フンボルトやそれに連なるダーウィンの生き方に近づき、2年後にはロンドンに赴く。学問水準もさることながら、イギリスのアマチュア精神が熊楠をひきよせたのであろう。
　明治45年6月、熊楠が明日あたり来るべしと予感した俊一からの手紙は、日記を見る限り来なかったようである。俊一はこのとき20歳。帝国大学動物学教室に入学する直前であった。俊一の家と新渡部稲造邸は隣同士であり、新渡部邸で開かれていた柳田国男を中心とする郷土会にも俊一は出席を許されていたから、俊一は柳田と熊楠の両方から影響を受けたことになる。彼が初めて熊楠と接触をもったのは同年5月29日のことで、熊楠が神社合祀問題で日本山岳会の機関誌『山岳』にのせた「祖国森林山川の荒廃」を読み、感激して手紙を出したことが熊楠日記から知れる。その後、熊楠から俊一に葉書を出した記事が同年9月5日の日記にあるだけで、俊一がどれだけ熊楠と交渉をもったかは明らかでないが、俊一のそれ以後の生涯は、むしろ英二郎の生き方に反発し、熊楠の生き方をならうものであった。すなわちペトログラード大学では大いに勉強しながら学位もとらずに帰国し、京都帝大動物学教室の助教授に赴任したものの一年足らずで職を辞し、以後は在野のアマチュアとして生涯を過ごしたのである。その息子である私が、地理学から転じて環境科学をやり、千歳川放水路計画という理不尽な国家事業に反対して、札幌・苫小牧周辺では唯一残された美々川流域の湿原を守る運動をしているのも、熊楠の縁によるのかもしれない。

文献・註
　南方熊楠の文章の引用は、平凡社版全集ならびに八坂書房版『南方熊楠日記』によった。
(1) 小野有五（1980）「フィールド・ワーク論」地理　25（5）13-24.　古今書院
(2) 新井勝紘（1987）「在米時代の南方熊楠―民権派との交遊を中心として」『南方熊楠日記1』441-458p.　八坂書房
(3) 1889年六月二五日付のデトロイト・トリビューン紙は、「日本の小野英二郎、大学における外国人の注目すべき業績」という見出しで大きな記事をのせている。
(4) 長谷川興蔵（1990）「アメリカへの渡航の準備」中瀬喜陽・長谷川興蔵『南方熊楠アルバム』38-39.　八坂書房
(5) 鶴見和子（1978）『日本民俗文化体系4　南方熊楠』321p.　講談社

あるく・みる・きく

　ラジオ、トランジスタ、オーディオ、配線などのこまごまとした部品を扱う店がぎっしりと軒を並べていた1970年代の秋葉原の駅近くに、日本観光文化研究所はあった。そこで毎月、宮本常一をリーダーとする「地平線会議」という集まりが開かれていた。宮本常一と交流のあった五百沢智也さんに連れられて、一度だけ、その集まりにも参加したことがある。

　そこから毎月、出されていたのが「あるく・みる・きく」という小冊子である。五百沢さんも、その何号かを執筆していた。宮本常一の本は何冊か読んでいたが、その人生については、佐野眞一さんの評伝『旅する巨人』[注4]によって初めて知ったことも多い。

　澁澤敬三のつくった「アチック・ミューゼアム」という私設の民俗学博物館を拠点として、宮本はその一生のほとんどを在野の研究者として過ごした。五百沢さんもまた、東京教育大学の地理学教室で氷河地形を研究後、国土地理院に勤務して空中写真による図化を精力的に行いながら、ヒマラヤへ行く長期休暇がとれないという理由で退職、以後フリーランスのライターとして氷河地形の研究を続けた。五百沢さんの書いた『ヒマラヤ・トレッキング』[注5]は、単なるガイドブックの域を大きく超えている。克明なスケッチやフィルドノートが、そのままヒマラヤの見事な地誌ともなっているからである。

　東京教育大学の前身、東京文理科大学の地学科を出た金子史朗さんも、同様にさまざまな著作を出しながら[注6]、断層やテクトニクスに関する先駆的な仕事を行った在野の研究者であった。在野の研究者がすばらしいのは、本当に好きだから研究をやっているという、アマチュアの精神がそこに溢れているからである。

　東大の地理学教室を長く主宰し、いわばアカデミズムの頂点にいたようにみえる辻村太郎も、辻村自身の言葉を借りれば、「学問のディレッタント」であった。日本の地形学の基を築いた山崎直方の後を継ぎ、地形学の体系をつくった辻村の業績は計り知れないが、それは『地理学評論』の創刊や月刊誌としての発行、その誌上への厖大な海外文献の紹介によって実現されたものである。辻

村ほどによく海外の文献を読み、またそれを紹介した地理学者はいないであろう。だが、たくさん読んだのは、ただ好きだったからにすぎない、と辻村は私によく言っていた。五百沢さんや金子さんのことも、2人を高く評価していた辻村を通じて知ったのである。

辻村と日本アルプスの氷河地形で論争した小島烏水もまた、本職は銀行家であった。登山と氷河地形研究は、彼のディレタンティズムであったにすぎない[注2参照]。辻村の指導を受けつつ台湾の山岳を歩き、多くの氷河地形を発見し、地理学、民俗学、文化人類学にまたがる広い領域で画期的な台湾研究を行った鹿野忠雄[注7]もまた、在野のアマチュア精神を貫いた研究者であった。

偉大なるアマチュアであった熊楠の系譜は、地理学のなかにひとつの潮流として生き続けているのだともいえよう。あるく・みる・きくは、まさに地理学のフィールドワークを簡潔に言い表した表現である。

現場に立ってみれば、何も怖いものはなくなるのである。行政も官僚も、驚くほど現場を知らない。熊楠が、政府と役人を相手に一歩も譲らなかったのは、彼が熊野の森をくまなく歩き、守るべき神社の照葉樹林を知り尽くしていたからである。熊楠には、森だけなく、そこに生きるすべてのものが見え、聞こえていたにちがいない。

(注1) 松江幸雄氏のライフワークは彼岸花の研究であった。松江幸雄 (1990)『日本のひがんばな―リコリス属の種類と栽培―』文化出版局
(注2) 小野有五 (2010) 小島烏水と辻村太郎――日本アルプスの氷河地形をめぐる『山岳』での論争　山岳　105　138-154．を参照．
(注3) 小野有五 (2012) 日本における1960－2010年の氷河地形研究：一研究者の回顧と展望　地学雑誌　121　187-214．を参照．
(注4) 佐野眞一 (2005)『旅する巨人』講談社
(注5) 五百沢智也 (1976)『ヒマラヤ・トレッキング』山と渓谷社
(注6)『構造地形学』『地形図説』(古今書院)、『世界の大災害』(中公新書)、『レバノン杉のたどった道』『人類の絶滅する日』(原書房) など多数。
(注7) 山崎柄根 (1997)『鹿野忠雄』平凡社

2
Connect
むすぶ

シマフクロウとの出会い

　1986 年に北大の大学院地球環境科学研究科に助教授として赴任した。はじめに述べたように、1981 年のヒマラヤでの体験がもとになって、環境の科学をやりたいと思っていたからこの職場を選んだのである。しかし北海道は、大学院 5 年間を通じての氷河地形・周氷河地形研究のフィールドでもあった。海外での研究をふまえ、これまでに調査してきたことを見直すには絶好のときでもあった。だから数年間は、環境科学のための新たな講義録をつくるためにかなりの時間を費やしたとはいえ、むしろ、本来の研究に没頭していたともいえる。

　もちろん、北海道に来てすぐに北海道自然保護協会には入っていたので、数年後には、協会の理事にもなっていた。1990 年にもちあがったのが、道東、根室周辺のシマフクロウ（口絵 1）の生息地でのゴルフ場造成計画である。理事として現地に赴き、これを止めるための陳情や、講演会の開催を依頼された。だが、すでに 1989 年から北極圏スヴァルバール諸島での 3 年がかりの調査が始まり、また 4 月には後述するように「北海道の森と川を語る会」という市民団体をつくったばかりで、その活動も始まっていた。大学院での講義やゼミはもちろん、それぞれまったく違ったテーマを研究する修士課程 7 人、博士課程 4 人の学生の指導教官にもなっていたから、人生のなかで最も忙しい時期の一つであったといえるかもしれない。

　そうしたなかで、根室まで行き、現地を見たり役場に陳情に行ったり、講演

会をしてくるという2日がかりの時間をとること自体が苦痛であった。なぜこんなに忙しい人間が、たかがゴルフ場ひとつのことで、そんな遠いところまで行かなければならないのか、私は不満であった。

　だが、根室の森で、思いがけない出来事が私を待っていた。絶滅危機種であるシマフクロウは環境省の対策によって厳重に保護されており、普通はその姿を見ることさえできない。そのシマフクロウの保護増殖事業に長年携わってきた山本純郎さんに案内されて、生まれて初めてシマフクロウを見たとき、その金色に輝く大きな眼（表紙写真）で、私は逆に見つめられてしまったのだった。ハルニレの大木の上に身じろぎもせず止まっているシマフクロウは、私にこう語りかけていた。

　　あなたは大学院も出て、ずっと自然を研究して、この森が伐られたら僕たちが生きていけなくなることはよくわかるでしょう。北大の先生なら、お役人もゴルフ場の社長さんも、いきなり追い返したりはしない。話を聞いてくれるはずです。
　　あなたに力がないのなら、それは仕方がない。でもあなたには、僕たちを守る力がじゅうぶんあるはずだ。力があるのに、なぜそれを使ってくれないのです？　あなたがこれまでやってきた自然についての学問は、いったいなんのためだったのです？

それはどれだけの時間だったか。
　わずか数秒であったのか、数分間であったのか。私にはもう思いだせないが、シマフクロウにそうして見つめられながら、私は変わっていた。変えられていた。いままでやってきたこと、勉強し、研究してきたことの本当の意味が、初めてわかったような気がした。
　そのとき、私の人生そのものが変わったのである。

サルフツ川の森で

　だが、そのような出会いは、その前年の秋にも起きていた。「幻の魚」とも

よばれる巨大なサケ科の魚、イトウ（口絵 2）の保護をやりたいと私の講座に入ってきた福島路生さん（p.95 の注 1 参照）に連れられて、道北にあるサルフツ川（猿払川）の支流に分け入ったときのことであった。ササ藪を漕いで川に入り、川の中を歩いて調査するのは、大学 1 年の地質調査以来、慣れたことであった。大学院でもひたすら川のまわりを歩き、川がつくった段丘の崖を調査してきた。しかし、このときはじめて、私は、自分が魚になったつもりで、魚の眼で川からまわりの自然を見る、という経験をしたのだった。

　それは、サルフツ川の支流の、曲がりくねった上流部であった。両岸からは木々が枝をのばして河道を覆っていた。もう秋の終わりに近く、弱くなった陽射しは木々の葉にさえぎられ、やわらかな木漏れ日となって水面を照らしていた（口絵 3）。

　もともと水温の低い環境を好むサケ科の魚にとって、川ぞいの林がこのように日射をさえぎってくれることが、夏の水温上昇を防いでくれるのである。その時はまだ、川ぞいの林を河畔林ということ、日射をさえぎる役割を果たすものをカヴァーということなども知らなかったが、写真に示したサルフツ川支流のすがたから、森と川とは別々の自然ではなく、「ひとつながりの自然」であることを私は直観したのだった。イトウがこれほど減ってしまったのは、森と川の、このようなつながりが壊されてきたためではないか。

　それまで、森を守る運動や、川を守る運動はあったが、森と川をひとつながりの自然とみて、それをともに守ろうとする運動は皆無であった。しかし、たんに守る、というと、最初から、壊す側とは対立してしまう。そうではなく、とにかく同じテーブルについて、語ることが大事ではないかと考えた。テーブルが現場であれば、なおいい。現場で議論すれば、たいていのことは解決がつくのである。

　サルフツ川の森と川との出会いがもとになって、「北海道の森と川を語る会」という市民団体をつくったのが 1990 年 4 月のことであった。私の勤務していた北海道大学大学院環境科学研究科のなかでいちばん広い講堂を会場にして 4 月 28 日に開いたのが、その第 1 回目のシンポジウムである（写真 1）。

　なんでも反対、ではなく、同じテーブルについて語り合おう、という姿勢を強く打ち出したことが成功したのか、新聞にも大きく取り上げられ、80 人し

か席がない会場には120人もの市民が詰めかけた。河川改修に携わっている行政側の人や、実際に設計や工事をするコンサルタントの人も少なくなかったが、なんといっても大多数は、ふつうの市民であった。

　北海道大学に環境を専門とする大学院ができたので期待していたのに、現実の環境問題について、こんなふうに市民と大学の専門家が膝を突き合わせて議論できたのはこれが初めてだ、という感想をもらした市民もあった。それほど、大学は一般市民にとって敷居が高かったのである。北大に環境科学研究科ができたのは1977年であったから、10年以上も、市民はそのなかに入ることさえなかったのである。大学を市民に開く、大学と市民とをつなぐ、ということの重要さを教えてくれたのは、4月28日に押しかけてくれた大勢の市民であったともいえよう。

　それ以後の「北海道の森と川を語る会」の活動（写真2、3）と、第3章で述べる千歳川放水路への反対運動について1999年に「科学」に書いたのが、「市民のための川の科学」である。

　今日も研究室に入ると電話が鳴る。

　という書き出しは、ほんとうに当時の実感であった。しばらくは、同じ北大大学院環境科学研究科の講堂で「北海道の森と川を語る会」の例会を開いていたが、一市民団体の会を大学で開くのはおかしいというような圧力がかかってきた。「北海道の森と川を語る会」は、毎回、問題をかかえた市民だけでなく、研究者や実務者を迎えて発表や討議をしていたのだから、その例会は研究会に近いものであった。環境科学を専門とする大学院であれば、このような会のために大学を市民に開放するのは当然のことといえる。当時は私もまだ若く、余計な軋轢は避けたかったので、以後は学外で開くことにしたが、今ならもっと

写真1　「北海道の森と川を語る会」第1回シンポジウム（右端：筆者、1999年4月28日、北海道新聞社提供）

写真2 「北海道の森と川を語る会」で主催したリヴァー・ウオッチング。大人から子どもまで幅広い人々が参加した。

抵抗したであろう。

　しかし、大学が独立法人化してからは、市民を交えて学内でなにかを催そうとすると、許可や事務手続きがいっそう厳しくなり、緊急に何かやろうとするとほとんどできない状況になりつつある。大学自体が、以前よりも、かえって市民や社会との敷居を高くしているのである。いっぽうでは、研究の成果をわかりやすく市民に伝えるために"エコカフェ"とか、研究者の"アウトリーチ"が奨励されたりしているが、いずれの場合も、政府や行政を少しでも批判するようなものは遠ざけられ、口に甘く、都合のいいものだけが選ばれていく傾向が目立つ。これはあきらかに危険な兆候である。そもそも環境の科学にとっては、本来の研究そのものが、市民や社会と向きあう"アウトリーチ"であろう。

　2011年3月に、定年記念の講演会をクラーク会館講堂という大学のなかの大きなホールで開催（p.241参照）したときも、400人を超えた聴衆の大半は市民であった。私が大学と社会を結んだとしても、それはあくまで小野有五という個人のチャンネルを通じての細々とした「つなぎ」でしかなかったのかもしれない。けれども、こうして25年間、努力してきたことがまったく無駄だったとも私は思わない。誰かが、それをもっと拡げてくれるだろうと、信じてもいるからである。

写真3　会報No.3の表紙

市民のための川の科学
大学における科学のありかたを問う

　千歳川放水路計画、吉野川可動堰、徳山ダム、細河内ダムなど、河川の自然を大きく変えてしまおうとする大規模公共事業から身近な川を変えてしまう河川改修まで、日本の川の自然は危機に瀕している。そのような現状を変えるには、河川工学者だけが独占してきた川の管理に、地理学、生態学、社会学、リスク科学など広い分野の科学者が参入すべきである。"川の問題"は、大学で論文を書くだけでは解決しない。市民とともに行政を動かしていく、新しい科学のパラダイムが必要なのだ。

"川の問題"にかかわって

　今日も研究室に入ると電話が鳴る。大部分はふつうの市民からの電話である。小さな市民団体（NGO）をつくっている人もいるが、NPO法人になっているような組織の人は少ない。私自身が川にかかわる小さなNGOの代表をつとめ、川について発言する機会が多いからだ、とは思うけれど、最大の理由は私が"大学の先生"だからであろう。問題は川に限らない。ゴミ問題でも原発でも、行政と対峙しようとするとき、日本では一市民の力はあまりにはかなく、たいていの市民はまずそこでいいたいことがあってもあきらめてしまう。NGOとして何らかの行動をおこしても、行政側に専門的な数字を並べて強くいわれると、もうそれ以上には進めなくなる場合が多い。だが"大学の先生"が出てくると行政の態度は変わる。変わることを知っているから市民は頼ってくるのである。

　川の問題にかかわり始めて気づくのは、市民が頼ってきたときにそれに応えられる"大学の先生"があまりにも少ないという事実だ。全国にはこれだけ川の研究者と称する専門家がおり、また教養部の廃止・大学院重点化などの"大学改革"にともなって"環境"の名を冠した学科・講座が日本にはあふれているというのに、これはどういうことだろう。

　理由は明らかだ。名前だけ"環境"と変えても、スタッフはそのまま、カリキュラムもそのまま、研究者もそれまで続けてきた研究テーマを変えようとはしないから、看板だけを"環境"と書き換えても、やっていることはこれまでどおり純粋に理学的な研究だけ、という例がほとんどだからではないか。

　もちろん環境科学にも基礎研究はあって当然だし、それを否定するつもりはまっ

たくない。だが、環境科学の基礎研究は、結局のところ従来のディシプリンのなかで十分に行なえる研究であろう。河川そのものの研究もそうである。私自身が、もとはといえば地質学や自然地理学の研究者であり、それまでは地形学の研究課題として、河川にかかわってきたにすぎない。川の流れによってどのように土砂が運ばれ、川底の地形をどう変えていくか。その侵食・堆積作用の結果として、河川のつくりだす地形はどのように変化するか、というのが私の一時期の研究テーマであった。

だがそれらの研究は、河川に関わる環境問題を解くうえで不可欠のものであっても、それだけをやっていては川の問題はまったく解決しない。しないからこそ、環境科学ができたのであろうし、大学や大学院における○○環境科学科や○○環境講座は生まれたはずなのである。そう確信していたから、1986年に北海道大学の環境科学研究科にきて以来、私の主要な研究テーマは河川の環境問題をいかに解決するか、という具体的な課題に変わった。この小論では、それ以来13年にわたる研究からみえてきた、日本の河川に関わる科学のありようと、その問題点を述べてみたい。

川の問題に誰が対処するのか

イトウの保全をめぐって

イトウは日本に生息するサケ科の淡水魚のなかでは最大の魚である（口絵2）。体長が大きくなることと、しかも大きな個体が少ないことから"幻の魚"として釣り人には人気が高く、また剥製にして売るために狙う専門の業者もいるため、成熟して再生産能力の高い個体の減少が危惧されている。このイトウを保全するための研究をしたい、と私の研究室に入ってきたのが福島路生（現在環境庁環境研究所）で、私が川の問題にかかわったのはそれ以来のことである[1]。

この研究が始まった1980年代末には、イトウを保全する、といってもまだイトウの産卵環境すらわかっていなかった。このためまず福島は数年かかってイトウの産卵時期と産卵床の特定に成功し、産卵床が河川の瀬淵構造と密接な関連をもっていることを明らかにした[2]。だがこの過程で、調査を行なっていたサルフツ川水系（口絵3）では、林道工事が進行中であり、林道はいちじるしく蛇行する河川を直線化してまっすぐにつくられており、このため、直線化された河道では産卵環境が失われたり、また河床勾配が増大してイトウの遡上に影響が出る区間も生じていた。さらに林道が盛り土によって支流の出口を塞いだ場合には、支流は暗渠化されて盛り土部分をくぐるようになり、暗渠（カルヴァート）の勾配が急すぎて支流にはよい産卵環境があるにもかかわらず、支流へのイトウの遡上が阻害されている例も見受けられた。このため私たちは、林道を建設、管理している営林署に対して暗渠の改造

を申し入れたり、安易な直線化をしないことを提案し、その一部は実際に受け入れられて、改善された[3]。

　サルフツ川水系では、オホーツク海岸ぞいに立派な国道があるにもかかわらず、それに並行するような自動車道路がイトウの産卵床の集中するサルフツ川の上・中流部を横切るように計画されている。この道路工事が行なわれれば、産卵環境の一部が破壊されることは明らかであったが、川の問題にかかわったばかりの私は組織だった反対運動をすることができず、この工事は止めることができなかった。要するに私は悪影響が出ることを知りながらその工事を黙認してしまったのであり、以後、2度とそのようなことはすまいと思ったことがその後の私の研究者としての生き方を決めたともいえる。

　一般にサケ科魚類の産卵場所の選択には、川の流速、流量、水深、河床礫の組成のほか、河畔林などが川の水面に落とす蔭の効果（カヴァー）が重視されている（口絵3参照）[4]。イトウの産卵場所の選択には、このような水面上のカヴァーだけでなく、川岸のえぐれや河道内に入り込んだ倒流木のつくる蔭の効果（水面下のカヴァー）も大きな役割を果たしていることが、その後の研究で明らかになった[5]。この事実はまた、蛇行河道そのものが、曲流によって淵と瀬をつくるだけでなく、側岸侵食によって川岸のえぐれをつくりだし、またそれが河畔林からの倒木・流木の供給をうながすという、一連のプロセスを維持する根本的な要因になっていることを示唆している[6]。それが正しいとするならば、イトウの生息環境の保全には河畔林に縁取られた蛇行河川の存在そのものの維持が不可欠なのだ[注1]。

　サルフツ川での研究を通じて、魚にとっての自然河川と河畔林の重要性を直観した私は1990年にNGO"北海道の森と川を語る会"をつくった。営林署に対する提言や働きかけはすべてこのNGOの立場でなされたものである。

"北海道の森と川を語る会"の活動と近自然河川工法

　私が北海道の川に関するNGOをつくるにあたって、その名前を"森と川を守る会"ではなく"森と川を語る会"にしたのには意図があった。"守る会"では、たんに川の自然を壊すな、というこれまでの自然保護運動と同じ立場にみられてしまう。もちろん、サルフツ川でみたように、イトウの生息を維持しようとすれば、これ以上、手をつけてほしくない川がほとんどである。しかし、現実に川の改修や河川にかかわる工事を目的とした役所があり、そういう仕事に従事している人々がたくさんいる以上、川の自然を壊すなといっても無理だろう。だが、河川事業者も自然を壊したくて壊しているわけではあるまい。たんに自分たちのやっている工事が自然に与える影響を知らずに無謀な工事をしてしまっている場合もあるだろうし、知ってい

てもほかによい方法がないからということで、工事をしてしまっている場合もあるだろう。そこに欠けているのは、お互いに話し合い、少しでも自然への影響を少なくさせる、という工夫であり努力ではなかろうか。それにはまず、工事に基本的に反対する側と、工事をしようとする側が対話することが必要だ。話し合っていれば、お互い人間なのだから、少しでもよい解決策が見いだせるに違いない。名称を"守る会"ではなく"語る会"にしたのはそれをまず考えたからであった。

　ちょうどそのころ、スイスやドイツで実施されているという近自然河川工法のことが耳に入ってきていたこともある。川の自然を壊さずに河川改修ができるとしたら、こんなによいことはない。だとしたら、話し合いを続けることで、必ずよりよい解決策がみつけられるはずである。近自然河川工法の日本への先駆的な紹介者である福留脩文氏の全面的な助力と北海道の支援を得て、私たちのNGOは1991年にクリスチャン・ゲルディら、近自然河川工法の創始者たちを招き、"国際水辺フォーラム"を開催した。また彼らの改修した河川を見にスイスにもでかけた。これらを通じて知ったことは、近自然河川工法のもとになっている考え方がきわめて生態学的なものだということである[注2]。中村太士[7]が指摘するように、近自然河川工法は河川改修が行なわれる場所の自然を保全するための代償措置として実施されることが多いから、自ずとある限定された場所にだけ適用され、流域全体の生態系といった広い視野にはたっていないようにみえる。しかし、代償（英語ではミチゲーション）措置とは、（1）回避、（2）最小化、（3）代償、（4）修復・回復の4段階からなっているのであり、スイス、ドイツでは、まさにこの順番どおりに、回避と最小化が最も重視されているのである。回避とは、開発行為（河川改修）によって失われる自然が回復できないと判断される場合に、その開発行為の全部または一部を実施しないことであり、最小化とはその規模をできるだけ小さくして自然への影響を最小限にすることである。この回避や最小化の適用においては、問題となるその場所の生態系だけでなく、流域全体、あるいはスイス、ドイツならヨーロッパ全体の生態系とのつながりが配慮されていることを忘れてはならない。たとえば、渡り鳥の生息地となっている河川ぞいの湿地の保全は、より広域的な生態系の維持を目的としたものである。さらに、個々の場所での判断基準は、その場所の保全だけにとどまらず、河川・河畔林が、それらをたよりに移動・分散する生物にとって重要なコリドー（回廊）としての機能を果たしているという景観生態学（ランドスケープ・エコロジー）的な視点によって裏打ちされているのである[注3]。

　ドイツでは、中部ヨーロッパを南北に貫く重要なコリドーであるライン川の河畔林を復活させるために、堤防の一部に可動越流堤を設け、流量に応じて3段階で氾濫をおこさせる試みさえ始められている（右ページの図参照）。"生態学的氾濫"と名

ライン川での生態学的氾濫　小野有五

➲座談会および小野氏の解説 "市民のための川の科学" 参照。

ライン川での中・上流部を含むドイツのバーデン・ヴュルテンブルク州では、ライン川の河畔林の生態系を復活させるために、数年前から越流堤で溢流水位を調節することによって、人工的に"生態学的氾濫"をおこさせている。段階1から段階3まで、遊水地に溢れさせる流量と氾濫の継続時間を変えることによって浸水域の面積は増大し、それに応じて河畔林の生態系は復活・保全される。遊水地内の農地には浸水補償がなされている。

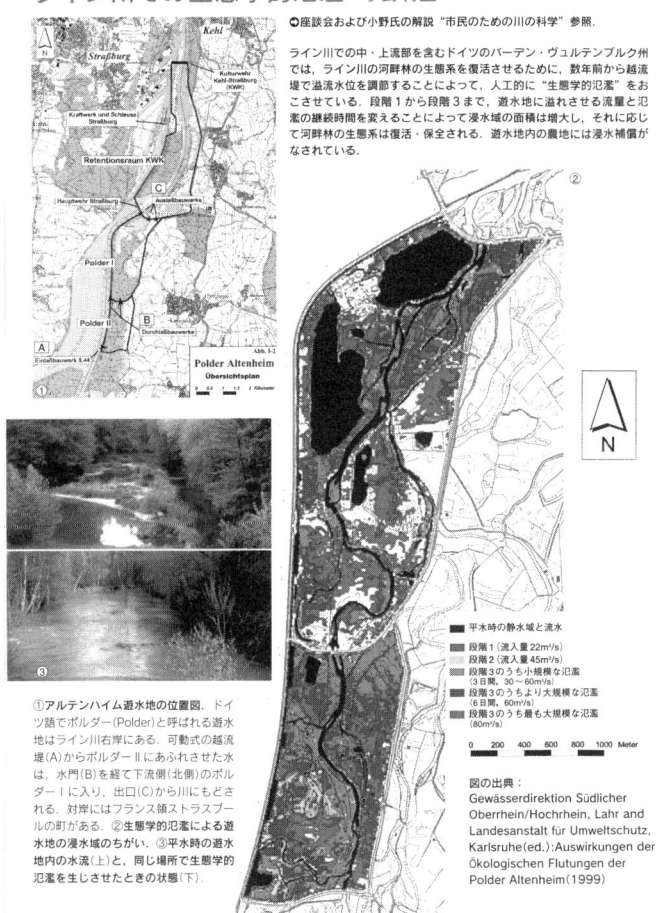

平水時の静水域と流水
段階1（流入量22m³/s）
段階2（流入量45m³/s）
段階3のうち小規模な氾濫（3日間、30～60m³/s）
段階3のうちより大規模な氾濫（6日間、60m³/s）
段階3のうち最も大規模な氾濫（80m³/s）

0　200　400　600　800　1000 Meter

図の出典：
Gewässerdirektion Südlicher Oberrhein/Hochrhein, Lahr and Landesanstalt für Umweltschutz, Karlsruhe(ed.):Auswirkungen der Ökologischen Flutungen der Polder Altenheim(1999)

①アルテンハイム遊水地の位置図。ドイツ語でポルダー（Polder）と呼ばれる遊水地はライン川右岸にある。可動式の越流堤（A）からポルダーIIにあふれさせた水は、水門（B）を経て下流側（北側）のポルダーIに入り、出口（C）から川にもどされる。対岸にはフランス領ストラスブールの町がある。②生態学的氾濫による遊水地の浸水域のちがい。③平水時の遊水地内の水流（上）と、同じ場所で生態学的氾濫を生じさせたときの状態（下）。

ライン川での生態学的氾濫

　ライン川での中・上流部を含むドイツのバーデン・ヴュルテンブルク州では、ライン川の河畔林の生態系を復活させるために、数年前から越流堤で越流水位を調節することによって、人工的に"生態学的氾濫"をおこさせている。段階1から段階3まで、遊水地に溢れさせる流量と氾濫の継続時間を変えることによって浸水織の面積は増大し、それに応じて河畔林の生態系は復活・保全される。遊水地内の農地には浸水補償がなされている。
①アルテンハイム遊水地の位置図。ドイツ語でポルダー（Polder）と呼ばれる遊水地はライン川右岸にある可動式の越流堤（A）からポルダー11にあふれさせた水は、水門（B）を経て下流側（北側）のポルダーに入り、出口（C）から川にもどされる対岸にはフランス領ストラスブールの町がある。
②生態学的氾濫による遊水地の浸水域のちがい。
③平水時の遊水地内の水流（上）と、同じ場所で生態学的氾濯を生じさせたときの状態（下）。
図の出典 Gewässerdirektion Südlicher Oberrhein/Hochrhein, Lahr and Landesanstalt für Umweltschutz, Karlsruhe（ed.）：Auswirkungen der Ökologischen Flutungen der Polder Altenheim（1999）

づけられたこの人工的な氾濫によって、河畔林のもつ生態系は急速に回復しつつあるという。

近自然河川工法については、建設省の外郭団体であるリバーフロント整備センターをはじめ、すでに多くの紹介書やマニュアル本が出版されている[8]が、そこにいちじるしく欠けているのは、このような視点である。建設省は近自然河川工法の日本への導入にあって、それをわざわざ多自然型工法と意訳した。そこでは、代償とは上述した4段階からなる代償のうち、(3)にあたる狭義の代償と(4)にあたる修復・回復のほとんど同義語として扱われ、まっさきに検討すべき回避や最小化の議論はすっぽりとぬけ落ちている。すなわち、建設省にとって、"多自然型川づくり"とは文字通り"川づくり"であって、川の自然・生態系の修復がいちじるしく困難、あるいは不可能と考えられる場合ですら、とにかく改修をしてしまおう、という態度が貫かれているからである。

"北海道の森と川を語る会"は近自然河川工法の導入を積極的に奨励したが、それは多自然型工法とは以上のような点で大きく異なるものであった。実際に多自然型工法で実施された河川改修の問題点は函館市内を流れる亀田川、マッカリヌプリ(羊蹄山)山麓の真狩川などの例で詳しく指摘したとおりである(前掲文献[1]と文献[9]参照)。

火山山麓の湧き水で涵養された真狩川の場合には、水温の低い源流部にのみ氷期の依存種であるオショロコマが生育しており、このオショロコマは氷期以来の温暖化にともなって他の河川にすむオショロコマを切り離された結果、独自の進化をとげて体長、体色などが異なり、真狩川に独自の集団に変化している。しかも世界的にみると、真狩川のオショロコマは北半球のオショロコマの分布のほぼ南限にあたっており、希少種・絶滅危惧種としての価値をもつ。私たちは、このオショロコマの分布域が、今後生じる地球温暖化にともなってどのように変化、縮小するかという視点での研究を行なっていた[10]が、その過程で、北海道開発局による"自然にやさしい"改修工事の実体を知ったのである。ここでは、体長わずか数cmのオショロコマには動かすこともできない大きなグリ石が河床に敷きつめられ、その限られた産卵環境が破壊されていた。この改修工事はオショロコマの産卵床が集中的に分布する源流部まで行なわれることになっており、それが完成すれば、真狩川本流におけるオショロコマは産卵場所をすべて失って絶滅する運命にあった[注4]。

人為的な温暖化ガスの急増による地球温暖化も生物には大きな影響を与えることが危惧されているが、この事例は、そのような温暖化による絶滅より、河川改修など、開発行為による絶滅のほうがはるかに危機的であることを示している。

前述したように、河川改修をやる行政側と話し合うことを目的としてつくった"北

海道の森と川を語る会"では、原則として反対運動はしない、ということを決めていた。あくまでも話しあうことで、よりよい解決策が見いだせるにちがいない、という共通認識が会員のなかにあったからである。しかし、真狩川の事例では、このまま工事が進めばオショロコマが絶滅するという危険があったことと、会が奨励してきた近自然河川工法が多自然型工法という誤ったかたちで使われ、それがオショロコマを絶滅に追い込もうとしていることから、反対運動をせざるをえなかった。

　結果的には、開発局も私たちの指摘を受け入れ、まだ着手していなかった源流部での工事を中止するとともに、すでに改修された部分の大幅な手直し、さらに3年間にわたる産卵床回復のモニタリングなど、それまでの工事の誤りを認めて、早急な河川環境の修復・復元につとめたことは、画期的なことであった。

　しかし、真狩川の事例は、研究者がたんに魚の生態研究だけをやっていては、温暖化による絶滅を予測することはできても、目の前にまで迫った河川改修による絶滅を防ぐことはできなかったことを明白に示している。生態学的研究の必要性・重要性は強調するまでもないが、具体的な行動なしには、ときとしてすぐれた論文の完成時には研究対象とした生物が絶滅しているという悲劇(喜劇)がおきてもおかしくないのが現状なのだ。生態学だけではない。河川に関わるすべての研究において、これはあてはまることであろう。生態学では研究対象の生物を"材料"と呼ぶ。まさに、生態学者にとって、その生き物は自分が証明しようとしている理論なり、仮説を組み立てるうえでの材料にすぎないのだが、生き物はそのような材料として生きているのではなく、かけがえのない存在として、私たちがその川にやってきたときよりもはるか以前から生息しているのである。

千歳川放水路計画を中止させたもの

千歳川放水路計画

　千歳川は支笏湖から流れ出し、江別市で石狩川に合流する河川である(図1)。河川勾配がいちじるしく緩やかなため、洪水時、石狩川の水位が高まると千歳川は石狩川の水位の影響を強く受け、流れにくくなって水位が高くなる。千歳川流域には標高7.5m以下の低地が広がることから、低地に降った雨が川にはけなくなる内水氾濫が大規模に生じやすい。観測史上最大の洪水となった1981年の洪水では、数カ所で破堤も生じたが、石狩川・千歳川と通じて、破堤による外水氾濫よりも内水氾濫による被害のほうがはるかに大規模であった。千歳川放水路計画はこの大洪水をきっかけとして、建設省の河川審議会で策定され、閣議決定された治水対策計画である。この計画は、図1に示すように、長さ約40km、幅200〜300mにも達する

巨大な人工の水路（千歳川放水路）を掘削し、洪水時にだけ千歳川の水を太平洋に出してしまおうというものである。石狩川との合流点には、放水路に石狩川が流れこまないように締切水門を設け、千歳川の中流には放水路へ水を導入する呑口水門を、放水路の出口にあたる河口部には、海面下にまで掘り下げられる放水路への平水時の塩水遡上を防ぐために潮止堰を設ける。工期20年、総工費4,800億円という、河川にかかわる公共事業としては日本最大規模の計画であった。

私が環境科学の研究課題としてこの計画の検討を始めたのは1990年のことである。しかし検討すればするほど、多く

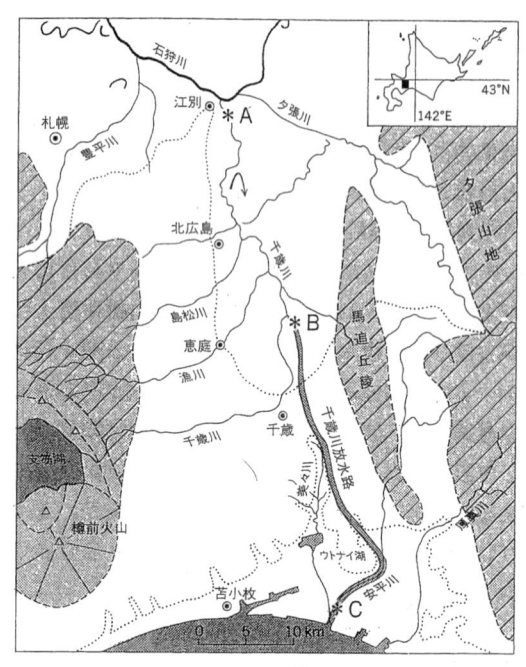

図1　千歳川放水路計画の概念図[1]
A：締切水門、B：呑口水門、C：潮止堰の建設予定地
矢印は、洪水時に千歳川の水が逆流させられることを示す。

の疑問や問題点にぶつかり、その結果として放水路計画への反対運動に加わるようになった。大地を海面以下まで掘削する放水路計画が実施されれば、標高約8mから湧きだす豊富な湧水によって涵養される美々川の河川環境は致命的な影響を受け、さらに美々川に涵養されるラムサール指定湿地のウトナイ湖の環境も危機にさらされる。また洪水時にだけ放水路からの濁流が放出される太平洋沿岸の漁業は壊滅的な打撃を受ける。そればかりではなく、研究の過程で、このような大規模な河川計画の決定のされかたそのものに、致命的な欠陥があることに気づかされたのだった。

私は千歳川放水路計画について1992年に論文を一つ書いた[11]が、それ以降、私は著作のなかでこの問題について論じることはあっても（文献[1][9]など）、研究論文というかたちで千歳川放水路計画を論じることはなかった。待ったなしの運動に追われ、そのための時間的余裕がなかったからともいえるが、学会誌に論文として投稿するより、実際の反対運動に用いられる資料集や報告書のなかで議論するほうが、計画を中止させるという目的のためにははるかに有効だと判断したからでもあ

る。もちろん私の議論が、反対のための単なるプロパガンダやアジテーションであったら、それらは効果をもたなかったであろう。学会誌に投稿できるほどの内容をもち、科学的な論理体系に貫かれた議論を、しかも市民にわかるような言葉で展開したから、専門外の市民にも評価され、結果的に反対運動を盛り上げることができたのだと自負している。

千歳川放水路計画の問題点とその代替案

　そのような多数の文書のなかで、とりわけ重要だと思うのは、1993 年と 1995 年に札幌弁護士会が主催した千歳川放水路計画に関する公開シンポジウムに提出した資料[12]と、放水路計画の是非を最終的に判断するために道が知事の諮問機関として設置した千歳川流域治水対策検討委員会拡大会議における 1,000 ページに及ぶ議事録[13]、ならびに最終的な提言書[14]である。その主旨は以下のようなものであった。

(1) 千歳川放水路計画はたしかに千歳川の水位を下げるには有効であるが、これまで洪水の被害にまったくあってこなかった千歳川流域外の人々（太平洋沿岸の漁民や放水路予定地の農民）と美々川・ウトナイ湖の自然環境に致命的な悪影響を与え、しかも現在の技術ではそれらの悪影響を修復できない。

(2) このような欠陥をもつ放水路計画は、したがって深刻な社会的対立（流域内 - 流域外）を生み、それによって計画策定以来 17 年間にわたって着工できないという異常な事態を招いた。

(3) このように流域外の人々の生活や自然に決定的な影響を与える大規模な計画であるにもかかわらず、千歳川放水路計画は、建設省の河川審議会という密室のなかで策定され、そこには流域外の自治体はもちろん、地元自治体の代表すらおらず、自然環境への悪影響をチェックできる研究者やこの計画が引きおこすに違いない社会的コンフリクトを評価できる専門家も一人として加わっていなかったことに致命的な問題があった。

(4) 千歳川放水路計画は同時に策定された石狩川水系全体の治水計画の一環としてつくられたものである。この治水計画では、それまで 8,500m^3/s であった石狩川の基本高水流量を一気に 1 万 8,000m^3/s に引き上げ、千歳川放水路によってそのうちの 1,000m^3/s を調節することになっている。
　しかし、従来の 2 倍以上にも引き上げられたこの基本高水流量の決定のしかたには次節で述べるような大きな問題があった。

(5) 低平な千歳川流域は洪水常襲地帯であり、一刻も早い治水対策が必要である。このためには、社会的対立から住民合意を得る見通しの立てられない千歳川放

水路計画を一刻も早く中止し、それに変わる代替案として、住民合意が得られる案、すなわち流域内で洪水を処理する総合治水対策を策定すべきである。

(6) 総合治水対策は、千歳川放水路計画のような大規模工事と異なり、特定の自治体や住民に治水上の過大な負担を強いることを避けて、より小規模な工事を流域の各地で行なおうとするところに特徴がある。たとえば石狩川の改修や中流部での遊水地の増設などによって石狩川そのものの水位をできるだけ低下させれば、千歳川は石狩川に流入しやすくなり、千歳川の水位も下げられる。千歳川の堤防を強化するのはもちろんであるが、さらに破堤したときの災害を最小限にするために水害防備林も設置する。また堤防沿いの低地や、戦後の食料増産期に排水されて農地化された沼は優先的に遊水地化して、超過洪水や内水氾濫をここで処理すれば、農家の被害を最小限に押さえることができる。

(7) 遊水地化にあたっては、これまでのような地役権補償[15]だけでなく、農家にとってより有利な補償制度を採用すれば、遊水地化の促進に役立つであろう。千歳川放水路計画の工事費は長く2,100億円である、とされてきた。それが再度、計算されて出てきたときには一挙に4,800億円になっていたのである[16]。しかし、前述したように放水路で分断される美々川の地下水や太平洋沿岸の漁業に対する悪影響を除去する見通しは立っていないのであるから、それらへの対策費を入れていけば、この費用はさらに際限なく増大するとみなければならない。それを考えれば、農家に対してそのような新たな補償を行なったところで、治水事業としての費用ははるかに少なくてすみ、しかも浸水の危険の高い場所から優先的に遊水地化するのであるから、治水事業の費用対効果はこのほうがはるかに高くなるといえる。

　17年間、膠着状態に陥っていた千歳川放水路計画が中止され、流域内での総合治水対策を優先する、という結論が出されたのは、漁民による強い反対が最後まで一貫して続いたことと、このような議論の妥当性が、ある程度までの説得力をもって放水路推進派にも受け入れられたためであろう。しかし、このような住民合意を可能にしたのは、これまで一方的に事業を進めてきた北海道開発庁（開発局）が、批判を受けてともかくも放水路計画を一度白紙に戻し、その上で、北海道が主催する千歳川流域治水対策検討委員会に問題解決を委ねたからである。

　7名の大学教授からなるこの検討委員会は、放水路推進側・反対側の地元自治体、市民団体、自然保護団体、弁護士など、問題にかかわってきた自治体や団体の代表7名をさらに選び、それらからなる拡大会議を招集、ここで16回にわたる検討を行なった。拡大会議がすべて公開されただけでなく、検討委員会も途中からは公開され、また前述したように、拡大会議の1,000ページに及ぶ議事録もすべて公開されたと

いう公開性・透明性が、最終的な意志決定に向けて重要な役割を果たしたと考える。ただそのような公開性・透明性は最初から保証されていたわけではない。まさに放水路問題を検討していく過程において行政側との直接の議論をするなかで一つ一つ認めさせていったものである。ここに、川の問題を解決していく上で、たんに学術誌に論文を書いているだけでは決して果たせない研究者としての重要な役割があるといえよう。

川の問題を解決するために今なすべきこと

基本高水流量の決定の問題点

　千歳川放水路計画はこのようなかたちで中止されたが、その計画のもとになった石狩川での基本高水流量1万8,000m³/sは依然としてもとのままである。これでは、せっかく放水路計画を中止しても、この莫大な流量をどこかで処理しなければならないことに変わりはないから、こんどは流域内の別の場所で放水路に変わる大工事が必要になってしまう。そもそも、こんなに高い値が妥当なのかどうか、そこに立ち返って議論することが必要なのに、河川管理者である建設省や開発局は、改正された新河川法のもとでも、治水計画の根本である基本高水流量の決定だけは、住民にも川にかかわる他の研究者にもいっさい口出しさせない聖域としているのである。基本高水流量とは、ある降雨のもとでどれくらいの流量が川に出てくるかを見積もり、この流量までは耐えられる治水計画にしようとする、治水計画のもとになる数値である。まず、現行の基本高水流量の決定がいかにおかしいかを石狩川を例にみてみよう。

　1981年の洪水では3日間に282mmの降雨があって、石狩川大橋の基準点では約1万2,000m³/sのピーク流量が出た。1976年の洪水では3日間雨量が175mmであったため、ピーク流量はわずか約7,500m³/sであった。

　石狩川の治水対策では150年に一度の大雨（これを河川

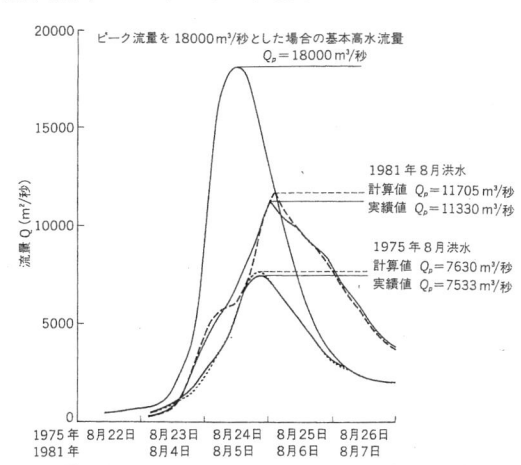

図2　北海道開発局による石狩川の基本高水流量と、1975年、1981年の石狩川のハイドログラフ（北海道開発局の資料に基づく文献[1]）

技術者は 1/150 確率の降雨と呼ぶ）に対処することが求められ、その降雨量は過去の雨量データから約 260mm/3 日と推定された。同様の推定では、1981 年の洪水時の雨量 282mm/3 日は、約 200 年に一度（1/200 確率）の大雨となる。

では 260mm/3 日の大雨が降ったときに石狩川に出てくるピーク流量はどれくらいであろうか。北海道開発局の計算結果は図 2 に示すように、なんと約 1 万 8,000m³/s という大きな値であった。

3 日間雨量で 260mm という、1981 年の洪水時より少ない値を使いながら、なぜその 1.5 倍もの高い流量になってしまうのだろうか。それはこの雨量を過去のさまざまな降雨パターンにあてはめ、実際起きた降雨を引き伸ばした計算をしているからである。実際には 175mm の雨が短時間に集中して降っている事例で 260mm の雨を仮想的に降らせるからこんなに高い流量が出るのである。しかし、開発局が 150 年に一度（1/150 確率）の大雨によって石狩川に出るピーク流量として計算したのは、表 1 に示す 7 通りの値であった。それらは実に 1 万 1,400m³/s から 1 万 8,000m³/s までばらついている。だが、この値のどれをとっても、計算上は 1/150 確率の大雨に対応しているのである。

現行の河川砂防技術指針（案）では、このように降雨量の引伸ばし方をどの程度にすべきか、またその引伸ばし方のちがいによって何通りにも出てくるピーク流量のどれを基本高

表1 石狩川の基本高水流量の計算結果一覧表（石狩川大橋基準点）[1]

降雨パターン	実績降雨量 (mm/3日)	引伸し率	想定降雨量 (mm/3日)	計算ピーク流量 (m³/s)
1981年8月上旬	282.2	1	282.2	約 14400
1975年8月	173	1.5	260	約 18000
1973年8月	113.6	2.29	260	約 16400
1966年8月	109.9	2.37	260	約 11400
1965年9月中旬	107	2.43	260	約 12500
1962年8月	133	1.96	260	約 17600
1961年7月	151.5	1.72	260	約 16100

水流量とするかについて、このようにすべき、という指針を述べているにすぎない[17]。しかし、それはあくまでも指針であって、計算条件の設定の仕方に応じて何通りもの可能性がある数値のうち、これが科学的に正しい、というものでないことは明らかであろう。

問題はこのようにたんに指針で決められた数値が、あたかも科学的に決められた絶対に動かせない数値としてその後の計画をすべて決めてしまうことにある。千歳川とのかかわりでいえば、1 万 8,000m³/s という値を絶対に動かせない科学的数値としてしまったために、結局は放水路計画のような深刻な社会的対立を生む大規模工事を必要としてしまい、17 年間にわたる治水工事の遅れをもたらしてしまったのである。もちろん、7 通りの値のなかで最大値をとったことは治水の安全度から言え

表2 治水安全度（確率）と石狩川の基本高水流量、総合治水対策を実施したときの20年後の合流点水位と、それぞれの基本高水流量を安全に流すために必要とされる合流点対策、その実現に対する住民合意の困難度の比較表[14]

合流点水位のうち上の三つは千歳川流域治水対策検討委員会に出された北海道開発局による数値（基本高水流量1万8,000m³/s、1万6,000m³/s、1万4,000m³/sに対応）を用いた．基本高水流量1万2,500～1万1,400m³/sのときの合流点水位は推定値．

安全度*	石狩川の基本高水流量(m³/s)	総合治水対策を実施したときの20年後の合流点水位(m)	必要となる合流点対策	住民合意の困難度	工夫をした場合の困難度**
計算値 150年に一度の大雨（260mm/3日）に対処できる（1/150）	18,000 17,600	10.3	石狩川の分流・千歳川新水路・背割堤のいずれをとっても大規模な工事が必要	大	中
	16,400 16,100	9.6	上記より工事の規模をやや縮小できる	中	小
	14,400	8.8	さらに小規模な工事ですむ	小	困難なし
	12,500 11,400	8.3～8.4	合流点での大規模工事は不要。総合治水対策でうたわれている石狩川中流部の遊水地を増やしたり、石狩川下流部dの低水路拡幅・河道切り下げだけで十分に対処できる。	困難なし	
実績値 200年に一度の大雨（282mm/3日）1981年の洪水に対処できる（1/200）	12,080（川から氾濫した分を河道に戻したと想定したときの流量である）				

* 千歳川での安全度は1/100（100年に一度の大雨320mm/3日に対処できるもの）とするこのとき計画水位は8.5～8.7mであり、合流点水位がこれより低いケースほど、合流点での工事の規模は小さくなる。

** 総合治水対策でうたわれている石狩川中流・下流部での対策（遊水地、低水路拡幅など）をさらに強化することにより、合流点対策での工事は1ランク小規模にでき、その分住民合意の困難度は下げられる

ば確かに有利といえるが、結果的にこれでは住民合意が得られず治水工事ができないのであるから、多少、対処できるピーク流量は少なくなっても、早く実施できる対策のほうが意味があるともいえよう。

　放水路を中止しても、ピーク流量を高く見積もればそれだけ石狩川と千歳川の合流点の水位は高くなり、表2に示したように、合流点ではそれだけ大規模な工事が必要となる。すなわち、基本高水流量を高くとれば、合流点での石狩川の水位が最大では10mを超え、1/100確率の大雨に対応している千歳川での計画水位（8.5～8.7m）を大きく上回ってしまう。これでは石狩川が千歳川に逆流してしまうから、石狩川を分流させて合流点での流量を下げるか、合流点の位置を下流にずらすために千歳川の河道を移設して新水路をつくるか、さもなくば背割堤をつくるといった大規模工事が合流点で必要になってしまうのである。工事が大規模になればそこでまた立ち退きなどの問題を生じ、住民から反対が出るから、住民合意に時間がかかり、

治水工事の完成はそれだけ遅れる。現に、合流点にあたる江別市は町をあげてこれらの工事に反対している。

　だが、着々と改修が進められている石狩川では、現在の河道ですら、すでに1/200確率の大雨だった1981年洪水の流量約1万2,000m³/sを安全に流せるまでになっているのである。現在、この流量が流れたとすると合流点水位は約9mになってしまうが、検討委員会に出された総合治水対策を実行すれば、20年後の水位は8.3〜8.4mにまで低下して、千歳川での計画水位を十分に流せるものとなる。総合治水計画は、今後20年間の河道改修と千歳川の堤防強化、石狩川・千歳川中流部での遊水地の設置などを内容とするものであり、すでに検討委員会・拡大会議での住民合意が得られているから、その実施には大きな困難がない。同じ1/150の安全度で7通りの数値が出されているのであるから、あとはこのうちのどれを選ぶかを直接の利害に関わる地域住民をまじえて決定するのが最も妥当であろう。合意に時間がかかってもより高い洪水流量にも耐えられる大工事を望むか、すぐにでも着工できる小規模な工事ですむ治水対策を望むかは、治水による便益とともに、立ち退きなど、工事の影響をまともに受ける地元住民が十分な情報を与えられたうえで最終的な意志決定すべきことがらではないだろうか。

川をよみがえらせるために

　これまでの議論から、河川管理者は住民がその決定を下すために必要なあらゆる情報を住民にわかりやすいかたちで与えなければならないし、大学の研究者はそのための手助けをしなければならないことが明らかであろう。安全度1/150なら基本高水流量1万8,000m³/sしかないと決めつけてしまうと、表2に示したように、200年に一度の大雨（1981年の洪水）は防げても、150年に一度の大雨はとうてい防げない、といったおかしな結論になってしまうのである。これは一般住民だけでなく専門家にも理解しがたいことであろう。

　250年にわたって一度の洪水を引きおこすことがなかった第十堰を廃止して、建設省が長良川のような可動堰をつくろうとしている吉野川では、578mmの降雨で1万1,000m³/sのピーク流量しか出ていないのに、引伸し計算から、わずか329mmの降雨で2万4,000m³/sの流量がでる計算がなされ、この莫大な値が一人歩きして、可動堰の必要性の根拠になっている[18]。また多くのダムや河川改修でも、このようにある意味では過大に見積もられた基本高水流量がその根拠となっている例が少なくない。ダム事業ではさらに過大に見積もられた電力・水需要の問題がある（松倉ダム、サンルダムの例については文献[9]を参照）。

　確率とかハイドログラフといった科学的な言葉をふりまわされ、出てきた数値があ

たかも唯一、絶対的であるかのようにいわれれば、専門家でない一般市民は、それを信じて、ほかには対策がないと思ってしまうのは当然であろう。中村[7]も指摘しているように、計画降雨規模の決定や降雨パターンの抽出根拠、総雨量と降雨継続時間にからむ引伸し率などは現状では科学的に説明ができないことがらである。それを河川工学者が科学的に絶対だと強弁すれば、非科学的という非難を浴びても当然であろう。川をよみがえらせるためには、なによりも、川をどうしたいかという住民の意識と専門家の知識、そして河川管理者の協力が不可欠である。そのためには、河川計画のもとになる基本高水流量そのものを、この三者が集まって柔軟に検討するシステムがまず必要だと思う。これまでのように治水や利水だけを河川計画の目標とする時代は河川法の改正によって終わりを告げた。河川管理者が河川環境の保全を目標に川に対処しなければならなくなった現在、河川のあるべき姿を決める基本高水流量そのものを住民や河川工学以外の専門家の目で検討しなければ、河川をめぐる無用な紛争は今後も続いてしまうのである。

　日本の川は、河川工学というたかだか工学の一分野によって管理されているといっても過言ではあるまい。そこに省益がからみ、さらに土建公共事業のばらまきに密着した政治がからんで、まともな科学的議論をはばんでいるのが現状である。河川法が変わった今こそ、地理学、生態学、社会学、リスク科学などあらゆる科学が川の問題にかかわり、これに介入すべきだと思う。生態工学のような新しい境界分野を進めなければならないのはもちろんであるが[19]、重要なことは大学の研究者が社会のあらゆる場に出て、市民とともに行政と侃侃諤諤の科学的議論を戦わせることであろう。秋山が強調した川や水をめぐるそのようなソフトウェア[20]が今こそ必要なのである。そのためには、高木[21]のように国から独立した組織をつくることも必要であるが、大学そのものを現実の問題解決に有効に機能する組織に変えてしまうことができれば、そのほうがはるかに効率的である。少なくとも、講座に環境の名を冠した大学の研究者は、これまでのように一流国際誌への投稿数だけを競うのではなく、現実の問題を解決に導く活動そのものを科学の営為とする新しい価値評価システムを自ら打ち立てるべきであろう。そうしなければ、たとえ川についての論文は生産されても、日本の川をよみがえらせることはできない。

文献
(1) 小野有五（1997）『川とつきあう』（自然環境とのつきあいかた 3）岩波書店
(2) M. Fukushima（1994）J. Fish Biol., 44　877p.
(3) 福島路生（1993）森と川　No.3　7：小野有五（1996）北海道の自然と生物　10　48：小野有五（1997）『川との出会い』（自然を見つける物語 1）岩波書店）の記述はこの間のいきさつを物語形式で語ったものである。

（4） T. C. Bijonn & D. W. Reiser（1991）American Fisheries Society Special Publication. 19, 83
（5） 森　由行ほか（1997）野生生物保護　3　31p.
（6） 小野有五（1995）地形　16　195p.
（7） 中村太士（1999）『流域一貫』築地書館
（8） リバーフロント整備センター（1990）『まちと水辺に豊かな自然を』山海堂；『まちと水辺に豊かな自然を II』山海堂（1992）『多自然型川づくりの取組みとポイント』（まちと水辺に豊かな自然を III）山海堂（1996）
（9） 小野有五（1997）『北海道・森と川からの伝言』北海道新聞社
（10） 北野文明ほか（1995）野生生物保護、1　1p.
（11） 小野有五（1992）地形　13　261p.
（12） 札幌弁護士会公害対策・環境保全委員会（1995）「千歳川放水路計画を考える」札弁リブレット第1号：「続・千歳川放水路計画を考える」札弁リプレット2号（1997）
（13） 北海道庁総合企画部土地水対策課（1999）「千歳川流域治水対策検討委員会拡大会議議事録」（第1回〜第16回）
（14） 小野有五（1999）「"千歳川流域の治水対策についての中間まとめ"に対する意見書」北海道庁総合企画部土地水対策課
（15） 内田和子（1985）『遊水池と治水計画―応用地理学からの提言』古今書院
（16） 北海道開発局（1994）「千歳川放水路計画に関する技術報告書」
（17） 建設省四国地方建設局（1995）「第十堰改築事業に関する技術報告書・治水編」
（18） 日本河川協会編（1997）『建設河川砂防技術基準（案）同解説』山海堂
（19） 廣野喜幸ほか（1999）科学　69　199p.
（20） 秋山紀子（1994）『水をめぐるソフトウェア』同友館
（21） 高木仁三郎（1999）『市民科学者として生きる』岩波新書

注
（注1） 第3章　75〜76ページ参照
（注2） 第3章　80〜82ページ参照
（注3） 第3章　68〜69ページ参照
（注4） 第3章　82〜83ページ参照

3
Teach
教える

ランドスケープ・エコロジーと地理学

　大学と社会をつなぐ。地理学と環境問題をつなぐ。森と川をつなぐ。
　そうしたさまざまな「つなぎ」をするうえで、もっとも役立ったのがランドスケープ・エコロジーであった。景観生態学とも訳され、今では生態学の一分野として扱われることが多いが、これこそが地理学であると私は考えている。北大・大学院で担当してきた環境地理学の講義では、いつもランドスケープ・エコロジーの基礎を紹介することから始めていた。その最初の部分を、パワーポイントの画像も入れながら、できるだけ講義で話しているままに再現したのが以下の記述である。

講義1　「フンボルトの発見」

1．フンボルトの魅力

　これから、環境について研究する地理学、環境地理学の講義を始めます。環境地理学は、環境科学の重要な分野であり、たんに研究室のなかで終わるものではありません。環境地理学をつくったのは誰か、と考えると、やはりアレクサンダー・フォン・フンボルトという人ではないか、と思います。それでこの講義は、まずフンボルトのことから始めましょう。
　近代地理学は、フンボルトとリッターという二人のドイツ人地理学者によって確立された、といわれています。カール・リッターも偉大ですが、リッター

は、フィールド・ワーカーではなく、むしろ書斎の人でした。フィールドを歩くことを学問の出発点と考える私のような人間には、18世紀末から19世紀にかけて、当時のヨーロッパ人には未知の世界であった南アメリカの広大な地域を、歩きつつ思考したフンボルトのほうがはるかに魅力的なのです。

フンボルト海流やフンボルト・ペンギン、さらには、ベルリンのフンボルト大学など、フンボルトの名前は今もあちこちで生きていますから、名前だけは知っている、という人もいるでしょう。ゲーテともずっと親交がありました。ゲーテは文豪として知られていますが、実は、植物や地球についても深い関心を持ち続けた人であり、フンボルトは、彼の書いた『植物地理学考』のドイツ語版をゲーテに捧げているのです[注1]。また兄のヴィルヘルム・フォン・フンボルトは言語学者として著名であり、地理学以外の分野では、フンボルトといえば、兄のほうを想起する人のほうが多いかもしれません。

アレクサンダー・フォン・フンボルトは、1769年、プロイセンの裕福な貴族の家に生まれました。お父さんはドイツ人ですが、お母さんがフランス人だったので、彼の著作にはフランス語で書かれたものも多いのです。ドイツ語が苦手な私にはありがたいことです。ここで紹介する「赤道地域の自然図」を含む『新大陸における赤道諸地域への旅行』（全30巻）も、まさにそうした本の一つといえるでしょう。

この本に出会ったのはまだ筑波大学にいた1980年ごろ、筑波大学の広い図書館の中のことでした。薄暗い書庫のなかで、立派な大部の復刻版は、ひっそりと書棚に埋もれていたのです。1970年代に復刻されたばかりの高価な本を購入してくれていた大学に、ひそかに感謝したものでした。

その後、この大部の本は、同じ筑波大学の手塚　章さんの手によって、くわしく紹介されました。『植物地理学試論』の翻訳は、古今書院から出された『地理学の古典』（手塚1991）のなかに含められています。『続・地理学の古典　フンボルトの世界』（手塚1997）では、フンボルト自身の著作や書簡の巧みな引用によって、フンボルトの南米探検の内容がわかりやすく解説され、さらに、この講義でも使う「赤道地域の自然図」（手塚さんは、「熱帯地域の自然図」と訳しています）の解説文の全訳が載せられていますので、興味をもった方はぜひ参照してください。

2．フンボルトの南米探検

　フンボルトの5年間にわたる南米探検については、前述の手塚さんの本がもっとも要領よくまとめています。その後、岩波書店の「17・18世紀大旅行叢書」のなかには、『新大陸における赤道諸地域への旅行』（全30巻）そのものの抄訳（といっても3巻に及ぶ）が収められましたし、ピエール・ガスカルによる伝記、ダグラス・ボッティングによる評伝も翻訳されていますので、フンボルトについては、日本語でもかなり読めるようになったといえるでしょう。

　フンボルトはまずベネズエラに入り、オリノコ川の水源を探索しました。オリノコ川の支流を遡り、最上流部のカシアキレ川が、アマゾン川の支流ネグロ川とつながっていることを「発見」したのです。ヨーロッパでは疑問視されていたこの川の存在を、現地を歩き、正確な測量をすることで初めて確認したわけです。

　その後、いったんはキューバにもどったフンボルトは、コロンビアのカタルヘナに上陸すると、マグダレナ川を遡ってアンデス山脈にとりつき、ボゴタに行きます。あとはひたすらアンデスをつくる3つ山脈を、そのあいだを刻む深い谷を横断しながらひたすら南下し、赤道直下のエクアドル・アンデスに至るのです。キト周辺では、いくつかの高山での調査を行い、ついには、当時、世界最高峰と信じられていたチンボラッソ（標高6,310 m）に挑み、山頂まであと標高差467mの地点まで達しました。1802年6月9日のことです。これは、当時、人類が登った最高記録でもありました。

　このように、フンボルトの探検は、熱帯雨林の低地から氷河の輝くアンデスの最高峰にまで及んでいました。重要なことは、彼がただの探検家、登山家ではなかったことです。彼の目的は、あくまでも博物学的な調査にありました。地図の空白地域への探検では、すべてが調査対象となります。地理学的な位置の測定そのものが、すでに調査の一部なのです。

　フンボルトの南米探検は、その前年に亡くなった母親の莫大な遺産を惜しげもなく費やすというかたちで行われました。そうした意味ではあくまでも私的な探検であり、政府が派遣する大部隊の遠征隊とはほど遠いものでした。彼は

5年間にわたる探検で全遺産の3分の1を使いましたが、ヨーロッパに帰ってのち、30巻にわたる大部の報告をまとめるのも、すべてこの遺産によったのです。フンボルトには、同じ年に生まれたナポレオンによるエジプト遠征が意識されていたはずです。そうした国家的な大遠征とは比較にならないとしても、フンボルトの探検は、貴族の財力をふんだんに使ったうらやむべき探検であったといえるかもしれません。

　けれども、探検隊のスタッフは、フンボルト自身と植物学者のエメ・ボンプランの2名にすぎないのですから、たんに規模からみれば、これは探検隊どころではなく、熱帯植物に魅せられた貴族の御曹司の個人的な旅というほうが近いのです。そんな調査では、すべてを網羅するわけにはいきません。それでもフンボルトが予め定めた調査対象は、植生、動物、地質、農耕、気温、万年雪の限界線、大気の化学組成、電気現象、気圧、重力、空の青さの強度、大気中を通過する光線の強度、水平屈折率、水の沸点温度の14項目にものぼりました。これらすべてについて彼は周到に測器を用意し、自らその多くを測定したのです。

　『新大陸における赤道諸地域への旅行』には、経度計、クロノメーター、望遠鏡、六分儀、トランシット、セオドライト、測角器などの測量器具、伏角計、偏角計、磁力計などの地磁気測定器をはじめ、気圧計、温度計、湿度計、電位計、ユージオメーター、空の青度を測るシアン計、顕微鏡など、フンボルトがヨーロッパで購入、持参した29もの最新の測器がリストアップされていました。熱帯や高山での5年間にもわたる困難な調査旅行において、これら精密な測器の精度を保つことがいかに大変なものであったかは想像に難くありません。しかし、フンボルトはそれを忍耐強くやってのけたのです。そうした意味では、フンボルトはブーゲーを引き継ぐ偉大な地球物理学者でもありました。

　これら14項目は、そのまま、後述する「赤道地域の自然図」を説明する14の要素となっています。人間に関する調査は、農耕しか含まれていないように見えますが、現地では、さまざまな人類学的な観察をフンボルトは行いました。フンボルトが目指したもの、それは、今日のように、地形学、気候学、水文学、人文地理学といった諸分野に分化する以前の、すべての自然・人文現象を扱う地理学的研究であり、さらに植物学、動物学、地質学、人類学、地球

物理学といったすべての自然科学を包括する博物学的研究だったのです。地理学そのものが博物学であり、博物学そのものが地理学であったともいえるのです。

フィールド・ワーカーにして博物学者。地理学者。フンボルトのこのような姿勢をそのまま受け継いだのが、ダーウィンでした。『種の起源』は1859年、ちょうどフンボルトが亡くなった年に出たのです。『ビーグル号航海記』は、明らかにフンボルトの『新大陸における熱帯諸地域への旅行』を念頭において書かれています。博物学とフィールド・ワークによって地理学の体系をつくりあげたフンボルトと、そこから進化論をつくりあげたダーウィン。フンボルトからダーウィンにつながる系譜を、日本でもっとも受け継いだのは、南方熊楠ではないでしょうか。フンボルトのように、さまざまな測器を使いこなして測量や観測をしたわけだはありませんが、その知的好奇心の広さ、自然のすべてを、その相互の関係を明らかにしようとしたという壮大な意図をもっていたという点では、南方熊楠こそ、日本のフンボルトではないかと思うのです。

3.「赤道地域の自然図」

見開きに縮小して示した図1が、フンボルトの30巻に及ぶ『新大陸における赤道諸地域への旅行』の最初を飾る『植物地理学試論および赤道地域の自然図』です。

この図を最初に日本の紹介したのは野間三郎さん（1938）ですが、最近では、手塚さん（1997）、山本さん（1998）によって詳しく検討されています。それらによれば、この図は、『新大陸における赤道諸地域への旅行』の第27巻として、1805年にカラー四つ折版で印刷されました。正式のタイトルは、「1799-1803年に実施されたフンボルトとボンプランの測定にもとづく、北緯10度から南緯10度までの赤道地域の自然図」です。

その後、1807年には、この図だけが、『新大陸における赤道諸地域への旅行』の第20巻として、『赤道の植物地理学：アンデスおよび隣接地域の自然図、1799、1800、1801、1802、1803年に行われた観察と測定に基づき示された』というタイトルのもとに、フォリオ版で出されました。私が筑波大学の図書館で見たのは、こちらの版です。

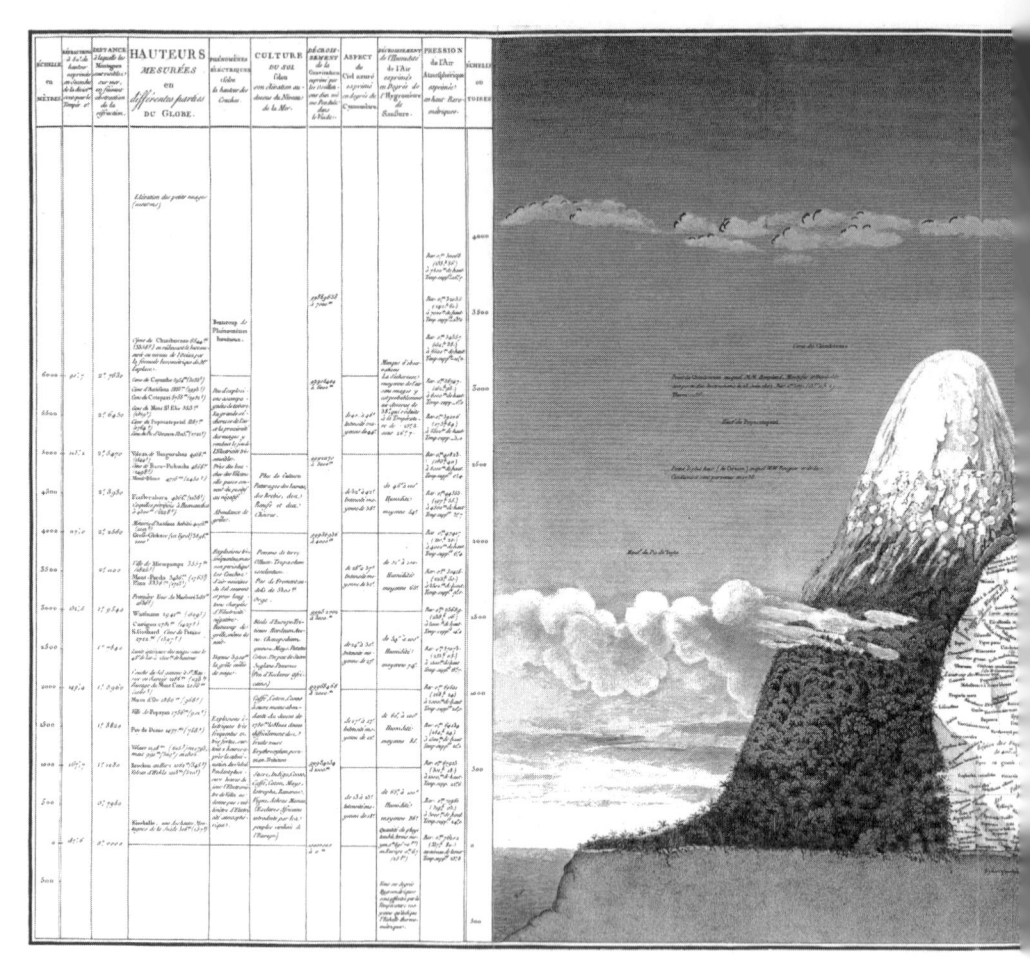

図1 フンボルトの地図「アンデスおよび隣接地域の自然図」(フンボルト 1808；手塚章 1997 による)

　図1に示したように、図の左右には20もの欄があって、そこに、前述したフンボルトの14の測定項目の内容と、さらに「屈折の影響を除去したときに海上から山岳をのぞみうる距離(角度)」、および「地球上のさまざまな地点で測定された高度」が書きこまれています。全部で16項目です。欄が20あるのは、左右それぞれに標高が、メートルとトワーズ(長さの旧い単位で、1トワーズは1,949メートルに相当)で示されているからです。

3　Teach　教える　　　　　　　　　　　　　　　　　　　57

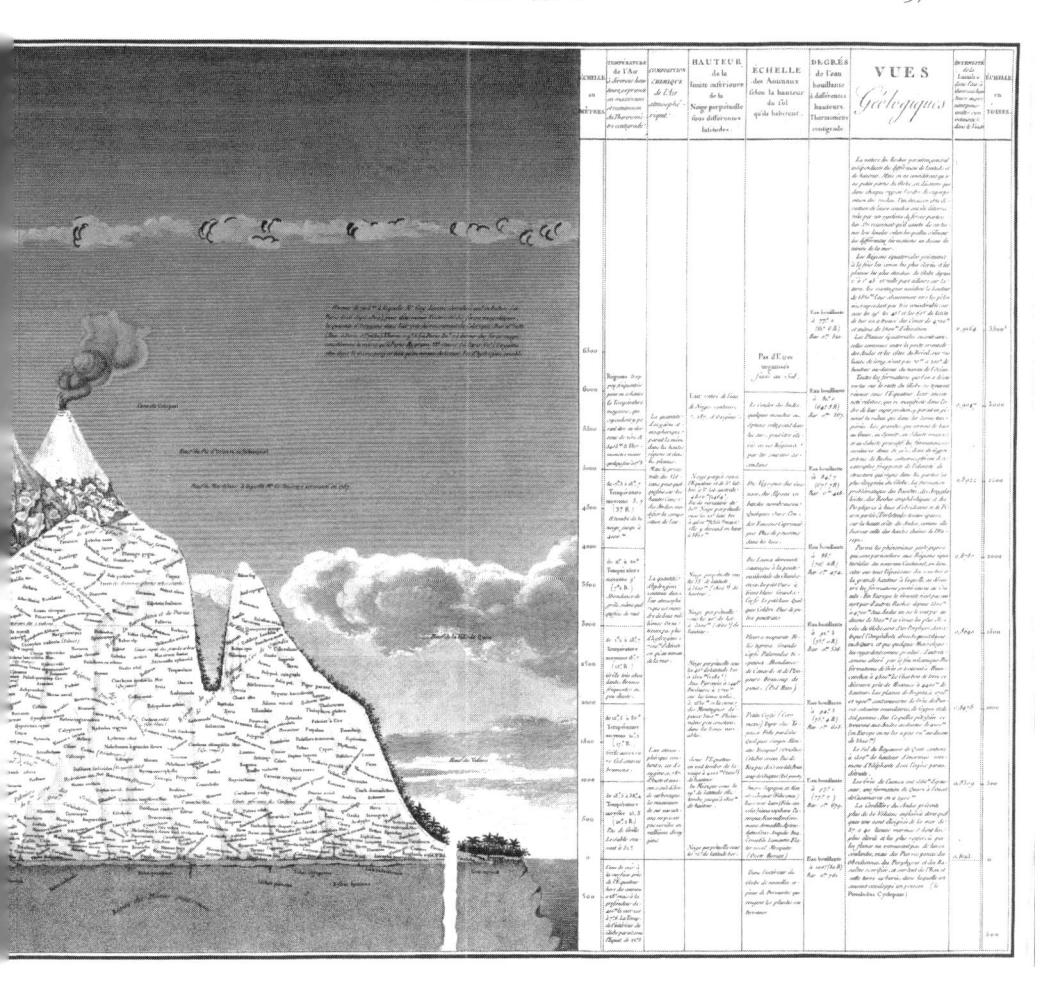

　各欄の内容についてフンボルト自身が書いた詳しい解説が、手塚さん（1999）によって翻訳されている「赤道地域の自然図」の本文にあたります。ここでは、図のほうに注目してみましょう。
　この図は、フンボルトがボンプランとともに自ら踏査し得た北緯10度から南緯10度までのアンデスの自然を、太平洋から大西洋に至る東西断面図として描いたものです。左端が太平洋で、太平洋岸からいきなりそびえたつのがアンデス山脈です。そこでは、彼自身が登った最高峰のチンボラッソがそびえたち、そのすぐ右には、彼の調査中に爆発した活火山のコトパクシが、まさに噴

煙を上げています。アマゾン側の東斜面はいくぶんなだらかに描かれ、南北に連なる山脈を区切る深い谷が1つだけ模式的に入れられたのち、しだいに東に向かって高度を下げています。アマゾン河の流域がつくる広大な低地は、縦に入れたブランクで省略され、ふたたび海岸がわずかに描かれて、大西洋に至るのです。

　このような地形の大規模な断面図が描かれたのも、実は、人類の歴史始まって以来、初めてのことでした。そこでは、垂直方向の距離、すなわち高さと、水平方向の距離との決定的なちがいをまず克服しなければなりません、地質学者として、地層の断面を描くことに習熟していたフンボルトは、高さ方向の縮尺と、水平方向の縮尺を大きく変えることで、この問題を解決したのです。今から考えればあたりまえのことですが、同一縮尺で描こうとすれば、標高6,310mのチンボラッソも、数千キロメートルの水平距離をもつ南米大陸のなかでは、わずか数ミリになってしまうでしょう。フンボルトは、高さ方向を何倍にも拡大し、東西の断面の一部を大胆にカットすることで、そびえたつアンデス山脈の高さを何よりも視覚的にわかりやすく描くことに成功したのです。

　絵画でいえば、これは一種のデフォルメです。科学的にいえば、1：1の縮尺が真実の姿であり、高さ方向だけを強調するのは、あきらかに作為的でしょう。しかし、人間の眼には、そうしたほうが自然に見えるのですし、それは私たちの視覚が、垂直距離に対して、水平距離を極端に軽視しているからに他なりません。ですから、フンボルトが描こうとしたのは、私たちの眼に見える世界、つまり人間の視覚によって（再）構成された（ゲシュタルト）世界であった、といえるでしょう。

　第二の特徴は、図の左半分が絵画になっているのに対し、右半分には、各高度帯で見出された個々の植物名が細かく書き込まれている、という左右の極端なちがいです。フンボルトが、最初にこの「赤道地域の自然図」の構想を得たのは、彼自身の記述によれば、1803年2月、彼がリマからエクアドルのグアヤキル港にもどったときでした。山野さん（1998）の著書には、そのときにフンボルトが描いた可能性の高い水彩のスケッチのコピーがおさめられています。それを見ると、植物は、地形断面図の輪郭線の上にわずかに描かれているに過ぎません。図の大部分は、最終的な図でいえば右半分のような、植物名の

高度別の羅列で占められていて、左半分に示されたような豊かな植生表現はまだないのです。図の左右につけられた 20 の欄も、この段階ではまだ 8 つしか書かれていませんでした。

　素描ともいえるこのような最初の図から、どのようにして最終的な「赤道地域の自然図」が形づくられたのか、興味がわきます。フンボルトは最初のエスキースをサンタフェ・デ・ボゴタの植物学者ムーティスに送り、意見を求めたと書いていますので、あるいは、ムーティスの助言もあったのかもしれません。でも、この図が最終的にパリで製図されるまでには、なお 2 年ほどの時間があるのです。そのあいだに、フンボルトの思想が大きく発展した、と私は考えます。

　グアヤキルの港は、フンボルトにとって、足かけ 5 年に及ぶ南米探検の最終滞在地でした。長い調査が終わり、その全体を 1 枚の図に凝縮しようとしたとき、まず描かれたのが、アンデスの東西地形断面と、各高度で発見されたおびただしい植物であったことは、フンボルトの最大の関心がやはり植物にあったことを示しています。けれども、南米探検を通じて、フンボルトの心をとらえたのは、もちろん植物だけではありませんでした。そこで見るすべてのものが、総体としてフンボルトの心を揺さぶり、感動させ、さらなる調査へとかりたてたのです。

　視覚に映るすべてのもの、それをフンボルトは、"physionomie"（フィジオノミー）という言葉で表現しています。山野さん（1998）は「相貌」と訳しています。それは目に見える「景観」でもありますが、さらにいえば「景観」を含む全体なのです。私たちは外界を視覚だけではなく、五感すべてでとらえるからです。匂いや空気、湿り気、乾き、風、音、鳥のさえずり、虫の鳴き声、やわらかい土の感触、ひんやりとした岩肌といったすべてをつうじて、私たちは外界を感じとるのです。その全体こそが、フンボルトにとっては、とらえるべき対象なのでした[注2]。

4. フンボルトの発見

　そのように考えたとき、図を二分して、左側に実際の景観を描くという発想が生まれたのではないでしょうか。それは同時に、景観のなかでは、私たちは

個々の植物ではなく、それらを集合として、すなわち植生（vegetation）としてとらえている、という発見でもあったのです。

とりわけ、アンデス山脈のような大きな起伏をもった地形では、高度とともに、そこに生えている植物が変わっていきます。それを高度による植生の変化ととらえれば、植生垂直分布帯という概念になるでしょう。図の左側は、アンデス山脈での高度のよる植生の変化が、まさに絵として描かれています。海岸からある標高1,000m付近まではヤシやバショウからなる森林であり、その上では木生シダやキナノキ林に変わります。標高2,700mを超えると高木はなくなり、3,500mを超えると、背の低い灌木だけになります。4,100mを超えると、イネ科の草本だけとなり、4,600mを超えると、地衣類だけの世界となります。そこは、すでに万年雪の下限に近いのです。フンボルトは、赤道アンデスでは、氷河はないと考えましたが、彼が図に描いた万年雪は、実際には氷河に近いものといっていいでしょう。

フンボルトが発見したことはなんでしょうか。それは複雑きわまりない自然も、植生という概念を使うと、たった四つの要素に分けられるのだ、ということです。

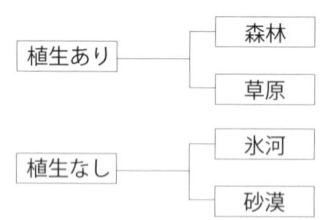

```
植生あり ─┬─ 森林
          └─ 草原
植生なし ─┬─ 氷河
          └─ 砂漠
```

地球上のどんな自然も、陸上では、植生のあるなしによってわずか4つの世界に区分できるということを、フンボルトは初めて示してくれたのです。

一方では、それぞれの植生がどんな種類の植物からなるのかを、フンボルトは徹底的に調べています。それが図の右半分です。しかしそれは、フンボルトひとりではできない仕事でした。植物学者のボンプランが同行していたとはいえ、彼らはひたすら採集し、それを博物館に送って、新種として記載してもらう必要があったのです。これは植物学者、分類学者にしかできないことです。でも、そこが森になっているのか、草原なのか、ということは子どもでもわかります。そうやって自然というものを誰にでもわかるように区分すること、自

然の違いというのは、ただ、それら4つの要素の組み合わせの違いにすぎないのだと教えてくれたのがフンボルトなのです。

　目で見えるありのままの景色、景観から、自然を「森林、草原、氷河、砂漠」という基本的な要素に分けていく。自然がこうした基本的な要素の組み合わせでできていることを明らかにしていくのがランドスケープ・エコロジー（景観生態学）だとすれば、自然がそのように区分できることを示したフンボルトこそ、ランドスケープ・エコロジーの創始者と言うべきではないでしょうか。

（注1）ゲーテの自然科学的な研究については、『色彩論』、『ゲーテ形態学論集・植物編』、『ゲーテ形態学論集・動物編』、『ゲーテ地質学論集・鉱物編』いずれもが木村直司さんによって翻訳され、ちくま学芸文庫に入っていますから、興味のある人は読んでみてください。
（注2）フンボルトのこうした態度は、人間がさまざまな感覚を使って世界をどう認識しているか、ということを空間認識の中心にすえる人間主義的な地理学（humanistic geography）に通じるものがあります。物理的・無機的に存在する空間（space）は、人間がそれを自分の感覚・意識で捉え、人間の側で再構成することによって、場所（place）になるのです。興味のある人はイー・フー・トゥアンの『トポフィリア』（小野有五・阿部　一訳、ちくま学芸文庫）を読んでみてください。

参考文献（アレクサンダー・フォン・フンボルトに関する日本語文献）

・アレクサンダー・フンボルト　大野英二郎・荒木善太訳（2001-03）『新大陸赤道地方紀行』17・18世紀大旅行記叢書（第2期）〈9．10．11巻〉岩波書店
・ダグラス・ボッティング　西川　治・前田伸人訳（2008）『フンボルト 地球学の開祖』東洋書林
・ダニエル・ケールマン／瀬川裕司訳（2008）『世界の測量 ガウスとフンボルトの物語』三修社
・ピエール・ガスカール／沖田吉穂訳（1989）『探検博物学者フンボルト』白水社
・手塚　章編（1991）『地理学の古典』古今書院
・手塚　章編（1997）『続・地理学の古典　フンボルトの世界』古今書院
・山野正彦（1998）『ドイツ景観論の生成　フンボルトを中心に』古今書院
・西川　治（1988）『地球時代の地理思想　フンボルト精神の展開』古今書院
・野間三郎（1959）アレクサンダーフンボルトの植物生態学研究　地理　4（3）337-346．
・大森道子（1980）アレクサンダー・フォン・フンボルトとゲーテ ──Physionomik をめぐって── モルフォロギア vol.1980（2）40-62．
・沼田　眞（1983）ゲーテからフンボルトへ　図書　1983年4月号　20-25．

講義2 「自然はパッチワーク」

1．トロールの発見

　最初の講義では、フンボルトが植生に着目することで、目で見えるありのままの景色、景観から、自然を「森林、草原、氷河、砂漠」という基本的な要素に分けたことをお話ししました。フンボルトは、自然がこうした基本的な要素の組み合わせでできていると考える「ランドスケープ・エコロジー（景観生態学）」につながる見方を生み出したのです。

　それを引き継ぎ、現代的なランドスケープ・エコロジーをつくったのは、ドイツの地理学者、カール・トロールでした。ドイツ語では、ランドスケープはラントシャフトですから、"ラントシャフツ・エコロギー（Landschaftsökologie）"となります。トロールは高山の地形や周氷河地形のすぐれた研究者でもあり、私はむしろトロールのそういう研究に触発されてきたのですが、環境のことを考えるようになると、むしろトロールのつくったこの新しい学問に強く惹かれるようになりました。

　トロールがこういう考えを抱いたのは、実はずいぶん古く、1938年のことです。帝国主義・植民地主義の時代、ドイツがアフリカに進出する過程で、トロールは、大地を初めて航空写真で観察する、という新しい研究手法を確立しました。上空から撮影した写真は、空中写真と呼ばれます。今では、飛行機からとった航空写真だけでなく、人工衛星から撮影された衛星写真や、宇宙船に乗った飛行士が撮影した画像などもよく使われます。

　空中写真の利点は、まず広い範囲を俯瞰できることですが、それ以上に重要なのは、写真をオーバーラップさせて撮影することにより、あとで立体視が可能になることです。立体視は、最近では3Dなどとよばれ、そういう映画も見られるようになりましたが、空中写真を立体視すると、小さい起伏がその何倍にも拡大されて、見やすくなるのです。いまではほとんどがカラー写真ですから、対象は細かい色の違いでも識別できるようになりました。色の違いは波長の違いですから、衛星写真では、それを応用して対象を分析することも普通に行われます。

しかし、トロールが研究を始めたころは、当然、大部分がモノクロ写真でしたから、写真に写っている形と濃淡でしか、対象を識別できませんでした。図1は、東アフリカ（現在のザンビア）の空中写真をもとに、トロールが、大地を4つ要素に区分したものです（Troll 1968）。こうした図を、空中写真の判読図といいますが、トロールの図では、大地が、フンボルトと同じように、植生によって区分されていることに注目してください。

1は乾燥した土壌の立地するミオンボ森林、2は定期的に冠水する草原（ダンボ植生）、3は沼沢性のサヴァンナ、4は常緑、湿性のアリ塚・灌木林です。

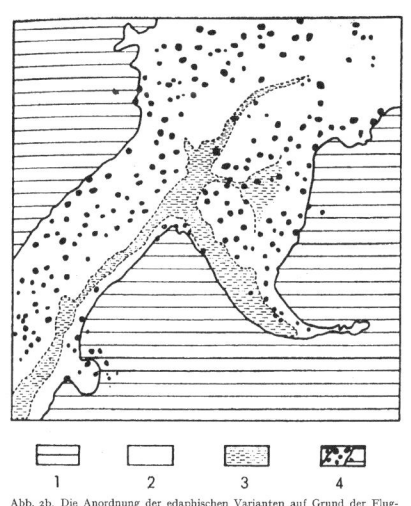

図1 トロールによる東アフリカのランドスケープの区分図（1～4の凡例は本文を参照；Troll1968）

このあたりは、全体が、明瞭な乾季と雨季をもつサヴァンナ気候であり、植生も、草原のなかに、まばらな疎林が見られるサヴァンナ植生で特徴づけられます。そうしたサヴァンナの景観を、トロールは、そのなかの植生の違いによって、4つに区分したのです。

なかでも、トロールが注目したのは、点々と広がる4のアリ塚でした。正確にはシロアリがつくった小高い丘です。英語ではターマイト・マウンド（termite mound）と言います。写真1は、ケニアで私が撮影したものですが、まさにトロールが分析したザンビアでのように、草原を主体とする周辺のサヴァンナ植生

写真1 ケニアのアリ塚（マサイマラ国立公園にて2008年9月18日撮影）

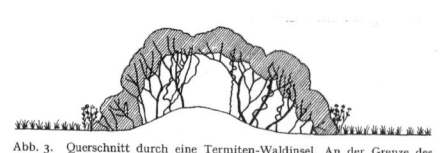

Abb. 3. Querschnitt durch eine Termiten-Waldinsel. An der Grenze des gebrannten Graslandes gegen den immergrünen Feuchtwald eine Zone von Kräutern (Pyrophyten).

図2 アリ塚の地形断面と植生 (Troll1968)

のなかに、シロアリの塚の上だけ、緑の灌木が密集していることがわかるでしょう。

図2は、図1のアリ塚と、それを覆う植生の断面図です。周辺のサヴァンナは丈の低い草本だけですが、アリ塚だけは灌木に覆われています。そして、アリ塚のまわりには、やや丈の高い草が生えていることも、この図には示されています。

ここから、トロールはどのようなことを考えたのでしょうか？

トロールは、広大なサヴァンナの自然を、空中写真によってまず景観として捉えました。上空から白黒写真として識別できるもの、として捉えたのです。その結果、それは4つに区分されました。1～4は、それぞれ、全く異なった植生からなっています。それは同時に、大地の微妙な地形の起伏にも対応していました。3は、沼や湿地ですから、このなかでは最も窪んだ浅い谷のような地形の底部にあたるでしょう。2は定期的に冠水するところですから、浅い谷の斜面にあたるでしょう。1は平坦な台地面にあたります。そして4は、全体としてきわめて平坦なサヴァンナの地形のなかでは、きわめて特異な小丘です。トロールがすでに分類しているように、最も湿っているのは3であり、もっとも乾いているのは1です。そこでは、乾湿の度合に応じて、またそこに生育する植生の違いに応じて、土壌の違いも見られるはずです。

1～4のそれぞれについて、その植生や地形や土壌を調べるには、どうすればいいでしょうか？　こうした分類が正しいと仮定すれば、1について調べたいなら、1のなかのどの地点を選んでもいいはずですし、4なら、どのアリ塚を調べても同じような結果が出るはずです。

つまり、1～4のそれぞれは、このサヴァンナ全体の自然をかたち作る異なった要素であり、それぞれの要素は、そのなかのどこをとっても等質である、ということになります。トロールは、景観（ラントシャフト）を形作っているこのような基本的な要素を"エコトープ（ökotop）と呼びました。図1のサヴァンナでいえば、それは4つのエコトープの組み合わせでできている、ということになります。

エコトープという言葉は、エコ（生態）とトープ（空間）を組み合わせたトロールの造語です。なぜエコトープか、といえば、まさにアリ塚のように、それが、生態学的にみて1つの特徴的な空間となっているからです。

トロールはまた、ビオトープ（Biotop）とか、ゲオトープ（Geotop）という用語もつくりました。ビオトープとは、生物の側から見て、まさにそれが生息空間（生息場所）となっているからですし、ゲオトープというのは、それが地形や地質の違いに対応しているからです。両者を総合した概念がエコトープである、と言ってもいいでしょう。ビオトープという言葉は、その後、ランドスケープ・エコロジーや自然再生活動のなかで盛んに使われるようになりましたから、聞かれたことがある方も多いかもしれません。

自然が、そのように目に見える景観として植生を手がかりとして区分できること。区分された基本的な要素（エコトープ）は、同じ要素同士ではどこでも等質であり、自然はそのようなエコトープの組み合わせから構成されているということ。トロールは、空中写真から自然の新しい分析方法を発見したのです。トロールは、フンボルトがアンデス山脈の大きな自然を植生によって区分して見せたことを、より普遍的なかたちで示したともいえるでしょう。

2．パッチとコリドー

口絵4は、道東の根釧原野を私が飛行機から撮影したものです。このような写真を斜め空中写真といいます。飛行機の窓からカメラを地上に向けてとれば、レンズの軸はどうしても大地に対して斜めになるからです。それでも、そこに広がる自然を、景観として捉えることができます。いっぽう口絵4の右上に掲げたのは根釧原野の典型的なランドスケープを、国土地理院撮影のカラー空中写真で示したものです。こんどは、斜め写真ではなく、飛行機から垂直にカメラを地上に向けて撮影した垂直写真になります。ランドスケープ・エコロジーや地理学のいろいろな分析には、こうした垂直写真が使われます。この景観は、どんな要素からできているでしょうか？

ランドスケープ・エコロジーでは、外界をまず、かたちと色で判断します。まっすぐにのびた濃い緑色の帯と、四角く区切られた明るいトーンの空間、それに住宅や白く見える道路が容易に識別できるでしょう。濃い緑色の部分は、

森です。四角く区切られた空間は、牧草地や畑でしょう。フンボルトの区分でいえば、牧草地も畑も「草原」です。「地球上の空間は植生を基準に区分できる」というのがフンボルトの発見ですから、その植生は、自然のものであろうと人工であろうとかまわないのです。ただ、「植生なし」という空間は、フンボルトの区分では氷河か砂漠でしたが、実際のランドスケープでは、住宅や道路といった無植生の空間が出てきます。もちろん、近づいてみれば、住宅地にも小さな庭があったり、道路にもアスファルトの割れ目にタンポポが生えているかもしれません。でも、このスケールで見たら、それらは無植生地となるわけです。地理学でもランドスケープ・エコロジーでも、対象とする空間をどんなスケールで見るか、ということが重要です。地図でいえば、北海道全体を、100万分の1の地図で見るのか、そのなかの一地域をとりだして、2万5千分の1の地図で見ていくのかでは、調査や分析の方法も変わってくるでしょう。

　森についても、まず全体を見て、写真で濃い緑色に写っているところはすべて森だ、といってもいいわけですが、よく見ると、まっすぐにのびている帯状の森のほかに、左端のほうには、なにか不規則なかたちをした森が見えます。空間を、かたちと色で区分していくのがランドスケープ・エコロジーですから、同じ森でも、この2つは、ちがった森だと、区分してもいい。実際には、帯状の森は人工的な防風林、かたちの不規則な森は、小さな川に沿う河畔林なのです。

　牧草地や畑にしても、すべてを人工的な「草原」と見ることもできますが、写真に写っている色の違いに着目すれば、同じ牧草地でも、まだ草の生えているところや、もう刈り取りの終わったところに区分できるでしょう。口絵4の右上の空中写真ではとくにそうです。

　トロールに従えば、これらすべてが、道東のランドスケープを構成するエコトープ、ということになります。ランドスケープを構成する最小の単位、という意味で、ランドスケープ・ユニットと呼んでもいいかもしれません[注1]。ただ、トロールがエコトープという言葉をつくったのは、それぞれのユニットが、生きものに異なったハビタット（生息場所）を提供する結果、それぞれが1つ1つの生態系に対応していると考えたからでした。

　口絵4で濃い緑色の帯に見える防風林は、植林されたカラマツ林からなっ

ています。現在の北海道には自然状態では生育しないカラマツを、長野県からもってきて植えたのです。成長が速いからでしょう。カラマツは秋には黄葉して落葉するので落葉松とも呼ばれます。口絵4の右上の空中写真は秋に撮影されているので、帯状に見えるカラマツ林は黄色く写っています。同じ「森」でも、カラマツという1種類の樹木しか植えられていない人工的な防風林には限られた生きものしか生息していませんが、川沿いの自然林である河畔林は、もっと多くの生きものの生息場所になっているのです。生物多様性（biodiversity）という概念でいえば、天然の河畔林は、人工的な防風林よりも、生物多様性がはるかに高い空間だ、ということになります。

　では、どんな生きものがいるか調べてみよう、というときには、どうすればいいでしょうか。写真に写っているすべての防風林や河畔林を調べるなんて、とても無理ですね。そこで、トロールが「エコトープは等質空間である」としたことが意味をもってくるわけです。等質というのは、環境的に等質、ということですから、同じように防風林のエコトープに区分したところなら、どこをとっても同じような環境になっているはずです。ですから、どこで調査してもほぼ同じような結果が得られるはずです。もちろん、生きものや自然では、すべてがまったく同じということはありえず、たいがいはある幅をもって存在しています。でも、平均値やモードといった代表値で表せば、お互いに、どれくらい似ているか、という比較ができるでしょう。統計的な処理をすれば、2つの集団が同じか違うか、といった判定ができます（統計的な検定については88ページおよび191-193ページを参照）。そうした分析をしてみると、たしかに、同じエコトープ同士なら、どこをとっても、ほぼ同じような生ものがおり、同じような環境になっていることがわかるのです。

　そこにいる生きものが同じ、ということは、その物理的あるいは化学的な環境条件が同じ、ということです。同じ牧草地でも、まだ刈り取っていない牧草地を1つのエコトープとすれば、同じような牧草地同士では、そこに生えている草の種類や草丈はほぼ同じでしょう。ですから、草の直上の気温や、草の上をわたる風の強さもおなじくらいになるはずです。土の湿り気や地温も同じくらいでしょう。もう刈り取りがすんだ牧草地と比較すれば、草の種類は同じかもしれませんが、草丈がまず違いますね。ですから、草の直上の気温（接地気温）

や風もちがうはずです。草がもうないので、虫もあまりいないでしょう、機械で刈り取られたときに死んだ虫がたくさんいて、逆に、鳥たちのエサ場になっているかもしれません。地温や土の湿り気も、ちがっているでしょう。

そのように、1つ1つのエコトープが、生きものにとってはちがった環境をつくっているのです。「自然はパッチワーク」ということは、自然はそのような、環境の異なるさまざまなパッチの組み合わせでできている、ということです。一口に「自然環境」と言いますが、それがどんなものかを明らかにするためには、それぞれのパッチがどのような環境になっているかを知ることがまず必要だ、ということがわかるでしょう。

しかし、それだけではありません。ランドスケープ・エコロジーでは、パッチ同士の関係を見ることがとても大事なのです。フンボルトが見たアンデス山脈では、森林や草原、氷河といった大きなパッチが、高さによって明確に区分されていました。トロールが分析したサヴァンナのランドスケープでは、地形の違いによる冠水頻度の違いや、シロアリの塚といった微地形の違いが異なるエコトープをつくっていましたが、シロアリの塚は点々と分布しているにすぎません。お互いにつながってはいないのです。だからこそ、アリ塚というエコトープは、広大なサヴァンナのなかでまさに島のように孤立した空間として存在し、そこだけに生育できる灌木植生を成立させているのです。

防風林のように連続した森のパッチと、アリ塚のような点在するパッチは、同じパッチでもずいぶん違うといえるでしょう。もっと違うのは、道路のようなパッチです。幅はせいぜい数メートルですが、長さは何キロメートルにもなります。このように幅に比べて長さがとても長いパッチを、ランドスケープ・エコロジーでは、コリドー（corridor）と呼びます。コリドーというのは、普通の意味では「廊下」です。廊下は人が通るところですね。ですからコリドーという言葉には、ただ細長いパッチだ、というだけではなく、そこが何かの通り道になっている、という意味も含まれているといっていいでしょう。私たちが見るランドスケープのなかで、もっとも重要なコリドーは何でしょうか。

それは川がつくるコリドーです。写真2は、同じ道東の、西別川周辺のランドスケープを、国土地理院撮影の垂直空中写真で示したものです。

川は、幅に比べて極端に長さが長い。だからパッチと呼ぶより、コリドーと

呼ぶにふさわしいのですが、それだけではありません。川をコリドーと呼ぶのは、それがさまざまなものの通り道でもあるからです。川はどんなものの通り道になっているでしょうか？

まず、水ですね。それから川を遡ったり、川を通って海に下る魚。それらが餌にしている川底のムシ（水棲昆虫）

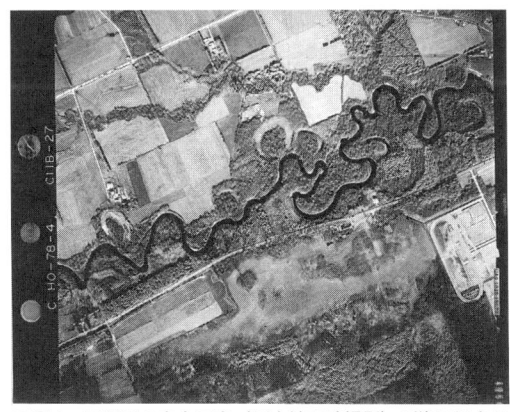

写真2　西別川の空中写真（国土地理院撮影）別海周辺を示す。西別川は左から右に流れている。

たちも、川に流されて移動しています。魚や水棲昆虫を食べる鳥も、川に沿って飛びますから、鳥にとっても川は通り道ですね。そして、川は上流から土砂を運びます。川は土砂の通り道でもあるわけです。運ばれた土砂は川のまわりに堆積し、また、川から供給された地下水と一緒になって、湿った土壌環境をつくります。そこに生育するのが河畔林です。これらが一体になって、川のランドスケープをつくっているわけです。河畔林は、川に沿ってずっと続きますから、こんどはそれ自体が、重要な森のコリドーとなります。川がランドスケープのなかで、いかに重要な働きをしているかがわかるでしょう。コリドーとしての川については、次の講義でお話しすることにして、ここでは、ランドスケープ・エコロジーについて、もう少しお話ししましょう。

3．ランドスケープ・エコロジーの意味：SLOSS問題

ランドスケープ・エコロジーは、かたちによって世界を認識するということをすでに述べました。幅に比べて長さがずっと長いパッチを、コリドーとして分けるのもそういう考えによるといえるでしょう。では、パッチについては、どのように考えたらいいでしょうか。ランドスケープはパッチの集合ですから、ひとつひとつのパッチの形や、パッチ同士がどのように分布しているかということが、もっとも重要になるはずです。パッチの組み合わせをどのようにつくっていくか、という問題は、ランドスケープ・デザインの問題ともいえるでしょう。

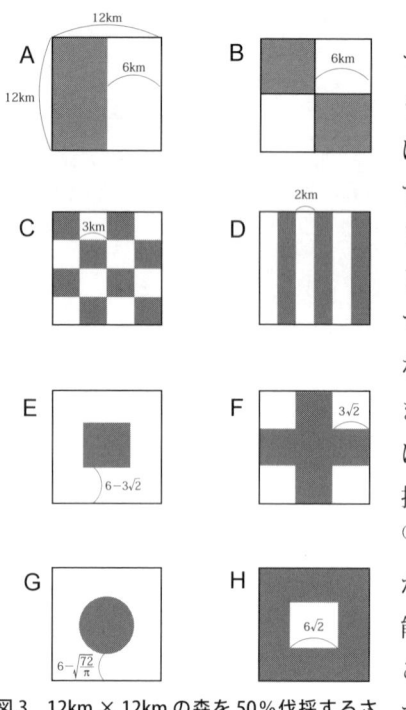

図3 12km × 12kmの森を50％伐採するさまざまなプラン

たとえば、ある地域で、森を伐採して広い団地をつくることになったというような場合を考えてみましょう。森にはさまざまな生きものが棲んでいます。自然保護の立場からすれば、伐採しないことがいちばんでしょう。しかし、人間が住む場所の確保もまた必要です。もちろん、シマフクロウのような絶滅危機種が棲むような森であれば、また、そこに生えている樹木や草が絶滅に瀕しているようなものであれば、伐採しないことが最良の選択になります(注2)。ここでは、周辺にも同じような森が広がっており、ある程度の伐採は可能である、という場合について考えることにします。たとえば広い森のなかで、いま、12km × 12kmの真四角な地域に団地をつくる計画があったとしましょう。自然保護団体の反対運動の結果、伐採面積を、全体の50％におさえる、ということで合意がなされた、とします。

さて、どのような伐採のしかたが、そこに棲む生きものに、いちばん影響が少なくてすむでしょうか。15分あげますから、それぞれ4通り、自分ならこういうふうに伐採する、というプランをノートに描いてみてください。

（めいめいが、ノートにプランを描く）

さあ、描けたでしょうか、何人かに、自分のプランを黒板に描いてもらいましょう。

図3は、みなさんが描いた代表的なプランを8つ選んで示したものです。

境界線を上下に真っすぐでなく、斜めにしたり、円をふやしたりと、人によって違いはあるでしょうが、まあだいたいこの8つのどれかに近いプランになっていると思います。

同じように50％を伐採するといっても、少なくともこれだけの違った伐り方があるわけです。結果として、まったくちがったランドスケープができるのが想像できますね。これが、ランドスケープというものの面白いところです。

さて、この8つのプランのなかで、森に棲む生きものにいちばん影響が少なくてすむのは、どれでしょうか？ それを考えるのが、ランドスケープ・エコロジーということになります。ランドスケープ・エコロジーでは、どのような分析をするのでしょうか？

これは、12km×12kmの空間のなかに、森林のパッチをどう残すか、という問題です。ランドスケープ・エコロジーでは、パッチについて、まず次のような4つの概念を考えます。

 パッチの密度（patch density）：単位面積あたりのパッチの数
 パッチの大きさ（patch size）：一つのパッチの面積
 パッチとパッチの距離（patch distance）：一つのパッチと他のパッチとの間の距離
 エッジの長さ（edge length）：パッチの周縁の総延長

これらを計算してみると、表1のようになるでしょう。AやF〜Hでは、要するに12km×12kmの空間のなかに森のパッチは1つしかありませんから、パッチ密度は1です。これに対して、いちばんパッチ密度が高いのは、8つの小さな森林パッチがあるCということになります。

パッチの大きさは、どうでしょうか。144km^{2}の半分ですから、森のパッチが1つなら、面積は72km^{2}ですね。それを8つに分けたCなら、このパッチ・サイズはその8分の1の9km^{2}となります。

パッチとパッチの間の距離については、いろいろな考え方ができると思いま

表1 landscape design

Patch	A	B	C	D	E	F	G	H
density	1	2	8	3	1	1	1	1
size (km^2)	72	36	9	24	72	72	72	72
distance (km)	6	6	3	2	$6-3\sqrt{2}$	$3\sqrt{2}$	$6-\sqrt{\frac{72}{\pi}}$	$6\sqrt{2}$
edge length (km)	12	24	72	60	$24\sqrt{2}$	$24\sqrt{2}$	$2\pi\sqrt{\frac{72}{\pi}}$	$24\sqrt{2}$

すが、ここでは、とりあえず、伐採された空間の最短距離で示してみました。この例題では、周辺も森になっているという前提ですので、Aでは、周辺の森と残った左半分との間の距離ということで、6kmとしたわけです。DやGでは、周辺の森と中心部に残した森のパッチとのあいだの距離になります。パッチが円の場合は、計算がちょっと面倒ですね。

　十文字に森を残すプランFでは、残った森は周囲の森とすべてつながっていることになるので、距離は0と考えることもできるでしょう。ただ、四隅の伐採地の部分では森と森が離れている、と考えれば、パッチ距離は $3\sqrt{2}$ km ということになります。

　エッジの長さはどうでしょうか？　エッジというのは、あるパッチと別なパッチの境界線のことです。トロールのエコトープという考えにしたがって、ランドスケープのなかで、「もっとも基本となる等質な空間」をパッチとよぶことにしたわけですが、実際には、ひとつのパッチの環境すべてが、厳密な意味で等質なわけではありません。というのは、ひとつの森のパッチが草原などの別なパッチと接していれば、その周縁部（エッジ：edge）の環境は、森の中心部（インテリア：interior）の環境とは違ってくるからです。まわりが草原や宅地のような開けたパッチであれば、森のパッチの周縁部は、中心部に比べて日当たりがよくなるでしょう。しかし風あたりも強いので、枯れる木が出てくるかもしれません。このように、パッチの周縁部にそのまわりから及ぶさまざまな影響を、ランドスケープ・エコロジーではエッジ効果（edge effect）と呼んでいます。

　エッジ効果は、プラスにも、マイナスにも働きます。日当たりがよく、風も吹くような環境を好む生きものは、エッジが多いほど、その生息環境が増えることになります。こういう生きものをエッジ種（edge species）と言います。反対に、森のなかの日当たりがより悪く、風の弱い環境を好む種をインテリア種（Interior species）と言います。蝶でいえば、アゲハチョウなどは、エッジ種ですし、ヒカゲチョウやジャノメチョウはインテリア種といえるでしょう。

　ですから、エッジ種を増やそうとすれば、エッジの長さが長いほうがいいし、インテリア種を増やそうとすれば、エッジは短いほどいいことになります。

　Aでは、エッジがいちばん短く、12kmですが、森のパッチがいちばん多い

Cでは、エッジの総延長はなんと72kmにもなってしまいます。同じように残す森林の割合を50％にしたのに、個々のパッチの大きさやかたち次第で、ずいぶん環境が変わることがわかるでしょう。ここに、ランドスケープ・エコロジーの重要性があるのです。

　実際問題として、A～Hのプランのどれがいちばんいいのでしょうか？

　これは、簡単には決められません。伐採した空間には人間が住むのですから、人間側の要求も考えなくてはならないからです。Cのように、エッジ効果が最大になるプランでは、当然、森そのものの環境は壊される危険が多いでしょう。でも逆に、人々が森とふれあう機会は増えるかもしれません。反対に、Aのプランでは、まとまりをもった森は守られますが、人が住む空間には、何も森がないことになります。

　これは、ランドスケープ・エコロジーでは、SLOSS問題とよばれます。"Single Large Or Several Smalls"の頭文字をとって、SLOSSというのです。

　AやD、Gのプランのように、パッチが1つでもいいから、少しでも大きな面積をもつパッチを残すほうがいいのか、Cのように、ひとつひとつのパッチは小さくてもいいから、パッチの数を増やしたほうがいいのか、という問題です。

　そこにはまた、地面を這う昆虫や、リスなどの小動物の移動のしやすさ、ということも考慮に入れなければならないでしょう。空を飛べる鳥にしても、やはり森に棲む鳥にとっては、森が連続しているほうが分断されているよりは棲みやすいはずです。そのように考えると、Fのように森のパッチは1つでも、まわりの森とすべてつながっているプランのほうがいいのかもしれません。パッチの配置を考えると、どうしてもそのコリドー性が視野に入ってくるのです。

　それにしても、この例題は、あくまでも平坦で均一な地形のもとで森をどう残すかという、きわめて単純化された条件のもとでの検討でした。現実には、地形は平坦ではなく、そこに川がある場合だってあるでしょう。そうであれば、川のまわりの河畔林をまず保全する、というような優先順位が出てくることになります。

　また、森のなかに保全したい生物がいるときには、その生物が生きていくためにひとつの森のパッチの大きさを最低限、どれくらいにとらなければならないか、という問題も出てくるかもしれません。

ランドスケープ・エコロジーは、このように、まず世界を生きものの側から見ることで、ランドスケープをどのようにすべきか、というヒントを私たちに与えてくれるのです。

ところでトロールは、1960年代になると、彼の"Landshaftsökologie"（ラントシャフツ・エコロギー）を"Geoökologie"（ゲオ・エコロギー：地生態学）と呼ぶようになりました。英語では"geoecology"です。現在、自然地理学の分野では、もっぱらこの地生態学（ジオエコロジー）の用語が使われていますが、生態学や造園学では、むしろ景観生態学（ランドスケープ・エコロジー）が使われます。以下の参考文献にも示したように、自然地理学では、その研究対象が山岳（とくに高山）の地形や植生にかなり絞られてしまっているのに対し、生態学・造園学では、ここで扱ったように、河川や森林を含めたより広い範囲の研究を対象としていることも、その理由のひとつと言えるでしょう。

私の立場は、次の講義3でもお話しするように、目に見える世界（景観：ランドスケープ）から、社会（政策・経済活動）や、そこに住む人々の考え方、価値観、態度といったものを分析していこうとするものですので、ジオエコロジーではなく、ランドスケープ・エコロジーという言葉を使いたいのです。

（注1）谷川岳のランドスケープを、地形と植生の組み合わせでいくつかに区分したとき、その1つ1つを小野（1976;1983）は、トロールのエコトープにならって景観単位(ランドスケープ・ユニット)と呼んだ。北アルプス、立山の内蔵助カールのランドスケープを地形と植生にもとづいて行なった渡辺悌二（1986）の研究も、同様の考えにもとづいてなされたものである。

（注2）自然に対する人為的な影響を軽減するための手法をミチゲーション（mitigation）と呼ぶが、「何も手を加えない」というのも重要なミチゲーションの一つである。

参考文献

小泉武栄（1993）「自然」の学としての地生態学　地理学評論　66A　778-797.
小泉武栄（2002）日本における地生態学的研究　横山秀司編『景観の分析のための地生態学入門』39-50.　古今書院
小野有五（1976）谷川連邦の地形形成環境　日本地理学会予稿集　10　33-34.
小野有五（1983）多雪山地亜高山帯の地形と森林立地　森林立地　XXV　2　16-25.
Troll,C. (1939) *Luftbildplan und ökologische Bodenforshung Zeitschrift, Geselschaft für Erdkunde*, z. Berilin, 241-311.

Troll,C.（1968）Landschaftsökologie, In Tuxen,R.（ed.）*"Pflanzensoziologie und Landshaftsökologie"* International Symposium Stolzman/Wezer 1963 der InternationalenVereinigung für Vegetationskunde, no.7, 1-21.
Turner, M. G., Gardner, R. H., and O'Neill, R. V. 中越信和・原　慶太郎（監訳）『景観生態学・生態学からの新しい景観評価とその応用』文一総合出版
渡辺悌二（1986）立山・内蔵助カールの植生景観と環境要因　地理学評論　59A　49-77.
渡辺悌二（1992）山岳の地生態学（ジオエコロジー）の最近の研究　地学雑誌　101　539-555.
渡辺悌二（2002）北米を中心とした地生態学の研究　横山秀司編『景観の分析のための地生態学入門』32-38.　古今書院
渡辺悌二（2004）山岳生態系の脆弱性と地生態学的研究の現状・課題　地学雑誌　113　180-190.
横山秀司（1995）『景観生態学』古今書院
横山秀司（2002）ドイツにおける地生態学的研究　横山秀司編『景観の分析のための地生態学入門』10-18.　古今書院

講義3　森と川のコリドー

1．川のなかのパッチ

　川とそのまわりの河畔林がひとつながりの自然であり、それがコリドーをつくっているということを直感したのは、この本の第2章に書いたように、道北のサルフツ川の小さな支流に入ったときでした。写真1は、その小さな支流の（垂直）航空写真です。川のなかに入ってみた写真が口絵3ですから、比べてみるとずいぶん感じがちがうでしょう。航空写真で見るように、このあたりの森はほとんどが伐採されており、わずかに川のまわりの森、すなわち河畔林だけが、かろうじて残っているのです。

写真1　サルフツ川支流の蛇行と伐採された森林（国土地理院撮影カラー空中写真より）

写真2 サルフツ川支流の蛇行（左は福島路生さん）

写真3 イトウの産卵場所（手前の淵から足元の瀬に移るあたり）

写真1を見ると、この小さな支流がいかに蛇行しているかがわかるでしょう。写真2は、それを川べりから見たものです。川が蛇行しているために残ったともいえるわずかな森林のパッチですが、川のなかから見ると鬱蒼とした森林のようにも見えるから不思議です。たったこれだけのパッチでも、川にすむ生きものの目で見れば、みごとに川を包んでくれている河畔林なのです。

それを見たとき、森と川とはひとつながりの自然なのだ、と思いました。そしてそのつながりを守ることが大事だと思ったのです。

サルフツ川で、福島さんが発見したのは、幻の魚とさえ呼ばれていたイトウが、いつ、どこで産卵するか、ということでした(注1)。そんなことすら、1990年までわかっていなかったのです。川には、「瀬」と呼ばれる浅くなった部分と、「淵」と呼ばれる深い部分があります。写真3で指さしているように、イトウは、川が浅い瀬からその上流側の深い淵に移ろうとする、瀬頭から淵尻への移行部を産卵場所にしていたのでした。私たちが普通、「サケ」と呼んでいるシロザケやカラフトマスは、反対に、瀬からその下流側の淵に移ろうとするあたりで産卵するのです。同じサケ科の魚類でも、種類によって産卵する時期も産卵場所も異なっているのは、同じ場所に産卵することを避けるためでしょう。産卵時期も、普通のサケは秋ですが、イトウは口絵2に示したように5月の雪どけごろなのです。

川には瀬と淵があること、それが、魚や水棲昆虫にとって、生態学的に重要な意味をもっていることを初めて明らかにしたのは、可児藤吉さんという若い

生態学者でした。「棲み分け理論」やサルに関する研究で独自の学問を打ち立てた今西錦司さんの友達でしたが、不幸にして、京都大学在学中のまま出征し、若くして亡くなってしまいました。京都を流れる鴨川で水棲昆虫と川の地形との関係を調べていた可児さんのノートから、図1に示すような、川の地形の分類図が出てきたのです。

この図は、川の平面図（上）と断面図（下）を組み合わせたものです。断面図で見るように、水深が浅い「瀬」には、3つの種類があります。滝のすぐ上流側のように浅くなったところ（タイプa）、いちばん一般的な、白く波立っている瀬（タイプb）、表面から見るとわからないけれど、水深を測ってみると他の部分より浅くなっているので、ここが瀬だとわかる瀬（タイプc）の3つです。

川というのは、サルフツ川ほどではなくとも、必ず曲がっているものです。川の曲がり方と瀬や淵の分布との関係を平面図でみると、蛇行している川の一つの曲がりから次の曲がりまで（半波長分）のあいだに、瀬と淵が何度も出てくる場合（A型）、瀬と淵が1回しか出てこない場合（B型）の2通りになります。

このことから可児さんは、平面図と断面図を組み合わせて川の地形を、Aa型、Bb型、Bc型 の3通りに区分しました。理論的には、2×3で6通りの可能性があるわけですが、現実の川では、この3通りしかない、と可児さんは見ぬいたのです。しかも可児さんは、川の地形が、上流から下流に向って、かならずこの順序で変化していく、ということも発見したのです。その後の研究で、

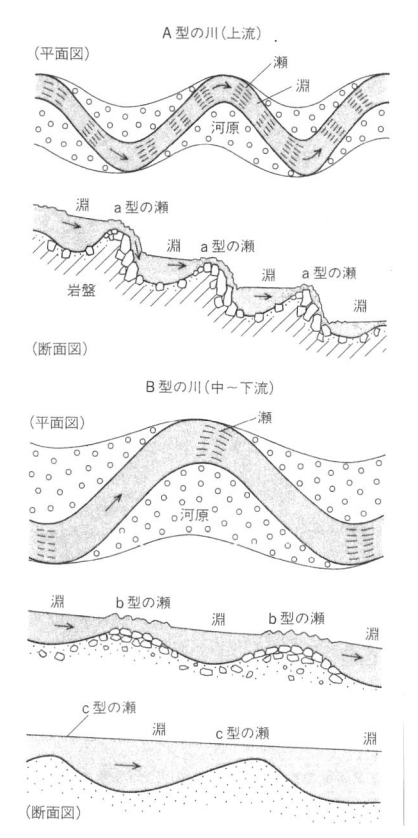

図1 瀬と淵の現れ方（可児1944を簡略化した小野1997による）

Ab 型のような中間型があることもわかってきましたが、今でも、可児さんの分類は広く使われています。

　それは可児さんが分類の基準とした瀬や淵が、川のランドスケープにおいては、トロールのエコトープのような、空間を構成するうえでもっとも基本となるユニットだったからです。川も、瀬と淵のパッチワークでできていたのですね。

　川とは、どんな地形でしょうか？
　自然の川と、人工の水路はどこがちがうでしょうか？
　自然の川の特徴は次の３つです。そのどれかが欠けていたら、それは人手が加わった川ということになるでしょう。
　（１）曲がっていること。
　（２）瀬と淵があること。
　（３）河畔林があること。

　写真４は、研究室に最初に電話がかかってきて、見に行った札幌市内の月寒川という小さな川の写真です。両岸をコンクリートに固められ、まっすぐにされていました。川底もコンクリートですから、平らにされて瀬も淵もありません。両岸にあった河畔林も、すっかり伐られてなくなっています。札幌市による全面的な河川改修のせいでした。

　そのすぐ上流側のまだ河川改修がなされていないところも、いよいよ同じように改修されることになり、反対の声をあげた地元のお母さんたちが、わらをもつかむ思いで研究室に電話をか

写真４　「ホタル護岸」で改修された月寒川（コンクリート・ブロックが入っているのがわかる）

写真５　月寒川の改修区間（左側）と自然区間（右側）の接点

けてこられたのでした。写真5が、改修された区間と、自然のままの区間との接する地点のようすです。この川は、札幌市内を流れる河川としてはたくさんの種類のトンボがいる河川として知られていました。また、ホタルの生息河川でもありました。

札幌市による護岸工事は、「ホタル護岸」とよばれたもので、コンクリート・ブロックのあいだに土が入るようになっており、そこから草が生えて、最終的には護岸が草で隠され、川底にいるホタルの幼虫が川から上がってこれるように工夫されたものでした。しかし、その河川改修のあと、ホタルはいなくなってしまったのです。それを知っているからこそ、お母さんたちは、さらなる改修工事に反対したのでした。

なぜ、ホタルがいなくなったのでしょうか。

川の岸も底も、コンクリートで固めてしまったからです。こういう工事を「コンクリート三面張り」といいます。川底から瀬も淵もなくなってしまえば、大雨が降ったとき、川底にいる幼虫は逃げ場を失って、一気に流されてしまいます。また、川が曲がっていれば、またそこに河畔林があれば、川岸には流れのゆるい場所ができたり、えぐれたようなくぼみができて、大水が出ても虫たちは逃げ込むことができるのですが、河川改修によってそういう逃げ場所がすべて失われてしまったのでした。

「北海道の森と川を語る会」では、子どもたちも連れて現場に行き、川底の石をひっくり返して、そこにいる水棲昆虫を調べてみました。同じ面積で、よーいどん、と1分間、同じようにして比べてみるのです。自然のままの川底では、写真6のようにたくさんのヤゴや水棲昆虫がとれましたが、そこからわずか10mも離れていない改修された区間の川底では、ほとんど水棲昆虫はいませんでした（写真7）。

写真6　自然区間の水生昆虫

写真7　改修区間の水生昆虫

札幌市が河川を改修しようとしたのは、もちろん洪水を防ぐためでしたが、調べてみると、写真4からもわかるように道路や宅地はじゅうぶん高い位置にあり、市が想定するような大雨が降ったとしても、被害が出るような洪水にはならないこともわかりました。こうした結果から、市に対して申し入れを行い、この改修工事は中止させることができたのです。

2．近自然工法と多自然型工法

　洪水を防ぐためにほんとうに河川改修が必要だとしても、川の自然を壊さないような改修のやり方はないのだろうか。

　そういう思いでいたとき、知ったのが、スイスやドイツで行われているという近自然工法のことでした。当時の横路孝弘北海道知事に働きかけ、北海道にそうした工法を導入するために、近自然工法の使われている現場をスイスまで見に行きました。1991年のことです。写真8は、近自然工法の創始者であるクリスチャン・ゲルディさんが、施工前の写真を手に、施工後の河川を見せているところです。近自然工法で再改修される前の川は、ゲルディさんが見せている写真にあるとおり、落差工とよばれる小さい段々が連続する、コンクリートで固められ直線化された川でした。そこからは、魚も鳥もいなくなっていたのです。

　そのコンクリートを剥がし、できるだけ自然に近いかたちに再改修されたのが、背後に見えている現在の河川です。一見すると、改修された河川のようには見えません。それは、河岸を守るために使った巨石などの構造物を、すべて、もともとそこに生えていた樹木で覆ったからです。工事のため

写真8　近自然工法で再改修されたレピッシュ川（ゲルディさんが見せている写真が、再改修以前の川；1991年7月撮影）

に一時的に植生を壊しても、また同じ植生を復活させ、河川じたいも、蛇行していた河道をあるていどまで復元しているために、自然の川とほとんど見わけがつかないようになっているのです。

もっと驚いたのは、写真9の滝でした。どう見ても自然の滝にしか見えなかったのですが、実はこのす

写真9　近自然工法で改修されたテス川の滝と自然の魚道（1991年7月撮影）

ぐ上流には、古い時代にできた橋があります。滝は、滝壺に水が落ちることで、背後の崖をえぐっていくため、次第に後退します。放っておくと、歴史的遺産として守るべき橋が、侵食で壊れてしまう危険があったのです。日本なら滝をコンクリートで覆い、頑丈な堰のようにしてしまうでしょう。しかし、それでは自然の滝がなくなってしまいます。ゲルディさんたちは、滝をつくっている岩盤をいちど剥がし、その下に頑丈なコンクリートの壁を入れたのち、岩盤をまたもとに戻して、滝のほんらいの景観を守ったのでした。

興味深かったのは、手前側に見えている段々のような地形です。これは川の侵食で自然にできた地形で、魚はそれを利用してこの滝を遡上していたことがわかりました。つまり天然の魚道だったわけです。それならわざわざコンクリートで人工的な魚道をつくるのではなく、自然の魚道をそのまま生かそう、ただ、魚が遡りやすくするために、多少、手を加えるだけにしようということで、段差を少し減らすような手直ししかしなかったそうです。

近自然工法のすばらしいところは、その哲学でした。どんなに人間が努力しても、自然よりいいものはつくれない。だから、できるかぎり自然に任せ、どうしても人間の都合で直さざるを得ないところだけ手を入れる。手を入れたところは、必ずもとにもどして、人工的なものが見えないようにする、という考え方です。河川をいじる行為は最小限にする、そのかわり工事するところについては徹底的に検討し、工事後もできるだけ自然に近い景観が残るようにする、という発想が「近自然」工法をつくったのです。

私たちは、このような考え方に感銘を受け、「北海道の森と川を語る会」の

活動を通じて、それを広めようとしました。行政側も、ちょうど近自然工法の導入を進めようとしていましたので(注2)、この活動は大きな影響を与えたと思います。

しかし、1994年、大きな出来事がありました。そもそも当時の建設省は、近自然工法を導入すると言いながら、その名称を「多自然型工法」と言いかえていたのです。同じものを導入しようとするのになぜ名前を変えるのか、実は当初から疑問に思っていました。要するに、「自然に優しい工法」でやるということで、これまで以上に河川改修をやりたいだけなのではないか、と疑ってもいたのです。そもそも近自然工法では、工事をする箇所は最小限にすることを目標にしているのに、「多自然型工法」では、どこもかしこもそれで改修しようとするのですから、やはり、工事（事業）を増やしたいための方策に過ぎないのではないか、という疑問はずっとあったわけです。

そうした懸念が最初に現実となって出てきたのが、道南のマッカリ川の河川改修でした。この川は、写真10に示すようにマッネシリ（マッカリヌプリとも言う。羊蹄山）の山麓の湧水を水源として流れ出す小さな川です。

夏でも冷たい湧水を水源とするために、源流部では年間を通じて水温が低く、氷河期の遺存種であるオショロコマが、隔離された状態で生息していました。氷河期以来、ほかの河川とは隔離されたために独自に進化し、同じオショロコマながら、体も小さく、お腹が赤くなるなど、マッカリ川にしかいないものになっていました。何よりも、マッカリ川のオショロコマは、世界のオショロコマの分布のほぼ南限に近い集団になっていたのです。

そのマッカリ川が、「多自然型工法」で改修されていることを知ったのは、当時、院生であった北野文明さんが、この川のオショロコマを研究していたか

写真10　マッカリ川の源流付近

らでした。現場にかけつけてみると、すでに工事は進んでいて、写真11のような状態でした。「多自然型工法」だからコンクリートで川底を固めるようなことはしない、そのかわり、なんと川底を握りこぶし大かそれ以上に大きな礫で埋め尽くしていたのです。オショロコ

写真11 マッカリ川の「多自然型工法」による破壊

マもサケ科の魚ですから、メスが川底を掘ってそこに卵を産みつけます。この川の小さいオショロコマには、そんな大きな礫はとても掘れないことは明らかです。もともとの河床礫は、せいぜい径が数センチ足らずの軽石や火山礫だったのです。

「北海道の森と川を語る会」では、すでに述べたように、反対運動はしないと決めていました。そうではなく、まず同じテーブルについてできれば現場で語り合うことができるようにしよう、ということで、「守る会」ではなく、「語る会」としたのでした。しかし、私たちが積極的に進めてきた近自然工法がいわば「羊頭狗肉」のような「多自然型工法」に変えられ、そこに棲む魚の生態などまったく無視したような工事をされては、黙ってはいられません。

そこで初めて反対運動をし、なんとかこの工事を凍結させることができました（写真12）。すでに川底に入れてしまった大きな礫は、取り除くわけにもいかないので、その上に、マッカリ川にもともとあったような小さい礫を敷き詰めて、もとの自然を復元すること、オショロコマの産卵場所になっている源流部の工事は今後も行わない、ということを認めさせたのです。

写真12 「多自然型工法」による改修で、マッカリ川の流速分布が一様になってしまったことを流速計を使って示す筆者。

工事を進めていた北海道開発局の

資料を取り寄せてみると、この工事は、なんと「泉排水路施工（改善）」工事と名づけられていたこともわかりました。自然の川を、たんに排水路としか見ない行政の態度は、自然にかなうものはないとする近自然工法の考え方とは全く反するもので、やはり「多自然型工法」とは、省庁が自らの公共事業を維持、増大させるための方便にすぎなかったのだということを思い知らされたのです。

　札幌市内を流れる精進川でも、1996年春に似たような「事件」がありました。札幌は、豊平川の扇状地の上に街ができています。東のほうには段丘があるのですが、それ以外は平坦な地形をしているために、崖がありません。東京のように、山の手台地（洪積台地）と下町低地（沖積低地）という2つの異なる地形からなる町では、大都会でありながら2つの地形の間には崖ができやすく、利用しにくいためにもともとあった樹林が残っていることが多いのですが、平坦な札幌にはそのような崖が少なく、したがって樹林も少ないのです。自然豊かな札幌、と思われがちですが、町なかの樹林は東京よりもかえって乏しいといえます。そんななかで、豊平川の支流である精進川という小さな川は、東にある段丘崖の下を流れてから本流に合流するため、その段丘崖の部分が連続した森、みごとな「緑のコリドー（回廊）」になっていました（写真13）。こ

写真13　南方上空から見た札幌市街。豊平川（中央）はほとんど河畔林がなく、精進川の河畔林（右手）が唯一の「緑のコリドー」をつくっている。森林のパッチは、中島公園、北大植物園、北大キャンパスしかない。

れは精進川の河畔林であるともいえます。この精進川が、今度は北海道の土木現業所によって「多自然型工法」で改修されたのは1995年のことでした。

　河川改修そのものには問題がなく、いままであったコンクリートの護岸をはずして、自然の護岸に変えたり、川底のコンクリートも剥がして自然にもどすなど、近自然工法にのっとった改修が行われていました。ところが、工事がすべて終わったとたんに、河畔林である段丘崖の樹林の伐採計画がわかったのです。崖の部分までかかるマンションの建設計画があり、道が、所有地である段丘崖の部分をマンション業者にすでに売却していたことが明らかになったのでした。すぐに買い戻して、札幌市としてはきわめて重要な「森のコリドー」を保全するよう札幌市に陳情したのですが、残念ながら価格がおりあわず、できませんでした。しかしこの「事件」をきっかけとして、札幌市は河畔林など市内にある「森のコリドー」を見直し、今後はそれを積極的に保全していくということを決めました。精進川の河畔林も、マンションの部分だけはだめでしたが、残りの大部分は、保全されることになったのです。

3．近自然工法による川の再生

　行政のやる「多自然型工法」は、どうも自然とはちがう「他自然」型工法ではないか。そんな批判を日本自然保護協会の会報に書いたのは1996年のことでした。本当の近自然工法による改修は、日本でもやろうとすればできるのです。それを実証したのが、1993年から94年にかけて、道北にある北大の中川研究林におられた中野　繁さんが立ち上げてくださった、研究林を流れるパンケナイ川の再改修プロジェクトでした。

　中野さんは、当時からすばらしい発想力と行動力をもったすぐれた河川生態学者でした。たんに机の上で考えるのではなく、現場にはりついてそこからさまざまなアイデアを紡ぎだす、というところは私とも共通していましたが、中野さんの徹底ぶりは、常人の域を超えていました。河川の生態学では世界のトップを走っていた人だったと思います。それにもかかわらず、「北海道の森と川を語る会」の活動にも協力を惜しみませんでした。川で学生や一般の人たちに教えているときが、いちばん楽しそうでした。

　当時、中野さんが進めていたのは、瀬や淵といった、河川のランドスケープ

を構成する基本的なパッチをさらに細かく分析して、魚の生息環境との関係を明らかにするという研究でした。たとえば、可児さんのように川全体のランドスケープからみれば、瀬と淵がそれを構成する最少の単位ですが、淵だけを取り出してみれば、そのなかは、場所によって水深も流速もさまざまなのです。中野さんは、学生時代から、ウェットスーツを着て深い淵のなかに何時間も潜り、淵のなかでイワナがどういう行動をしているかをじっと調べていました。そういう観察から、同じ１つの淵でも実際には水深や流速が異なる多くの部分に分かれており、その１つ１つが、魚の生息と関連しているのだ、ということに中野さんは気づいたのです。水深や流速を異にするその１つ１つは、淵というパッチのなかのさらに細かいパッチです。淵全体がひとつのハビタット（生息場所）だとすれば、そのなかの細かなパッチは、マイクロ・ハビタット（微・生息場所）ということになります。

そのような研究にもとづいて、中野さんは、写真14のようにコンクリート三面張りで改修されてしまったパンケナイ川を、もういちど、自然にもどしたいと考えたのでした。中野さんは、河川改修をした北海道開発局とかけあい、河道の一部分だけ、コンクリートを剥がす許可をとりました。研究林のなかを流れる区間だったので、開発局もいやとは言えなかったのでしょう。もともとのパンケナイ川は蛇行した河川でしたから、中野さんは、まずその蛇行をとりもどすことを考えました。コンクリートをまっすぐに剥がすのではなく、20mずつ、交互に剥がしたのです。また、川底もコンクリートを貼られて、瀬も淵もなくなってしまったパンケナイ川に瀬を淵を復活させるため、途中に丸太を入れて、小さな落差をつくりました。これによって、丸太のすぐ下流は川底が掘れて淵になり、丸太の上流側は浅くなって瀬ができたのです（写真15）。

写真14　直線化され、コンクリート三面張りにされたパンケナイ川

基盤がやわらかい粘土質だったこともあって、再改修をして翌年の春の融雪出水で川底は侵食され、りっぱな瀬と淵が復活しました（写真16）。こうした河床の大きな変化にともなって、もっとも変化したのは川底の堆積物でした。コンクリート3面張りだったときは、川幅が広げられた分だけ水深が浅くなってしまったので川は掃流力を失い、ほとんど礫は運ばれませんでした。しかし中央部だけコンクリートを剥がしたことで河道が狭くなった結果、水深が増し、川は掃流力を取り戻して、上流からたくさ

写真15　河道中央部のブロックを交互にはずし、再改修したパンケナイ川での測量（手前、倉茂　匡さん、向こう側豊島照雄さん）

写真16　河道を狭めた結果、掃流力が回復して洗掘され、礫が運ばれるようになったパンケナイ川

んの砂礫を運搬できるようになったのです。川底は大小の砂礫で覆われ、そこには、水生昆虫のハビタットが復活しました。それによって、水生昆虫を食べる魚たちも復活したのです。図2は、コンクリート三面張りだったときと、それを剥がして再改修したあとの、生物多様度示数の変化です。それぞれ、グラフの左側は、パンケナイ川の自然の状態にある区間の生物多様度示数を示しています。小さいa,b,cの文字は、それぞれ同じ文字同士のグラフが、統計的に同じであることを示しています。

　これを見ると、1993年と1994年で自然区間の生物多様度はほぼ変わりませんが、コンクリート三面張りにされていた1993年の改修区間は多様度が著

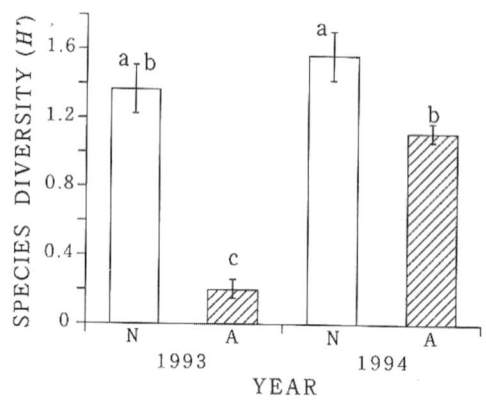

図2 パンケナイ川の自然区間（N）と、改修区間（1993年のA）、および中央部のブロックをはずした再改修区間（1994年のA）の生物多様度（シャノンの多様度）の比較。数値が大きいほど生物多様度が高い。棒グラフ上の短いバーは多様度のばらつきの範囲を、a～cは統計検定の結果を示す。

しく低下し、コンクリートを剥がした結果、1994年の再改修の多様度指数は1993年の自然区間とほぼ同じくらいにまで回復したのです。

これは、中野さんのアイデアと行動力の成果だったと思います。当時の中野さんは助手でしたので学生指導ができず、やむなく私の講座で学生をとって、中野さんに指導していただくということを何年か続けました。なぜ小野は川の研究をする学生ばかりとるのか、と批判もされましたが、中野さんの研究を支えるには、若い人材を提供する必要があったのです。今でこそ、こういう研究はどこでもやるようになりましたが、当時の生態学の講座では、中野さんのような研究はずっと無視されてきました。研究というものは、それがユニークだったり、また先端的であればあるほど、主流からは無視されたりときは妨害されたりもするのです[注3]。

4．ランドスケープの意味

　ランドスケープとは、目に見える「環境」といってもいいかもしれません。「環境」には、大気や水質のように目に見えないものがたくさんあります。けれども、ランドスケープは、「環境」というとらえどころのないものを目に見える景観から把握できる点で、有意義といえるでしょう。ランドスケープは、日々、変わっていきます。精進川の河畔林を守ろうとする運動がなければ、精進川の河畔林はすべて失われたでしょう。ですから、ランドスケープは、そこの住む人々の活動や生活の結果としてつくられたものといえるのです。それは、住民の思いだけでなく、行政や政府がその地域をどのようにしようとしているのか、という政策の結果でもあり、また経済活動の結果であるとも言えるでしょ

う。それを決定しているのは、これらのさまざまな人々の考えや欲求なのです。つきつめていえば、人間の考え方がランドスケープを決定しているともいえます。もちろん、土台となっているのはそこにあるもともとの自然ですが、それを変えて現在のようなランドスケープにしたのは人間そのもの、言いかえれば文化なのです。ランドスケープが文化地理学の主要なテーマになるのはそのためです。

　しかし、ここで強調したいのは、文化地理学がふつう対象とするような都市や農村や集落といったランドスケープだけでなく、たんにひとつの川のランドスケープを見ても、そこには、それを決定づけているあらゆる人間的な要因、人々の感覚、嗜好、思考、技術、そして経済や政治権力のすべてが凝縮されているのだ、ということです。講義で紹介した近自然工法も、スイスの人々がそのように考えたからこそ、そのような工法が生まれ、それを実施した結果、スイスの河川はそのようなランドスケープをつくっているのです。日本では、そのような考えを政府や行政が本当には受け入れず、形だけをまねてただ公共事業を増やしたいという目的が優先されたために、近自然工法から見ればおかしな改修が行われたのです。ここで紹介したような運動がもしなかったならば、まったくちがったランドスケープができていたことでしょう。異なる考え方、異なる思い、それらをもった人々の存在やその力関係が、最終的にはランドスケープを決定しているのです。

　たとえば、写真17はアラスカの事例です。アラスカでは、林業と、サケを中心とする水産業が2大産業ですね。林業の人たちは1本でもよけいに木を伐りたい。これ対して、水産業のほうから言えば、河畔林が川の

写真17　河畔林だけを保全したアラスカの森林のランドスケープ
　　　　（K. V. Koski 撮影）

写真 18　河畔林やコリドーとしての森を保全したスイスのライン河沿いのランドスケープ

　環境にとって重要であるという河川生態学の研究から、なるべく森は壊したくないわけです。双方の主張が対立して、紛争になりました。その結果、写真のように、川から両側 30m 幅の河畔林は伐らずに残す、ということになったわけです。もちろん森にすむ鳥や獣からすれば、これほど森林を伐ってしまっていいかどうか問題ですが、少なくともサケにとっては、これで最低限の河川環境は守られたことになります。

　また写真 18 は、スイスでライン川を上空からとったものですが、河畔林がみごとに保全されていることに気づきます。左上には小さな村が見えますが、右手の大きな森から村まで、畑のなかにいくつかの直線的な森が断片的に残されていますね。これらの森は、右手の大きな森から鳥や生きものが村までやってくるのを助けるコリドー（緑の回廊）だともいえるでしょう。このような森林のパッチをわずかでも残すことで、生きものの生息や移動を可能にしているのだともいえます。アラスカとスイスの 2 つの事例をあげましたが、ランドスケープからは、その土地に住む人々の自然に対する考え方、態度がさまざまに読み取れる、ということがわかっていただけたのではないでしょうか。

ランドスケープをこのように見るならば、ランドスケープの分析こそ、たんに文化地理学の枠を超えて、地理学全体のもっとも重要なテーマであることがわかるでしょう。ランドスケープが、日々、人々のそのような考え方や力関係で変わっていく、変えられていくとすれば、地理学はこれまでのランドスケープの変化についての分析を通して、それを今どう変えていくべきか、ということにもっとも敏感でなければならない学問だと言えるのではないでしょうか。

　口絵5は、ランドサット衛星データで見た札幌市の中心部です。このデータでは、森林を緑で、そのほかの市街地を紫色に変換して表示しています。これを見ると、自然が豊かだと言われる札幌も、市街地の緑は驚くほど少ないことがわかるでしょう。緑の少ない市街地で、もっとも広大な森林パッチとなっているのが北大のキャンパスなのです。

　私の講座で修士・博士号をとった小高信彦さんの研究は、都市のなかでも生息しているキツツキの仲間であるアカゲラ（口絵6）の生息環境を明らかにすることでした。

　口絵5に示した赤丸は、図のなかの枠で囲った調査範囲内で、アカゲラが営巣していた樹木の位置を示したものです。全部で18の営巣木が見つかりました。小高さんは、アカゲラが繁殖できるための環境条件を明かにするため、北大キャンパスのなかに調査を絞り、許可をとって、キャンパスで生息しているアカゲラを捕獲し、1羽ごとに足輪をつけました。こうすることによって、1羽ごとの個体識別が可能になります。ここからが大変なところで、5月から7月までの3ヶ月、ほとんど休まずに毎朝、日の出から日没まで、双眼鏡をもって、識別した1羽ごとのアカゲラを追いかけるのです。かってな方向に飛んでいくアカゲラのあとを走って追いかけるのですから一苦労です。しかし、そうした骨の折れる調査の結果、口絵7（上）のような図ができました。図のバックは、ランドサット・データから明らかになった北大キャンパス内の森林パッチです。このランドサット・データの解像度は 30m × 30m ですので、図上の緑の小さい四角形（1ピクセル）が 30m × 30m の森のパッチに相当することになります。それより小さい森のパッチは、残念ながら表現されません。

　図の上に重ねられた赤い線が、1羽のアカゲラのテリトリーの範囲[注4]を示しています。つまり、毎日、大変な苦労をしてアカゲラのあとを追いかけた

結果が、このような１つのテリトリーの範囲を示す線として表示されるわけです。テリトリーは、このような多角形をしていますが、あとの分析を簡単にするために、同じ面積をもつ円で近似したのが右側の図です。

　足輪をつけたすべてのアカゲラについてこのような調査をした結果、口絵 7（下）のグラフのように、オス、メスごとのテリトリーの面積や、そのなかに占める森林の割合や面積を算定することができました。いずれも、メスのほうがオスより広いテリトリーを必要としていることも、この研究で明らかになりました。繁殖にはオスだけでなくメスもいるわけですから、より広いテリトリーを必要としているメスの条件を、繁殖できる限界条件とします。テリトリーの面積では 29.1ha、そのなかの森の面積 7.3ha、森の割合では 23.8％ という値になります。

　ここから先は、GIS の手法を使って、アカゲラの繁殖が可能な森はどこかを調べていきます。口絵 8（上）のように、森林パッチの分布図の上に、任意の点 P1 をおき、そこに繁殖に必要な面積 29.1ha に相当する円を描いて、その円に含まれる森林パッチの面積が 7.3ha、森の割合では 23,8％ という値になるかどうかを調べればいいわけです。P2、P3、……　Pn というふうに 30mずつ点を動かして全体を調べていけば、繁殖可能な範囲が明らかになります。

　ここで小高さんは、HSI（Habitat Suitability Index）という指標を導入しました。口絵 8（下）のように、もし、繁殖に必要なアカゲラのテリトリーの面積 29.1ha のすべてが森林パッチで占められていたら、HSI は 314、このテリトリーに一つも森林パッチがなければ、HSI は 0 とするのです。こうすると、テリトリーのなかに森林パッチが 5 つあれば、HSI は 5 になります。HSIというのは、そこがどれくらい生息地（Habitat）として適しているかの度合（Suitability）を示す指数（Index）という意味です。アカゲラの繁殖には、テリトリーのなかに少なくとも面積では 7.3ha、 割合では 23,8％ の森林パッチがなければならない、ということがわかっていました。これを HIS で表すと、75 になります、ですから、アカゲラは、HSI ＞ 75 の地域で繁殖ができるのです。

　口絵 9 は、そうやって、繁殖が可能な範囲を紫色の線で囲んだものです。
　この図には、初めに調べておいたアカゲラの 18 の営巣木が赤い丸で示されています。繁殖が可能な森林パッチを紫色の線で囲ったわけですから、赤い丸

はすべてその範囲内になければなりません。チェックしてみると、上のほうの2点を除き、すべて、赤い丸は紫色の線の内側に入っていることがわかりました。ですから、アカゲラは確かに、このような条件を満たす場所にだけ営巣し、そこでだけ繁殖している、ということ証明されたことになります。

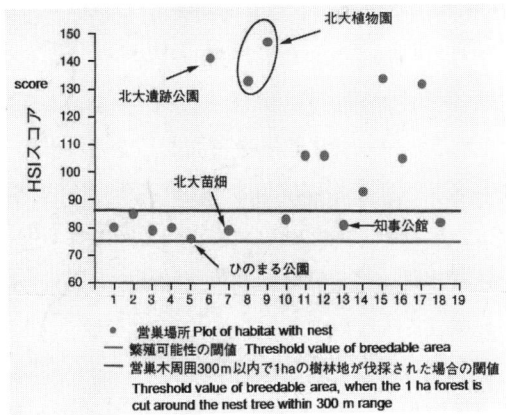

図3　札幌市内の18ヶ所のアカゲラ営巣地の森林パッチのHSIスコア（Kotaka 1998bによる）

　さて、それでは、18ヶ所の営巣地点の環境は、アカゲラの繁殖にとって、どのていど満足のいく条件になっているのでしょうか？

　営巣木ごとに、HSIの値を計算してみると、図3のようになりました。営巣地は18ヶ所もあったのですが、そのなんと半分近くは、HSI値がかなり低かったのです。小高さんは、ここで、図3に2つの線を引きました。下の線が、HSI＝75すなわち繁殖が可能かどうかの限界を示す閾値の線です。その少し上の線は、現在の営巣木の周囲300m以内で、1ha以上の伐採が行われた場合の閾値の線になります。つまり、現状ではHSIが88くらいになっていますが、伐採されることで森林パッチが減少すると、HSIは75に下がってしまうところ、という意味です。

　こうして、なんと18ヶ所の営巣地点の約半分は、もし現在の営巣木の周囲300m以内で1ha以上の伐採が行われた場合には、もうアカゲラが繁殖できないほど厳しい環境条件になっていた、ということが初めてわかったのです。

　私たちは、日頃、アカゲラのような野鳥を頻繁に見かけたり、それが巣を作ったりしているのを見ると、もうそれだけで、その環境はアカゲラがすめるほどいい環境になっている、と思いがちです。しかし、ランドスケープ・エコロジーの手法を駆使した小高さんの研究は、アカゲラの身になって考えるとけっしてそうではない、ということを示してくれたのです。調査した札幌中心部

のアカゲラたちの約半分は、むしろ繁殖にはかなり厳しい条件のもとでやっと生息していたのでした(注5)。

　ランドスケープ・エコロジーは、このように野生生物の視点にたって、ランドスケープを見ることを可能にしてくれます。一人一人の人間にとって、ランドスケープのもつ意味がちがっているというのが文化地理学の視点だとすれば、それを人間だけでなくすべての生きものにまで拡大してくれるのがランドスケープ・エコロジーであると言えるでしょう。さまざまに異なった多様な視点を与えてくれるという意味で、ランドスケープ・エコロジーは地理学にとって、決定的に重要な意味をもっているのです。以上、3回の講義で、フンボルトに始まり、トロールを経て、生態学的なランドスケープ・エコロジーに至る流れを、できるだけフィールドに即した研究をもとに紹介してきました。

　Active Geography とは、これまでに述べたことをつねに基礎において世界を分析し、よりよいランドスケープを求めてたたかう地理学である、ともいえるでしょう。

　口絵10は、1860年代の北海道と、それから100年後の1980年代の北海道のランドスケープを、土地利用図から比較したものです。もとの図は氷見山幸夫さん、有薗正一郎さんによる労作で、西川　治さん監修による『アトラス　日本列島の環境変化』からとらせていただきました。GISの手法を駆使してつくられた立派な図です。こうした図をつくること自体、地理学的研究の重要な分野であることは確かです。しかし、地理学者がさらにやるべきことは、このようなランドスケープの変化がなぜ起きたのかという研究ではないでしょうか。この2枚の図から読み取れることは、アイヌの人々の自由の天地であった"アイヌモシリ"の100年以上にわたる植民地化が、ランドスケープのこれほどまでに大きな変化をもたらしたということです。その意味については、本書最後の第7章で詳しく扱うことにしましょう。

　2つの地図を比べてみると、自然がもっとも大規模に変わったのが、道東の根釧原野と十勝平野であることがわかるでしょう。もともとは広大な森林だった地域が、いまでは一面の農業地域に変貌しているのです。その結果、もっとも減少したのは「湿地（wetland）」でした。ラムサール条約でいう「湿地（wetland）」には、湿原や川だけでなく水深6mより浅いすべての水域が含ま

れますが、北海道で最も減ったのは湿原であるといえるでしょう。湿原をハビタットとするタンチョウ（口絵11）やハクチョウなどの水鳥、キタサンショウウオなどの両生類、湿原のなかをゆったり流れる川にすんでいたイトウなどの魚は、大きな影響をうけました。口絵12は、十勝平野を流れる十勝川下流部の湿地の変化をGISの手法で3つの時期に分けて示したものです。まだ1922年の段階では、十勝川も自由に蛇行し、下流部には釧路湿原に匹敵するような大湿地が広がっていましたが、1946年には十勝川が直線化され、それにともなって湿地の面積が激減しました。1985年になると、最下流部の湿地もすべて排水され、農地化されたことがわかります。たった60年間で、十勝平野の湿地はそのほとんどが失われてしまったのです。

　失われた湿地をどうやってとりもどすか？　ほんとうは、農地化された部分を湿地に戻したいのですが、そこは私有地ですから簡単ではありません。そこで、北海道開発局によって進められているのが、堤外地にある「高水敷」（堤防よりも河川側にある氾濫原、p.206の図2参照）を掘って湿地を再生する、という事業です。ここは私有地ではなく、河川管理者である国の土地ですから、自由に変えることができます。口絵13は、直線化されてまっすぐになった十勝川の「高水敷」を掘削して、いくつかの池や湿地をつくっているところを空から見た写真です。周辺の農地では、本来なら湿地でエサを探すオオハクチョウが畑にまかれた種などをついばんでおり（口絵14）、農家のそうした被害を減らすためにも、さらなる湿地の再生が求められているのです。まさに湿地（失地）回復といえるでしょう。ランドスケープは変えられるのです。

（注1）サルフツ川支流でのイトウの産卵場所に関する研究で修士論文を書いたあと、福島さんはアラスカ大学で博士論文をまとめ（Fukushma1994）、その後も河川環境と魚類の生息環境に関する研究を精力的に続けている（福島2005；Fukushima *et al.* 2011；Zimmerman *et al.* 2012など）。
（注2）多自然型工法の導入に関しては、最近、祖田・柚洞（2012）によってまとめられているが、行政側の取り組みに焦点が絞られているため、ここに述べたような市民側の試みや行動については、まったく言及されていない。
（注3）北大の研究林から京都大学生態学研究センターに移った中野さんは、その後も先端的な研究を続けていたが、不幸にして2000年、カリフォルニア湾で調査中に事故で遭難されてしまった。37歳の働き盛りであった。没後、そのすばら

しい業績は全集（中野 2003）にまとめられたが、いまだに生前の中野さんとの共著論文が刊行されていることからも、その影響の大きさがわかる。
(注4) 厳密には行動圏（Home range）である。
(注5) 北大キャンパスのアカゲラのうち、HSI 値が低い環境で繁殖していたアカゲラのなかに、一妻多夫すなわち一羽のメスが複数のオスの巣に産卵し繁殖する事例が見つかった（Kotaka 1998a）。これは世界で初めての報告例であった。一妻多夫のアカゲラは、なわばりの面積も、そのなかに含まれる森林の面積も小さく、メスが複数のオスを相手にしなければ、その繁殖が保障できないほどに、厳しい環境になっていたと言えよう（Kotaka 1998b）。2001 年に北大キャンパスのハルニレやポプラの老木が伐採されようとしたとき、それに反対したのは、空洞をもつような老齢木がアカゲラにとっては重要であることが小高さんの研究によって明らかになっていたからでもある（88 ページおよび 191-193 ページ参照）。

引用・参考文献

有薗正一郎（1995）近世末の国土利用（1850 年頃）　西川　治監修『アトラス日本列島の環境変化』p.5　朝倉書店

Fukushima, M. (1994) Spawning migration and redd construction of Sakhalin taimen, Hucho perryi on north Hokkaido Island, Japan. *Journal of Fish Biology,* 44, 877-888.

福島路生（2005）ダムによる流域分析と淡水魚の多様性低下——北海道全域での過去半世紀のデータから言えること　日本生態学会誌 55　349-357.

Fukushima, M., Shimazaki, H., Rand, P. S., Kaeriyama, M. (2011) Reconstructing Sakhalin taimen *Parahucho perryi* historical distribution and identifying causes for local extinctions. *Transaction of American Fish Society,* 140, 1-13.

氷見山幸夫（1995）現代の国土利用（1985 年頃）　西川　治監修『アトラス日本列島の環境変化』11p.　朝倉書店

亀山　哲・小高信彦・金子正美・小野　理（1998）GIS・リモートセンシングを用いた生態系 保全のための都市域孤立林の評価・解析―札幌市街地におけるアカゲラの繁殖可能地域抽出―　日本リモートセンシング学会誌 18（1）　65-69.

北野文明・中野　繁・前川光司・小野有五（1995）河川型オショロコマの流程分布に対する水温の影響および地球温暖化による生息空間の縮小予測　野生生物保護　1　1-12.

Kotaka, N. (1998a) Classical polyandry in the great spotted Woodpecker *Dendrocopos major.* IBIS, 140, (2), 335-336.

Kotaka, N. (1998b) *Effetcs of the forest fragmention on the social and habitat selection of the breeding great spotted woodpecker Dendrocopos major.* PhD thesis Graduate School of Earth Environmental science, Hokkaido University.

Kotaka, N. & S. kameyama (2002) Use of Geographic Information Systems for the Evaluation of the Great Spotted Woodpecker Dendrocopos major Breeding Habitat in the Urban Area of Sapporo City. In P. Pechacek & W. d'Oleire-Oltmanns: *International Woodpecker Symposium. Proceedings.* pp. 105-112. Forschungsbericht, Nationalparkverwaltung Berchtesgaden, Germany.

森　由行・福島路生・小野有五・倉茂好匡（1997）北海道猿払川におけるイトウの産卵場所選択　野生生物保護 3（1）　41-51.
中野　繁（2003）『川と森の生態学―中野繁論文集』北大図書刊行会　358p.
小野有五（1990）北海道の森と川を語る会設立の主旨　森と川　No.1　1-2.
小野有五（1992）大きな反響を呼んだ 1991 国際水辺フォーラム　森と川　No2　1-6.
小野有五（1993）亀田川と天の川をみる　森と川　No.3　68-71.
小野有五（1995）真狩川の間違った近自然河川工法による河川改修　森と川　No.5　22-48.
小野有五（1996）精進川リヴァー・ウオッチング　森と川　No6　9-23.
小野有五（1996）"多自然"は"他自然"?―多自然型河川改修の問題点　自然保護　410　8-9.
小野有五（1996）北海道の森と川（総説）1990-1995　北海道の自然と生物　10　48-54.
小野有五（1998）精進川の河畔林伐採問題をめぐって　森と川　No.7/8　2-30.
小野有五（1997）『川とつきあう―自然環境とのつき合い方 3』岩波書店　142p.
小野有五（1998）川とつきあう　地理　43（9）　38-47.
小野有五（2001）「北海道の森と川を語る会」10 周年を迎えて　十勝の森と川　ヌップク川・サツナイ川・第二柏林台川の「緑の回廊」　森と川　No.9/10　1-3.；20-27.
小野有五（2004）フォーラム「北海道の森と川を語る in 2003　平成 15 年度「水環境をめぐる学習活動等の成果公表発表支援事業」報告」森と川　No.11　1-2.
小野有五・中村太士（1995）「ランドスケープの構造と地形学」に関する総合討論の記録　地形 16（3）　271-279.
下田和孝・中野　繁・北野　聡・井上幹生・小野有五（1993）知床半島における河川魚類群集の現状―とくに人間活動の影響を中心に―　北海道大学環境科学研究科邦文紀要　6　17-27.
豊島照雄・中野　繁・井上幹生・小野有五・倉茂好匡（1996）コンクリート化された河川流路における生息場所の再造成に対する魚類個体群の反応　日本生態学会誌 45　9-20.
Zimmerman, Ch. E., Rand, P. S., Fukushima, M. and Zolotukhin, S. F.（2012）Migration of Sakhalin taimen (*Parahucho perryi*) : evidence of freshwater resident life history types., *Environmental Biology of Fishes,* 93, 223-232.

4
Act
演じる

　第1章から第3章まで、"*Active Geography*"をつくる具体的な行動を、***Walk*** 歩く、***Connect*** むすぶ、***Teach*** 教える、という3つに分けて書いてきた。第4章のタイトル、***Act*** という英語は、自動詞なら「行動する」だけれど、他動詞では「演じる」という意味になる。この章で述べたいのは、"*Active Geography*"における「演じる」ことの重要性である。

　不登校の若者とつきあってきた劇作家で演出家の平田オリザさんは、いい子を演じるのに疲れた、という彼らに対して、本気で演じたこともないのに、軽々しく「演じる」なんて使うな、と諭すという。子どもたちは、本当の自分はこんなじゃない、と言うが、本当の自分なんてものはない。人間は社会におけるさまざまな役割を演じ、その演じている役割の総体が形成しているのが自己なのだ、と平田さんは書いている^(注1)。

　この章で言いたいのは、Active Geographer は、本気で「演じる」ことができなければならない、ということだ。それは、ただなにかを装うことではない。本音は隠して、うわべだけ、ある役割を演じてみせることではない。自分のすべてを投入して、そのとき、その場面で、果たすべき地理学者としての役割を演じる、ということである。10年間、関わった千歳川放水路問題を例に、そのことを書いてみたい。

地理学者は環境問題のアクターになれるか

　Actor（アクター）とは、社会学・政治学では、行為主体とよばれる。環境問題や権力闘争の場（arena アリーナ）において、直接的・間接的な利害関係

をもち、さまざまな行為によって、その問題や闘争に関わる（関わりうる）人のことである。環境問題においては、加害者と被害者、あるいは事業者と地域住民といった多様な人たちが、それに相当する。もともとアリーナというのは、ローマのコロセウムに代表されるような古代の円形闘技場の砂で敷き詰められた空間のことだ。スペインでは、闘牛士がそこで猛牛と闘う。この場合は、闘牛士と牛がアクターである。しかし、彼らに向かって歓声を上げる観客もまた、闘牛というゲームにおいては重要なアクターであろう。ここでは、見る者、見られる者がともに興奮を盛り上げ、その歓喜と叫喚の渦巻きによって、初めて闘牛というアリーナがつくられていくともいえる。

演劇においても、演じている俳優だけがアクターなのではない。観客もまた、拍手やあいの手を入れることで、ともに一場の芝居を俳優たちとともにつくりあげるのだ。しかし、舞台上で演じられる出来事を観客席から静かに眺め、あとで批評する、というだけでは、アクターとは言えないであろう。それはただ傍観者であり、観察者であるにすぎない。

日本の環境問題において、地理学者は、アクターであったことがあっただろうか。

この問いを問うてみたのは、ずいぶんあとになってからのことである。

千歳川放水路問題に関わるべきか否かを悩んでいた1990年という時点では、まだ、そういう問いかけすら、私にはできていなかった。地理学の教科書や論文を見ても、そのような視点で書かれたものは何もなかったからである。当時、琉球大学におられた目崎茂和さんが、石垣島の白保サンゴ礁を空港建設から守る運動に深く関わっていたのが、私の知る限り唯一の事例であった。

それから20年以上が過ぎてみて、初めて、自分がやろうとしていたのは、結局のところ、地理学者が環境問題のアクターになろうとすることだったのだ、ということができる。いや、環境問題と言ってしまっては、あまりにその範囲を狭く限定してしまうかもしれない。第3章の講義に引きついでいえば、それは、日本のランドスケープをつくりあげていくうえでの重要なアクターとして、地理学者が手を上げるということだ。河川に関する問題についていえば、それは、これまで河川工学者や土木工学者というアクターだけが演じることを許されてきたアリーナに、観客席から割って入る、ということである。原発や核廃

棄物処分問題でいえば、原子力工学者や地震学者というアクターが独占してきたアリーナに地理学者が割り込んでいくということといえよう。

千歳川放水路問題への関わり

千歳川放水路計画とそれをめぐる問題点については、第2章に再録した「市民のために川の科学」のなかですでに紹介した。ここでは、私自身がどのようにこの問題と関わるようになったかを述べたい。

第1章に書いたように、北海道自然保護協会の理事として、1988年ころから北海道の自然保護問題には関わっていたが、当時のもっとも重要な環境問題である千歳川放水路問題だけは避けていた。千歳川放水路計画は、1981年の石狩川、千歳川の大水害を契機に、洪水の翌年（1982年）に策定された治水計画である。計画が北海道開発局によって一方的に作成され、当時の建設省河川委員会によって、いわば密室のなかで策定された大規模な計画であった。それは長さ約40km、幅200～300mという巨大な水路を千歳川の流域外である太平洋側の流域に向けて掘削し、図1に示すように、締切水門、呑口水門、潮止堰という3つのゲートをつくって、洪水時だけ、泥まみれの洪水を太平洋側に出してしまおうという自然の大改造計画であった。そのため、計画が公表されると大きな反対運動が起きた。1990年の時点では、それはすでに政治問題化しており、放水路計画を推進しようとする自民党系の政党と、反対する社会党・共産党系の政党が激

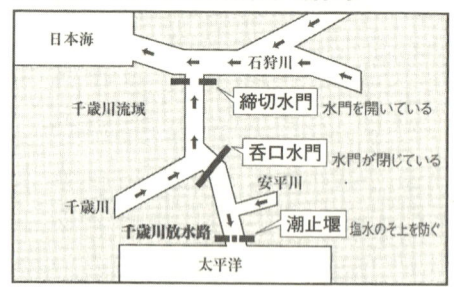

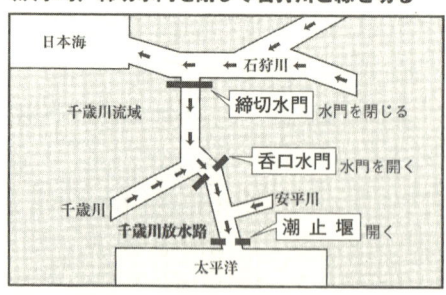

図1　千歳川放水路計画の概念図（北海道開発局1994にもとづく）

しく対立していた。

　流域を超えた治水計画は、当然のことながら、放水路の建設によって洪水だけをもってこられる太平洋側の住民と、放水路によって洪水が軽減される千歳川流域の住民とのあいだの社会的な対立を生む。洪水の泥水が放出されるのは太平洋であり、その沿岸でホタテやホッキガイの養殖漁業を行っている漁民は、決定的な被害を受ける。反対に千歳川流域の農民は、洪水被害の軽減によって利益を得る。千歳川放水路問題には、このようにさまざまなアクターが関わっていた。また、それを推進する北海道開発局には、工期20年、建設費用2,900億円（当初公表されていた予算額；のちに私たちの追及によって実際の費用は4,900億円であることが判明）という最大規模の公共事業が実現すれば、組織自体が少なくとも将来にわたって温存される利点があった。その背後には、放水路の建設によって多大な利益を受ける多くの土建業者がいた。計画推進のための調査・工事に関わる土建会社、さまざまな財団・公益センターは、開発局職員にとっては重要な天下り先であった。さらに、計画推進に協力してきた北海道大学工学部を中心とする河川工学者たちは、開発局の計画に協力することで、研究費や学生の就職口を確保してきたのである。

　千歳川放水路計画をめぐっては、このようなアクターがそれぞれの利権と権力、産業上の利益を争うアリーナが、1982年からすでに10年近くも形づくられていた。そこに、河川工学も放水路計画自体も知らない人間が関わっていくのはあまりに危険であった。まして、「自分の専門外の問題、とくに社会的・政治的問題には関わるべきではない」という自然科学者の伝統的な倫理からすれば、こうしたアリーナに入っていくことは、それまでの私にはありえないことであった。

　しかし、1987年、私は北海道大学・大学院環境科学研究科（当時）の教授になっていた。当時、日本のなかで、環境科学を専門とする大学院は5つしかなく、しかも、修士・博士課程のすべてがそろっていたのは、北大だけだったのである。環境科学の研究と教育を標榜する最高機関で教授を勤めながら、目の前で起きている最大の環境問題に目をつぶっていていいのであろうか。それこそが倫理的に許されないことなのではないだろうか。まして、私のやってきた地質学や地理学は、放水路問題とはけっして無縁な学問とは言えないのであ

る。とりわけ河川に関していえば、北大に赴任する前にいた筑波大学では、5年間、水理実験センターで助手を勤め、曲がりなりにも河川の研究に携わってきたのだった。河川の侵食や運搬・堆積作用、放水路によって太平洋に放出される泥水がもたらす細かな浮遊物質、放水路の掘削で影響を受ける地下水の問題などは、すべて私の学んできた自然地理学の範疇に入ることがらであった。

そういう立場にいながら、河川工学は専門でないからと言って、この問題に関わらずにいていいのだろうか。それでは、北大に環境科学を専門とする大学院がある意味はなくなってしまうのではないだろうか。

悩んでいた私に、放水路問題に関わってみようという勇気を与えてくれたのは、やはり、道東の森で出会ったシマフクロウの金色に輝く目であった。それは勇気というより、「やればできるのに、あなたはなぜ動いてくれないのか」というシマフクロウからの批判、強いうながしであったと思う。

環境科学者として

とはいえ、河川工学の専門でない私のような人間が、洪水対策を議論するアリーナに乗り込んでいくには、そこでどういう役を演じるか、演じられるかを知っておかねばならない。私が考えたのは、あくまでも自分の土俵で勝負する、ということであった。相手の土俵にそのまま乗っかれば、負けるであろう。

もちろん環境への影響評価はあるていどなされていたが、千歳川放水路問題では、環境科学という視点はそれまでにまったくなかった。私がとろうと考えたのは、その視点である。推進派、反対派を問わず、とにかくそれまでに出されていた文書や資料を約半年かけてすべて読んで、それを環境科学の視点で整理してみようとした。とにかく、どちらにも与しないで、できるかぎり客観的に、双方の主張を比較検討してみる、これが環境科学の手法であった。

わかったことは、どちらの言い分にも、正しい点とまちがった点があるということである。推進派の問題は、放水路による悪影響をあまりに過少評価している点であった。

最大の焦点の1つは、口絵15、16、17に示した美々川の環境保全である。大地を深く掘削しなければ千歳川の洪水を太平洋に流せない放水路は、地下水

面より深く掘り下げてつくられるために、美々川の谷底にわき出ている地下水を奪ってしまう（図2）。その結果、美々川は涸れてしまい、美々川によって涵養されているラムサール湿地のウトナイ湖も枯渇してしまうのである（口絵15、18）。北海道開発局は、この地下水対策が技術的に可能と言いながら、何年たっても、現実的に可能な対策を提示できないでいた。放水路の掘削による地下水の分断が美々川・ウトナイ湖の環境に重大な影響を与えることを自ら認めているのにもかかわらず、それを解決する有効な対策案を何年かかっても打ち出せない、ということは、結局、それは不可能ということである。放水路が建設されれば、国際的に保護が要請されているラムサール湿地の環境は破壊されてしまうであろう。

　第二の問題は、放水路以外に有効な千歳川の治水対策はないとする北海道開発局の主張の妥当性であった。たしかに放水路をつくれば千歳川の水位は下げることができる。しかし、千歳川流域のこれまでの水害を調べてみると、その大部分は内水氾濫[注2]であり、堤防が決壊して、千歳川の水（外水）がまわりの農地に溢れて水害をもたらす外水氾濫は、わずか4ヶ所でしか起きて

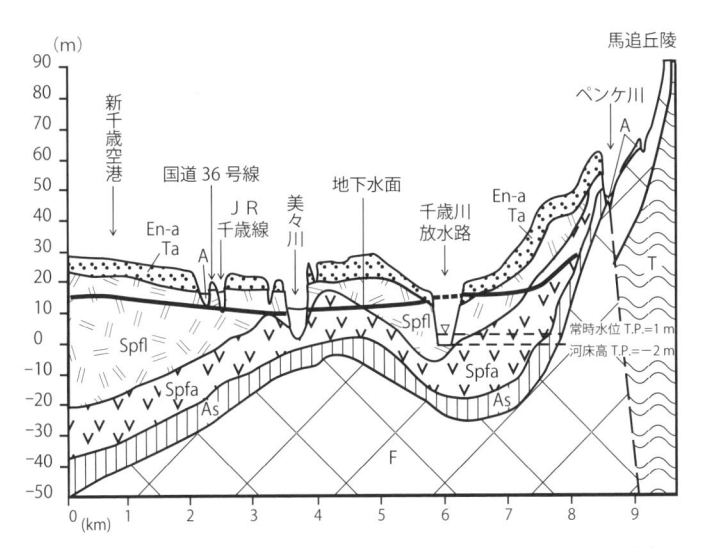

図2　美々川の地形・地質断面と地下水面（北海道開発局1994にもとづく）
En-a：恵庭a降下軽石、　Ta：樽前降下軽石、　Spfl：支笏軽石流堆積物、
Spfa：支笏降下軽石、　As：アウサリ層、　F：フモンケ層、　T：第三紀層

いなかったのである（図3）。1981年の史上最大の洪水でも、千歳川の水位が堤防を超えることは、ほとんどなかったのだ。

　低い土地に雨水がたまって水害をもたらすのが内水氾濫である。それを防ぐには、千歳川の水位を低下させることだけを目標とする放水路は、効果的とはいえないのではないか。むしろ、浸水しやすいところを遊水地にするほうが、有効な治水対策になるのではないか。

　このような検討から、私は、千歳川放水路計画に対して疑問を呈さざるを得なかった。しかし、反対派の議論がすべて正しかったわけではない。反対派は、放水路は千歳川の治水にはまったく役に立たないと主張していた。しかし、放水路をつくれば、たしかに千歳川の水位は下げられるのである。私がそのことを指摘すると、推進派の人たちは大喜びで「反対派の先生も放水路の有効性を認めた」と大々的に宣伝するようになった。

　反対派の人たちは困って、そういうことは言わないでくれ、と言ってきたが、事実は事実として語る、というのが環境科学者としての倫理なので、それだけは受け入れなかった。しかし、結果としてはそれがよかったのだと思う。

　「放水路はたしかに千歳川の水位を下げられる。しかし、美々川・ウトナイ湖の自然は、放水路をつくれば破壊される。内水氾濫は放水路では防げない。堤防の強化や遊水地造成のほうが有効である。」

　半年の集中的な研究で得たこの結論は、基本的にまちがっていなかった。十年後、放水路計画が中止されたとき、私が最初に提案した代替案が、ほぼそのまま国に受け入れられたのである。

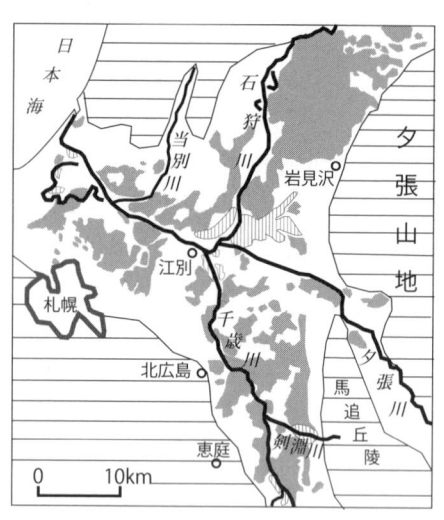

図3　1981年の石狩川、千歳川の氾濫地域（北海道開発局1994にもとづく）アミカケ（内水氾濫）、縦線（外水氾濫）、横線（山地）、白ヌキ（沖積平野）

地理学者として

　10年間にわたる千歳川放水路問題との関わりのなかで、私は3つの役割を演じたと思う。1つ目は、すでに述べたような「環境科学者」という役割である。私がそれを演じることで、それまで放水路問題というアリーナには存在していなかった「環境科学」という新たな視点を投げ込むことができた。

　2つ目は、「地理学者」という役割であった。それもまた、放水路問題というアリーナには存在していなかった役である。

　私の手元には、薄汚れてしわになった大きな地図が今もある。10年間、あらゆる場面で持ち歩いた地図だ。千歳川流域をすべてカヴァーするように2万5千分の1の地形図を貼りあわせ、等高線を手がかりに地盤高に応じて色を塗ったものである。図4は、その使い古した地図の一部、千歳川と漁川(いざりがわ)の合流点付近を示したものだ。図5は、その周辺の現在の2万5千分の1地形図である。

　北海道開発局による説明会やさまざまな委員会で気づかされたのは、説明や議論の場で、ほとんどまともな地図が示されない、ということであった。たとえば治水対策の根本となるべき1981年の水害被害の分布図では、もっとも標高が低い土地には浸水被害がなく、より高い土地のほうに被害が大きいように描かれていた。そもそも放水路で水位が下げられるといっても、20cmとか40cmという、センチメートル単位の話なのである。

　そういう場合には、土地の高さが50cmちがうだけで、浸水するかしないかが大きく分かれる。2万5千分の1の地形図では、等高線では2.5mまでしか読み取れないが、それでも色塗りをしてみると、標高7.5mを境にして、それより高い微高地は自然堤防であり、昔からの集落や道路はそこに帯状に並んでいることがわかる。図4、図5で、A〜Eと記入したのが、漁川や千歳川の自然堤防と思われる高まりである。舞鶴などの古い集落や、そこを通る道路は、すべてこの高まりの上にある。私が地図をもって現地を歩いた1990年代の初めには、図5に示すように、かつて千歳川が蛇行していたときの旧河道や三日月湖の一部などがなお川の両側に残存していた（写真1参照）。それらの低

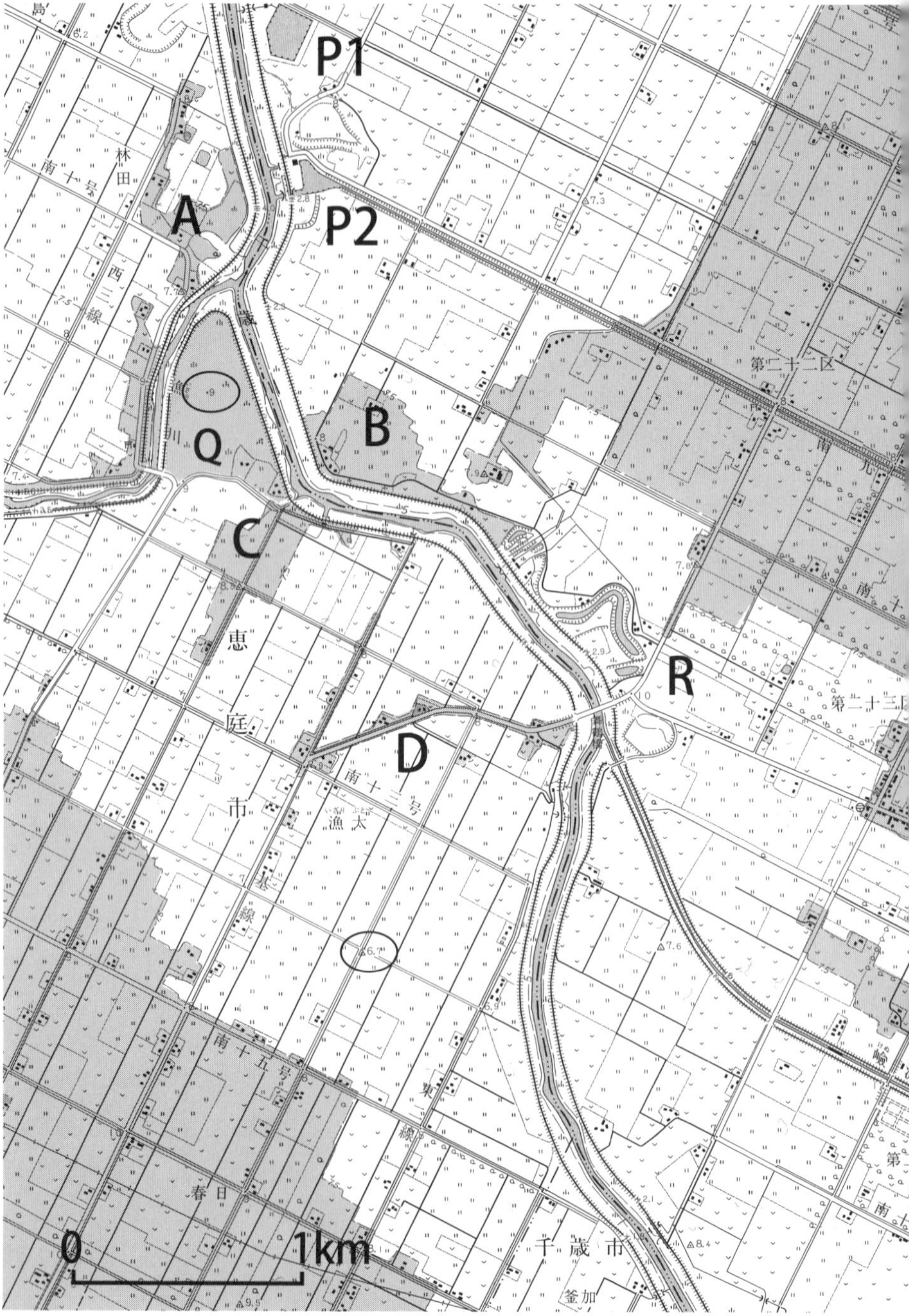
P1
P2
A
B
C
D
Q
R
0
1km
林田
南十号
西三線
漁川
恵庭市
南十三号
漁太
基線
南十五号
東線
春日
千歳市
釜加
第二十二区

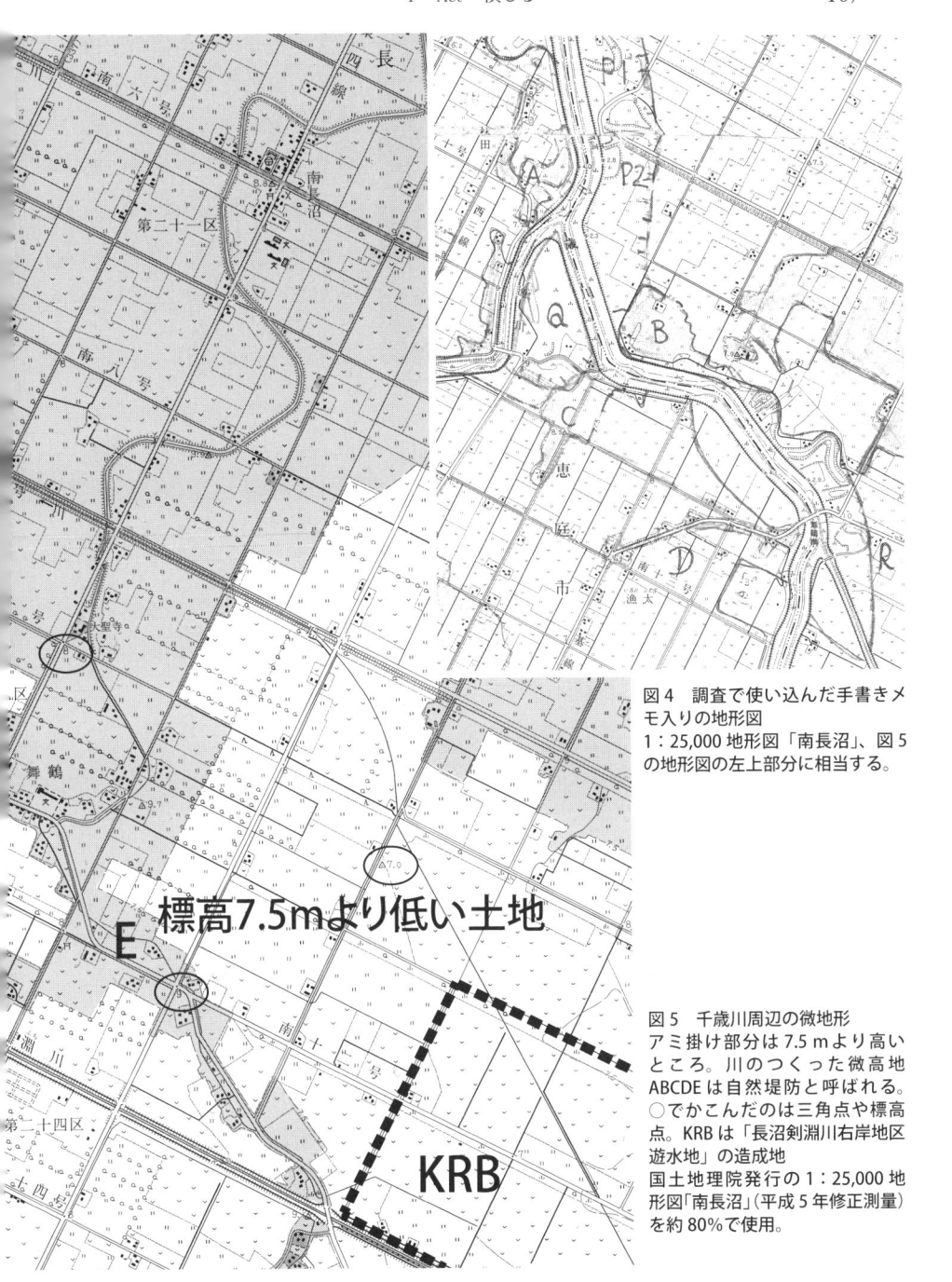

標高7.5mより低い土地

E

KRB

図4　調査で使い込んだ手書きメモ入りの地形図
1：25,000 地形図「南長沼」、図5の地形図の左上部分に相当する。

図5　千歳川周辺の微地形
アミ掛け部分は 7.5 m より高いところ。川のつくった微高地 ABCDE は自然堤防と呼ばれる。○でかこんだのは三角点や標高点。KRB は「長沼剣淵川右岸地区遊水地」の造成地
国土地理院発行の 1：25,000 地形図「南長沼」（平成5年修正測量）を約 80％で使用。

写真1 千歳川と漁川の合流点を下流側から見たところ (空撮、1994年9月18日)

い土地（写真1手前の三日月湖の周辺など）こそ優先的に遊水地とすべきところである、と主張したのである。漁川と千歳川の合流点に見られる低地（図4、図5のQ、写真1参照）もそのような遊水地の候補地であった。ところが、調査をしている間に、なんと北海道開発局はここで水防訓練を行い、その訓練のために、この低地にわざわざ盛り土をして高くしてしまったのである。図4と図5を比較すると、Qの標高が、図4では7.5m以下であるのに、図5では9mになっているのはそのためである。本来、遊水地として活用すべき低地に税金を使って盛り土を行い、そこで水防訓練を行うなどということは、およそ治水事業とは正反対の愚行であろう。これも、運動のなかで常に批判したことである。

　北海道開発局は、浸水しやすい低い土地は優先的に遊水地にすべし、という私の主張に反論しながらも、実際には少しずつそのような考え方を採用していた。私が遊水地の候補地としていた図4のP1,P2のような場所には、その後、図5に示すようにポンプで堤内地側にたまった水を千歳川に排水する排水機場をつくり、そこに狭いながらの調整池をつくったのである。調整池も、遊水地と同様、洪水時に一時的に水をためて周辺の浸水を防ぐ。

　2000年に千歳川放水路計画が中止され、私たちの主張した遊水地案が採用されると、北海道開発局は、千歳川流域で計6ヶ所、あわせて1,500haの遊水地造成事業を始めたが、遊水地として選ばれた場所は、すべて図4の地形図をもとに私が提案していた場所であった。図5に示すKRBはその1つであり、現在、「長沼剣淵川右岸地区遊水地」の造成工事が行われている。

　千歳川流域の明治時代からの地形変化を古い地形図を使って調べてみると、自然堤防と周囲の丘陵とのあいだの低い土地は後背湿地であり、そこには1950年代まで多くの湖沼があったことがわかる（図6）。現在、遊水地化が

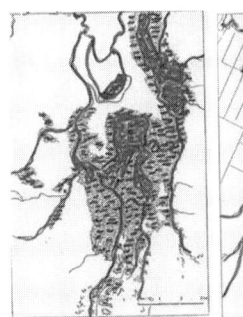

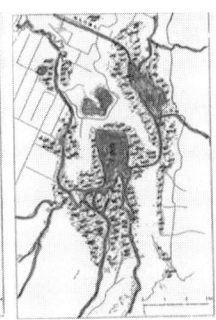

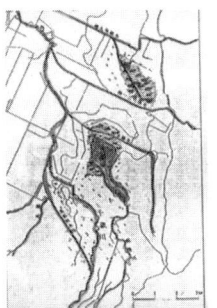

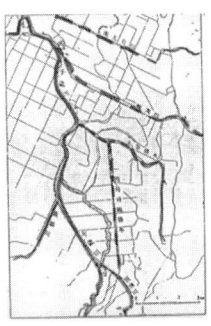

図6　左から1909（明治42）年、1935（昭和10）年、1960（昭和35）年、1975（昭和50）年の千歳川流域の湿地分布。後背湿地には多くの湖沼があった。中央には長都（おさつ）沼、その北東には馬追（まおい）沼があった。（旧版地形図などから作成）

進められている図5のKRBの周辺は、馬追沼とよばれる大きな沼があった場所であった。そこを、長年かけて排水し、農地化してしまったために、千歳川はあふれても水を一時的に貯める天然の遊水池を失い、けっきょく、農地に浸水被害を与えることになったといえる[注3]。

　地理学から見れば、千歳川流域は典型的な自然堤防帯の沖積平野であり、そこでの治水対策は、まさにセンチメートル・オーダーで考えていくべきテーマなのであった。

　討論会場で何かが問題になると、そのつど、貼り合わせた大きな地図を広げ、「それはどこのことですか？　標高は何メートルのところですか？」と確認しながら、議論を進める。そういうことは、それまでになかった。放水路問題というアリーナのなかに、地理学者というアクターが入ってきたことで、これまでにはなかったシーンが演じられるようになったともいえる。

　会場には、30cmのプラスチック製のきれいな定規をいつも持参した。放水路でなければ洪水は防げない、という北海道開発局への反論を、目で見えるかたちでわかりやすく伝えるためである。30cmの定規を見せながら、たったこれだけ水位を下げるためにこんなに大規模な工事がいるのでしょうか？　と言うと、多くの人は、それならいらないのではないか、他のやり方でも、なんとかできるのではないか、初めてとわかってくれるのである。高さのわずかな違いを視覚化する、ということ、それが参加している人たちに、より明確な現場のイメージを与え、議論を具体的なものにさせる上で効果的であった、と思う。

そうしたなかで、放水路問題に決定的な影響を与えたのは、そのアリーナのなかではまったく語られてこなかった「遊水地」という提案であった。それまで、北海道には遊水地はなかったからである。石狩川で砂川遊水地の建設が始まったのは 1987 年であり、私が「遊水地案」を提案した 1992 年には、まだ一般には遊水地という概念すらほとんど知られていなかった。そのため、初めて提案したときには、農家の人たちから、「開拓以来、血と汗でつくってきた田畑を水に浸けるなんてとんでもない！」という激しい非難を浴びた。しかし本州では、少なくとも数百年以上もかけて拓いてきた田畑を、遊水地にしてきているのである。これは二重の意味で地理的な問題であった。1 つは、当時、遊水地というものに注目していたのは河川工学者よりむしろ地理学者であったこと。第二には、私が北海道の人間ではなく、むしろ本州の人間であったということである。内田和子さんによる『遊水地と治水計画・応用地理学からの提言』が出版されたのは 1985 年のことであった。遊水地については、この本から多くを教えられたが、それだけではなかった。

 私が筑波大学から北海道大学に移った 1986 年 8 月には、関東で台風 10 号による大雨があった。引っ越し費用をやりくりするため、仙台から苫小牧行きのフェリーに乗ろうと、家族 4 人に、積めるだけの家財道具をのせて筑波から仙台に走っていくあいだ、カー・ラジオからは、台風の接近による大雨によって関東の道路が次々に不通になっていくニュースが流れ続けていたのである。間一髪で、ちょっと遅ければ仙台までもたどり着けないところであった。

 このとき大規模な洪水に見舞われたのが、利根川支流の小貝川である。筑波のすぐ南、下館市を流れる河川であった。この洪水によって小貝川と大谷川

図7　1986 年 8 月の小貝川の氾濫出水状況（建設省下館工事事務所「小貝川灌漑事業の概要」パンフレットより）

の合流点付近では、母子島など、5つの集落が完全に水没するという大被害を受けた（図7）。激甚災害の指定を受け、（旧）建設省がここにつくったのが母子島遊水地である。このことが頭にあって、放水路問題に関わるようになるとすぐ、機会をみつけて現地に行った。

地盤は上流側ほど高くなるので、1986年の洪水の浸水被害は合流点に近い集落ほど大きく、図7の左上に見える上流側の集落（小釜）は、ぎりぎりのところで浸水を免れている。このような状況から、（旧）建設省は、図8に示すように、浸水被害の大きかった母子島、飯田、一丁田、椿宮の4集落を、かろうじて浸水を免れた小釜の周辺まで移転させ、5つの集落をあわせた新し

図8　母子島遊水地の造成と五集落の移転（建設省下館工事事務所「小貝川灌漑事業の概要」パンフレットより）

い市街地を造成した。この際、小釜でも約5mに及ぶ土地のかさ上げを行って、1986年洪水と同様の浸水がきても大丈夫なようにした。北海道への引っ越しにあわせるように起きた水害でこのような遊水地がつくられ、それをもとに、北海道で自分が遊水地を治水対策として提案することになろうとは、思ってもみないことであった。筑波大学で最初に奉職した水理実験センターでの仕事も、もともと氷河地形や周氷河地形の研究をしていた私にしてみれば、分野違いで苦労の多いものであったが、そこで鍛えられたことが、放水路問題では役に立ったともいえる。

　それは、人生にはむだなものはないということかもしれず、また、今になって思えば、私という人間は、なにか見えないものの手によって、放水路問題を解決すべく北海道に送りだされたと言えるのかもしれない。

3Gの法則

　放水路問題に関わるなかで10年間考え続けたのは、どうすれば放水路計画を止めることができるか、という一点であった。これは運動者としての思いである。私は、環境科学者であり、地理学者であるとともに、運動者であった。それは、必ずしも自分でそう意識した、というわけではない。ただ放水路問題というアリーナの中に立ってみると、周りからは、そう見られてしまったということである。そうであるなら、それを演じきることも、また重要であろう。ひとりの人間が、3つのアクターを演じ分けることができるかどうか、私にはわからなかったが、ともかくもそれを演じ続けたのがこの10年間であったといえる。

　この運動に勝つためには、3つのGが必要だと思った。私はそれを3Gの法則と名づけて、一緒に運動している人たちに話した。Gakkai（学会）、Gaiatsu（外圧）、そしてGirl（女性）の3つである。

Gakkai（学会）

　運動は、論理的でなければならない。もちろん、多くの人たちの共感を得るためには感情に訴えることも重要であるが、それだけではだめである。放水路

問題に限らないが、科学的な論争を含む問題では、それを避けて通ることはできない。その場合、ただジャーナリスティックに問題にするのではなく、必ず、学会の場できちんと議論することが必要である。理想は双方が同じ場で論争することであるが、それができない場合でも、あきらめず、できる範囲内で、レフリーの付く学術雑誌で議論を展開すべきである。

　研究者が運動者となってしまうと、そこに価値観が入ってしまうので客観的に論文が書けなくなる、とよくいわれる。しかし、必ずしもそうではない。そうではないことを示すためにも、なんとか論文を書くべきである。論文が無理なら、単行本でもよい。何が問題なのか、相手のどこか間違っているかを広く知ってもらうための本を書くべきである。

　そのような思いで、千歳川放水路問題について書いてきた。レフリー付きの学術雑誌に載った論文は、小野（1992）、Ono（2002）の2本だけであるが、第2章に入れた「市民のための川の科学」も、雑誌『科学』にのせたものだから、それに準じるものといえよう。小野（1997）は、北海道新聞の土曜日夕刊に連載したコラム記事を、あとで本にまとめたものである。新聞に問題点をわかりやすく書いたことで、一般の人々に放水路問題を知ってもらうための大きな力になった。小野（1999）は、放水路問題を地理学の教材として取り上げてほしいと書いたものである。放水路問題が一応解決してからは、総括的な本を仲間と編集して2つの論考（小野 2003a,b）を書き、それ以外に小野（2003c）と、田中ほか（2003）をまとめた。

Gaiatsu（外圧）

　日本が外圧に弱いことは、よく知られている。放水路問題に関わり出した1991年の時点では、この問題は、まだ北海道内のローカルなイシュー（local issue）にしか過ぎなかった。これでは運動に勝てない、というのが率直な思いであった。まず問題を、長良川河口堰問題のような全国的なイシュー（national issue）にすること、そしてさらに国際的なイシュー（international or global issue）にすることが急務であった。

　さいわい私は東京で生まれ育ち、筑波大学にも10年いたので、東京にはいろいろなネットワークをもっていた。北海道自然保護協会に入る以前から、日

本自然保護協会（NACS-J）の会員でもあった。そのような関係から、まず日本自然保護協会に働きかけ、放水路問題で動いてくれるようお願いした。ちょうど、日本自然保護協会は長良川河口堰問題に関わっており、淡水魚類生態学者の川那部浩哉教授（当時は京都大学）を委員長とする河川問題特別委員会を立ち上げていた。まずそのメンバーに加えていただき、そこでNACS-Jが放水路問題に関わる重要性を訴えた。その結果、その委員会の下に「千歳川問題検討委員会」を設置することが認められた。1992年10月のことである。河川環境について素人だった私は、この河川問題特別委員会でずいぶん勉強させられた。河川工学、生態学、砂防学、地形学などさまざまな専門家が集まり、建設省の役人や水害訴訟に関わった弁護士なども呼んで話を開いたこの委員会は、画期的なものであったと思う。

　放水路問題に関わるかどうか悩んでいたとき、まず協力をお願いしたのは河川工学者の大熊　孝教授（当時・新潟大学）であった。アメリカ滞在中の大熊さんにFAXを打ち協力をお願いした。大熊さんがやりましょうと言ってくれなければ、さすがの私も放水路問題には踏み込めなかったかもしれない。

　その大熊さんも委員の一人であった。忘れられないのは、地球化学者の秋山紀子さんである。公害研究所におられたこともある秋山さんは水環境の専門家であり、委員会では、流域単位で水環境を考えるべきだという話をされた。日本弁護士連合会公害対策・環境保全委員会主催の「川と開発を考える」というフォーラム（後に同名の本となって出版された）で、司会を務められたわずか半年後、1995年にガンで急逝されてしまった。その1年前に書かれた『水をめぐるソフトウエア』というご著書のなかで、秋山さんは、

　「問題を発見するのはつねに現場である」

と書かれている。鹿児島県の志布志湾コンビナート開発の現場にも行っておられた。開発後の惨憺たる光景を目の前にして、次のように述べられている。

　「このような"世紀の大失敗"の決算書も出さずに、"持続可能な開発"とか"循環型社会の構築"と言われても、にわかに信じがたい気がするのは私だけではないはずです。——この2、30年間の間に起こった失敗は無数といっていいほどあったにちがいありません。そして、その間に日本の良好な自然は次から次へと失われていきました。」

「性懲りもなく同じことを繰り返す社会に、自然に対する正しい価値観を喪失した人間の群れと、失敗を繰り返さないために社会に組み込まれるべきソフトウエアの決定的な欠落を見るのです。——多くの利害対立を白日のもとにさらすソフトウエアがまず必要です。次には白日のもとにさらされた利害対立や異なる意見を堂々と展開して、侃々諤々の議論を行える場を確保するソフトウエアが必要です。次に必要なのは、その議論を通じて最善の策を決定していくプロセスをガラス張りにできるソフトウエアが必要です。」

　福島原発事故後の今でも、そのまま通用する言葉である。そのようなソフトウエアをつくらせるために、日本には外圧がいる、というのは悲しいことだけれど、外圧でそれが可能になるなら、利用しなければならない。

　一つの道は、ウトナイ湖がラムサール湿地に登録されていたことから、1993年7月に釧路で開かれるラムサール条約締約国会議の場で、放水路問題を世界に訴えることであった。ウトナイ湖のほとりに日本野鳥の会がつくったネイチャー・センターは、日本で最初の「野鳥のサンクチュアリー（聖域）」の管理施設であり、全国から募金とボランテイアの作業で建設されたものであった。このため、日本野鳥の会は、ウトナイ湖のレンジャーであった大畑孝二さんの熱意もあって、早くから放水路反対の運動を始めていた。

　日本野鳥の会、日本自然保護協会、それに北海道自然保護協会。放水路への反対運動を行っていたこの3つ組織のすべてに関わっていたのは、私しかおらず、したがって運動者としての私が演じたのは、まずその3つを連携させる役割であった。

　日本野鳥の会では、ラムサール釧路会議に先立って、ラムサール条約事務局やそのメンバーに向けたロビー活動を活発化させた。写真2は、東京で開かれたそのような講演会で講演したときの写真である。

　ラムサール会議というのは、地球温暖化防止のための会議や生物多様性維持のための国際会議と同じで、条約を締結している各国の政府代表が集まる締約国会議である。したがって、私たちのようなNGOは正式のメンバーにはなれず、オブザーバーとしてしか参加できない。それでも、野鳥の会ほかの精力的なロビー活動の結果、発言の機会を与えられて、放水路問題を世界の参加者に訴え

写真2 ラムサールNGOフォーラム in 東京で公演する著者

ることができた。私たちが主張したのは、放水路が建設されれば、ラムサール条約の指定湿地であるウトナイ湖の環境は破壊されるので、ウトナイ湖を「危機にあるラムサール条約指定湿地」のリスト("モントルー・レコード： Montreux Record")に載せよ、というものであった。(旧)建設省から強い圧力を受けて、日本政府を代表する環境省は、「放水路が建設されてもウトナイ湖の環境は損なわれない」と発言していたからである。「そう主張するなら、放水路がつくられてもウトナイ湖の環境が変わらないという具体的証拠を示せ」というのが私の発言であった。

ラムサール会議では、初めてロビー活動を経験した。1週間以上にわたる会議の間、近くのホテルに泊まり込み、連日、正式の参加者である各国政府のメンバーやラムサール条約事務局のメンバーに、私たちからの提案を支持してくれるよう働きかけるのである。英語、フランス語などで読みやすい資料をつくり、手渡し、説明する。毎朝、会場の前では、参加者にビラを配る。夜には記者会見をして、成果や問題点を発表する。

"モントルー・レコード　Montreux Record"への記載はできなかったものの、ラムサール会議を通じて、放水路問題をラムサール条約指定湿地の保護という国際的なアリーナの問題とすること、そして、放水路問題に対して大きな外圧をかけることには成功したといえよう。

Girl 女性

治水対策という環境問題に初めて関わってみると、講演会や討論会の会場は、建設会社の制服に身を固めた従業員や、紺や黒の背広姿の行政マン、お役所や組合の職員といった人々で埋め尽くされていた。これではいけない、と直感的

に思った。自分自身が息苦しくなる、ということもあったが、美々川やウトナイ湖の自然を守りたいと思っている普通の市民、税金をそんな無駄な工事に使われたくないと思っている人たちの姿がそこにはなかったからである。そうした人々のかなりは、女性であるはずだった。世の中の半分は女性なのに、「女性たちが登場できないアリーナ」という設定そのものが、そもそもまちがっているのだ。運動に勝つには、絶対に女性の力がいる、と思った。

さいわい札幌には、市議会に女性議員を送り出そうという女性だけの政党があった。生協運動など、食の安全や、合成洗剤追放などを通じて環境問題に関心の高い人たちであった。なんども学習会を開き、放水路問題は自然破壊だけでなく、無駄な公共事業であること、そのためにけっきょく福祉や環境のための予算が削られることを理解してもらった結果、その協力を得られるようになった。男ばかり、いわばドブネズミ色のような会場に、華やかな色合いの服を着た若い女性たちが少数でも交ることで、会場の雰囲気は大きく変わったように思う。もちろんそれだけではない、彼女たちは、放水路問題委員会を立ち上げ、積極的に意見書や要望書も出してくれるようになったのである。

もう一つ、河川問題で女性といえば、長良川河口堰問題で活躍していた天野礼子さんの存在があった。ただ、早い段階で彼女を北海道に呼んだグループが、何らかの原因で彼女と対立してしまったようで、放水路問題では彼女には頼まない、という流れができてしまっていた。それを聞いたとき、これはまずいと思った。どんな対立があったにせよ、彼女を無視するわけにはいかない。

というわけで、その関係の修復をめざして、私は彼女の主催する長良川河口堰でのイベントに参加するようになった。北海道へ来てもらうことはできなかったが、脱ダムをめざす長良川でのイベント（写真3、4）を通じて多くの人たちと知り合い、放水路問題に関わってもらうことができたのは、はるばる長良川までかけつけた私を天野さんが受け入れてくれたおかげである。イベントにアメリカから参加していた国際NGO、International Rivers Networkのウィリアムズ代表とも知り合いになり、その機関誌に、初めて放水路問題を英語で書くことができた（Ono 1996）。

1996年のイベントには、常連のメンバーであるカヌーイストの野田知佑さんのほか、本多勝一さんも見えていた。本多さんには、1990年、道東、別

写真3 長良川河口堰反対デモ（1996年9月15日）

海にあるバラサン沼という小さな沼がリゾート開発によって壊されそうになったとき、現地に来ていただいて、お目にかかったことがあった。そのようなわずかな面識しかなかったが、思い切って、札幌での講演をお願いしてみた。当時、「週刊金曜日」の編集委員であった筑紫哲也さんも誘ってほしい、とお願いした。野田さんには、椎名誠さんを誘ってほしい、とお願いした。野田さんの友人で、アリスファームという農場を経営している藤門　弘さんとは以前からおつきあいがあり、藤門さんも椎名さんを知っていたので、共通の友人ということでお願いしたのだった。

　本多さん、野田さんのOKをもらった時点で、直ちに札幌の友人に電話し、1,600人はいる市民会館の大ホールを抑えた。札幌に戻ってから筑紫さん、椎名さんの都合を確認、すぐに日程を確定し、手持ちの現金をかき集めて会場費を払うという綱渡りのような状況で、半年後の1997年3月16日に実現したのが、「とりかえそう北海道の川」という大講演会である（写真5）。残念ながら準備段階で椎名さんの参加は無理になったが、本多さん、筑紫さん、野田さん、藤門さんだけでもすでに十分すぎるほどであった。ここには、そのときのパネル・ディスカッションの模様（写真6）を再録した。1,600枚の前売り券を

写真4　長良川河口堰でのイベント（1996年9月15日）中央：天野礼子さん、右後：ダニエル・ビアードさん（アメリカではすでにダム撤去を始めていると講演、千歳川放水路計画にも明確に反対を訴えてくれた合衆国内務省開墾局・前総裁）

4 Act 演じる

写真5 本多さん、筑紫さん、野田さん、藤門さんを迎えての札幌市民会館大ホールでの講演会のチラシ

　すべて売り切ったこの講演会は、放水路問題が起きて以来、最大規模の集会となり、反対運動の拡大に大きな効果があった。そもそもの企画から、交渉、お膳だて、チケットの販売、当日の司会まで、すべてを演じるのは、大変なことであったが、運動において「演じる」ことの意味や重要性を身につけることができたように思う。

　ここでも、イベントを成功に導いてくれたのは、女性たちのサポートであった。当日、会場まで足を運んでくれた人たちも、半分は女性であった。筑紫さんや野田さんのファンという人も少なくなかった。もちろん、筑紫さんも野田さんも、いわゆる「人よせパンダ」ではない。それぞれ、川の問題や公共事業に鋭い批判をもっている人たちだったからこそ、お呼びしたのである。だが、いつものような固い議論だけではなく、内容はハードでも、ソフトな語りができる人たちが話してくれたおかげで、多くの市民が参加してくれたのだと思う。女性たちのセンスで人選し、構成した講演会だったからこそ成功したともいえよう。

本多勝一・筑紫哲也・野田知佑・藤門　弘・小野有五（1997）環境フォーラム「とりかえそう北海道の川：ストップ・ザ・放水路＆ムダなダム」講演録　とりかえそう北海道の川」実行委員会　79p.

「もう一言、いいたい！」
環境フォーラムを締めくくる、講演者全員による座談会

　それぞれの講演もすばらしかったが、座談会では 5 人の個性がぶつかりあって、日頃きけない本音の言葉がとびかった。
　政・官・財にジャーナリズムとアカデミズムがつくり出す鉄の五角形。それを崩せるのは市民の力しかないのだと聴衆のひとりひとりが心から感じた 1 時間だった。最後は会場と舞台とがまさに一体となり、盛大な拍手がつづいた。

小野　それでは今日の締めくくりといたしまして今日おいでいただいた 3 人のサムライの方とゲストの藤門さんにもう一度出ていただきまして、足りなかったところをお話していただきたいと思います。では、本多さん、筑紫さん、野田さん、藤門さん、どうぞおいで下さい。

二風谷ダムは、アイヌ民族に対する 3 度目の侵略だ（本多）

小野　今日は本当に皆さんお忙しいスケジュールの中を来ていただきましでありがとうございました。それぞれのお立場から有意義なお話を伺わせていただいたんですが、本多さんの時間を 10 分とってしまいまして申し訳ありません。本多さんは多分話し足りないことがいろいろあったんじゃないかと思うんですが、まず、本多さんの方からお話しいただきたいと思います。
本多　私は話がヘタですから、話し足りなかったということはないんですが、さっき「侵略」と言いましたけれども、そこのところをもうちょっと説明してみたいと思います。
　さっきの二風谷ダムはアイヌの聖地ですから、アイヌからすれば、アイヌ民族への侵略だということになるんですが、おおざっぱに言いますと、これは 3 回目の、最後の侵略だと思うんですね。
　最初の侵略は、約 300 年前の有名なシャクシャイン戦争。これでアイヌ軍が敗北して、以来、無茶苦茶なことが行われるわけですね。強制連行で奴隷労働をさせら

れたり…。先ほど言った参議院の萱野　茂さんのおじいさんの世代は、あそこから強制連行で釧路の漁場に連れていかれて、奴隷労働をさせられ、途中で逃げ帰ったそうです。自伝に出ているんですが、わざと指を切って、それでもう働けないということにして逃げてきた、というような表記があります。

　2回目の侵略が明治維新ですね。それ以前は、北海道の内陸ではかなりの数のアイヌ民族が昔のままの生活をしていた。ところが国有林と御料林、要するに天皇の領土ですが、この二つで大部分が奪われてしまったわけですね。だからそれまで自由に切っていた木が、今度は切ったら盗伐だということになるし、自由に捕っていたサケやシカは密漁だということになってしまった。そういう大変な侵略が明治維新です。

　それでも農地については一定の土地だけ保障されていたんだけれども、それさえも取ってしまったのが、今度の二風谷ダムというわけです。そのときの収用委員会で、萱野さんや貝沢さんが、涙なしには聞けないくらい、侵略の歴史について延々と証言を行っています。これは二風谷の裁判が今月末（1997年3月末）に判決になりますが、その後で、これまでの10年近い闘争の歴史を全記録を本にして出そうという計画があります。

　そのようにして土地を侵略して地名まで変えてしまう。例えば沙流川の河口のところにカリプトという地名があったんですが、ここは今「富川」なんていう、ものすごく俗っぽい、センスのない名前に変えていってしまうんですね。

　他のところでも、例えば、有名な羊蹄山だって、あれは後方羊蹄山（しりべしやま）なのに、へんてこな当て字をして誤読をして「ようていざん」になっちゃった。あれはやっぱりマッカリヌプリと言ったほうがずっと面白いし、いいセンスだと思うんですがね。

　ところが基本的にアイヌ侵略と同じことが実は本州でも行われているわけです。例えば、東北の山は膨大な面積が国有林にされてしまった。あれは例の明治維新のときにタテついたからというのがあるんですけれども、それで北海道と同じように広大な面積を取られてしまった。

　それからさっき苫田ダムの例をあげましたが、これも本質的には二風谷ダムと同じで、この計画が出たのは1957年だったわけですね。実に40年になります。それで今ようやく本体にとりかかるちょっと前ですが、40年間というのは大変なことなんですね。例えば20代の人はもう60代になります。30代の人は70代。それ以上の人は死んでしまうか、90代になるということですね。例えば、そこで私が訪ねた農家の主婦の方は60代ですけれども、この方は嫁いできたのが20代だったわけです。それで「私の人生はダムに奪われた」と、涙ながらに喋ってましたけれども、

写真6　5人の座談会メンバー、左より小野有五・本多勝一・筑紫哲也・野田知佑・藤門　弘

要するに、さっきも言ったアメとムチで次々と侵略してくる、そういう風に脅される人生だったというわけです。

　初めは村長以一下、全住民が反対してたんです。それが、さっき言ったように、だんだん侵略されてゆく。それでも2人目も3人目も村長は反対派から選ばれたんです。ところがこの3人目で、ついに裏切りが行われるわけですね。それで4人目になったら、とうとう地元の土建業者そのものが村長になってしまった。同じことが県単位でもありまして、去年、岡山県の県知事選挙で江田五月さんと争った人物ですが、本当にわずかな差で建設官僚が知事になってしまった。土建屋そのものが知事になってしまった。そういう状況が続いております。だから何というか、そういう意味では、侵略というものが北海道に限らず、全国で行われているということです。その点を補いました。どうもありがとうございます。

本当に大切な場所は世界遺産への登録を考えてもいい（筑紫）

小野　アイヌの人たちへの侵略っていうのは、僕は地名にいちばん感じるんです。本当にアイヌの人たちの文化を尊重するのであれば、できるだけ地名を復活するとかしてほしいですね。札幌なんかですとアイヌの人たちの名前に近いんですが、山の名前とか、川の名前っていうのは、できるだけ漢字を当てないで、本来のアイヌの人の地名に戻すべきではないかと思うんです。筑紫さん、アメリカではインディアンの先住権をきちんと認めて、いろんなことをやってると思うんですが、その点

はいかがでしょうか。

筑紫　アメリカでやっていることでも、すべて理想化できないところはずいぶんありますね。実際に歴史を見ると、今の話は侵略でしたが、インディアンの場合は「涙の道」という有名な話があります。移住に次ぐ移住なんですね。

本来、ニューヨークだってインディアンが持っていたわけですけれども、それをどんどん自分の都合で奥に押し込める。ようやく押し込めたと思ったら、その場所からプルトニウムが出てきて、また別の場所に押し込める…といったことの繰り返しで、決して理想化はできないんですが、しかし日本におけるアイヌの問題に比べれば、相当マシだとは思います。

実は数日前、私は「世界遺産」のシンポジウムに出ていまして、その話がたまたま出たんですけれども、少なくともアメリカは今、先住民の地域をどんどん世界遺産に登録しようとしているんですね。ところが日本だって、アイヌ民族の居住地域などまさに人類共通の遺産なんだから、世界遺産に登録しようという声があってもいいと思うんだけど、僕は聞いたことがない。ありますか少しは？　ないでしょう、全然？　まあ、そういう発想もないのかもしれない。

これはいろんな説がありますけれども、今、言われているのは、もともと侵略ということを言うなら、縄文・弥生の頃までさかのぼると、我々は日本全体の侵略者であると言うんですね。もともと住んでいた日本人というのは、本当に国土の両端だけで生き延びた。その一方がアイヌの人たち、一方は沖縄の人たちだというわけです。

世界遺産で沖縄では、ヤンバルの森ですね。ヤンバルクイナとかがいて米軍の演習林になっているところ。あそこが米軍から帰ってきたら、すぐに世界遺産にしてしまえということを私も言ってるし、沖縄の人たちも言ってるんですね。もちろん西表島なども含めて。

だから北海道でもそういう動きがあってもおかしくない。確かに世界遺産への登録がどれほど意味があるのかという議論もあるんですが、私は「あるものは使え」という議論をしているんです。

ただ、一方で日本の官僚機構の中には一種の時代主義みたいなものもありますからね。白神山地もそうなんですが、世界遺産に登録して閉鎖しちゃうことによって、かなりいろんなことを防ぐ方法になりうるんじゃないかと思うわけです。

話は戻りますが、沖縄の米軍基地に対してもいろいろな戦い方があるんですが、ひとつは、これ以上沖縄の貴重な自然を実弾演習でメチャメチャにするのは止めたほうがいい。そういう点から考えても、世界遺産というものを、ひとつの武器として使うということを、今、沖縄の人たちは考えている。北海道でも同じことがあっ

てもいいんじゃないかという気はするんですけどね。

本多 これは全くその通りですね。問題は沖縄に比べると北海道の住民に本来の住民すなわちアイヌ民族が少なすぎるということです。しかし、それならそれなりに、現状に即した方法があるはず、というより、つくるべきですよ。明治初期の移民からまだ歴史は新しい。

小野 そうですね。筑紫さんのお話で、いちばん印象的だったのはセキュリティの問題です。安全性ということを突き詰めていけば、人間は安全なほうがいいに決まっているわけですけれども、より過剰なものを求めていってしまう。特にそれが、建設省や開発局といったお役所は安全に安全にと言ってくる。そう言われちゃうと人間は抵抗できないですよね。

それで川にしても150年に1回の洪水と言ってるんですが、実は、さっき私がお話しした150年に1回の、3日間で260ミリの雨っていうのは、昭和56年（1981）水害のあと、昭和62年（1987）にも降っているんです。正確には254ミリですが、ほとんど260ミリに近い雨が降っていて、じゃあそのときに昭和56年と同じ被害が出たかというと、全然出てないんですね。かなり浸水はしましたけれど、被害の程度は全然違います。

だから、そういうひとつひとつの分析をしていくと、昭和56年の洪水というのは、いろんな計算をすると300年規模、あるいは500年規模の洪水だったかもしれない。そうなると、じゃあそこまで防衛しなきゃいけないのかということを考えるんです。アメリカで、なぜダムをやめたかという部分では、川の生態系をきちんと守るという法律ができたということが、すごく大きいと思うんですね。あの法律ができたから、じゃあ壊した方が早いだろうということになった。それはすべて議員で立法しているわけですね。ところが日本では法律を官僚が作る。だから官僚は自分に都合の悪い法律は作るわけない。そのへんのところ、アメリカは今どうなんでしょうか。

筑紫 その問題は、法律ひとつに限らず、結局、私たちの国の今の姿というものを見てますと、あるいはこれから世界でどういう社会が調和をして生き延びてゆくのかを考えますと、政府というものが非常に強い国なんですね。そのガバメントに対抗して、NGO（ノン・ガバメンタル・オーガニゼイション）という概念があり、さらには資本の論理でいろんなことをやってくる会社とか企業とかに対抗するNPO（ノン・プロフィット・オーガニゼイション）もあって、そこの力が、社会の中でどの程度ウエイトを持つかということが、多分今からの未来社会を決めていくと思うんです。その中で、日本はあまりにも「官」がすべてについて強すぎる。しかも強すぎるだけではなくて、実は「民」の側も、それを望んでいるようなところがある。

小野 確かに北海道も、体質的にそういうところがありますね。

本多 この問題は巨視的に見ると、日本の歴史に成功した革命がなかったことと通ずるところがありますから、日本人論にもなってしまうテーマでもある。

筑紫 そうですね。例えば私は北海道開発庁は要らないと思っているんですね。そしたら、この会場の方々の大半は反対するんじゃないかと思うんですが（笑）。

小野 今、世論調査では「存続しない方がいい」という人が「存続した方がいい」という人を超えてます。

筑紫 なるほど、そうですか。今、アメリカのことが出ましたが、アメリカでは官僚というのは非常に不安定な職業なんですよ。昔は大統領が変わると郵便局の局長から何から全部変えられちゃうと。「ポリティカル・アポインティー」という制度がありまして。今でも高官たちは、しょっちゅう変えられてますね。だから官僚というのは、一生そこに身を置いて、定年になったら天下りをしてべらぼうな退職金をもらって、というシステムになってない。それに対してNGO、NPOっていうのは、すごく安定した職業なんですよ。そこでずーっと運動をやってる。ラルフ・ネイダーなんて、相変わらず頑張っているでしょう？

小野 そうですね。

筑紫 おじいさんになっているのは人のことは言えませんけれどもね、私も（笑）。それにしても、安定してずーっと運動をやるってことは内部で問題もありますよ。例えば世界遺産について言えば、ユネスコというのは一種の官僚を作り出してしまった。

小野 うーん、そうですねえ。

筑紫 そういう問題もありますけれども、NGO、NPOの方が社会的にも受け入れられるし、生活も安定している。しかも名誉もあるってことになると、社会の中で人材移動が始まるんですね。さっき本多さんが言ったニセ勉強ですか？ つまりそのニセ勉強の優秀な人が、日本だとみんなお役所に入ろうとするでしょう。そういう人たちがNGO、NPO側に入ってくる。すると状況は全然違ってきちゃうんですね。

　だから社会の仕組みの中で、さっき市民と申し上げた人々、つまり意識を持った人たちがつながってゆく、強くなってくると、やっぱり手を挙げざるを得ない。放水路の問題も、今やハッキリ言っていい勝負でしょう？ それは住民運動として非常に賞賛されるべきことで、しばしば私たちの国のこういう運動っていうのは、もう初めから負けを覚悟で、滅びの美学かなんかに酔いたくてやるって人がいるじゃないですか。

小野 まあずうっと誰かが言わなきゃいけないというつもりでやってきたんですけれどもね。

筑紫 でもね、勝てるかもしれないっていうのはすごいことで、それを超えちゃうと、放水路じゃないけど、いったん超えれば流れが変わってくるんですよ。

本多 そういう意味では、島根県の松江の中海の干拓の問題、あれもおそらく勝つ側に傾いてますよね。そういう例が、だんだん出始めている。そういうのは勇気づけられるんじゃないですかね。やっぱり彼らがいちばん怖いのは、爆弾よりも世論だと思いますよ。

環境サミットでの建設省の役人のセリフにはあきれてしまった（野田）

小野 野田さんは前にブラジルの地球サミットに、天野礼子さんのボディガードとして行かれたそうですね（笑）。あそこで日本の政府がいかにひどいかということが国際的にバレてしまった、ということを本にお書きになってますけれども、その辺のお話をちょっと聞かせていただけますか？

野田 あのとき、NGO で世界中からダムファイター、つまりダムの反対闘争をやっている人が集まってましたんで、何百人か集めて、会議をやったんですね。非常にいい会議だったんですが、そのときはちょうど長良川河口堰の反対闘争の熾烈なときで、建設省側でいちばん活躍した男がいるんですよ。武村っていって。それが潜り込んでたんですね、観衆の中に。背中丸めて、なるべく目立たないように引っ込んでましたけれども、すぐ分かってしまいまして、それを引っ張り出したんですね。出てきてくださいって言って（笑）。

で、「皆さん、この人が長良川河口堰を作っている人です」ってやっちゃったんですよ。そのときはみんな英語で喋ってますから、彼も英語で言ったんですね。で、英語で言うと、どうしてもホンネで言うわけですよ。そのときに彼が言ったのはですね、世界中のダムファイターの前で言ったんですよ。「我々は」、この我々というのは自分のことじゃなくて政府のことですね。つまり自分が政府の代表だというつもりで言ったんでしょう。「我々は国民と対話はしません。ディベートしません」って言ったんですね。「理解してもらいます」ってね。で、みんなが「ワーッ」と沸いたんですよ。「すごいなあ、日本は」。

あれ、現地でビデオかなんかに撮って、建設省に行ってバラ撒いて大騒ぎしたら面白かったんですが、我々はそこまでプロになりきれなかったですね。もう少し悪どいことをやれば良かったんですけど。

本当にはっきり言いましたね。「我々は市民とは話し合いはしません」って言ったんですよ。「理解してもらう」と。じゃあ理解しなかったらどうするのかと質問は出なかったんですが、我々もあまりにも唖然としましてね。で、やっぱりあれがホンネなんでしょうね、建設省の。

小野 それはいまだに同じですね。放水路でも何でも、向こうは説明しているだけ

なんですね。「説明に参りました」と。「ご理解をしていただく」という、それだけなんですね。
〜会場しばし沈黙。〜
小野 何だか唖然としてしまったんですけれども（笑）、ブラジルのサミットから依然として変わっていないということなんですね。
筑紫 ただ、あのブラジルサミットって、NGO の活躍の方が目立って、世界の GO（政府機関）の人たちは大したことが決められなかった。だからお祭り騒ぎじゃないかって声がありましたね。

ところが、政府内で対外援助をしている人たちとこの間話したんですけど、明らかにブラジルサミット以降、いろんなことが変わったと言うんですね。それは世間が変わったから、世界が変わったからなんです。前は日本の ODA というのは経済援助は開発援助だった。もともとの ODA って言葉が開発援助という意味なんですから。

ところがブラジルサミット以降、そこのところがずっと緩んで、実際にやってることが環境保全かどうかは別にして、そういうことがやれるようになった、やることが当たり前になった。

結局、確かに住民パワーとかいろんなことも大事なんですけれども、一方で理屈の戦いだという部分があるんですね。つまり大儀名分という旗をどっちが掲げているかという面が非常に大きい。さっきなぜ僕が安全保障の話をしたかというと、例えば本当に推進派の人たちは、ある意味で純真に、この次に洪水が来たら人災だと信じ込む部分がある。そういう大義名分の旗を立てられると、こっち側も怯む部分が出てきたりする。そのときに何が大事で、どこに議論の本筋があるのか、ポイントがあるのかということを絶えず自分でチェックしてゆかないと負けてしまうんですね。
小野 そうですね。だからやっぱり治水とか災害防止というのは錦の御旗になるわけですね。だからこそ建設省は強いわけです。そう言われたときに、「いや、そうじゃないんだ。それは大事なことなんだけど、明らかに過剰なことを考えているんじゃないか」という反論がきちっとできないと負けてしまうと思うんですね。
本多 筑紫さんのいう「理屈の戦い」は確かに重要ですね。屁理屈を含めても理論闘争は重要なんですが、それをむしろ軽蔑する風潮が日本では強かった。
小野 僕はもう放水路のことに 8 年くらい関わってますけれども、確かに水位はあれで下がるわけです。他のやり方よりも下がる。そりゃ当然ですよね。太平洋に水を抜いちゃうわけだから。それで開発局の人は「だからこれがベストの治水対策で、他にはありません」と胸を張るわけですね。確かにそこだけ見ていたらそうです。だけどそのかわりに太平洋の漁業が滅茶苦茶になる、美々川がダメになる。「そこをどう見るんですか」と言うと、何も見てくれないんですね。一面しか見ていない。それで、

水位が下がればそれがベストな治水対策だと言う。これは建設省全体が、まだそういう考えなんですね。

筑紫 アセスメントというのは、元々そういうことを含めて答えを出しましょうよということで始まったはずなんですね。

小野 本来そうなんです。

筑紫 ですから、そこで効果はあるけれど、自然の環境にマイナスというものもいっぱいあるということをキチンと出さなければいけない。向こうの物差しで全部を判断するわけにはいかないわけです。それともうひとつ私は、今までの環境アセスメントと違う、もうひとつの物差しが意味を持ってくると思うんです。それはコストパフォーマンスですね。

小野 もちろんそうですね。

筑紫 つまり、同じ防ぐときに、こっちなら幾らかかるか。日本から太平洋に水を向けることが、どのくらいの大工事であって、今まではそれがカネがかかるからということで進んできたんだけれども、これからはそうじゃない。物差しが逆なんだと。カネがかからない方が良い案なんだという風に逆転させていかなきゃいけないし、せざるを得ないと思うんですよ。だってもうお金ないんですから。

小野 アメリカがダムをやめたのも、最後は経済問題ですよね。もちろん「ダムをつくっても環境を守らなきゃいけない」っていう法律ができたこともあるんだけど、それをクリアするにはお金がかかりすぎる。だからやめましょう、と。日本はやっぱりどうしても法律をきちっと作っていかなきゃいけない。それは市民が議員を動かさなきゃいけないって時代に来てると思うんですね。

野田さんなんかはカヌーっていう、いわば遊びですよね。そういう立場から川に関わってこられて、多分、「ただ遊び人が言ってるだけじゃないか」というような批判がずいぶんあったと思うんですけど、その辺、どう思いますか？

野田 いや、別にこの運動に入る前から、そういうことは言われてましたんで、遊んで食ってるってね。実際にそうだったんでね。それはもう、いいんです。ええ（笑）。まさしくそのとおりで。最近は、あんまり遊べなくなったんで、人生が非常につまらないから、ちょっと変えようと思ってね。今年はこういう運動はあんまりやらないで、遊びに邁進しようと思ってます（笑）。だからそのために、ここの放水路の問題も早く片づけましょう。

1500対1という状況で何をしたら良いのか悩んでしまう（藤門）

小野 ありがとうございます（笑）。ところで藤門さんは牧場主という立場で、ポス

ターに名前を出すときに「牧場主」と出してくれと言われて…。僕は、アリスファームっていう名前が素敵なものですから、どうしても入れたくてアリスファームって入れちゃったんですが…。本当に牧場主に徹して、そこからの目ですべてを見ておられるというのは、僕なんかと全然違うものですから、いつもすごいなと思うんです。さっき余市川の問題が出ましたけれども、もう少しその辺のことをお話しいただけますでしょうか？

藤門 いや牧場主っていうのはどうでもいいんですけど、村で大きなリゾートを誘致する際も、反対が1で賛成が1500人なんですね。今度のダムの国営灌排事業も反対1、残り全部が賛成。で、村人の立場からすると、リゾートが来ることも、大きな事業が入ることもみんな万々歳なんですよね。とりあえず仕事はあるし、カネが落ちるし。土建屋さん、この土建屋さんというのは、ただの土建屋さんじゃなくて、農家の人たちがみんな働きに行くんですね。ですから農家にとってもありがたい。その1500対1の中でどうするかって、実はすごく悩んでましてね。

　言うのは割と簡単なんですね。主張することは割とラクなんだけど、実質的な効果を持っていくにはどうしたらいいだろう、と。実は鬱々としているというのが本当のところです。で、ひとつは中へ入っていくしかないかなって。北海道はみんなよそ者なんで、僕もよそ者ですけれども、割と入って行きやすいんで、今は農協の理事までなんですけれども、あとは村議会か何かに出るかどうか（笑）。いや、そういう声が実際にあるんですね、村議会議員になれって、何か勝手に応援してくれるおじさんがいて。

　『週刊金曜日』に書きましたけれども、「どうしたらいいんですか」って聞いたら「選挙運動はまず葬式に全部出ろ」と。冠婚葬祭に全部出ろ、と言われたんですが、冠婚がないんですね。みんなおじいさんですから。見ず知らずのおばあさんの葬式なんかに出て、選挙運動を密かにやってるんですよ（笑）。

　最近、近所の議員をやっている人が来て「お願いだからやめてくれ」って言われてまして、なんでかって言うと、三期やると恩給がつくんだそうですね、村議会議員は。その人はもう一期やると三期になって、それが生活の収入源だと言うんですね。で「お願いだから思いとどまってくれ」と言われて困ったりしてるんです（笑）。

　佐藤静雄というのが建設政務次官ですけれども、我々の地区から当選してるんですよね。恥ずかしいですけれども…。で、当選した後に、その佐藤静雄先生を祝う会というのが村で開かれたりしてます。そういう環境なんですね。そういう環境の中で何をどうしたら良いのか。皆さんそれぞれ自分の場所があると思うんですけれども、都市では運動をしやすいというか、分かっている人はいるし、小野先生が呼びかければ「わっ」と集まってくれる人がいるし、意識も高いけれども、辺境の村

で何をどうしたら良いのか、実は途方に暮れているというのが本当のところですね。
小野 そうですね。千歳川の流域でも、地元の人たちが開発局の人の言うことを鵜呑みにしているわけですね。オウムみたいな感じで、本当に信じこまされちゃっているわけです。さっきも話したように、推定流量を1万8千トンというべらぼうな数字で出してきていますから、これを処理するには、確かに開発局の言うとおり放水路しかないわけですね。そういう言い方をされたら、やっぱり普通の人は信じてしまう。

そうするともう、他のやり方は一切ないんだと思いこんでしまう。それは違うんだということを分かってもらおうと思って、説明しに行こうとしても、筑紫さんがさっき日本の民主主義という話をされましたけれども、やっぱり戦前とほとんど変わっていないんですね。本当に村八分になってしまうという感じで。

昨日なんかも推進派の大会に、ブラジルサミットの建設省のお役人じゃないけれど（笑）、コソコソっと行ってきたんですが、これがすごいんです。会場の前に大型バスがズラーっと並んでいて、みんな動員されて来ているんですね。もう役場ぐるみで全部乗せてきているわけです。そういう形でみんなをまとめている。だから、本当にその住民ひとりひとりっていうのが、今日みたいに自分の意志で、しかもお金を払って来て下さるって方が、地元にはまだおられない。何というか民主主義というのがどうなんだろうかと思うんですけれども…。

筑紫 これはいろんなところに行ってて感じるんですが、前に本多さんと一緒に能登半島の先の珠洲というところに原発の問題で行ったんですね。我々はお金をいただくんですよ。費用はどこにもないですから。それで体育館の土間に皆さんお座りになって、講演会をやっていた。ところが原発を推進する側は、お金はジャバジャバありますから、突然、普通なら来そうもない方が、名前のある方がどんどん来て、講演会をやる、ショーをやる。で全部送り迎えに弁当が付いてる。むこうはタダで、こっちはお金を取って座らされて、この差っていうのはすごいんですよね。

しかしこっちが一方的に不利かというと必ずしもそうではなくて、そういう意志を持った人が少しでも増えていくと、話は全然違ってくるわけで、確かにそのときは歌謡ショーで動員されて来ますけれども、それが絶対に強い行事であるかと言えばそうでもないと思うんですね。

ただ、ひとつ心配なことがありまして、さっき都市と地域の話を藤門さんがされましたが、都市で暮らせば暮らすほど、自然の環境が大事だなって思いが強まってくるんですね。たぶん今日お集まりの方にもそういう方が多いんだと思います。これは当然なんです。よく私は日本の大都市、札幌とか、まあ札幌はいい方でしょうけど、福岡なんか特にそうですが、金魚鉢に入ってる金魚を連想するんですね。酸

素が足りなくて、水面から一生懸命口を出してパクパクしているような感じの窒息感というのは、大都市にものすごくあります。そこでなおさら自然のことを考える。そうすると今度は地域のほう、農村のほうの人たちはこれに対する反撃を必ずするわけですよ。都会の暮らししてるやつが何を言うんだ、俺たちの生活の苦しみがわかっているのか、と。こういう種類の反論で来る。そうするとたいていたじろいじゃうんですね。でもたじろいじゃダメなんですね。

それからもうひとつは、たじろいじゃダメなんだけど、ちょっと考えなきゃいけないことがありましてね。私は実は山奥の人間だからたじろがないんです。その「都会の薄っぺらに俺たちの苦しみがわかるか」というセリフは、実は田中角栄さんを支えた「越山会」の人々が得意で、中央から来たマスコミにすぐそれを言うわけです。で、そのときに都会でお育ちになった方は同業者でも、たいていグッと引っ込んでしまうんですが、冗談じゃない、俺は九州の山奥のあんたのところよりすごい。第一、雪深いっていうけど俺のとこも雪降るよって、まあ新潟の雪は深いんですが、札幌にもありますか、あの道路から水がピューッと吹き出して、全部とかしてくれる。そんなものはウチの村にはないんですよ。冬は入るときに峠がアイスバーンになるんで、電話をかけて「あそこは通れるか」って友達に確認してから酒を飲みにでかけるんですね。

そういうところですから、たじろがないんですが、ただ、心配なのは、特に次の世代がそうなんですけれども、自然というものからますます足が切れちゃって、椎名誠さんが「海、空、さんごの言い伝え」っていう映画を沖縄の島で撮ろうとしたら、あそこの子供たちが、ほとんどプールで泳ぐもんだから海で泳げない、と。それで子役として使えないことがわかって大慌てしたという話を聞いたんですが、ウチの田舎でも同じようなことがあって、キャンプに行きまして、薪で火を焚くということになったら、子供は百円ライターで、じーっと木をあぶっている。そんなもんで火は付かないんだって、今度は若い先生が知ったかぶりして、新聞紙を持ってきて薪の下に火をつけた。だってそれじゃ引火しないですよ。僕は子供の頃は、子供が労働力ですから、学校が終わったら必ずやらなきゃいけないのは、地面に落ちてる杉の葉、あれは割合燃えやすいんですね。つまり下枝を集めて、火をつけるための最初の発火のために杉の葉を担いで帰ってくるというのが、これは子供の義務だったんですね。私の村では。子供の労働の中ではいちばん基本的なことだった。そこから火をつけて、枝があって、太い薪があれば焚き火はできるんですが、そのことさえ知らない。

それからたまに林間学校なんかに行くと、都会の子は眠れないで帰ってくるんですね。林の音がうるさい、川のせせらぎがうるさい、虫がうるさい、全部うるさい

んですよ。都会の空間は人工音だらけなんですね。家の中で一人で寝っころがってごらんなさい。ピーピーとかって、何だかずいぶんいろんなものが家中で鳴っている。これは慣れてるから何でもない。自然の音がうるさい。そういう人たちがいっぱい、どんどん再生産されていったあとで、「自然を大事にしましょう」というのがリアルになりうるんだろうか、という心配を僕はするんですが、野田さん、どうですかそのあたり。

野田 あのー、あんまりそれは心配しなくていいんじゃないですか。それは2、3回キャンプに連れていきゃ慣れますよ（笑）。

小野 キャンプに連れて行くっていう機会を、やっぱり僕は中学校、高校時代に持ってもらいたいなと。

野田 でも今は幸いアウトドアスクールとか、アウトドアインストラクターとかが増えましたよね。あれはみんな学校の落ちこぼれですから（笑）、先生を拒否してますんで、あれは非常にいいですね。先生の対立物として。

小野 みんなが勉強できなきゃいけないというのがそもそもおかしいはずですよね。だからいろんな得意なものがあっていいはずで、たとえば北大の中にはハルニレの古い木がたくさんありますね。クラークさんが残してくれた木があって、北大はエルムの学園と言われているんですけれども、それがやっぱりかなり年をとってきたから時々倒れるわけです。そうすると大学は「怪我しちゃいけない」「人が死んだらいけない」というので「切る」と言うわけですね。で、僕は抵抗しているんですけれども、いくら木だって、いきなりは倒れないと思うんですよね。

　これは藤門さんのほうが詳しいかもしれないけれど、やっぱり倒れるのに数秒はかかると思うんです。その間に逃げられるはずだと思うんですよね。それが逃げられないような子供は、やっぱりこれはダメなんじゃないかと（笑）。教育者がこういうことを言うといけないのかもしれないけれども、今の教育ってそうですよ。とにかく安全、安全で、子供にそういう目に合わせない。合わせたら先生の責任になるという、そこが僕はおかしいんじゃないかと思うんですけど。

藤門 農家の子供たち、僕の息子の同級生はみんな農家なんですけれども、今、農業っていうのは大型の農業機械と化学肥料と農薬、この3つで成り立ってますよね。これをものすごい勢いで使うわけですね。僕のところでもちょっとした農作業をやるときに百馬力のトラクターを3台も4台も使わざるを得ない。で、畑が危険なんですね、今。子供たちが畑にくると、子供たちは危ないから帰れと、いう風になってまして、農業後継者は育たないだろうと。親たちは、そりゃ高く売れませんから苦労してますから、うちの子供の同級生たちの農家の子供っていうのは、みんなテレビゲームですね。で、スナック菓子を食べてテレビを見ていると。こういう状態で

暮らして、ある年齢になると外へ出て行く。ですからそこでは、農家の子供たちが再生産されてゆくという構図は今のところないと、これはかなりハッキリ言えるような気がします。

小野 本多さんは信州の伊那谷育ちなんですが…

本多 まあ信州の山猿だと言ってますが、そういう本当に面白い川がなくなってしまうから、そっちのほうに行っちゃうと思うんですね。

　ひとつだけ別のことで、言っておきたいと思うんですが、さっき引用したウォルフレンが、日本は鉄の三角形だというけれども、実は鉄の四角形だと。つまり、財界、政界、官界ともうひとつ、マスコミも一緒にくっついてやってるということを言いましたけれども、私はもうひとつ加えて、知識人も一緒になっちゃっていると。

　だからこれは鉄の五角形だということを言ってますが、先ほど筑紫さんが言われた長野オリンピックの件ですが、あれはあの通りで、むしろ何もないからこそ、高速道路もそうだし新幹線もそう。だからこそあそこにオリンピックを持っていったわけですね。その辺のウラは、だいぶ取材したことがありますけれども、ところがそれを書こうとしたら、当時の「上司」たるIK編集局長（後に拙著の中で実名を挙げて批判している）からストップをかけられて、私の記事がダメになった。これは鉄の四角形、つまりマスコミの犯罪のひとつですね。

　一般的に全国紙は中央と癒着しやすい。それから、北海道ならば北海道新聞ですが、北海道新聞は北海道権力と癒着しやすい。信濃毎日新聞というのがありますが、これはもう完全にオリンピック推進派と癒着してしまって、もう一種のオリンピックマフィアみたいになっちゃってますけれども、そういう傾向があるわけですね。そういう面で言うと、放水路とかそういう問題についてどのくらい北海道の新聞が頑張ってくれているかよく知りませんけど、ここにもその関係の方がいらっしゃると思うけど、ぜひともですね、せめて鉄の四角形にはなってほしくないと。マスコミがもっと、環境問題というのは、今後の地球の最大の問題といってもいいくらいですから、ですから両論併記みたいにバランスをとったりしないで、こちらを重視してほしいという風に思います。

小野 どうもありがとうございます。そういう点で言いますと、それぞれ新聞はよく書いてくださるときもあれば、非常に不十分なときもあり、いろいろ感じるんですけれども、ジャーナリズムのレベルというのが低いと思うときがあるんですね。一方的にただ載せるのではなくて、分析をしてどっちが正しいんだと判断できるのにしない。本当に、ただ両論併記っていう場合が非常に多いですね。

　例えば放水路の問題について言いますと、いちばん大きかったのは開発局が平成6年というと3年前ですか。このときに「千歳川放水路計画に関する技術報告書」と

いう 365 ページの膨大な報告書を出したわけです。これはさっき本多さんが批判された横路前北海道知事が、その2年前に、5条件というのを出したわけです。確かに、横路さんがそこで、放水路にはっきり反対してくだされば良かったんですが、まあそれでも、その5条件というのが、漁業に対して全く悪影響がないとか、美々川、ウトナイ湖に対して悪影響がないとか、そういう非常に環境を考えた条件が満たされればいいでしょうという、いわばぎりぎりの条件ですね。それを出されたわけです。それを出されてから2年もかかって、この報告書が出たんですが、結局これが出た時点で、肝心の漁業対策だとか、美々川の地下水の対策というのはほとんど対応ができてないわけです。

　漁業対策について言いますと、本当にこの365ページの報告書で2ページしか書いていない。2ページの中で具体的に何かを書いであるのは、たった3行なんです。で3行で何が書いてあるかというと、「今後さらに検討します」と書いてあるだけなんですね。結局、そういうことが出たら、もうこれは現実の計画としては不可能だということでしょう。

　だけどそれから3年たっているのに、いまだにこの計画が生きている。それをなぜジャーナリズムの人は平気で見過ごしてしまうんだろうか。一般の市民の方もそうなんですが…。

筑紫　あのちょっとお聞きしたいんですが、その報告書が出るときに、小野さん、いま知識人と言いましたね。さっき私はアカデミズムという言い方をしました。もうひとつ言えばプロフェッショナルという言い方がありますね。それはどういう関わり方をしているんでしょうか。

小野　アカデミズムですか？

筑紫　そうですね。

小野　これは北海道は特にそうなのかもしれませんけれども、北海道大学というのは、いわば北海道開拓のためにできた大学ですね。ですから、開拓とか開発に対して反対する人は、やっぱりほとんどいないわけです。特に工学部なんかは、いちばん開発側に物を言えるはずなんですが、開発局から研究費をもらって研究をしている方も多いですし、ほとんど口出しをしないですね。ですからそういう意味では、これだけ北大に優秀な人がいても、放水路の問題に対して、まともに発言して下さっているのはほんの数人です。

筑紫　もしこっちが発言をすると、向こう側、というのは変ですけれども、中央官庁がやる手は、中央の大学の御用学者というのを使って、地方の連中が何を言ってるんだということを今までも繰り返してきたんですね。

　でもいちばん悲劇的だったのは水俣病ですね。熊本大学の先生たちが早くから気

がついてあれだけ言ってたのに、「駅弁大学の言うことは」といって退けて、専門家の皮をかぶった魔物に近い御用学者を正面に立ててしまったために、悲劇がさらに深まった。あれは人の命に関わっている話ですけれども。

　やっぱりマスコミの責任を回避するつもりはないんですけれども、本当におっしゃるように誰もが専門家であるわけではない。そのときに本当の専門家といいますか、プロフェッショナルとかアカデミズムというのがきちんとしたことをやってもらえると、それを世の中に広めてわかりやすく説明したりするのがメディアの役割なんですね。

小野　まあ『週刊金曜日』はそういう点で非常に役にたっていると思うんですけれども。

筑紫　実はそこが鉄の三角形か五角形か別にして、大事なのは一方で、そうならないためには、このあとの二角というのが、少し回路を持っていることが大事なんですね。しかし、しばしばここが詰まっているんですよ。するとこっち側は非常に低レベルの次元で非常に感情的に、錦の御旗のほうにわーっと寄っていって、自分が何もそんなものの味方しようと思ってるんじゃなくても、そっちのほうに「これは改革なんだ」とうわーっと行くとか、「開発だ」とわーっと行くということが、しばしば残念ながら我が職業にはあるんですね。基本的には相当おっちょこちょいの人間が集まっている職業ですから。ジャーナリズムっていうのは。そこがいつも私は気になっているんです。

　率直に申し上げると、社会科学のことを含めて、日本のアカデミズムというのは、世の中に背中を向けていて、そのことのために貢献をしようとか、働きかけようとか、「こういうものの考え方があるんだよ」ということを、やらない場合がある。

本多　むしろ意図的に「やらない」傾向が……

小野　背を向けるということが良いことだという風に評価されるわけですから。そこは残念ですね。さっき、都市の住民のことを言われましたけれども、僕はやっぱり都市の住民は都市で戦うべきだと思うんです。たまたま自然の中に行って、そこで怒る。それだけでは僕は資格がないと思うんですよ。先ほど私がお見せしたように、札幌の中にだってこれだけの自然がある。その、ほんのわずかしか残っていない自然が壊されようとしているときには黙っていて、大雪がどうだとか知床がどうだとか、と言う。それはおかしんじゃないかと思うんですね。まず、自分の住んでいるところで戦う。藤門さんは、まさにそうですね。自分の住んでいるところで戦ってらっしゃるところが素晴らしいと思うんですけれども。

藤門　先ほど、小野先生が「きちっと対抗できる論理をもたなきゃいけない」と言われて、筑紫さんは「アカデミズムがどう対抗するのか」という話をされましたが、

例えばさっきから言ってるように、1500 対 1 で何かをする場合に、聞きにきますね。つまり役場とか、土建とかが。するとむこうがまず、わーっと専門用語で言ってくる。数字も出てくるし。とても分からないわけですよ、僕なんか。

　さっきの国営灌漑排水路事業はおかしいと僕は思ってるんですが、行って議論しでも、まずやられちゃうっていうのがありますね。本質的に「どっかおかしいぞ」と思っていても、彼らの論理というのは、ある意味で完璧に言ってくるという部分がありまして、じゃあ誰に相談に行ったらいいのか。自分で勉強するとなるとライフワークになっちゃうし。僕は『週刊金曜日』の読者のところで楽しい話をしたら怒られると思って、今日は困った話しかしてませんけども、田舎で暮らすのは楽しむために暮らしているんであって、ダムを阻止するのに人生を捧げようとは思っていない。困っちゃう、っていうのはありますね。どうすりゃいいんでしょうね。

小野　やっぱりそれはネットワークを作っていくしかないと思うんですね。だから僕は、大学なら大学の人たちが積極的に NGO に出ていって、分からないことがあれば、今はインターネットとか色々あるから、お互いに相談ができる。そういうネットワークを作る。今はどうしても一個一個の市民団体とか NGO とかがバラバラですよね。例えば長良川の河口堰では、野田さんとか天野さんの努力で日本の全国ネットみたいのができつつありますね。

藤門　野田さんなんか僕と同じように、さっき自分で言っていたけど、「僕は遊び人だよ」と言うしかない。でも対抗してしゃべんなきゃならない、ってところが出てきますね。吉野川なんてどうなんですか？　そういう人たちっていうのは輪の中にいるんですか？

野田　うん。論客が集まってる。

小野　でも集まってるって言っても、それは、日本の中で何人かって指で数えられるくらいでしょう？

野田　そうですね。

小野　その人がみんな死んじゃったら、どうしようっていう（笑）。そういう状況なんですよね。

野田　あの近くで河川学者はいっぱいいるんですよね。日本の多自然型河川工法の第一人者なんてのもいる。その人たちのところに行ったら、向こう向いてこっち向かなかったですね。要するに建設省の仕事がなくなるからですね。

筑紫　でも私は吉野川もけっこういい勝負かなっと思いながら見てるんですけど。

野田　今までのところは、完全にこっちが押してましたからね。

本多　世論としては押してるんだけど、例えば知事だとか、体制側は依然として推進してますよね。

筑紫 でも、流域で小さな町をふたつくらい歩いて話をしに行って、どうも皆さんは河口堰の側だと思って、おそらく私はよそ者で少数意見だと思いますけれども、こんなばかばかしい話はないって言ったら、みんな拍手したんですよね。僕はびっくりしてね。だって有力者だってけっこういるんですよ。そういう席だと。で「ここだけ特別なんですかね」って聞いたら、そうでもないんですね。

ただ、さっきのマスコミの話で言えば、地元の徳島新聞やら何やらは、『週間金曜日』と一緒になって出かけていくまでは、何も書かなかったんですよ、その話は。しかし今はけっこう書いてるんですよ。だから火付け役としては意外と貢献してると自惚れたほうがいい。

あと、後藤田正晴さんていうのは地元でしょ？ 彼に話をしに行ったことがあるんですよ。「あれはもうやめましょうよ」って言ったら、後藤田さんは「いやあれは地元が対立をし続けて収拾がつかなくなって、それで僕のところに来たんだ」と。「どうにかしてくれ」って。で、仕方なくゴーサインを出したんだよ、と言うんですね。何も自分が推進派でやってたわけでも何でもない、と彼は言うんですよね。で、聞いてみると、いろんなことが違うんですね。違うしそんなに一枚岩の話ではない。

例えば僕らから見ると、この放水路もそうだし、吉野川もそうですけれども、百害あって一利なしって言葉があるでしょう。ところがよくよく考えると、百害があると、百害の後ろ側に全部一利があって、つまり「利」っていうのは向こう側は儲かるという意味の「利」で、だから「百害」と「百利」とがせめぎあってるようなところがあるんですね。そうすると、「利」のほうが強いですよ、やっぱり。本当に目先の利益があるわけだから。

本多 そうですよね。死の商人ですからね（笑）。

小野 やっぱり推進派の大会っていうのは、熱気がすごいですね、別の意味で。そりゃやっぱりお金が絡んでるから。そのかわり、本当におじさんしかいないんですよね（笑）。若いひとが一人もいない。女の人もいないという、異様な世界なんですね。だから何とかそういうのを、こうやめるようにできないかと思うんですけどもね。だいぶ時間が過ぎてしまいました。もうそろそろお聞きにしなければいけないんですけれども、今日は本当に皆さん、お忙しいところ集まっていただいてありがとうございました。（拍手）

実はこの会は、去年の８月くらいに、やりたいということを最初に考えまして、それから昨年９月に長良川で国際ダムサミットがあって、そこで本多さんと野田さんとお話をして、だんだん計画が作られてきて、やっと今日実現したんです。札幌でこれだけのいろんな方たちをお呼びして、特に放水路とかダムという問題を表面に出してこれだけの規模でフォーラムをやるっていうのは初めてだったと思います。

そういう意味で私たちも本当に勇気づけられて、これからもさらに頑張りたいと思っています。本多さん、筑紫さん、野田さん、藤門さん、どうも本当にありがとうございました。（会場から盛大な拍手。本多ほか4名退場）

小野　最後になりましたけれども、今日は大変天気の良い素晴らしい日曜日を、私たちの企画しましたこのフォーラムのために、本当にたくさん集まっていただいて嬉しく思っています。推進派の人たちの会と違って、私たちは本当に手弁当で、何も組織を使わないで、口から口へという形でやってきました。今日は1500人以上来てらっしゃると思うんですが、そういう会ができたということは、北海道の自然の川に対する皆様ひとりひとりの熱い思いのあらわれだと思って、本当に嬉しく思っております。どうもありがとうございました。

　放水路のことを考えますと、同時によく宮沢賢治のことを考えます。彼はやっぱり農民であり、科学者でしたから、いったい今、宮沢賢治がいたら、彼はどう考えるだろうかということを、僕はいつも考えるんですね。彼は農民ですから、やっぱり農民の側に立って、放水路を作れって言うだろうか。これをいつも僕は考えます。でもやっぱり彼は、すべてのことを考えたら絶対反対するだろう。それは彼が「世界が全体幸福にならないうちは、個人の幸福はあり得ない」つてはっきり書いているからです。

　この放水路計画っていうのは、確かに地盤のいちばん低いところまで、洪水にならないようにしようという点ではいいと思います。しかし、それをやるために太平洋の漁業の人たちに致命的な打撃を与えてしまう。あるいは自然に対して、致命的な打撃を、悪影響を与えてしまう。やっぱりそれは、賢治は決して許さなかっただろうと思うんですね。だから農民にとっても、地元の人にとっても、何がいちばん良いことなのかということを必死で、彼は考えて、やっぱり彼は反対するだろうと、僕は思います。その確信があるから、僕自身もこうやって、反対しているわけなんです。

　今日もたぶん、いろんな立場の方が来ておられると思います。とにかくあそこは洪水が多いところですから、何とかしなければいけない。これはもう確かです。でもそこで、放水路計画っていうものに固執していたために、いつまでたっても治水対策ができない。もう3年前に、放水路は無理なんだということが分かっているわけですね。だから、早くそれをやめて、放水路ほどは低いところまで水がつかないようにはできないかもしれないけれど、でももっと早くできる、多くの人が納得できる方法を、一刻も早くやることが、地元の人にとっても本当に役に立つんだということを、どうか皆さんひとりひとりが他の方に伝えていっていたきたいと思います。どうも今日は、本当にありがとうございました。（再び盛大な拍手）

レトリック＆ポレミック――たたかう地理学

最初の洗礼

　放水路問題に関わるようになって半年後の1993年2月、民主党系の労働組合である「連合」が主催した放水路問題についての公開討論会で「環境科学の専門家」として講演したのが、放水路問題のアリーナに私が登場した最初であった。

　「千歳川流域のような低地では、洪水を防ごうとすれば、周辺からの流出を少しでも抑えなければなりません。それにもかかわらず、千歳川流域は、全国でも、もっともゴルフ場の密度が高い流域になっています。洪水を防ぐために放水路をつくって、これまで洪水とは無縁だった太平洋側の流域に出してしまおうというのなら、まず自分の流域でできるかぎり流出を抑え、千歳川の水位を下げる努力をするのが筋でしょう。そんなこともせず、つくり放題にゴルフ場をつくって、水が増えて困るから放水路をつくれ、というのはおかしいのではないでしょうか。」

　千歳川流域内のゴルフ場の分布図を示し、ゴルフ場では森林を伐り、表土をはぎ、砂を入れて水はけをよくすることで、いかに本来の保水力を低下させ、流出を増加させているかを説明したところで、私は、推進派から「なに言っているんだ！　ゴルフ場なんかつくる前から、洪水は起きているんだぞ！」という罵声を浴びた。

　会場は混乱し、司会者はいったん休憩をとって、発言を撤回するかどうか私に相談してきたが、私は撤回しなかった。それまで、千歳川流域のゴルフ場と流出について言及されたことはなかったので、推進派は面喰ったのであろう。これも徹底した読図から得られたことであった。相手もまだ把握していない事実やデータを事前に用意し、ときには相手を挑発しながら、相手側のまちがいを明らかにしていく、というスタイルは、このときからできていったように思う。しかし、満員の聴衆の面前で罵声を浴びるという経験は、人生で初めてのことであった。それは、いままでアカデミックなアリーナのなかだけで、ぬくぬくと過ごしてきた私に、現実の社会が浴びせた最初のきびしい洗礼であった

といえるかもしれない。それは私を強くしてくれた、と思う。学会という場では、いくら激しいやりとりをしても、それはいわば共通の規範によって保障された遊戯のようなものである。しかし環境問題や社会的問題のアリーナにおいては、学問的なゲームではすまされない真剣勝負が待っているのだ。

記者会見

それまで、記者会見というのは、政治家や芸能人だけがやるものだと思っていた。しかし放水路問題に関わり始めると、すぐにそれが現実のものになった。まず、北海道開発局にこれこれの意見書や要望書を出した、と記者会見する。何月何日に、どこそこでこういう講演会をする、といって記者会見する。人口190万の札幌市は、ある意味で、こういう運動にはちょうどいい規模の大都会であるのかもしれない。東京のように街や人口が大きくなると、記者会見といっても環境省や建設省の記者室でやるようなかたちになり、来る記者も限られるし、そもそも都民や首都圏住民全体に広報する、ということは不可能に近い。しかし札幌くらいの都会だと、もちろん発表内容によるが、北海道庁内の道政記者クラブで記者会見すれば多くの記者が集まり（写真7）、それが記事になればかなりの宣伝効果が期待できるのである。大きな発表をすれば、テレビ局もカメラをもって記者会見の場にやってくる。

ただし、そのためには周到な準備がつねに必要である。講演会や集会の発表なら、まず魅力的なチラシをつくらねばならない。そのデザインや印刷も重要である。さらに意見書や要望書なら、内容の吟味はもちろん、文章の一字一句にも神経をつかう。また記者会見では、意見書などの内容がわかりにくい時は、さらにそれを要約したり、噛み砕いたペーパーを別に用意して、それらをあわせて記

写真7　北海道道庁内、道政記者クラブで放水路問題の記者会見をする筆者

者には配布する、といった気遣いも必要になる。記者が理解してくれなければ記事にもならないからだ。また、第2章「市民のための川の科学」で述べたような、基本高水流量や降水確率といった科学的な議論になると、よほど噛み砕いて説明しないと記者はわかってくれない。下手をすれば誤解されて、まったくちがう記事を書かれてしまう危険さえあるのだ。

そのような記者会見を、放水路に関わった10年間だけで、いったい何回やっただろうか。おそらく100回近くにもなっているであろう。初めのうち私は、大学を出て道政記者クラブに行き、記者会見してもどってくるまでの1～2時間だけ、有給休暇をとっていた。少なくともその時間は自分の都合で職場を離れるので、まわりから何か言われないように用心したのである。しかし、しばらくして休暇をとるのはやめた。

それは、環境問題の解決のために行う記者会見は、学会での発表と同じ意味と重みをもっていると悟ったからである。学会での発表が、学会という研究者だけのアリーナで行われるものだとすれば、記者会見は、社会というとてつもなく広く、かつ多様なアクターからなるアリーナで自分の研究成果を発表することに他ならない。それは、環境科学者にとっては、ある意味、学会発表よりも細く神経をつかい入念な準備をして初めて行える発表なのである。それはまた、発表することによって社会を変えようとすることでもある。発表しつつ、記者たちの反応を見て、説明のしかたを変えることもある。記者たちの投げかける質問から、研究内容をチェックしていくことも少なくない。そういう意味において、環境科学者は、化学や物理学の室内実験にあたることを、記者会見を含めた現実社会のなかでやっているのだともいえよう。

デスマッチ

10年におよぶ放水路問題との関わりを、小野（2003a）では4つの時期に分けて考察した。それをもとに整理してみるとおよそ次のようになる。

第1期：1991～1993.7（取り組みの開始からラムサール会議まで）
第2期：1993.8～1996（開発局による技術報告書提出とそれへの反論）
第3期：1997～1999.7（流域問題検討委員会の実現、開催、放水路計画中
　　　　　止の結論）

第4期：1999.12〜2002（合流点対策委員会の開催、ミニ放水路案の中止）

　このなかで、もっとも大変な時期が第2期であった。北海道開発局は、365ページに及ぶ厖大な『千歳川放水路に関する技術報告書』を出して、すべての疑問に答えたとし、いつでも着工する気配を見せていたからである。放水路計画は河川審議会で策定され、すでに建設省大臣の認可を受けていた事業である。それを押しとどめていたのは、補償金で解決しようとする開発局の誘いをつっぱねてきた苫小牧漁業組合の強固な姿勢と、市民によるねばり強い反対運動であった。

　しかし、逆に見れば、千歳川放水路は、北海道開発局が強行すればいつでも着工可能な状況にあったともいえる。放水路でなければ洪水を防げないという北海道開発局の主張に科学的に反論しても、第2章「市民のために川の科学」で述べたように、過大な基本高水流量の設定問題など、建設省が絶対に変更を認めようとしない「聖域」もあった。このような状況のなかで、札幌の弁護士たちがつくる札幌弁護士会の公害対策・環境保全委員会が、双方を呼んで公開の場で弁論を闘わせ、それを聞いて弁護士たちが是非を判断したい、という提案を出してきた。喜んで引き受けたが、これは一種の裁判のようなものであり、弁護士会が選んで出してきた「放水路問題の主要な11の論点」の一つ一つに予め答え、それに従って公開の場で主張を行う、というしくみであった。表1に、その論点の1つを例としてあげる。

　推進論を書くのは北海道開発局であり、それには開発局の多くのスタッフが、しかも日常の仕事として書いて関わっているのである。それに対して、反対論を書くのはほとんど私ひとりであった。11もの論点すべてに、このようなかたちで主張を書くのは容易なことではない。しかも私にとっては、放水路問題は給料をもらってやる仕事ではなく、ほかに大学院での仕事や研究があるのだから、開発局の職員が仕事の一部として書いてくるのとはそもそもちがうのである。

　そのようなハンディキャップはあったものの、1993年11月と1995年12月の2回にわたり、パネルディスカッション「千歳川放水路計画を考える」が開催されたのは、大きな成果であった。250人が入る会場は、推進派が動員した土建業者や農業者が圧倒的に多く、反対派を上回っていた。そのような雰囲気のなかで、北海道開発局の主張にことごとく反論し、一歩も譲ることな

■ 論点 4

石狩川治水対策（河口部のショートカット、低水路大幅拡幅、背割堤等）や千歳川流域部における治水対策（遊水地・遊水池）等の代替案が提唱されておりますが、これらの代替案について建設経費、治水効果、自然・社会環境に与える影響等について、どのような方法と手続で客観的な評価を下すべきであるとお考えですか。

推　進　論	反　対　論
千歳川の治水方式の決定に当たっては、様々な治水対策案について、千歳川流域の特性を考慮して、洪水時水位の低下効果、洪水継続時間の短縮効果等の治水効果を基本に、建設費や年々の維持管理費・機械更新費、用地取得、家屋移転等の社会的な影響、自然環境への影響、技術的課題等を含めて総合的に比較検討し、この結果、千歳川放水路が格段に優れた治水対策であるとの結論を得たものです。 これらの詳細については、公表した技術報告書に記載しています。また、各案の中から放水路計画に至ったプロセスも含めて従来より説明してきましたし、これからもその様にしていきます。	代替案は、放水路が解決できない悪影響をもつことから、それを作らなくても済むようにと提案されたものである。従って、単に治水効果からみれば、放水路より劣っているものが少なくない。しかし、放水路のような悪影響をもたない、という点に最大のメリットがある。 特に石狩川下流での治水対策は、千歳川だけでなく、石狩川本線での治水に役立つものであり、千歳川への治水効果が放水路より小さいからといって否定することはできない。 遊水地については、建設省によって進められている多くの遊水地の例を正当に評価すれば、「多くの農地を水につけることを前提とした遊水地はみとめられない」などとは決していていえないはずである。 開発局は「千歳川流域は2年に一度水がついてきたので、そのような土地を遊水地にすれば、農家は営農意欲を失う」といっているが、少なくとも最近の10年で、2年に一度水がついたのはどこなのか、まず、はっきりと地図上で事実を公開すべきである。 2年に一度の頻度で水がついた場所が明らかにされれば、そのような場所から優先的に買い上げ、または借り上げて、遊水地化を進めるべきである。 千歳川の全流域で、それぞれの場所により、何年に一度浸水被害が生じてきたか、という事実を精査し、公表すべきである。それに基づいて、 (1) 浸水被害の多い場所の遊水地化 (2) 家屋の移転・かさあげ・新築 (3) 遊水地化に対する補償 を算定し、放水路案と比較検討すべきである。
石狩川下流の治水対策を含めた様々な対策案について技術報告書でも説明しているように、治水効果、経済性、社会的な影響などを総合的に比較検討し、放水路案を選定しています。 ご指摘の遊水地案については、放水路案と同様に石狩川との合流点に締切り水門を設置することが必要となります。 このため、石狩川の水位の影響を断った上で、行き場のなくなった千歳川の洪水を貯留する施設として、約1万haの広大な面積が必要となり、これは昭和56年8月上旬洪水の際に冠水した区域の半分に相当します。 また、近年の実績についても、雨の降り方により浸水する場所は異なります。仮に現時点で遊水地にすると千歳川を通じ石狩川の洪水まで引き込む可能性があります。 放水路は千歳川流域の安全を確保しますが、遊水地案は、遊水地への洪水流入頻度が5年に1回程度と高く、現状及び将来の土地利用などが著しく制約されます。	開発局は「総合的に比較検討して結果、放水路が格段に優れている」と結論しているが、自然環境や地域社会への影響だけとってみても、放水路のマイナス面は計り知れない。本当に"格段に優れた計画"ならば、何故これほどの反対がでて、すぐにも必要な治水対策が10年以上も遅れる事態を招いてしまったのか、開発局の回答には、いまだにそれに対する一片の反省もない。そこに開発局の最も深刻な問題点がある。要するにそれぞれの案を公正に比較検討するための場がないことが最大の問題なのであり、そのための公平な審議機関を一日も早く設けることが先決である。 提唱している遊水地案は内水の一時的貯留を目的としたものであり、外水を貯留する通常の遊水地ではない。雨の降り方により浸水場所が異なるというが、具体的にどんな雨でどこが浸水したのか、詳しい資料を公開すべきである。5年に一度水につかるというが、どの場所を想定しての計算なのか。

（次頁へ続く）

表1　一つの論点の例（札幌弁護士会公害対策・環境保全委員会　'95パネルディスカッション報告『続・千歳川放水路計画を考える』より19頁を抜粋）

く議論を終えることができたのは、成功だったと思う。こういうときの新聞報道は、決まって「議論は平行線」という書き方になるが、少なくとも理論では、完全にこちらが勝っていたという自信をもつことができた。

流域委員会の透明性の確保・委員会での論戦
　なぜ、そこまで進んでいた放水路計画を止められたのですか？
と聞かれることがある。いちばんの要因は、漁協から市民まで、とにかくみんなでがんばった、ということであろう。がんばって工事を着工させず、引き延ばさせたこと。それがこういう結果を生んだと思う。なぜかといえば、引き延ばしているあいだに、少しずつ世の中が変わるからである。今は批判されても、笑われてもいい、50年後に、あのときやったことが評価されればいい、という気持ちでいつもやっているが、今の時代は変化が早くなり、それほど待たなくても、がんばっていれば、時代のほうが追いついてきてくれるのだ。
　1997年の河川法改正が、まずは大きな変化であった。第5章で問題にするように、不十分な面が多いとはいえ、河川法の改正は画期的な出来事であった。これによって、河川事業の目的のなかに、従来の「治水」「利水」「親水」と並んで「環境」が入った。大きな環境破壊をもたらす千歳川放水路計画を、河川法改正以前の「過去の治水計画」と位置づけることが可能になったのである。
　それにしても、毎年20億円もの調査費が使われ、着工もしていないのに千歳には3億円をかけた立派な工事事務所までつくられ、すでに196億円もの税金が投入されていた事業を止めるのだから、こちらも必死であった。署名や寄付を募り、北海道新聞や日本経済新聞に「千歳川放水路はいらない」という広告を出したり、新聞や雑誌への投書や寄稿はもとより、日本地理学会や日本地形学連合での発表や、放水路問題の現場への巡検、数えきれないほどの講演会やフォーラムの実施など、できることはすべてやった、と思う。前述したような、さまざまな組織との連携も大きな力であった。長良川河口堰問題以来、建設省とやりあい、霞ヶ関にパイプをもっていた天野礼子さんの蔭の力もあったと思う。それらの結果として、1997年5月、亀井静香建設大臣の、「住民さえ反対しているような公共事業に、いつまでもダラダラと牛のヨダレのように税金をつぎこむわけにはいかない」という「牛のヨダレ」発言が出され、

20 億円の調査費の支出が止められたのである。

　その結果、北海道開発局は自ら放水路問題を解決することを放棄し、北海道が設置する「千歳川流域治水対策検討委員会」に今後の決定を委ねることになった。これより先、北海道開発局は、長良川河口堰問題で行ったような「円卓会議」の開催を提唱、道に働きかけていたが、私たちは議論の末、それへの参加を拒否した。長良川河口堰問題では、けっきょく、委員には推進派が多数選ばれ、反対派は少数しか選ばれず、多数決で、河口堰がつくられてしまったからである。委員会をつくるなら、平等で、透明性のあるものでなければならない。

　こうして1997年9月に始まった「千歳川流域治水対策検討委員会」は、植物学者で、小樽商科大学学長の山田家正氏を委員長とし、河川工学、生態学、農学、水産学、経済学を専門とする7名の委員で構成された。委員のなかには、明らかに開発局よりの学者がいる一方、放水路に明確に反対を表明してきた学者はいないなど、不公平感は否めなかったが、私たちがこの委員会を受け入れたのは、委員会が放水路計画をいったん白紙にもどし、放水路によらない治水対策から検討する、としたこと、拡大会議を設け、そこで推進派、反対派の意見を十分に聴くことが確約されたからであった。

　このように、委員会というものは、それが設置されるまでがまず大きな山といえる。そこできちんと透明性が確保されないと、とんでもないことになるからである。しかし、もちろん重要なのはそのあとだ。山田委員会（委員長の名前をとって当時からこう呼ばれたので、以下この略称で呼ぶ）の問題は、まず委員長がそれを非公開にしようとしたことである。公開だと、委員が自由に発言できないから、という理由だったが、これは絶対に認められないことであった。私たちは完全公開を要求し、それが通った。

　このことも、委員会の透明性を保つ意味では大きかったと思う。

　私たちが参加できたのは、1998年2月に始まった拡大会議からであった。ここでは、推進派が3名、反対派が3名、中立的立場として弁護士会から1名の計7名が選ばれ、山田委員会の委員の前で、意見を述べたのである。北海道開発局はオブザーバーとして参加し、委員からの要請に応じて技術的な問題についての説明を行った。

　全16回、計50時間にわたる拡大会議の議事録は、北海道によってまとめ

られ公表されている（北海道企画部土地水対策課 1988-89）。それを見れば、開発局による長々とした説明を除けば、もっとも頻繁に発言し、反論や提言を行っていたのが私であることがわかるであろう。限られた時間のなかで、推進派の意見にいかに効果的に反論し、こちらの主張する代替案を納得させられるか、1回ごとの会議が、やり直しのきかない真剣勝負であり、放水路計画を止められるかどうかが、そこでの議論にかかっていた。これまで、国内だけでなく、さまざまな国際会議でも発表し、討論してきたが、このときほど綿密に準備し、相手の弱点を見つけてはそこを突き、会議での議論を有利にしていくために苦心したことはなかった。

　放水路問題が決着したあと、前述した弁護士会主催のパネルディスカッションなどで私と対峙した開発局のある職員は、「話のうまい先生にしてやられた」という感慨をもらしている。もちろん、内容のない話はいくら上手にしゃべっても、ひとを動かすことはできない。だが、いくらいい内容でも、しゃべり方ひとつで相手には伝わらず、まして、重要な決定を迫られている会議の席では、こちらの主張をわかってもらえないのである。レトリックという言葉は、口先だけで相手を言いくるめるような悪い意味で使われることも多いが、アリストテレスの言う本来の意味は、法廷や公衆の前でしゃべるとき、聴衆を説得し魅了するための弁論術のことであった。それを駆使して、演じ切ることが必要なのである。

　16回の拡大会議のなかで、そうした意味でもっとも議論が白熱したのは1998年10月19日に開催された第9回の拡大会議であった。このとき、焦点になっていたのは、石狩川と千歳川の合流点近くに開発局の主張する締切水門を設置すべきかどうか、という問題であった。それまでの議論で、私たちの主張した遊水地案はあるていどまで認められていた。しかし開発局は、遊水地をつくれば千歳川の水位が下がるので、石狩川の水位のほうが高くなり、石狩川の水に千歳川に逆流してくるので、締切水門の設置が必要だ、と言ってきたのである。

　これは非常に危険な提案であった。なぜならば、すでに図1に示したように、締切水門は、放水路計画の一部に含まれる施設であり、ひとたびそれを認めると、千歳川を石狩川から分離することが可能になる。しかし、川を締め切って

写真8　千歳川・石狩川合流点（手前、千歳川、奥が石狩川：1992年5月3日撮影）

しまうのだから、当然、そのままにしておけば千歳川は氾濫の危険が大きくなる。それで、遊水地を一部分は認めても、それでは足りないからやはり規模を縮小しても放水路が必要だ、という「ミニ放水路」案を出してくることが明らかだったからである。

遊水地に賛同してくれた委員の多くも、締切水門については、やはり必要なのではないか、という感覚をもち始めていた。ここでそれを変えなければ、議論は、一気に「ミニ放水路」で決着する方向に流れる危険がある。巨大な放水路は中止する。しかし、規模は小さくして環境への影響を軽減する「ミニ放水路」を認めることで、推進派・反対派の妥協を図る、という作戦もじゅうぶんに考えられることであった。

どうしたら、その流れを変えられるだろうか？

開発局が出してきている図面や、地元で治水に長く関わってきた恵庭土地改良区理事長の吉田義忠氏がまとめた昭和56年洪水の資料を読み直すと、開発局が、放水路の必要性を訴えるときにいつも言っていた「石狩川が千歳川に逆流する」という言葉が目にとまった。写真8は、石狩川・千歳川の合流点を、上流側から見たものである。手前（左）が千歳川で、右が石狩川である。普段でも、こうして合流点に立って川を見ていると、風向きによっては、川面に浮かぶゴミなどが、石狩川から千歳川のほうに流れているように見えるときもある。それくらい、千歳川の勾配は緩やかで、流れも遅いということである。洪水時には、石狩川のほうがはるかに流量が多いので、水位が上がり、石狩川の水が、千歳川のほうに逆流してくる、と言われると、なるほどと思わせるような合流点なのである（目次vページには合流点の空撮写真を載せた）。

しかし、拡大会議に開発局が提出してきた「洪水位と堤防被災状況関係図」という図面を見ると、千歳川の水位がもっとも高まった昭和56年洪水の水位（図9のなかのB）は、合流点から上流に向かってほとんど水平で、このとき

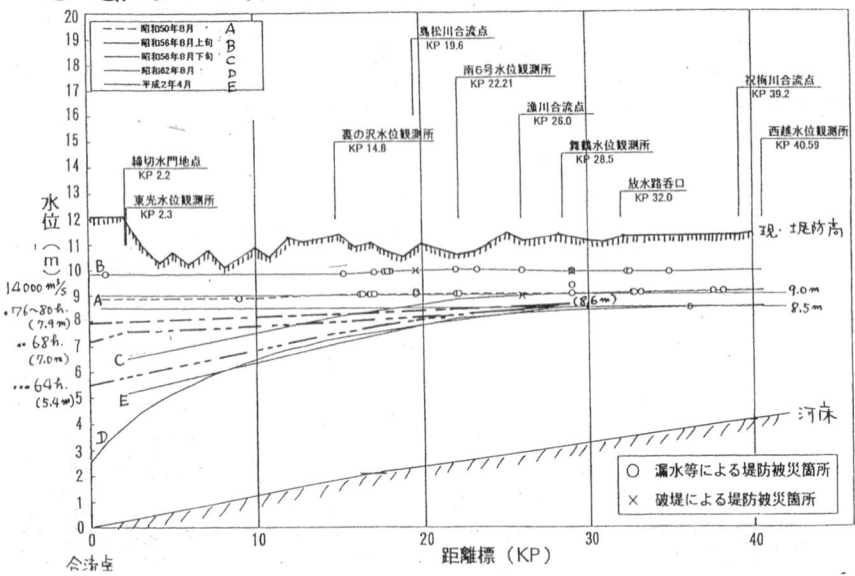

図9 (上) 千歳川の洪水位と堤防の被災状況を示す北海道開発局の図に、千歳川・石狩川合流点の水位などを加筆し、締切水門は不要であることを示した筆者作成の図。
(下) 千歳川・石狩川合流点から2,3km上流の東光橋と、14.8km上流の裏の沢地点のハイドログラフから、水位の逆転はこの区間だけで5時間しか起きていないことを示した筆者作成の図（北海道企画部土地水対策課 1998-1989による）

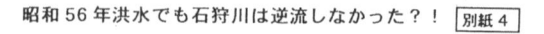

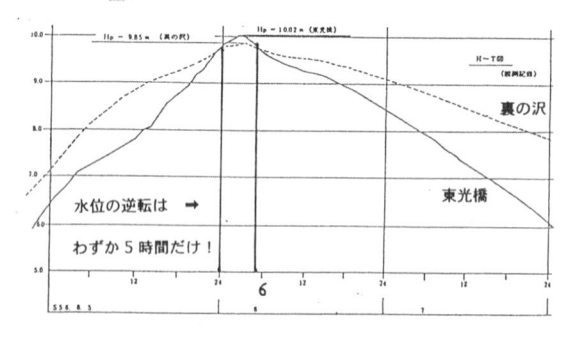

千歳川の水位がいかに高かったかを示しているが、合流点の水位は、明らかに標高10mを下回っている。開発局の別での資料から、それは9.84mであった。

いっぽう、拡大会議に出された千歳川の2ヶ所の水位観測所のハイドログラフ（水位の時間変化を示すグラフ）を見ると、合流点のわずか2.3km上流の東光橋地点の水位が、合流点の14.8km上流の裏の沢地点の水位を5時間だけ上回っていたことがわかる。裏の沢より上流では、水位はまた徐々に上がっ

て、東光橋の水位を下回ることはない。合流点の水位は、上述した9.84mである。

「逆流」が生じたとすれば、それは、東光橋と、裏の沢のあいだのわずか12.5kmの区間にすぎなかったのだ。

「開発局の方に確認したいんです。開発局のデータでは、昭和56年洪水の合流点での最高水位は9.84mとはっきり書かれていますが、東光橋での水位は10.07mです。ですから石狩川はけっして逆流などしたのではなく、ただ、石狩川が高い壁のようになったために、千歳川が流れこめなくなって、東光橋のあたりで盛り上がったのだろうと解釈しているのですが。」

これに対する開発局の答えは、確かに東光橋の水位は裏の沢の水位を5〜6時間上回っている。東光橋の水位が高くなったのは、合流点の水位が石狩川の影響で高くなって、それが上流に波及したためではないか、というものであった。

「でも、合流点の最高水位はあくまで9.84mですよね、洪水のピークで。ですから東光橋の水位より低いわけですよね。どうして逆流が起こるんですか？」

これには開発局は答えられなかった。少し調べてみて、またご説明させていただきたい、と言うばかりであった。

「申し訳ないですけれど、洪水が起きてもう17年以上たっているんですけど、いまだに逆流が起きたかどうか、はっきりさせてないんですか、開発局は。」

たしかに2つの水位観測所のデータからすると、少なくとも6時間は逆流していたと思います。という答えにならない答え。

「でも、石狩川の水位は9.84mしか行っていないんですよ。低い方から高い方に水が流れるんですか。水は。」

東光橋と裏の沢を比較したら、東光橋から裏の沢には流れていたと判断できます、という、これまた答えにならない答え。

「それは千歳川の水でしょう。石狩川の合流点は9.84mしかなくて、どうして10.07mのほうに上がっていくんですか、石狩川の水が。」

そこをきちんと整理して、ご説明したいと思います。私たちとしては逆流していたと思います、という矛盾した答え。

「どうもありがとうございました。今のような状況で、本当に逆流が起き

かさえ、不確かなのが現実だと思います。ですから、それは起きていたかもしれませんけれども、非常に範囲が狭いし、時間的にも短い。ですから、私は締切水門などつくらなくても水位がほとんど同じになった時間はなんとか凌いで、後の自然流下を待つほうが、全体としての河道処理量（川のなかを流下することで、溢れさせずに流せる水の量）ははるかに増えるだろうと考えております。以上です。」

　ふだんは冷静に説明を行ってきた開発局の課長さんが、このときばかりは顔面を紅潮させていた。この10分足らずのやりとりで、締切水門の設置に向おうとしていた委員会の流れは完全に変わった、と思う。洪水から17年もたつのに、いまだにそのときの詳しい状況を把握さえしていない開発局の言うことは信用できない、という思いがいっきょにその場を支配したように感じた。

　「逆流」というのも、開発局側の立派なレトリックである。誰でも、石狩川の厖大な水量が、千歳川に逆流して流れ込んでくる、と思えば恐怖感をもち、締切水門でもつくらないと大変だ、と考えてしまう。しかし、きちんと水位を確かめることで、そのような「石狩川の逆流」は起きていなかったことを、みんなの前で明らかにできたのである。それは、せっぱつまったとき必死になってデータを見直したからこそできたことかもしれなかったが、それを拡大会議の場で、このようなかたちで示すことがレトリックであり、ポレミックでもあった。

　真実をつかむだけでは足りない。Active geographer は、それをもっとも効果的に人々に訴える術を身につけなければならない。

（注１）　平田オリザ（2012）『わかりあえないことから』講談社現代新書
（注２）　内水氾濫、外水氾濫については、第５章の図２を参照。
（注３）　ふだんは農地などに利用し、洪水時だけ一時的に湛水させる「遊水地」に対し、ふだんから池などになっているところは「遊水池」と呼んで区別する。このやや上流にある長都沼（おさつ）の排水事業は、戦時中、食糧不足を解決するために大学生を募って行われた。いまでも、その排水路は、「大学排水」とよばれている。戦後もこれらの排水事業は継続されたが、米の生産が過剰になり減反政策が始まった1960年以降も、農水省によるこの「灌漑排水事業」は継続され、その結果この地域の湖沼はすべて排水によって消失したのである。排水によって農地化された土地は地下水位が浅く、稲作以外には適さない土地であった。減反政策で、

そのような低湿地に、浸水には弱い畑作が強制されたため、洪水被害がいっそう増大したのである。千歳川放水路問題は、水田を増やすために行われた排水計画が、減反政策のもとでも継続されたことに起因するのである。放水路問題の本質は土地利用をめぐる農業問題であり、本来なら農業地理学者が扱うべき問題であるともいえる。

引用文献

秋山和子（1994）『水をめぐるソフトウェア』同友舎
北海道開発局（1994）『千歳川放水路計画に関する技術報告書』365p.
北海道企画部土地水対策課（1998-99）「千歳川流域治水検討委員会拡大会議議事録」（第1回 - 第16回）
日本弁護士連合会公害対策・環境保全委員会編（1995）『川と開発を考える』実教出版
小野有五（1992）地形学は環境を守れるか　地形13（4）261-281.
Ono, Y. (1996) Citizens Work to Protect Chitose River.（総説）*World Rivers Review,* 11（5）pp.4-5.
小野有五（1997）「川と生きる　December1996」；「川をとりかえせ　March1997」小野有五『北海道　森と川からの伝言』171-192；237-262.　北海道新聞社
小野有五（1999）千歳川放水路計画から環境問題を考える　地理教育研究会編集『現代社会をどう教えるか』120-124.　古今書院
小野有五（2001）千歳川放水路計画・市民が止めた公共事業　五十嵐敬喜・小川明雄編集『公共事業は止まるか』111-124.　岩波書店　230p.
Ono, Y. (2002) Landform Conservation and Flood Control: the Issue of the Chitose Diversion Channel Project in Hokkaido, Japan. *Australian Geographical Studies,* 40（2），143-154.
小野有五（2003a）環境科学からみた放水路計画－日本の失われた十年－、日本野鳥の会・北海道自然保護協会・とりかえそう北海道の川実行委員会編集『市民がとめた！千歳川放水路計画－公共事業を変える道すじ－』162-170.　北海道新聞社　287p.
小野有五（2003b）二十一世紀の新しい治水をもとめて－千歳川・石狩川流域への提言－日本野鳥の会・北海道自然保護協会・とりかえそう北海道の川実行委員会編集『市民がとめた！千歳川放水路計画－公共事業を変える道すじ－』210-218.　北海道新聞社　287p.
小野有五（2003c）21世紀の公共事業と環境保全　環境経済・政策学会編集『公共事業と環境保全』1-19.　東洋経済新報社
札幌弁護士会・公害対策・環境保全委員会（1994）『パネルディスカッション「千歳川放水路を考える」』（札弁リブレット第1号）
札幌弁護士会・公害対策・環境保全委員会（1997）『95パネルディスカッション報告「続・千歳川放水路を考える」』（札弁リブレット第2号）
田中康夫・小野有五・佐和隆光・宮脇　淳・山口二郎・渡辺綱男・吉田文和（2003）岩波ブックレット No.589『市民がつくる公共事業』岩波書店　63p.
内田和子（1994）『遊水地と治水計画―応用地理学からの提言―』古今書院

5
Change
変える

　千歳川放水路問題と関わってきた10年間は、環境科学者として、という意識が強く、地理学者としてという思いはそれほど強いものではなかった。しかし、放水路問題で、2万5千分の1地形図を手に地元の農家の方と浸水常襲地を歩き、何がどう作付けされているかを地図に入れていると、放水路問題は、土地の高低にはおかまいなく、地域ごとに一律に減反を強いてきた日本の減反政策のもたらす農業問題であると考えるようになった。後継者のいない高齢化した農家、農業経営だけではやっていけず、地域の土木作業を重要な収入源とせざるを得ない農家の現状を見ていくと、放水路問題は、河川工学だけではなく、まさに地理学の研究対象として扱うべき問題なのだと気づいた。

　それは、放水路問題だけではない。自然と人間の双方に等しく関われる地理学こそが、「環境問題」として扱われてきた問題の分析と、それにもとづく解決に本来もっとも貢献できる学問分野なのである。地理学者も、口を開けばそう言ってきた。しかし、現実のイシューに対して、まともに取り組んできた地理学者はほとんどおらず、私が放水路問題に関わった10年間にあいだにも、この問題に関わろうとしてくれた地理学者は一人として現れなかったのである。

高レベル放射性廃棄物の最終処分場建設問題

　そういうなかで起きたのが、道北、幌延での高レベル放射性廃棄物の最終処分場建設問題だった。高レベル放射性廃棄物とは原発で燃やしたあとの核燃料のことであり、その最終処分とは、それを地中深く埋めてその放射能が安全な

レベルに下がるまで保管することをさす。しかし、放射能が安全なレベルに下がるには、少なくとも数万年、完全に下がるには10万年オーダーの期間が必要であり、これだけの長期間、核物質を外部に漏れないように封じ込めて安全に保管する技術を人類はまだもっていない。いないというより、たかだか数千年の文明しかもっていない人類にとって、それを2ケタも超える長期間にわたる管理が可能であると保証すること自体が、非科学的といえよう。

　原子力発電を行う、ということは、当然、数年後には出てくるそのような廃棄物の処理が可能であるという前提があって初めて成り立つものである。しかし何か新しいことを始めるにあたって、廃棄物のことまで考えないのがこれまでの「文明」というものの特徴であった。

　あるいはまた、現在は不可能でも、将来の技術的革新によって、それが可能になるという一種の「信仰」が、文明を支えてきたともいえる。しかし、原子力発電が始められて以来、半世紀以上が過ぎても、人類は、いまだに核廃棄物を10万年以上にわたって安全に保管する技術を開発できず、一方で、原発は増え続け、そのゴミは、処理できる限界を超えて増え続けているのである。もちろん、目の前に、そのような厄介な廃棄物がある以上、少なくともどこかでそれを保管しなければならない。

　福島第一原発事故で明らかになったように、これまで、それらの廃棄物は、使用済み核燃料として、原発と同じ建屋の中や、青森県六ヶ所村の処理施設の中に保管されてきた。しかし、これらはいずれも最終的な保管場所が見つかるまでの一時的な保管にすぎない。政府が、最終的な保管（処分）地として検討したのは、道北の幌延のほか、岩手県の北上山地や岐阜の瑞浪などであった。北上や瑞浪は、深成岩であるカコウ岩が広く露出する地域であり、その比較的硬い岩盤の中にトンネルを掘って、そこに保管しようというのが国のプランであった。これに対して幌延は、そもそもより軟弱な堆積岩からなるうえ、日本海東縁を走るプレート境界にも近く、きわめて問題の多い地域であった。国がそこを候補地にしたのは、過疎に悩む地元からの誘致運動があったからにすぎない。

　もちろん、北上や瑞浪が最終処分場に適している、というわけではない。核燃料サイクル機構（旧・動燃事業団）は、全国を対象に最終処分のための調査

を行い、その結果を1999年11月、大部の報告書「わが国における高レベル放射性廃棄物地層処分の技術的信頼性 ―地層処分研究開発第二次取りまとめ」(以下、第二次取りまとめと略する)として発表した。そこでは、「日本列島には、活断層や活火山のある地域を除けば、高レベル放射性廃棄物の最終処分に適した地域が広く存在する」と主張されていた。

パブリック・コメントといわれる一般からの意見表明も行われた。もちろん、それを批判するコメントを送ったが、パブリック・コメントというものは、「はい、ご意見は拝聴しました」といわれるだけで、どんなまともな批判も、都合の悪い批判は、最初から決まっている結論には生かされないのがふつうである。

そのような「第二次取りまとめ」の作成には、日本地理学会からも、多くの活断層研究者が参加していた。2000年10月には、鳥取県西部地震が活断層と認定されていなかった場所で起きた直後でもあり、地震学者の石橋克彦氏によって、「日本列島では、地震はどこでも起こりうる」と主張され始めた時期でもあった。私は活断層研究の専門家ではなかったが、1985年から高等学校の地理教科書の執筆に携わり、そこでは、それまで高校の教科書ではまだ一般的でなかった「変動帯」と「安定大陸」という概念をいち早く導入して、日本列島の自然環境の特徴を、「世界でもっとも活発な変動帯」として高校生にとらえさせようしていた(注1)。教科書では、「どこでも地震や地殻変動が起きうるのが日本列島という地域である」と教えていたのである。その後、「変動帯」という概念は、大部分の地理教科書にも導入されるようになってきていた。「第二次取りまとめ」の記述は、明らかにそれに反するものであった。

地理教科書を書いているのも、またそれを使って実際に指導を行なっているのも、すべては日本地理学会の会員である。とすれば、「第二次取りまとめ」の記述に対して、日本地理学会は、あるいは少なくとも活断層の研究者は、異議を申し立てるべきではないか。そういう思いで、日本地理学会の2001年春季大会で発表したのが、ここに再録した「高レベル放射性廃棄物の深地層処分をめぐる活断層研究の社会的責任」である。社会的責任という言葉を使ったのは、「第二次取りまとめ」のような、きわめて影響力の大きな文書の問題点を看過することは、研究者の集団である学会として、許されないと考えたからである。

残念ながら、私の発表に対して正面から応えてくれた研究者はいなかったが、ずいぶんあとになってから、あの発表には衝撃を受けたという声を何人かから聞くことができた。第6章で述べるように、日本地理学会の活断層研究者による研究が原発の命運を握るようになった現在を見ると、2001年という時点での問題提起も、無駄ではなかったといえるかもしれない。

日本地理学会2001年春季大会発表要旨集　59号　p.85

高レベル放射性廃棄物の深地層処分をめぐる活断層研究の社会的責任

キーワード：活断層研究、深地層処分、放射性廃棄物、社会的責任

1　問題点の所在

1999年11月、核燃料サイクル機構（旧・動燃事業団）は高レベル放射性廃棄物の地層処分のための研究開発の成果をとりまとめた報告書「わが国における高レベル放射性廃棄物地層処分の技術的信頼性　―地層処分研究開発第二次取りまとめ―」（以下「第二次取りまとめ」と略す）を発表した。この「第二次取りまとめ」は、全5巻、2000ページにも上る膨大な報告書であり、日本原子力研究所、地質調査所、防災科学研究所、電力中央研究所、大学、民間企業などの、いわば総力をあげてつくられたものである。この報告書は、日本において高レベル放射性廃棄物の深地層処分が可能か否かを明らかにすることを目的として作成され、その判断基準として、活断層の評価はきわめて重要な位置を占めている。事実、この報告書の作成のためには、日本の活断層研究者のほとんどが動員されたと言っても過言ではないであろう。この報告書作成のために活断層研究はさらに進展し、さまざまな新しい知見が得られたことは喜ばしい限りである。しかし、問題は、この報告書が、「過去の調査において活断層の存在や可能性が認められなかった場所で、地震に伴って新たに断層が出現した例が知られておらず、……既存の活断層が繰り返し活動していることから、テクトニクスに関する地殻応力状態の顕著な変化が想定されない地域では、活断層が現存していない地域に新たに活断層が発生する可能が低い」と結論し、日本のような活動的な変動帯においても、火山や活断層の近傍を除けば高レベル廃棄物の深地層処分に適した地質環境が広く存在することが証明された、と断定していることで

ある。

　ここには、「第二次取りまとめ」のための研究に実際の携わった活断層研究者の判断を大きく越えた、きわめて恣意的な結論が導き出されていると私は考える。そうした意味では、「第二次取りまとめ」は、原子力資料情報室（2000）が批判しているように初めから、「日本においても高レベル放射性廃棄物の深地層処分は可能である」と言う結論を導き出すために作成された報告書であったともいえる。したがって科学的報告書と呼ぶよりは、むしろ政治的な文書と見なすべき性格をもっていると言ったほうが適切であろう。しかし、問題はまさにそこにあり、活断層研究者の意図が報告書のなかで不当に歪曲され、それが政治的決定に利用されているとすれば、そのような事態を看過することは、今後の活断層研究に重大な悪影響を及ぼすと考えられる。

2　鳥取地震が明らかにした「第二次取りまとめ」の誤り

　2000年10月6日に起きた鳥取地震は、これまで活断層が認められなかった場所で発生した。地震によって地表に新たな活断層が出現したわけではないから、「活断層のなかった場所で、地震にともなって新たに断層が出現した例が知られておらず」という「第二次取りまとめ」の文章は間違っていないとも強弁できるが、これまで活断層が認定されていなかった場所で地震が起きた（すなわち地下で新たな断層が生じた）ことは疑う余地がない。石橋克彦（2000）が指摘しているように、「第二次取りまとめ」の強引な結論はこのたびの鳥取地震だけでも崩れ去ったといえるであろう。

3　自然地理の教育者として

「日本列島は活発な変動帯であり、北米や北欧のような安定大陸とは地殻変動のおきかたやそれにともなって形成される地形が根本的に異なっている」というのが、自然地理の教育現場における常識であろう。世界的に見ると、深地層処分を行おうとしているのは、日本を除くと、フィンランド、スウェーデン、ドイツ、アメリカ合衆国など、いずれも先カンブリア代から安定した楯状地をその基盤にもつ地域だけである。それですら、これらの国々の深地層処分への取り組みはきわめて慎重であり、ドイツでは、現在ほとんど中止された状況にある。アメリカ合衆国でも、処分地とされたユッカマウンテンは、第三紀以来、全く活動していない火山地域であるにもかかわらず、強い反対運動を受けて、地層処分計画は進んでいないのが現状である。

このような事実を見るとき、活断層研究者の研究成果にしたがって、「日本列島はとりわけ活発な変動帯にある」と生徒たちに教えてきた地理の先生たちは、こと深地層処分に関しては、「火山や活断層の場所さえ避ければ安全大陸と同じように地層処分ができる地質環境が日本列島には広く存在する」などと教えられるのであろうか。私は活断層研究者に答えてほしいと思う。

4　日本地理学会の活断層研究者に望むこと

　活断層の研究そのものが進むことは大いに結構なことで、そのための研究費を、研究者が核燃料サイクル機構からもらうことに私は反対するものではない（私たちの税金がこれ以上、核燃料サイクル機構のような組織に手厚く配分されることには反対であるが）。しかし、研究費をもらっているからといって、相手が間違ったことを言ったときにそれを黙認していたのでは科学者としての倫理を疑われよう。少なくとも、「第二次報告書」の結論は、現在の活断層研究の成果からは逸脱している。もし、日本地理学会でこのような結論が発表されたとすれば、また、これまでの活断層研究の成果にもとづいて「第二次報告書」のような結論を導いた論文が地理学評論に投稿されたとすれば、当然、かなりの議論になることだろう。投稿論文はおそらく受理されないにちがいない。学会とはそのような場であるはずである。「第二次報告書」のような、学会を離れた場で出された文書だから、何が書いてあっても研究者は知ったことではない、というのでは、社会的にあまりに無責任ではなかろうか。自分たちの研究成果がそのなかで使われているとすればなおさらである。私は、まず活断層研究者が、研究グループとして、あるいは日本地理学会として、「第二次報告書」の結論は、現在の活断層研究の成果を逸脱しており、「活断層研究からは、深地層処分を安全に（少なくとも安定大陸におけるていどに安全に）行い得るような地質環境が日本列島に広く存在するなどとは、少なくとも現段階では言えない」といった声明を出すことを望みたい。

地理学の政治性：
人間を幸福にしない地理学というシステム

　地理学の政治性ということを深く考えるようになったのは、E-journal GEO に書いたように、吉野川河口堰問題が紛糾していた 1999 年、吉野川河口堰（写真 1）のある徳島市で開催された日本地理学会で、河川環境を扱うシンポジウムが企画されたにもかかわらず、河口堰問題が見事に外されていたことに反発したからである。地理学は、政治的問題を意図的に回避するという意味で、もっとも強くその政治性を発揮する。それはさかのぼって考えれば、伝統的地理学がコロニアリズムの上に築かれ、第二次大戦後も、「地政学」や「環境決定論」を封印しただけで、根本的には、体制のための学問であることを維持し続けていたからではないか。環境・社会問題に関わること自体がアカデミー地理学においてはすでに反「体制」的であるとみなされ、そのようなテーマは「地理学的」でないと価値づけられ続けてきたためではないか。であるとすれば、地理学のそのようなみかけの「非政治性」を脱構築することが、今こそ必要なのではないか、というのが、そこでの結論であった[注2]。

　日本地理学会が新たにつくった電子媒体版の学会誌 E-journal GEO に、「人間を幸福にしない地理学というシステム」を書いたのは、2006 年のことである。地理教育についての論考を求められたことと、当時、政治学者の山口二郎氏を代表者とする「ガバナンス」をテーマにした科学研究費の分担者であったことから、そのような視点を強調した内容になっているが、1999 年

写真 1　吉野川河口堰（2007 年 8 月 1 日撮影）
江戸時代からある堰は自然と調和した風景をつくりだし、生態学的にも優れていることが証明されている。

の徳島での出来事と、2001年の学会発表がこの論文を書いた直接的な動機の一つであった。

　日本の地理学を、地理学会を変えようという意気込みで書いたので、かなり挑戦的な内容であり、とくに人文地理学者に対しては強い批判を述べたので、投稿後に論争が起きることを期待していたが、まったく反応がないことにむしろ失望した。「人間を幸福にしない……」というタイトルは、もちろん、ヴォルフレンの『人間を幸福にしない日本というシステム』からとったものである。日本の人文地理学者たちは、いったい何を考えているのであろうか[注3]。

　この論文のもう1つのテーマは、1997年から関わってきたサンルダム問題（口絵19、写真2）である。第四章で述べたように、公開の場で市民や科学者と徹底的な討議を行った千歳川放水路計画が結果的に中止に

写真2　岩尾内ダム（天塩川本流いある高さ約50m、幅約350mのダム。口絵19に示す川幅わずか30m足らずのサンル川に、これと同規模のダムをつくろうとしているのである）

なってしまったことから、北海道開発局は、以後そのような対話や公開の場での討議を一切、受け入れなくなってしまった。河川法の改正は確かに大きな進歩であったが、市民の意見を聞くことが義務づけられたといっても、河川事業者である行政側が設置する審議会で意見を聞けばいいのであるから、けっきょくは事業者にとって都合のいい人間だけが選ばれる結果となり、かえって自由な討議を行う道は閉ざされてしまったともいえる。また、もっとも民主的な運営がなされた淀川委員会においてさえ、委員会が「ダムによらない治水」を検討して、淀川水系で建設予定だった4つのダムの中止を結論すると、国土交通省は、最終的に委員会の結論を拒否してしまった。これも現行の河川法では、事業者は、設置した委員会・審議会の意見を尊重するが、最終的な決断は事業者の自由とされているからである。

　サンルダムに関しては、北海道開発局は、ダム推進派を多く入れた流域委員

会をつくり、その委員長には、北大工学部准教授（当時）であった清水　徹氏を任命した。しかし、清水氏は、北大に赴任する前は、サンルダム計画を推進してきた北海道開発局旭川河川事務所の職員だった人物である。このような人を委員長とする委員会がいかなるものになるかは想像がつくであろう。そもそも公平性や透明性が無視されているのである。

　私たちは、E-journal GEO　で引用したような冊子をつくり（口絵 22 参照）、流域委員会へのさまざまな働きかけを行って、公開の場での討論を要請したが、多数の推進派委員と委員長によってそのような討論は不要とされ、ついに発言の場を一度も与えられることなく、流域委員会はサンルダム計画を承認してしまった。

　2009 年の政権交代により、「コンクリートから人へ」を掲げた民主党政権のもと、サンルダムをはじめとする建設予定のダム計画は凍結されたが、民主党は、けっきょくのところ、すべてダム推進で固まっている地元の首長と、事業主体である北海道開発局からなる委員会に検討を委ねてしまった。その結果は、当然のことながら、委員会は外部からの意見を「パブリック・コメント」によってしか聞こうとせず、「パブリック・コメント」はただ意見を聞き置くだけの装置であるから、反対意見はなにも反映されず、反論の機会も与えられず、推進派だけのいわば密室で、2012 年サンルダム計画は復活したのである。

　サンルダム問題においては、千歳川放水路計画とちがって、当初から地元自治体である下川町がダム事業誘致に賛成したため、反対運動の主体が地元住民ではなく、地元からすれば「よそ者」である都市住民になってしまったことが、問題の解決を困難にしたといえる。もちろん、地元の下川町にもダムに反対する住民はおり、私たちはその人たちの運動を支援するかたちで参加したのだが、人口の少ない下川町のような地域社会では、いったん議会や町長が賛成すると、それに異議を唱えるものは村八分的な扱いを受けるため、地元で反対の声を広めることができなかった。個人的に接触してみると、地元住民もすべてダムに賛成しているわけでない。本当は反対だ、という人も多いのである。それにもかかわらず、声があげられないのが、現状なのである。これはサンルダム問題に限らず、日本のすべての社会問題に共通することであるかもしれない[注4]。

　地元の人たちに、ダムで自然を壊すより、サンル川の魅力を生かしたエコツー

写真3　絶滅危惧種である川真珠貝の一種（写真4）を箱メガネでのぞくエコツアーのようす（2010年6月19日）

リズムを推進することで、一過性のダム工事より、長期にわたる経済的利益も得られることを知ってもらおうと、何回か、エコツアーを実施して、下川町内のレストランや宿を利用し、現地にお金が落ちるしくみを町の人たちに見せようという試みも行った。写真3は、2010年に行ったエコツアーのもようである。日本海から天然のサクラマス（口絵20）が200km以上にわたって遡上し、自由に産卵できる川は、もはやサンル川しかないといっても過言ではない（口絵21）。地元の自然をよく知っている方をガイドとして雇い、事前にサクラマスの産卵している場所をおさえてもらって、そこを案内するツアーを遡上期である8月にやったり、新緑の頃のツアーをやったりした。また、地元住民のなかにも、サンル川の自然の価値を知らない人が多いので、「ダム反対」ということは一言も入れず、ただ、サンル川の自然のすばらしさだけをわかりやすくアピールする絵本をつくって、無料で配布したりもした。町の人が気軽に手に取って、もっていってくれるように、町内で協力してくれる店舗を探し、そこに置いていただいた。そのために、絵本は小型でハンディなものにした。

　内容も、口絵21、写真4に示すように、できるだけやわらかいタッチの水彩画と、短い文章で構成した。また、発行元も、これまで反対運動を進めてきた団体を正面には出さず、原則として反対運動はしないことにしてきた「北海道の森と川を語る会」とした。

　このようなさまざまな工夫をしたおかげで、この絵本は、かなり多くの町民が手に取ってくれたようである。運動というものは、けっきょく、辛抱だと思

う。千歳川放水路計画も、10年間、いつ着工されてもおかしくない状況のなかで、反対の声を上げ続け、決定を引き延ばさせたおかげで、そのあいだにラムサール会議の開催や河川法の改正が入り、計画を中止させる社会的条件が以前より整った

写真4 「サンル川の絵本 世界にたった一つサンル川」カワシンジュ貝を紹介したページ（北海道の森と川を語る会 2009）

結果、中止できたのである。

　サンルダム計画も、このような地道な働きかけを続けたことで、国の大きな政策転換まで着工を引き延ばすことに成功し、そこで、正式に中止できるはずであった。民主党政権は、それまでの自民党による公共事業ばらまきの政策を大きく変えるチャンスを国民から期待されながら、自ら潰したといえる。その結果が、2012年12月の総選挙による自民党の圧勝であり、再び赤字国債を乱発して日本経済の未来を危うくしながら、公共事業をばらまいて政権維持を図ろうとする旧来型の自民党政治の復活であった。サンルダム計画も早々と復活し、着工に向けた準備が進められている。これに対抗するには、もはや訴訟しか残されていないかもしれないが、第6章でふれる二風谷ダム裁判のように、日本ではいくら裁判で争っても、アメリカ合衆国とはちがって、その間、工事を止めることはできない。二風谷ダム裁判のように、「ダム建設は違法」という勝訴判決を勝ち取っても、その時点でダムは完成しており、それを違法だから撤去せよ、という判決は得られなかったのである。

　だが、公共事業やそれが引き起こす環境問題における公平性、透明性、住民参加という原則を考えれば、このままサンルダムの建設を黙認するわけにはいかない。未来に対して、今を生きる私たちには責任があるからである。

日本地理学会　E-journal GEO　Vol.1　No.2　pp.89-108.（2006）

人間を幸福にしない地理学というシステム
―環境ガバナンスの視点からみた日本の地理学と地理教育―

　河川環境と原発・高レベル放射性廃棄物地層処分問題、基本高水流量を事例として、環境ガバナンスの視点から、現在の日本の地理学が公共空間において果たしている役割を検討した。公共性・公開性を特徴とする公共空間での環境問題の解決が社会から要請されるなかで、ジャーナル共同体としての閉じた構造だけを維持しようとする伝統的な日本の地理学は、それに応えていないことを明らかにし、地理学の研究・教育システムの根本的な見直し、脱構築と、第二ジャーナルの発展が、緊急の課題であること強調した。

　　キーワード：河川環境、ガバナンス、地理学、活断層、原子力発電

1　はじめに

　「地理学は環境の科学である」といわれることが多い。環境という言葉を、たんに自然環境や人文環境とおきかえれば、それは確かにそのとおりであろう。しかし、環境という言葉を、具体的な環境問題と置き換えたときには、事実はまったく異なっているように思われる。現在、われわれの身の回りで生じているさまざまな環境問題に対して、地理学は、それらを解決するために、はたしてどれだけ機能しているのであろうか、地理教育は、そうした問題解決を目ざす若者を育てているのであろうか。

　環境問題は公共的な問題であり、その解決には、専門家、行政、企業、市民などさまざまなセクターの関与が必要である。1950年代以降、集中的に生じた公害問題においては、加害者―被害者という対立関係が比較的明確であり、また企業や行政に対する市民といった対立構造が一般的であった。

　しかし、とくに90年代以降、顕著になった地球環境問題や、現在生じている環境問題ではそうした二項対立は不明確になり、それぞれのセクター間の対話や調整を通じてのみ、問題解決の可能性が開かれているといってよい。政府や行政による統治（ガバメント）が問題を解決するのではなく、上述したようなさまざまなセク

ターの共同的な統治（共治：ガバナンス）が必要なのである。ガバナンスという概念については種々の定義や用例があるが（たとえば、Rosenau and Czempiel 1992; Commission of Global Governance 1995; Young 1994; 渡辺・土山 2001）本論では、環境に関するガバナンス（環境ガバナンス：松下 2002）に限定して用い、それを上述したような意味合いで共治と訳した藤垣（2003）の用法に従うことにする。ここで論じたいのは、環境ガバナンスの視点からみた日本の地理学と地理教育についてである。

2　現実の問題を回避し続ける研究テーマ―河川と環境―

　図1は、最近、朝倉書店から出されつつある「日本地誌」の総論のために、日本列島における1950年代以降の主要な環境保護・自然保護運動の起きた地域を50地点、選んだものである（小野 2005）。これらの運動と地理学との関わりについて分析すると、地理学の研究者が中心になって環境・自然保護運動がなされた事例は、筆者が関わった北海道の事例を除くと10に満たない。こうした分析から明らかにな

図1　1959年代以降に日本列島で起きた主要な環境保護・自然保護運動の分布図

①幌延，②サンル川，③知床半島，④釧路湿原，⑤士幌高原道路，⑥日高横断道路，⑦二風谷，⑧夕張岳，⑨千歳川，⑩泊原発，⑪松倉川，⑫六ヶ所村，⑬早池峰山，⑭女川原発，⑮青秋林道，朝日－小国林道，⑰阿賀野川，⑱黒部川・出平ダム，⑲上高地，⑳美ヶ原ビーナスライン，㉑尾瀬，㉒利根川河口堰，㉓三番瀬，㉔浜岡原発，㉕大井川，㉖南ア・スーパー林道，㉗天竜川，泰阜ダム，㉘藤前干潟，㉙海上の森，㉚長良川河口堰，㉛徳山ダム，㉜中池見湿地，㉝鴨川・北山ダム予定地，㉞天神崎，㉟中海，㊱豊島，㊲上関原発予定地，㊳吉野川第十堰，㊴吉野川，早明浦ダム，㊵木頭村・細河内ダム予定地，㊶筑後川・下筌ダム，㊷川辺川，㊸水俣，㊹諫早湾，㊺綾の森，㊻屋久島，㊼沖縄・ヤンバルの森，㊽沖縄・辺野古，㊾石垣島・白保，㊿西表島・浦内川

小野（2005）による。

ることは、実際の環境問題にコミットする研究や研究者がいかに少ないか、という事実である。本論では、日本地理学会のなかで筆者が関わって起きた「河川と環境」「活断層研究と放射性核廃棄物処分問題」をめぐる2つの象徴的な出来事をとりあげ、問題点を提起したい。

1999年10月10日、徳島大学で開かれた日本地理学会秋季学術大会では、同じ時間に2つの会場で「河川と環境」、「住民合意による山村振興・環境保全」の2つのシンポジウムが開催された。筆者は後者のシンポジウムの主催者であり、当時、徳島県で生じていた環境問題のなかで全国的に大きな関心をよんでいた木頭村のダム問題をとりあげ、たんにダムに反対するのではなく、ダムのような大規模公共事業に代わる、山村の自立・振興を検討することをその目的とした（小野2000a,b）。

徳島県でのもうひとつの重要な環境問題は市内を流れる吉野川の第十堰問題（姫野2001）であったが、「河川と環境」というシンポジウムが企画されている以上、当然そこで扱われるであろうと考え、こちらのシンポジウムではそれに関する発表は入れなかった。しかし「河川と環境」のシンポジウムでは、水害や治水に関する発表だけでなく、吉野川を直接の研究対象とする発表もいくつか行なわれたにも拘らず、親水公園や潜水橋、中世の水運といったテーマだけが取りあげられ、第十堰問題にはまったく触れられることがなかった。筆者が会場で批判したのは、日本で最も関心を呼んでいる河川環境の問題のひとつが起きている、まさにその現地で開かれる地理学会において、「河川と環境」というタイトルを掲げながら、まったくその問題にふれない、あるいは、むしろ避けているととられても反論できないようなシンポジウムのあり方であった。シンポジウムの場での筆者の批判に対する反論は、「第十堰問題は徳島の住民が判断すべきことであり、住民でもない者が勝手な意見を述べる筋合いのものではないと思う」というものであった（新見　治氏の発言：ただし文章は日下・木原2000による）。

筆者が問題として提起したかったのは、ひとつは「環境」という用語の使い方であり、もうひとつは、前述したような、地理学会と社会との関わり方（小野2000b）である。多くの地理学研究者は、「環境」という言葉を、たんに「自然環境」や「人文環境」「地理的環境」といった漠然とした意味合いで使っており、具体的な環境問題としては扱わない。「河川と環境」シンポジウムがその典型である。そこでは、モンスーンアジアの河川環境の景観、中世の水運、親水公園、水文誌、といったテーマは扱われても、その場所でまさに生じている、最も深刻、かつ重要な「環境問題」は、意図的に回避されるのである。ここでは「環境」という用語が、「環境問題」とは明らかに別な次元でとらえられており、そこに現在の日本の地理学の根源的な問題があるといえる。

3 研究の使われ方と地理学者の社会的責任
―原発の立地・放射性核廃棄物の地層処分問題と活断層研究―

3.1 社会的影響が大きい活断層研究

　2001年の日本地理学会春季学術大会で、筆者は、「高レベル放射性核廃棄物の深地層処分問題をめぐる活断層研究の社会的責任」という発表を行なった（小野2001a）。当時、北海道では、幌延での放射性核廃棄物の地層処分場をめぐる問題が重大な局面を迎えており、筆者は、自然地理学者としてこの問題に関与していたからである。筆者は、地形学者として活断層研究に携わり、日本全国の活断層を初めて同じ基準で抽出し、その分布を地図上に示した『日本の活断層―分布図と資料』（活断層研究会1980）の作成作業にも加わったが、活断層研究の専門家ではない。しかし、北海道の日本海側が、以前に考えられていたよりはるかに活動的な地域であることが近年の研究からは明らかになってきており（たとえば、岡田2004、平川・奥村2004）、幌延での地層処分は、地理学の立場からすれば、以前に考えられたほど安全とはいえないのではないか、というのがこの問題に関わった最初の動機であった。

　1999年11月、核燃料サイクル機構（旧動燃事業団）は高レベル放射性廃棄物の地層処分のための研究開発の成果をとりまとめた報告書「わが国における高レベル放射性廃棄物地層処分の技術的信頼性―地層処分研究開発第二次取りまとめ―」（核燃料サイクル機構1999；以下、「第二次取りまとめ」と略す）を発表した。この「第二次取りまとめ」は、総論編と3分冊からなる膨大な報告書であり、日本原子力研究所、地質調査所、防災科学研究所、電力中央研究所、大学、民間企業などの、いわば総力をあげてつくられたものである。事実、この報告書の作成のためには、日本の活断層研究者のほとんどが動員されたと言っても過言ではない。大きな予算がつけられたことで活断層研究はさらに進展し、多くの知見が得られたことは喜ばしい限りである。しかし問題は、この報告書が、「過去の調査において活断層の存在や可能性が認められなかった場所で、地震に伴って新たに断層が出現した例が知られておらず、（中略）……既存の活断層が繰り返し活動していることから、テクトニクスに関する地殻応力状態の顕著な変化が想定されない地域では、活断層が現存していない地域に新たに活断層が発生する可能性が低い」と結論し、「日本のような活動的な変動帯においても、火山や活断層の近傍を除けば高レベル廃棄物の深地層処分に適した地質環境が広く存在することが証明された」と断定していることである。

　ここには、「第二次取りまとめ」のための研究に実際の携わった活断層研究者の判

断を大きく越えた、きわめて恣意的な結論が導き出されていると筆者は考える。そうした意味では、「第二次取りまとめ」は、藤村ほか（2000）が批判しているように、初めから、「日本においても高レベル放射性廃棄物の深地層処分は可能である」と言う結論を導き出すために作成された報告書であったともいえる。したがってこれを科学的報告書と呼ぶべきか、政治的な文書と見なすべきかは議論のあるところであろう。地理学者が研究してきたのは活断層の分布や活動度だけであって、活断層と地層処分との関係ではなかったはずである。もちろん、研究者自体が「第二次取りまとめ」の結論には異議がない、というのならそれでもいいかもしれない。しかし自らの研究成果が、地層処分という別のコンテクストのもとでひとつの重大な政治的決定に利用されているとすれば、そのような事態を看過してはなるまい。

問題のひとつは、2000年10月6日に起きた鳥取県西部地震の評価である。鳥取県西部地震は、これまで活断層が認められなかった場所で発生した。地震学者の石橋克彦（2000）が指摘しているように、「第二次取りまとめ」の強引な結論は鳥取県西部地震によって崩れ去ったともいえるのである。

3.2　地理教育からみた「第二次取りまとめ」の問題

日本列島は活発な変動帯であり、北米や北欧のような安定大陸とは地殻変動の起きかたやそれにともなって形成される地形が根本的に異なっている、というのが、自然地理の教育現場における常識であろう。世界的に見ると、深地層処分を行なおうとしているのは、日本を除くと、フィンランド、スウェーデン、ドイツ、アメリカ合衆国など、いずれも先カンブリア代からの安定した楯状地をその基盤にもつ地域だけである。しかしそれらの地域ですら、深地層処分への取り組みはきわめて慎重であり、ドイツでは、現在ほとんど中止された状況にある。アメリカ合衆国でも、処分地とされたユッカマウンテンは、第三紀以来、全く活動していない火山地帯であるにもかかわらず、市民団体はもちろん、州政府をも含めた強い反対運動が続いてきた。ブッシュ政権になって、連邦政府はきわめて強引に処分場の立地を決定したが、実際に建設が行われるかどうかについては、なお予断を許さないものがある[注1]。

このような事実を見るとき、活断層研究者の研究成果にしたがって、「日本列島はとりわけ活発な変動帯にある」と生徒たちに教えてきた地理の教師たちは、こと深地層処分に関しては、「火山や活断層の場所さえ避ければ安全大陸と同じように地層処分ができる地質環境が日本列島には広く存在する」などと教えられるのであろうか。

もちろん、変動帯で地盤が不安定だから、一切の地層処分や原発の建設はできない、と言えば、素朴な環境決定論に陥るだけである。筆者が言いたいのはそのよう

なことではない。大地震が起きる危険は、活断層の直上で最も大きく、それから離れるにしたがって小さいであろう。池田ほか（1996; 213）は、目安として活断層から数キロメートル以内では大きな地震動に見舞われる危険が高い、としている。主要な活断層のまわりには、副次的な活断層があり、それらを含むある幅をもった領域は活断層帯とよばれる。たとえば、2004年新潟中越地震では、地表での地震断層の発現が軽微だったために、活断層の空白域で地震が起きたともいわれたが、鈴木・渡辺（2006）は詳細な調査からこれを否定し、地形学的に認定されていた近傍の活断層の断層面が地下で動いたのが原因であることを明らかにした。「一定規模以上の地震は起こるべく場所に起こる」（鈴木・渡辺 2006）というのである。今後、高レベル放射性廃棄物が安全なレベルになる10万年程度のタイムスケールにおいては、日本列島を含む応力場に大きな変化があるとは考えられず、そのような状況下では、大地震が起きるのはこの活断層帯の中だけであり、それをはずれた場所では、地層処分を安全に行ないうる場所が日本列島には広く存在する、というのが「第二次取

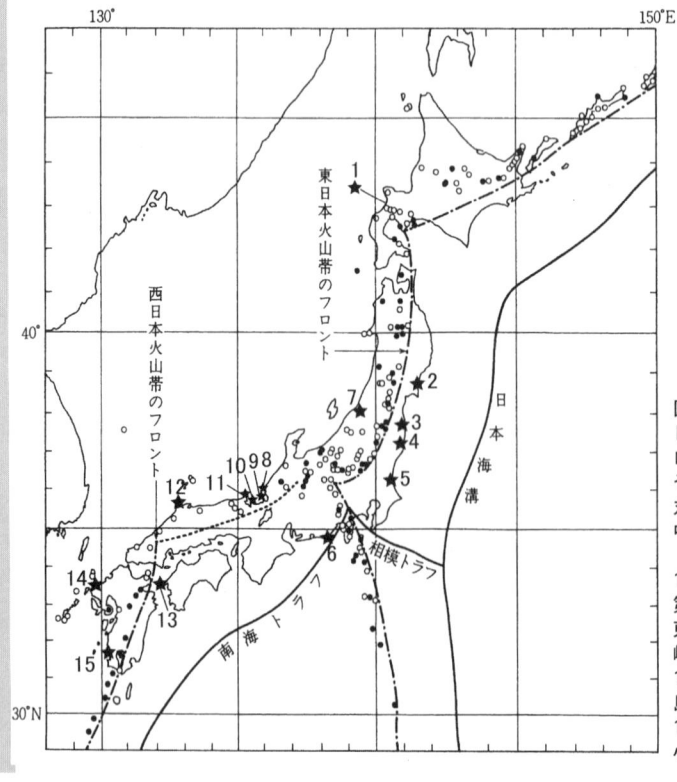

図2 日本列島周辺のプレート境界，火山帯のフロント，活火山（黒丸），その他の第四紀火山（白丸）（杉村1978）と稼働中の原発（★1〜15）

1: 泊, 2: 女川, 3: 福島第一, 4: 福島第二, 5: 東海村, 6: 浜岡, 7: 柏崎刈羽, 8: 敦賀, 9: 美浜, 10: 大飯, 11: 高浜, 12: 島根, 13: 伊方, 14: 玄海, 15: 川内.
小野（2005）による。

りまとめ」の主張である。

　しかし、藤村ほか（2000）も述べているように、その仮定は、活断層や活断層帯が認められてこなかった場所で起きた鳥取県西部地震によって崩れたといえる。このようなことが生じるのは、自然地理学が明らかにしたように、また藤村ほか（2000：図4）が示したように、活断層帯からいくら離れようとも、日本列島全体は、プレート境界にある変動帯に含まれている（図2）からではないだろうか。地理学者が問われているのは、変動帯の上で原発を建設したり、高レベル放射性廃棄物の地層処分をしたりすることは、楯状地のまわりにある安定大陸での原発建設や地層処分と同じていどに安全と言っていいか、ということであろう。

3.3　原発の立地とプレート境界・活断層

　図2には、現在ある原発の位置をあわせて示した。三つのプレートの会合部というだけでなく、プレート境界と火山フロントが交叉している世界で唯一の地点（貝塚2000）という、地球上で最も特異な場所に近接した浜岡原発は、地球上で最も危険な原発といえるのではないだろうか。地震学者の安藤（2001）は、1707年の宝永地震を起こした断層が静岡県から高知県にまで及んだこと、1944年の東南海地震、1946年の南海地震など西日本の巨大地震はすべて150〜600kmという巨大な断層によって生じたとして、マグニチュード8クラスが予測される東海地震を引き起こす断層域の範囲が狭く見積もられすぎていることを批判し、震源域を駿河湾付近に限定せず、より広く想定すべきであると主張している。

　太平洋プレートが潜り込む位置に近く、今後30年以内にM 7.5クラスの大きな地震が起きる確率が99%と試算されている宮城県太平洋岸にある女川原発も、危険の高い原発であろう。北海道の泊原発も、日本海側にプレート境界が想定されるようになった現在の知識からすれば、その危険度はかつて想定されていたよりずっと高くなっているはずである。

　地理学者に問われているのは、変動帯と安定大陸という、全地球的な地理学的対比を導入することによって、安全性や危険性に対する相対的な尺度を議論のなかに組み込むことではないだろうか。一定規模以上の地震は、安定大陸ではなく変動帯で、より頻繁に起きると予測されるからである。日本列島での原発・高レベル放射性廃棄物地層処分は、安定大陸でのそれらに比べてどのていど安全（危険）なのか、あるいは、浜岡原発や女川原発はほかの原発に比べてどのていど危険なのか、それらに答えられるのは地理学者だけではないかもしれないが、少なくとも地理学者はそれに答えるべき専門家であるはずである。

　環境リスク論の視点を導入することも重要である。現実にリスク（危険）が存在

しても、それが許容できる範囲のものであれば許容すべきだという立場にたつ中西（2004: 241-246）は、リスクとリスク不安を区別し、原発に関わるリスクは単にリスク不安にすぎないので、日本はもっと原子力を利用すべきであると述べている。事故の起こるリスクが十分に小さければ、原発は便益（ベネフィット）のほうが大きいので許容すべきだという考え方である。問題は、原発のリスクが、中西の言うように許容できるほど小さいかどうかであろう。

　安全論・科学技術論の立場から積極的に発言している桜井（2005: 164-182）は、原発の耐震設計強度の妥当性と、経年的な劣化による強度低下を問題にしている。原発は、原発に周辺で過去1万年間に動いた活断層による地震や、既往の地震から想定される「設計用最強地震」（S1）と、過去5万年の活断層、およびM6.5までの直下型地震を想定した「設計用限界地震」（S2）に対応する設計がなされている。S2地震で起きる振動の強さ（最大加速度：単位ガルで示される）は、現実にはほとんど起こりえない地震動と考えられている。

　しかし、2005年8月16日、宮城県沖で起きたM7.2の地震では、最大加速度は、S2地震で想定されていた値を大きく上回り、888ガルに達していたことが明らかになった。M7.5クラスとされる宮城県沖地震が起きれば、さらに大きな地震動が予測される。女川原発は、それに耐える設計になっていなかったことになる。

　2006年3月24日、金沢地方裁判所は、北陸電力志賀原発2号機の運転差し止めの判決を下した。志賀原発が、原発に近い邑知潟断層帯による地震を考慮していなかったこと、および、上述した女川原発の振動が、想定をはるかに上回っていたことが大きな理由であった。活断層研究者は、また、その大部分が属している日本地理学会は、こうした問題にどう応えるのであろうか。

　浜岡原発の想定するS2地震の最大加速度は、日本列島の原発のなかでももっとも大きい600ガルである。浜岡原発への批判から、中部電力は2005年1月この値を1000ガルに引き上げ、補強工事を行なうことを認めた。しかし、桜井（2005：168-182;326-329）も指摘するように、浜岡原発は老朽化しており、シュラウドの亀裂など、重大な強度低下につながる兆候が現れている。M8クラスの直下型地震が老朽化しつつある浜岡原発を襲ったとき、リスクはきわめて大きいのではないだろうか。川野（2006）は、「これほど危ない状況の原発は世界でほかにない」という茂木清夫・地震防災対策強化地域判定会前会長の言葉を引用して、浜岡原発の危険性に注意を喚起している。そもそも、浜岡原発のS2地震による最大加速度が、最大に想定されている、ということは、活断層やプレート境界への距離を反映したものといえる。これをもとに、浜岡原発から安定大陸の原発までの危険度を相対的に評価することも必要ではないだろうか。

4 問題の構造
―ジャーナル共同体が作り出す専門主義―

4.1 ジャーナル共同体と妥当性限界

　科学技術社会論の立場から、近年、科学技術の社会でのありかたについて優れた議論を展開している藤垣（2003）は、ジャーナル共同体と妥当性限界という2つの概念を用いて科学者集団が社会に対してもつ問題を分析している。藤垣は自然科学や医学を念頭において議論をすすめているが、それは地理学についても十分に適応できることを、前述した2つの事例をもとに示したい。

　ジャーナル共同体とは、専門誌の編集・投稿・査読活動を行なうコミュニティのことである。藤垣（2003）は、（1）科学者の業績は、専門誌に公刊されて初めて認知される、（2）論文の妥当性・正当性は信頼ある専門誌に掲載許諾されたことで保証される、（3）後継者養成のための教育は、専門誌に掲載許諾される論文作成能力の達成を目標として行なわれる、（4）科学者の予算・地位の獲得は、専門誌に掲載許諾された論文の業績リストをもとに行なわれる、という4点をあげ、ジャーナル共同体が、現在の科学者の研究の判定、蓄積、後進育成、社会資本の基盤にとって決定的な役割を果たしているとした。

　研究が論文化されて初めて評価されることは昔から変わりないとはいえ、論文業績が、研究費の獲得だけでなく地位獲得にとって重視される度合いは明らかに増大している。論文の妥当性・正当性は、それが掲載される学術誌の評価が高いほど高いという考えもあり、国内誌より英語で公刊される国際誌が優先される傾向も、とくに自然科学分野では強い。国立大学の法人化にともない、今後、期限付きポストが増大すれば、地位獲得だけでなく現在の地位を維持するにも一定の論文業績が必要となり、この傾向はさらに強まるであろう。

　藤垣（2003）は、ジャーナル共同体を、学会とは区別して扱っている。入会に学会員の推薦が必要な学会もあるが、通常は、学会費を払えば誰でも学会員にはなれる。しかしジャーナル共同体に入るには、論文を投稿し、それが掲載許諾されなければならないからである。いっぽう、ジャーナルを出しているのは学会であり、学会を、学会組織とそれを構成する（そこに論文を投稿する可能性のある）すべての学会員の集合体ととらえれば、学会そのものをジャーナル共同体とする見方もなりたつ。藤垣（2003）自身、両者を区別しながら、実際には、学会の出す学術誌の数をジャーナル共同体の数としているからである。ここでは日本地理学会を、そのような意味で、ひとつのジャーナル共同体として扱う。

4.2 専門主義・閉鎖性と公共性・公開性

ジャーナル共同体が科学にとって重要な意味をもつのは、査読制度（レフェリー・システム）によって論文を選別するからである。研究者があるジャーナル共同体に参入したければ、レフェリーに掲載許諾される論文を書かなければならない。そのためには、その分野の問題設定を「暗黙の前提」としなければならず、また後継者にもそのような論文の書き方を教育することになる。その分野の常識にあった書き方がなされていなければ、その論文は掲載拒否されてしまうからである。

こうしてジャーナル共同体は、専門分化が促進される。それとともに、専門内での問題意識は「洗練」され、流儀にあっていないものがはじかれる結果、専門分野はますますタコツボ化する。許諾と拒否の積み重ねによって、その共同体にとって論文として妥当と受け入れられる「暗黙の境界（妥当性境界）」が形成される。初めから確固たる境界があるのではなく、科学者同士のコミュニケーションの結果として妥当性境界はつくられ、またつねに書き換えられ更新され続けている。

藤垣（2003）は以上のように分析し、レフェリー制度によって保たれているジャーナル共同体の審判機構が、科学者の専門主義を生み出すシステムとなっていること、また専門主義はジャーナル共同体のなかでの閉じた性格をもつことから、外に向かって開かれた公共性・公開性を要求する民主主義との相克が生じるとした。ジャーナル共同体にとっての妥当性境界は、あくまでも共同体内部にとっての理想であり、公共の問題解決にとって必要な条件のもとでは形成されていない。それゆえに、科学が社会や市民と向きあったときに、大きな乖離が生じるというのである。

4.3 分析1：「河川と環境」の事例

筆者があげた「河川と環境」の事例は、以上の議論によってよく説明することができるであろう。すなわち、日本地理学会というジャーナル共同体のなかでは、「環境」とは現実の「環境問題」に関わることではない、否、むしろ関わってはならないものである、という「暗黙の」妥当性境界がつくられており、多くの研究者は、そのような枠組み（フレーミング）のなかで、研究を行なっていることになる。そのような研究者にとっては、環境問題の起きているまさにその現場でシンポジウムを開くとしても、その場所はなんらの意味ももたない。扱っているのは、そもそも、最初からその場所で現実に起きている環境問題とは切り離された研究対象に限定されているからである。このような妥当性限界が強く働き続けているのが日本の地理学の現状といえよう。その結果として、地理学は純粋に研究のための学問であり、現実の社会に発言するための学問ではない、という態度が出てくる。こうして、地理

学のジャーナル共同体のなかで完全に閉じた構造がつくられ、それが教育によって再生産されて、地理学の共同体を社会からますます切り離された存在に追いやっていくのである。──人間を幸福にしない地理学のシステム。現実の環境問題に直面し、もがき苦しんでいる人間にとって、このように社会に背を向けた地理学が何の価値ももたないのは当然であろう。もたないどころかそれは有害ですらある。

　藤垣（2003）は、ハバーマス（1962）の公共圏にもとづき、科学技術が社会のなかに埋め込まれていくための交渉の場、すなわち科学技術のガバナンスの場（アリーナ）を公共空間とよんだ。公共空間の特徴は、言うまでもなく、誰にたいしても開かれているというその公共性・公開性にある。したがって公共空間を支えるのは民主主義であるともいえる。社会がそれを求めているときに、伝統的な地理学が、ジャーナル共同体としての閉じた構造だけを維持しようとすれば、それはもはや民主主義に立脚していない、という見方もできるであろう。人間を幸福にしない、という表現は、公共性あるいは民主主義という尺度から見ての伝統的地理学の評価である。

　もちろんそれは、地理学に限ったことではない。たとえば生態学においても、ジャーナル共同体のための論文だけが生産され、研究の対象とされた種は、研究者が保護活動を怠っているあいだに絶滅の危機に瀕している（小野 1999）。また先住民族やその文化を研究対象としてきた民族学や文化人類学では、先住民族はつねに研究対象にすぎず、一方的に研究による搾取の対象となってきた。これらについては、サイードの『オリエンタリズム』以後、とくにポストコロニアルな文脈のなかで徹底的に批判されている。リンダ・トゥヒワイ・スミス Smith（1999）は、さらにジェンダーからの視点もあわせ、地理学を含む西欧人文社会科学による「研究」自体を徹底的に批判した。

　公共空間という概念が生まれたのは、遺伝子組み換えや次節で分析する原発・地層処分問題のように、現在の科学では、科学者ですら科学的合理性に基づいた判断ができない問題に対して、社会的合理性をいかにしてつくるか、という課題がますます大きくなってきているからである。しかし、河川にかかわる環境問題のような場合にも、同様の問題が生じている。たとえば、藤垣（2003）もとりあげている、吉野川第十堰問題における吉野川の基本（計画）高水流量の問題がそれである。これについては5章で分析する。そこで論じるように、日本では科学技術と社会との接点で起きる問題（たとえば治水や原発）を扱う場合、なお行政の力が圧倒的に強く、統治者─被統治者という構造のなかで、すなわちガバメントとそれへの対抗というかたちで争われることが多い。そうしたなかで、被統治者である市民側が、専門家や社会のさまざまなセクターを巻き込むことによって、新たに構成しようとしているのが公共空間であるともいえる。残念ながら、伝統的地理学は公共空間を支える学問とはなりえていないのである。

4.4 分析2：原発・高レベル放射性廃棄物地層処分の危険性と活断層研究

原発問題では、将来どこで、またどれほどの規模の地震が起きるか厳密には予測できないなかで、その可否や立地を論じなければならない。また高レベル放射性廃棄物地層処分では、「今後10万年間」という人類には予測不可能な長期間にわたって、ガラス固化体を安全に地層中で保管できるか、ということが問題となる。これらは、遺伝子組み換え食品の安全性のように、現在の科学では、その判断ができないにもかかわらず、社会がそれに対してなんらかの対応を迫られる問題群である。公共空間においては、「不確定要素を含み、科学者にも答えられない問題だが、"今、現在"社会的合意が必要な問題」を解決しようとするときには、科学者の確実な予測を基礎とした「科学的合理性」だけではもはや判断ができず、それに代わって公共の判断の基準となる「社会的合理性」を考えなければならない（藤垣2003）。さらにこれらの問題群では、科学的合理性にもとづく科学者の妥当性境界と、社会的合理性にもとづく公共の妥当性境界が一致しないことが重要である。

藤垣（2003）はこの問題を、食品や医薬品の人体への影響を立証するための疫学的な研究デザインを用いて図3のように示した。図では、下にいくほど、食品や医薬品の人体への影響がより強い証拠に基づいて立証されることを示している。すなわち左側のAでいえば、上のほうに書かれた観察や横断研究では相関関係しか示すことができない。しかし下のほうに書かれているように、問題となる食品・医薬品を、摂取・処方した人の群とそうでない人の群を分け、それぞれについてたとえば10年間の追跡調査し、有意な差が出るかどうかを検定するといった研究デザイン（コホート研究とよばれる）を行なえば、因果関係までが特定でき、より厳密な評価が可能となる。科学者の要求水準は当然、後者のほうにあるが、これを実現するのは容易ではない。人体での試験は困難であり、動物実験でしか結果を出せないことも多い。また、そもそも追跡調査には時間がかかる。しかし食品や医薬品の安全性については、今すぐにでも一定の結論をださなければならない。そこで、公共の要求水準では、

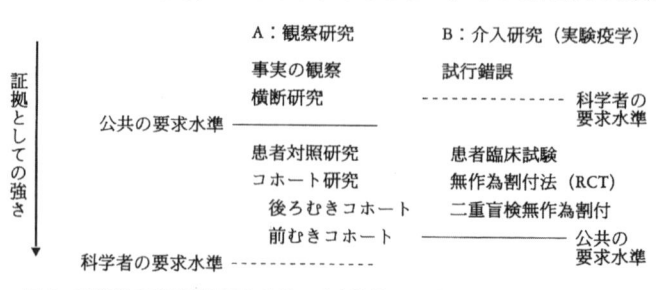

```
証拠としての強さ ↓           A：観察研究              B：介入研究（実験疫学）

                             事実の観察               試行錯誤
                             横断研究         ----------------  科学者の
              公共の要求水準 ----------------                    要求水準

                             患者対照研究            患者臨床試験
                             コホート研究            無作為割付法（RCT）
                             後ろむきコホート        二重盲検無作為割付
                             前むきコホート    ----------------  公共の
              科学者の要求水準 ----------------                   要求水準
```

図3　科学者の妥当性境界と公共の妥当性境界　藤垣（2003）による。

より不確実であっても、とりあえず横断的な研究だけで、安全性に対する評価を下さざるを得ないのである。

人類が経験した初めての大規模なメチル水銀汚染であった水俣病では、その原因がなかなか特定できず（西村・岡本 2001）、科学者が原因物質の特定にこだわったために、また汚染源であるチッソが、ある時点では、その要因を知りながらこれを隠蔽したために、汚染源を特定できないまま工場排水は止められず、水俣湾の汚染が続いて死者や患者数が増大した（原田 1972, 1985）。水俣病が〈殺人〉事件と呼ばれるのは、原因を知りつつ、それを隠蔽するというチッソの行為や、それを黙認した国や県の存在があるからである（宇井 1968, 1971；原田・花田 2004）。

しかし、たとえ水俣病の原因物質が特定できなくとも、患者の分布や、汚染物質の濃度分布などから、チッソの工場排水が原因であることは十分に予測できていたわけであり、その時点で排水を止めていれば、これほど悲惨な事態は起きなかったはずである。ここでは、科学的な要求水準にこだわらず、まずチッソからの排水を止めさせるということが、公共の要求水準となる。

活断層研究と原発・高レベル放射性廃棄物地層処分の問題でいえば、活断層の存在や、そこから何キロメートル離れれば安全である、といった基準を厳密に設定することが、科学的な要求水準であろう。しかし、それを満たすまで待っていることはできない。したがって公的水準では、とりあえず活断層帯を設定して、そのなかだけで、原発の建設や高レベル放射性廃棄物地層処分をしない、という選択をする、というのもひとつの考え方である。しかし、A では、水俣病の例が示すように、実際には危険があるのに、それを認めないために問題が起きる。科学的に確実な結果が出るまで待っていては、結果的に対策が後手にまわり、健康や自然環境に取り返しのつかない影響が出る可能性が考えられる場合、それを未然に防ごうとするのが予防原則である。予防原則の立場からいえば、狭い幅をもった活断帯ではなく、日本列島全体が変動帯という巨大な活断層帯に含まれていると考え、そこでの原発や高レベル放射性廃棄物地層処分をすべて再検討しよう、という公共水準も成り立つ。

いっぽう右側の B では、逆に、科学的な要求水準のほうが、公共の要求水準より緩やかに設定されている。たとえば薬害エイズ問題では、科学的には、非加熱製剤の投与による HIV 感染は医学専門誌ではすでにとりあげられていたが、学会全体としての統一的な見解は出されていなかった。したがって科学的な要求水準ではまだ論争の段階にあったともいえる。しかし、危険は予見できたわけだから、まだ学会全体での結論に至っていなくても、予防原則の立場からは、公共の水準をもっと厳しくして、明確に安全といえるものしか使用を許すべきではない、という主張も成り立つ。これが B の場合である。

活断層に関していえば、科学者の要求水準では、「第二次報告書」のように活断層帯だけが危険という議論がなされてもよいが、公共の安全性を考えれば、変動帯すべてを危険とすべきである、という、よりきびしい要求水準も可能なのである。

Aは危険があるのにないと判断する過誤を避けるためのシステムであり、Bは、安全性がないのにあると判断するのを避けるシステムである。藤垣（2003）が指摘するように、同じ予防原則を用いながら、妥当性限界は、危険性と安全性のどちらを証明したいかによって反転する。

そもそも高レベル放射性廃棄物を生み出すのが原発なのであるから、立地の安全性を論じるだけでなく、エネルギー問題も含めて検討されなければならない。また、原発や放射性核廃棄物の地層処分については、安全性だけでなく、その経済的コスト（吉岡 2005）も含めて検討すべきである。しかし、活断層専門家はそのような価値判断をする前に、まず活断層そのものによる危険性、鳥取県西部地震のように活断層と認定されなかったところで起きる地震の危険性、プレート境界と原発の距離に関する危険性、兵庫県南部地震や宮城沖地震で生じたような想定を上回る地震動の危険性を社会に対して示すべきであろう。その際、つねに図3に示したような2つの水準を念頭においた議論が求められることは言うまでもない。

5 基本高水流量の問題
―サンルダムを事例として―

科学的合理性だけでは判断ができず、社会的合理性によってのみ公共空間での合意が可能な問題の事例として最後に河川における基本高水流量に関わる問題をあげる。基本高水流量とは、想定される将来の洪水時に、治水の基準点で、洪水のピーク時に、河川に最大どれだけの流量が出るかを見積もった数値である。これに対して、ダムや遊水地などで流量をカットしたあと、基準点で安全に流せるように計画されたピーク流量を計画高水流量とよぶ。この問題については、とくに千歳川放水路計画に反対するなかで、すでにさまざまに論じてきた（小野 1991, 1997：106-114, 1999, 2001b, 2003a, 2003b, 2003c）。また最近では河川工学者のあいだでも大熊（2004, 2005）、福岡（2005）、今本（2005）、によって論争されている。基本高水流量が地理学にとって重要なのは、原発がエネルギー供給だけでなく莫大な補償金や雇用を通じて地域に決定的な影響を与えるのと同様、それによって地域の構造を大きく変化させるからである。すなわち、基本高水流量は、将来どこまで高い水位に耐える地域をつくるかを決定することによって、河川の形態自体を変える。それによって堤防だけでなく、放水路やダム、遊水地など、さまざまな構造物を作り出す。

これらは地域の土木建設業や農水産業のありかたを規定し、それによって地域の経済や産業構造、ひいては地域の景観を決定する。したがって、地域を研究する人文地理学者は基本高水流量の問題にもっと注意を払うべきであるのに対して、現実には、この問題に目を向ける人文地理学者はほとんどみられない。

　ここでは北海道、天塩川水系、名寄川の支流サンル川に建設が計画されているサンルダムを事例として、基本高水流量がいかに大きな地理的問題であるかを指摘し、その決定の過程に地理学研究者の果たすべき大きな役割があることを示したい。

5.1 基本高水流量の決定手法に関する問題点

　図4は、天塩川流域における基本高水流量の算定方法を北海道開発局、天塩川流域委員会のウェブサイトからダウンロードして示したものである。上段は、戦後の大きな洪水4事例における天塩川流域での雨量の地理的分布、中段はそのときの降雨の時間分布、下段はそのときの天塩川の治水基準点であるポンピラ（誉平）地点（河口から58kmに位置する）でのハイドログラフである。

　基本高水流量は、まず、目標とする降雨確率を計算する。すべての降雨データを

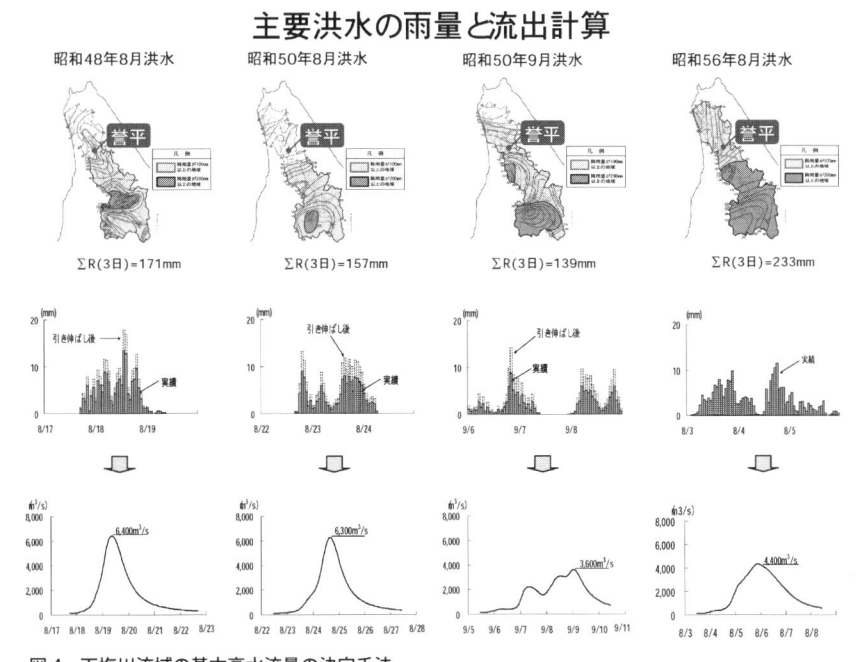

図4　天塩川流域の基本高水流量の決定手法
上段：降雨の地理的分布，中段：降雨の時間分布，下段：引き伸ばし計算によるハイドログラフ（天塩川流域委員会のウェブサイト http://www.as.hkd.mlit.go.jp/teshio_kai/teshio/ による）．

確率紙にプロットし、河川の規模ごとに決められた確率（大河川では100〜150年に一度、中小河川では10〜50年に一度に降ると予測される確率が選ばれ、1/100, 1/150などと表現される）での降雨量（過去の洪水に対応して、3日間あるいは2日間の総雨量が用いられる）が見積もられる。降雨の統計が80年分しかないときに150年に一度降る大雨の量を推定しなければならない、といった問題も生じることがあるが、ここまでは統計的手法を用いた科学的合理性で予測ができる部分である。天塩川は北海道で二番目に長い河川であり、その規模からして、百年に一度の3日間降雨が選ばれ、224mmと算定されている。戦後最大の昭和56年洪水（1981）時の3日間降雨は、図4に示すように233mmであった。

　次に、この降雨があったときに河川に出る流量を算定する。図4の右端は昭和56年洪水で実際に生じた降雨と、そのときの実際のハイドログラフである（ただし、このときは破堤が起きたので、ピーク流量は堤防からあふれた分を推定し、河道にもどした「戻し流量」となっている）。右端を除く3つの図には、それぞれ、昭和48年8月、昭和50年8月と9月の洪水のときの降雨の地理的分布および降雨の時間分布が示されているが、降雨の時間分布では、実際に降った雨量（濃い青色）が、上方に向かって引き伸ばされているのがわかる。薄い青色で示された棒グラフが、引き伸ばし後の時間雨量である。たとえば図4の左端に示された昭和48年8月洪水では、3日間雨量は171mmに過ぎなかったのを、百年確率の224mmにまで引き伸ばすのである。すなわち時間雨量をそれぞれ約1.38倍（224/177）に引き伸ばして、総雨量が224mmになるようにする。降雨の時間分布（降雨パターン）はそのままにして、降雨量だけを引き伸ばすわけである。これをもとに貯留関数法などをもとにした流出計算を行なうと、下段のハイドログラフが得られる。こうして、図4に示すように、昭和48年8月と昭和50年8月の降雨パターンを用いた計算では、ピーク流量はそれぞれ6,400m^3/s, 6,300m^3/sという大きな値になる。

　しかし、昭和50年9月の降雨パターンで計算したときは、同じ234mmの雨量でも、ピーク流量は3,600m^3/sに過ぎない。このときの降雨が、中休みを含む2山型になっており、流出量が増えにくい降雨パターンだったからである。このことからわかるように、大雨のときの河川への流出は、3日間の総雨量が同じでも、降雨パターンの違いによって大きく異なる。

　しかし、国土交通省や北海道開発局は、治水計画を策定するにあたって、何例かの計算を行い、そのなかで得られた最大値を「基本高水流量」としてきた。基本高水流量の選定については、法律ではなく「砂防技術指針」という、たんなる技術的マニュアルで規定されているにすぎない。そこでは、最大値を100％とし、その80％の値から100％の値をカバーすることが望ましい、とされている。これをカバー率とい

うが、行政によって慣習的に用いられてきた数値にすぎないことは明らかである。

基本高水流量の問題は、ここにある。すなわち、総雨量に対応したピーク流量は、降雨パターンごとに異なるのであるから、ちがった降雨パターンを採用すれば、さまざまなピーク流量が算定され、しかもその範囲は、図4に示した3例だけでも 3,600m³/s から 6,400m³/s と、きわめて大きな幅をもっている。現実にどの降雨パターンを採用するかの判断は恣意的になる。というのは、百年確率で科学的に決定できるのは総雨量だけであり、その総雨量が、ある降雨パターンで降る確率はまったく考慮されていないからである。

しかし、国土交通省や北海道開発局は、最大値をもたらすような降雨パターンを採用することがあたかも科学的に妥当である、というかのような説明をこれまで続けてきた。また、そのような特定の降雨パターンで、きわめて大きなピーク流量が生じる確率も、総雨量の確率と同じ確率で生じるかのような説明を地域住民に対して行なってきた。事実はそうではない。百年に一度の確率をもつ総雨量でも、それが特定のパターンで降る、という条件を設定すれば、現実にそのような降雨の時間分布をもった大雨が降る確率は、はるかに小さくなるはずだからである。

したがって、さまざまな降雨パターンで算定されたさまざまなピーク流量を提示するところまでは科学的合理性の範疇であるが、そのなかのどれを選定するか、という段階は、社会的合理性の範疇に入ることになる。当然、図3のような二重の基準が、公共空間において論じられなければならない。その空間が、ここでは流域という地理的空間に重なり合うのである。

5.2　治水の安全度と基本高水流量

高い基本高水流量を選定すれば、それだけ流域の安全度は高まるであろうか。理論的には高まるはずであるが、現実の答えは否である。石狩川では、史上最大のピーク流量でも 12,000m³/s しか出ていないにもかかわらず、18,000m³/s というあまりに高い基本高水流量を設定したために、放水路で流域外に洪水を出さなければ処理できなくなり、このために千歳川放水路が計画された。しかし、あまりに巨大な放水路計画は、環境問題だけでなく社会的な対立を生み出し、計画が策定されてから20年近くにわたる反対運動の結果、ついに中止された。この間、放水路計画のために千歳川流域での堤防整備や遊水地の造成はほとんど進まなかった。これらを行なっていれば、流域の治水安全度は、より早く高められたのである（小野 1997, 2001b）。

天塩川では、口絵22に示したように、現在の流下能力は図の緑で示したところまでに過ぎず、中・下流部では、治水の目標とされる流量（赤い破線）に対して著し

く不足していることがわかる（図の水色の部分）。たとえサンルダムを造っても、それによる流量（水位）の低下効果は口絵22に濃い茶色で示したようにきわめて少ない。北海道開発局は薄茶色の部分まで流量（水位）が下がると主張しているが、天塩川上流にある岩尾内ダムによる流量（水位）の低下効果の実績からみると、ダムによる調節量は多くの場合、これより小さいと予測される。昭和56年洪水と同じ規模の洪水がくれば、現在の流下能力では大きく不足し、堤防からあふれてしまうのである（図の水色の部分：AとB）。

　洪水を防ぐ最も有効な手段は、堤防を強化・整備することであり、また、流下能力の小さい地点の周辺に多い旧河川（三日月湖）を遊水地化して、流域を、あふれても被害の出ない構造に変えることである。筆者らは、最近、120ページに及ぶ冊子（北海道の森と川を語る会2006）をつくり[注2]、北海道開発局が設置した流域委員会や流域住民に提示して、流域委員会で科学的な討論を行なうことを提案している。口絵22はこの冊子の裏表紙にあたる。問題なのは、前述したような手法で設定された6,400m^3/sというきわめて高い基本高水流量である。あまりにも基本高水流量が高いために、それを処理できず、当面20～30年の目標として、北海道開発局は、昭和56年洪水の規模に匹敵する4,400m^3/sを目標流量として設定している。本来ならば、目標流量ていどの流量を基本高水流量にすべきなのである。

　流域の将来の経済・産業構造や景観を左右する基本高水流量の決定にあたっては、千歳川放水路問題のときに提案した（小野1997, 1999など）ように、既往洪水の最大値から、現在の算出方法で求めた最大値までの範囲で複数の数値を設定し、それぞれについて、コストや環境影響、社会的合意の困難度、環境リスク（瀬尾・佐藤2003）などを指標としつつ、住民や専門家を交えた社会的合理性にもとづく検討を行なうべきであろう。

5.3　環境への影響と基本高水流量の政治性

　サンルダムの問題は、治水効果が小さいというだけではない。天塩川は、現在の日本において、河口から200km以上にわたって天然のサクラマスが遡上、産卵する唯一の河川となっている（口絵21、22参照）。しかもサンル川は、天塩川水系のなかでもサクラマスのもっとも重要な産卵河川となっており、ダム建設によって、サクラマスの遡上・降河が阻害されることは、資源保護だけでなく、生物多様性のうえからも大きな問題となる。図5は、天塩川を遡上し、サンル川で産卵するサクラマスの写真をもとに、自然河川としてのサンル川とサクラマスの保護を訴えたパンフレット（北海道の森と川を語る会2005）の一部であるが、ダムによって影響を受けるのはもちろんサクラマスだけではなく、遡上能力のもっと劣った魚類への影響

はさらに危惧される。ダムによる濁りの発生による生物への影響（程木ほか 2003）、ダム下流での河床低下（稗田 2005）など、ダムの影響は、その建設後、広範囲にかつ半永久的に及ぶ。またダム湖への堆砂問題も深刻であり、米国では、これらの問題を解決するためにはダムを撤去するほうが経済的であるとして、すでに巨大ダムの撤去が始まっている（科学・経済・環境のためのハインツセンター 2004）。ダム建設が流域にもたらすこれらの影響についての研究は、地形学や水文学が最も得意とする分野であるにもかかわらず、これに携わり、かつ、問題の解決（ダムをこれ以上、建設させないことが最良の解決策である）にあたっている研究者の数はきわめて少ない。

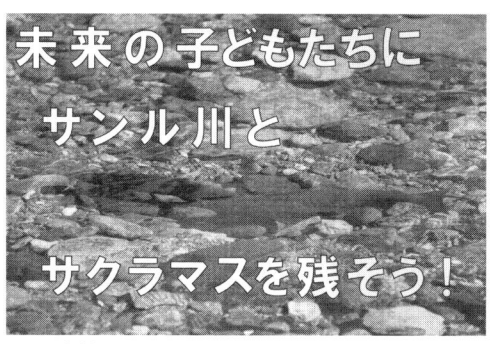

図5 自然河川であるサンル川と天然産卵のサクラマス（写真中央）の保護を訴えたパンフレット 北海道の森と川を語る会（2005）による。

　高い基本高水流量を設定することが、結果としてダムや放水路といった、環境に大きな影響を与える大規模な公共土木事業の要因になっていることを考えると、逆に、大規模公共事業の必要性を担保するために高い基本高水流量が設定されているのではないか、という疑問もわく。行政が、科学的合理性からみれば意味をもたないカバー率こだわり、公共空間における基本高水流量についての検討を拒否しているのは、事業を増やしたい官僚と、それを受けたい土木業者、それからの票を求める政治家の「鉄のトライアングル」がその背景にあるともいえる。たとえば 1981 年、千歳川放水路計画が北海道開発局から公表されたのは、当時の開発局長官、稲村左近四郎が、北海道建設業界を主体とする「北海道稲村後援会」を発足させた直後のことであった。過大な基本高水流量は、政治地理学の研究課題であるともいえるのである。

6　まとめにかえて—日本の地理学の可能性と第二ジャーナルの意義—

　本論では、河川環境と原発・高レベル放射性廃棄物地層処分問題を事例として、環境ガバナンスの視点から、現在の日本の地理学が公共空間において果たしている役割を検討した。公共空間の特徴は、言うまでもなく、誰にたいしても開かれているというその公共性・公開性にあり、公共空間を支えるのが民主主義であるとするならば、社会がそれを求めているときに、ジャーナル共同体としての閉じた構造だ

けを維持しようとする伝統的な日本の地理学は、それに応えているとは言いがたい。人間を幸福にしない、という表現は、公共性あるいは民主主義という尺度から見ての伝統的地理学の評価である。

本論では河川環境と活断層研究を事例として取り上げたので、自然地理学に関連する記述が多くなった。しかし公共空間における環境ガバナンスの視点からすれば、人文地理学の重要性はさらに大きい。ここでは現在の日本の人文地理学の問題をとりあげながら、地理学の可能性と、本論が投稿された第二ジャーナルの意義について述べて、まとめとしたい。

6.1 人文地理学の問題点

日本地理学会における2003年までの環境問題への取り組みについては、平井(2003)が要領よくまとめている。1995年に開いたシンポジウム「地球環境研究における地理学の役割は何か」で、筆者は、「地理学が自然と人間の関係を明らかにする科学であるということも、地理学者だけに通用する神話である」と述べた(小野ほか1995)。これは日本のほとんどの人文地理学者が、たてまえとしては「自然と人間の関係をあきらかにする」と言いながら、実際には「自然と人間の関係」に踏み込んだ研究をしないでいることへの批判であった。

伊藤・浅野(2003)は、環境問題を直接の対象とする本をまとめ、人文地理学における環境問題への取り組みは、ようやく始まったかにみえるが、いっぽう、1995年に批判したような問題は、最近まとめられつつある人文地理学の体系的な教科書にもいまだに現れている。たとえば、現在なお刊行中の、全10巻からなる『シリーズ 人文地理学』を通読しても、具体的な環境問題を研究課題として扱った章は一つとして見られない。村山(2003：ii)は同シリーズの第2巻『地域研究』のはしがきにおいて、地理学者による地域研究の特徴の第一に、環境・生態学的視点、すなわち自然と人間の関わりを重視する点をあげているが、この巻のなかで、そのような視点で書かれた地域研究は残念ながらひとつも見られないのである。

同シリーズ既刊の8冊のなかで、環境に関わるのは、『国土空間と地域社会』のなかで杉谷(2004)が論じている「環境問題と日本人の環境観」と、『空間の政治地理』のなかで、中島(2005)がまとめている「「自然」の地理学について」だけである。それぞれ興味深い論考にはなっているが、そこでも、人文地理学として、環境問題をどのような手法で研究するのかを問う方法論や理論の提示は何もなされておらず、このシリーズが目指すという「いかにして人文地理学の統合を図り、社会との関わりを実のあるものにするか―」という編者らの目標が達成されているとは思えない。

6.2 地理学の政治性

　水内（2005: i）は、『空間の政治地理』のはしがきにおいて、「政治あるいはポリティクスという観点からはほど遠く、事実を精緻に明らかにする以上の学問的貢献の目立たない、政治が脱色された領域として細々と続いてきた」戦後の政治地理学を革新しようとする意気込みを述べている。また、あとがきにあたる文献紹介では、「地理学は学問を深化させればさせるほど、現代社会との接点を失い、問題を認識する力が退化する構造をもっていたのではないだろうか」、「若い研究者が、民族、開発、ジェンダーなどの課題に関心をもったとしても、それを学ぶ場は地理学のなかに制度化さてれていない、地域の文脈に即して学ぶ場もない」という内藤（1998）の批判を受けとめ、「新しい政治地理や社会地理、言い換えれば空間の政治や社会、文化空間といった切り口から迫る研究を、地理学の教育体制のなかで再生産していけるのだろうか」（水内 2005: 211）と危惧している。

　しかし、政治地理学だけが、そのような「政治が脱色された領域で細々と続いてきた」のだろうか。人文社会科学においては、およそすべての学問は政治的である、ともいえる。環境問題に注目することもすでに一つの政治的態度であり、地域研究や地理学のなかで、それをできるかぎり捨象することもまた、きわめて政治的な態度である。伊藤（2003:12-13）も指摘しているように、「研究者が環境運動に加わるとそれだけで運動家のレッテルを貼られ、客観的な研究から排除されることがあるが、研究者が社会問題を研究テーマとしてとりあげない、そもそも問題として認識しないという対応も社会に対する異なった意思表示にすぎず、どちらが客観的かつ研究者の態度として望ましいかは簡単には言えないのである」。

　2章で述べたように、第十堰問題の渦中にある徳島市で河川と環境を論じるシンポジウムにおいて、その問題をまったく取り上げようとしないというのは、非政治的にみえて実はきわめて強い政治的態度である。伝統的な地理学は、ジャーナル共同体の妥当性限界として、このような見かけ上の「非政治性」を維持してきたといえる。しかし、環境問題や社会問題が扱われる公共空間においては、そのような見かけ上の「非政治性」こそ、実はもっとも強い政治的メッセージを社会に対して発しているのである。

　水内（1994）が明らかにしたように、日本の地理学は、明治期における国民国家形成を目的として構築された。ポストコロニアルな視点から見れば、さらにそれは植民地主義を支える理論的背景として機能した。単に総力戦体制期における地政学だけではなく、地理学という学問すべてが、国家体制を支える学問としての役割を担っていたともいえる（竹内 2004: 94-102）。そのような地理学にとっては、「問題」に関わること自体がすでに「反体制的」として回避され続けているのである。

そうした意味では、これまで地理学からは排除されてきた、環境問題・社会問題を研究の中心にすえることによって、地理学は新しく生まれ変わることができるであろう。それは地理学の見かけ上の「非政治性」を暴くことによって、地理学を脱構築することともいえる。いうまでもなく、政治的になるということは党派性をもつということではない。公共空間において、公開性・公共性を確保するということ、すなわち民主主義を支えようとすることが政治的なのである。

　中島（2005:105）は、「「社会的自然」研究は、自然の社会的構成を問い直し、既存の体制派環境主義の枠を乗り越えようとするならば、その営みは必然的に政治的なものとならざるを得ない。……それは社会的正義と環境正義に基礎を置く、人々と他の有機体のための未来を構築するより大きなプロジェクトに寄与するものなのである。厳密性を盾にしてアカデミック逃避に走ることなく、……」と述べている。地理学的研究は社会的正義、環境正義ぬきには語れない政治的な言説なのである。そうであれば、そこから、ではどうすべきか、という展望と方法論を提示しなければならない。

　環境正義に基づく地理学的研究を行なえば、伊藤（2003b, 2006; 279-298）のように裁判の原告になることも当然の帰結でありうる。また自然地理学においても、目崎茂和のようにサンゴ礁の地理研究者として、白保サンゴ礁を空港建設から守る運動に深く関わることもありうる（目崎・小橋川 1989）。しかし、これまでの地理学は、そうした行動を評価してきたであろうか。評価するどころか、否定してきたのではないか。

　本論で述べた基本高水流量の決定に端的に見られるような、国や行政による河川事業の一方的なやりかたに対抗して、地理学的研究にもとづいて公共空間での公開性・公平性を確保しようとすれば、降雨、洪水の分析、遊水地候補地の地形や土地利用調査といったフィールドワークを含む基礎的研究だけでなく、国に出す意見書や要望書の作成、一般向けの冊子やパンフレット（たとえば、北海道森と川を語る会 2005, 2006）の作成、それを用いたフォーラム、シンポジウムの主催による世論の喚起といったもろもろの活動が必要となる。従来の基礎研究だけでなく、これらの活動全体があって初めて公共空間というアリーナでの「地理的研究」は完結するのである。

　しかし、伝統的な地理学は、基礎研究以外をすべて「運動」と位置づけ、それは学問ではない、と強く排除してきた。そのために「運動」に関わろうとする若い研究者は、浅野（2003）のように引き裂かれて悩むことになる。

　日本では 1990 年代以降、環境社会学、環境経済・政策学・環境教育学など、環境を冠した人文社会科学が急速に発展した。とくに環境社会学は、その目指すところが大きく地理学と重なり合っている。環境社会学では、全 5 巻の『講座 環境社会

学』（飯島ほか編 2001-2002）と、全6冊の『シリーズ 環境社会学』（鳥越、企画編集 2001-2003）が刊行されている。たとえば社会運動と環境に関わる論考をみても、舟橋（2001）や、長谷川（2001）らの蓄積に対して、前述の人文地理学のシリーズとの差は圧倒的であり、人文地理学がいかに社会との接触を軽視してきたかを露呈している。もちろん環境社会学にも、ジャーナル共同体のために論文だけを生産するという問題はあるが（小野 2010）、これらの教科書群を比較してまず感じるのは、人文地理学はあまりに観念的であり、実際の社会で起きている現象への関心が薄く、現実の問題がほとんど研究課題としてとりあげられていない、ということである。

6.3 地理学の特質と可能性

言うまでもなく、地理学の強みは、徹底して場所にこだわることができるその空間的な分析力にある。場所にこだわることは、藤垣（2003: 182）の言葉を使えば「現場条件に状況依存した」知識、公共空間における科学的合理性と社会的合理性を同時に持ちうる知識をもちうるということである。河川の環境問題で常々、感じることは、専門家ではない住民はもちろんのこと、河川工学者や生態学者も驚くほど地形図を見ないという事実である。徹底的に地形図を読み、地形や土地利用から場所ごとの特性を把握する能力をもつ地理学者は、すべてを一般化して数値で扱おうとする工学的な専門知に対抗して、場所にもとづく本来ローカルな知を、専門知として示すことができる。基本高水流量の問題でいえば、工学者は、たんに時間雨量を引き延ばして計算するだけであるが、地理学者はまずそのような時間雨量の雨が実際その地域で降るかどうかを問題にする。このような現場の状況に依存した知識は「社会的に頑強な知識（Socially robust knowledge）」（Nowotony et al. 2001）と呼ばれる。

たとえば遊水地に関わる問題では、対象地の地形や土地利用、そこが農地であれば経営状況などが社会的現場に依存した知識となるが、これも地理学が得意とする知識である。これらを現実の環境問題、社会問題の解決に生かしてこそ、地理学は存在意義をもつといえる。

地理学は、地域にとっていま何が重要な問題かを見抜き、地域社会に役立つ知識の生産を目指すべきであろう。ギボンズ（1994）のモード論でいえば、従来のジャーナル共同体のなかで行なわれる既存の専門分野の知的生産（モード1）に対して、社会的要請にしたがって行なわれる問題解決型の知識生産（モード2）を目指すことである。この電子ジャーナルは第二ジャーナルと呼ばれている。第一のほうが優れていて、第二は劣っているという意味であってはなるまい。電子体という媒体は、速報性・広域性と、カラーをふんだんに使えるという利点をもっているが、単にそういう違いではなく、第二ジャーナルは、明確にモード2の知識生産を目指すジャー

ナルとして位置づけられるべきであろう。第二ジャーナルも第一ジャーナルと同様の頻度で発行されるべきである。医学に基礎医学と臨床医学があるように、地理学においても、基礎研究と臨床研究が必要であり、両者は車の両輪のようなものといえる。

「人間を幸福にする地理学のシステム」をつくりたい。

謝辞

　環境ガバナンスに関する研究については、文部科学省学術創成研究 14GS0103「グローバリゼーション時代におけるガバナンスの変容に関する比較研究」（代表：山口二郎）を使わせていただいた。地理学の政治性・倫理性の問題に気づかされたのは、竹内啓一氏との交流とその多くの著作を通じてであった。本論を、2005 年 7 月に亡くなられた竹内氏の霊前に捧げる。

[注1] 合衆国での核廃棄物処分をめぐっては、とくに先住民族との関わりが注目されてきた（石川 2004）が、最近、鎌田（2006）は、それだけでなく、科学者のあいだでも、処分地の地質的評価や環境影響評価をめぐって論争があったことを報告している。

[注2] エコネットワーク：Tel 011-737-7841; eco@hokkai.or.jp で入手できる。

文献

浅野敏久（2003）環境運動の地理学的研究　128-144. 伊藤達也・浅野敏久編『環境問題の現場から―地理学的アプローチ―』古今書院
安藤雅孝（2001）震源域の見直しは視野を広く　朝日新聞 2001.3.7. 朝刊「論壇」
池田安隆・島崎邦彦・山崎晴雄（1996）『活断層とは何か』東大出版会
石橋克彦（2000）鳥取地震は安全神話への警告　朝日新聞 2000.11.1 朝刊「論壇」
石川徳子（2004）『米国先住民族と核廃棄物―環境正義をめぐる闘争』明石書店
伊藤達也（2003a）地理学における環境問題研究の流れ―人文地理学分野を中心に―　1-18. 伊藤達也・浅野敏久編『環境問題の現場から―地理学的アプローチ―』古今書院
伊藤達也（2003b）裁判の原告になる　96-113. 伊藤達也・浅野敏久編『環境問題の現場から―地理学的アプローチ―』古今書院
伊藤達也（2006）『木曽川水系の水資源問題』成文堂
伊藤達也・浅野敏久編（2003）『環境問題の現場から―地理学的アプローチ―』古今書院
今本博健（2005）これからの治水のあり方について―基本高水をめぐる大熊・福岡論争を読んで　世界　744　256-260.
宇井　純（1968）『公害の政治学』三省堂新書
宇井　純（1971）『公害原論』亜紀書房. 270p.（合本版は 1988 発行）
大熊　孝（2004）脱ダムを阻む「基本高水」　世界　731　123-131.
大熊　孝（2005）川とは何か，洪水とは何か―福岡捷二氏の二分的治水論に反論する―　世界　740　259-264.
岡田博有（2004）北海道における日本海東縁問題　小畔　尚・野上道男・小野有五・平川一臣編『日本の地形 2　北海道』54-55. 東大出版会
小野有五（1991）地形学は環境を守れるか　地形　13　261-281.
小野有五（1997）『川とつきあう』（自然環境とのつきあい方・3）岩波書店
小野有五（1999）市民のための川の科学　科学　69　1003-1012.

5　Change　変える

小野有五（2000a）1999年度日本地理学会秋季学術大会および評議員会記事・シンポジウム「山村の自立と環境」　地理学評論　73（A）67-70.
小野有五（2000b）地理学は山村の自立に役に立つか？　地理　45（3）18-25.
小野有五（2001a）高レベル放射性核廃棄物の深地層処分問題をめぐる活断層研究の社会的責任　日本地理学会発表要旨集　59　85.
小野有五（2001b）千歳川放水路計画―市民運動がとめた公共事業　五十嵐敬喜・小川明雄編著『公共事業は止まるか』111-124．岩波新書
小野有五（2003a）21世紀の公共事業と環境保全　環境経済・政策学会編『公共事業と環境保全』1-19．東洋経済新報社
小野有五（2003b）21世紀の新しい治水をもとめて―千歳川・石狩川流域への提言―　日本野鳥の会・北海道自然保護協会・とりかえそう北海道の川実行委員会（編）『市民が止めた！　千歳川放水路』210-218．北海道新聞社
小野有五（2003c）ムダなダムを生みだすしくみ　田中康夫・小野有五・佐和隆光・宮脇　淳・山口二郎・渡辺綱男・吉田文和（2003c）『市民がつくる公共事業』14-16．岩波ブックレット　No.589
小野有五（2005）環境保護・自然保護運動　中村和郎・新井　正・岩田修二・米倉伸之編『日本の地誌1　日本総論Ⅰ（自然編）』359-370．朝倉書店
小野有五（2006）シレトコ世界遺産へのアイヌ民族の参画と研究者の役割―先住民族ガヴァナンスからみた世界遺産―　環境社会学研究　12　41-56.
小野有五・氷見山幸夫・安成哲三（1995）シンポジウム「地球環境研究における地理学の役割は何か？」　地理学評論　68（A）410 413.
貝塚爽平（2000）『富士山はなぜそこにあるのか』丸善
科学・経済・環境のためのハインツセンター著　青木己織訳（2004）『ダム撤去』岩波書店　The H. John Heinz III Center for Science, Economics and the Environment (2002) *Dam Removal: Science and decision making*. Diane Pub Co.
核燃料サイクル機構（1999）「わが国における高レベル放射性廃棄物地層処分の技術的信頼性―地層処分研究開発第二次取りまとめ―」総論レポートおよび分冊1，2，3．http://www.jnc.go.jp/kaihatsu/tisou/2mtome/index.html
活断層研究会（1980）『日本の活断層―分布図と資料』東大出版会
鎌田　遵（2006）『「辺境」の抵抗』御茶ノ水書房
川野眞治（2006）原子力における説明責任について　科学　76　56-59.
ギボンズM.ほか　小林信一監訳（1997）『現代社会と知の創造：モード論とは何か』丸善ライブラリー　Gibbons, M. (1994) *The New production of knowledge: The dynamics of science and research in contemporary societies*. Sage.
日下雅義・木原克司（2000）1999年度日本地理学会秋季学術大会および評議員会記事・シンポジウム「河川と環境」　地理学評論　73（A）67-70.
桜井　淳（2005）『安全とは何か　市民的危機管理入門（続）桜井淳著作集5』論創社
杉谷　隆（2004）環境問題と日本人の環境観　中俣　均編『国土空間と地域社会』1-49．朝倉書店
杉村　新（1978）島弧の大地形・火山　笠原慶一・杉村　新編『岩波講座地球科学10 変動する地球Ⅰ―現在および第四紀』159-181．岩波書店
鈴木康弘・渡辺満久（2006）新潟県中部地震における変動地形学の地震解明・地震防災への貢献―地表地震断層認定の本質的意義―　*E-journal GEO* 1 30-41.
瀬尾佳美・佐藤照子（2003）リスク理論で考える「環境にやさしい治水」　環境経済・政策学会編『公共事業と環境保全』95-107．東京経済新報社
竹内啓一（2004）『とぽろうぐ』古今書院
内藤正典（1998）学界展望（1997年1月～12月）：政治・社会　人文地理　50　286-288.

中島弘二（2005）「自然」の地理学　水内俊雄編『空間の政治地理』85-108.　朝倉書店
中西準子（2004）『環境リスク学　不安の海の羅針盤』日本評論社
西村　肇・岡本達明（2001）『水俣病の科学』日本評論社
長谷川公一（2001）環境運動と環境研究の展開　飯島伸子・鳥越皓之・長谷川公一・船橋晴俊編『講座 環境社会学〈第1巻〉環境社会学の視点』89-132.　有斐閣
ハバーマス　J. 著　細谷貞雄・山田正行訳（1994）『公共性の構造転換—市民社会のカテゴリーについての探求（第2版）』未来社　Habermas, J. (1990) *Strukurwandel der Offentlichkeit: Untersuchungen zu einer Kategorie der burgerlichen Gesellschaft,* Suhrkamp Verlag.
原田正純（1972）『水俣病』岩波新書
原田正純（1985）『水俣病は終わっていない』岩波新書
稗田一俊（2005）『鮭はダムに殺された—二風谷ダムとユーラップ川からの警鐘』岩波書店
姫野雅義（2001）吉野川可動堰—計画は中止されたか—　五十嵐敬喜・小川明雄編著『公共事業は止まるか』32-40.　岩波新書
平井幸広（2003）地域および地球規模の環境問題解決に向けて　伊藤達也・浅野敏久編『環境問題の現場から—地理学的アプローチ—』209-228.　古今書院
平井一臣・奥村晃史（2004）日本海沿岸低地—海成段丘を中心に　小畔　尚・野上道男・小野有五・平川一臣編『日本の地形2　北海道』215-221.　東大出版会
福岡捷二（2005）大熊孝氏の「脱ダム」治水論を批判する　世界　738　285-290.
藤垣裕子（2003）『専門知と公共性　科学技術社会論の構築へ向けて』東大出版会
藤村　陽・石橋克彦・高木仁三郎（2000）高レベル放射性核廃棄物の地層処分はできるかⅠ　科学　70　1064-1072.
船橋晴俊（2001）環境問題の社会学的研究　飯島伸子・鳥越皓之・長谷川公一・船橋晴俊編『講座 環境社会学〈第1巻〉環境社会学の視点』29-62.　有斐閣
北海道の森と川を語る会（2005）『未来の子どもたちにサンル川とサクラマスを残そう！』（カラー・パンフレット）
北海道の森と川を語る会（2006）『サンルダムは本当に必要なのか？　—天塩川の治水計画，サンルダム建設計画の問題点—』森と川　No.12.
程木義邦・佐々木克之・宇野木早苗（2003）川辺川ダムにおける水質予測とその問題　財団法人日本自然保護協会編『川辺川ダム計画と球磨川水系の既設ダムがその流域と八代海に与える影響』31-46.　日本自然保護協会
松下和夫（2002）『環境ガバナンス：市民・企業・自治体・政府の役割／環境学入門12』岩波書店
水内俊雄（1994）地理思想と国民国家形成　思想　845　75-94.
水内俊雄編（2005）『空間の政治地理』朝倉書店
村山祐司編（2003）『地域研究』朝倉書店
目崎茂和・小橋川共男（1989）『石垣島・白保サンゴの海—残された奇跡のさんご礁』高文研
渡辺昭夫・土山實男編（2001）『グローバル・ガヴァナンス：政府なき秩序の模索』東大出版会
吉岡　斉（2005）原発は「介護」に値するのか　かがく批評室　2005.11.25 読売新聞夕刊
Commission on Global Governance (1995) *Our global neighbourhood.* Oxford University Press.
Rosenau, J. N. and Czempiel, E. O. (1992) *Governance without government: Order and change in world politics.* Cambridge University Press.
Nowotony, H., Scott, P. and Gibbons, M. (2001) *Re-thinking-Science: Knowledge and the public in the age of uncertainty.* Blackwell Publishers.
Smith, L. T. (1999) *Decolonizing methodologies. Research and indigenous peoples.* Zed Book Ltd.
Young, O. R. (1994) *International governance: protecting the environment in a stateless society.* Cornell University Press.

市民のための市民の科学

　徳島での地理学会があった1999年は、私にとって大きな転換点であったのかもしれない。それはガンに冒された高木仁三郎さんが、死を前にしてそれまでの人生を振り返り『市民科学者として生きる』という本を書いてくれた年だったからである。この本によって、初めて、反原発運動を貫いた科学者としての高木さんを知った。それまで原発問題は、河川問題とはちがって、工学的な知識のない私にはまったく手が出せない分野だと思い込んでいた。幌延の問題も、私にとっては、千歳川放水路問題に関わるより、もっと関わりたくない問題であった。そうしたなかで高木さんの著作を読み、「市民科学者」という生き方を通じて、自分がやろうとしてきたことを高木さんはすでにもっと高いレベルで実践し、確立していたことを知らされたのである。

　2001年、岩波の『科学』の創刊70周年を記念して「私にとっての科学」という特集号に寄稿を求められたとき、本章に再録した「市民のための市民の科学を」という論考を書いた。それは、高木さんや、高木さんが尊敬した宮沢賢治へのオマージュでもあったが、分野はちがっても、高木さんの提唱した市民科学というものを引き継いでいこうとする者がここにもいる、ということをなんとか示したかったのである。

市民のための市民の科学を

賢治の講義

　『科学』が創刊された1931年に先立つこと5年前の1926年11月29日午前9時、花巻の羅須地人協会では次のような講義が行われていた。

　　　「われわれはどんな方法でわれわれに必要な
　　　われわれの科学を手に入れることができるか1時間」

　宮沢賢治によって行われたこの講義は、その講義録も傍聴記も残っておらず、11月22日に配布された粗末なガリ版の集会案内で予告されているだけの「幻の講義」である。しかしわずか2行に要約されたこの講義にひかれる科学者は少なくない。近くは、昨年亡くなった高木仁三郎氏が、遺言のつもりで書かれたという『市民科学者として生きる』のなかで、この言葉から受けた衝撃を記している[1]。
　講義録が残されていないとはいえ、この講義は、1926年の春に花巻農学校を辞めた賢治が、その後の人生のすべてを賭けて創立した羅須地人協会の創立記念講演にあたるものであった。だから、農学校を辞して羅須地人協会をつくるに至る張りつめた賢治の生の軌跡が、この2行に凝縮している。ここで賢治が、自分自身の生きようと関わらない、高邁な理論を述べているのではないことは明らかであろう。賢治は農学校で生徒を相手にする科学を捨て、現実の田畑で、日照りや寒さの夏に苦しむ農民そのものを相手にする科学を選んだのである。

　　　　　　「われわれに必要なわれわれの科学」

とは、賢治にとって、まず土壌肥料学であり、地質学であり気象学であったが、ぞれらは学生を相手に教科書で教える学問ではなく、時には字さえ読めない農民に手と足で伝えられる実践的な知識と技術でなければならなかった。土壌肥料学も地質学も、それ自体が無限の発展性をもった科学である。しかし、いかにその真理を追究しようとも、目の前で冷害に苦しむ農民を救えないとしたら、その科学はむなしい。土壌の性質も知らず、どんな肥料をやってよいかすらわからない農民を、おま

えたちは教育がないからそうなるのだと見捨てること。私は科学の研究に忙しいので、あなたたちの相談にいちいちのっている暇はないのですと断ること。賢治にできなかったのはそのことである。

「世界が全体幸福にならないうち、一人の幸福はあり得ない」

羅須地人協会を設立する1926年の2月27日、岩手国民高等学校で行なった「農民芸術論」の講義の第3回目で、賢治はこう述べている。それに先立つ2月11日には、農学校での紀元節の行事のさい、式に参列していた生徒の1人が倒れるという出来事があった。賢治は真っ先にかけよったが、まわりの生徒は笑っている。みると、生徒は朝ご飯にたくさん混じった大根カテ（大根を小さく刻んだもの）を吐いているのであった。賢治は、笑っている生徒たちもそのようなカテめしを常食していることを思い、暗然となったという[2]。

科学者の二つの道

賢治の科学的な業績で後世に残ったものは、彼が盛岡高等農林で関 豊太郎教授の指導のもとに共同でまとめた『岩手県稗貫郡地質及び土性調査報告書』であろう。彼はこの業績により、関教授から助教授として高等農林に残ることを進められるが、これを断って翌年、農学校の教師になる。アカデミズムへの道を拒否し、農学校という、より実践的な教育の場を選ぶ賢治の生き方がここにも現われている。羅須地人協会への道は、すでにこのとき始まっていたのだ。

科学者には相容れない二つの道がある。それを最もみごとに示したのが『グスコーブドリの伝記』であろう。しかし、賢治が死ぬ前年の1932年に発表した決定稿ではなく、その前身となった『グスコンブドリの伝記』のほうに高木仁三郎氏が注目されたのは、氏ならではの慧眼である[3]。そこには、決定稿では削られてしまった次の言葉が、若い主人公ブドリに対する火山観測所の老練な技師ペンネンナームの言葉として出てくる。

「…けれどもこゝの仕事というものはそれはじつに責任のあるもので半分はいつ爆発するかわからない火山の上で仕事するものなのです。それに火山の癖をいうものはなかなかわかることではないのです。むしろさういふことになると鋭いそして濁らない感覚をもった人こそわかるのです。たださういふ感覚をもった人がわかるだけなのです。私はもう火山の仕事は四十年もして居りましてまあイー

ハトーヴ一番の火山学者とか何とか云はれておりますがいつ爆発するかどっちへ爆発するかといふことになるとそんなにはきはき云へないのです。そこでこれからの仕事はあなたは直観で私は学問と経験で、あなたは命をかけて、わたしは命を大事にして共にこのイーハトーヴのためにはたらくものなのです。」

カルボナート火山を爆発させ、二酸化炭素を放出させて一時的な温暖化をもたらすことでイーハトーヴを冷害から救おうとする主人公ブドリは、そのために自分の命を犠牲にしようとしている。賢治にとって、自の前にある農民の悲惨を解決しようとすれば、彼が信じてきた科学者の道、ペンネンナームに代表される地道な研究者としての道を捨てざるをえない。しかし、賢治はそのような科学が無用であるとはいわない。それもまた重要な科学であるといっている。ただ、そのどちらもがなければならない、というのである。

作品のなかでは２人であっても、現実には賢治というひとりの科学者のなかにブドリとペンネンナームがすんでいるのである。「グスコーブドリの伝記」が書き始められたのは、賢治の弟、清六氏によると1926年ごろであったという。まさに羅須地人協会の発足するときである。科学者として研究に専念すべきか、目の前の農民のために科学すべきか、賢治の耳元にはつねに二つの声がささやきかけていたにちがいない。

「然も科学は冷たく暗い」

１月以来、私は勤務する北海道大学のキャンパスにあるハルニレの老木を救うために駆け回っている。北大がこの地にできる以前から自生していたハルニレの大樹が、伐採されようとしているのだ。大学当局が伐採を公表したのが１月末。伐採は２月10日前後の連休から始められる予定であった。春になれば豊かな隷で北大の学生だけでなく、キャンパスを訪れる市民を楽しませてくれていたハルニレである。有名なポプラ並木とはちがうが、樹齢60年近いポプラ並木もあわせて伐採の対象になった。いずれも樹木医の調査で、樹幹に空洞が発見されたからである。この樹木医のマニュアルでは、空洞が直径の30％以上を占める木は「危険木」とみなされたため、「危険木」を放置してもし事故でもあれば大学が訴えられるからと、当局はすぐさま伐採を決めたのであった。

木はたしかにいつかは倒れるものである。しかし、たとえ木が倒れても、そのときに人が下敷きになって事故が起きる確率はどのくらいであろうか。キャンパス内を走っている車にぶつかって怪我をする確率と比べて高いであろうか。また道路を

横切るときに左右を確認するのは当然のことである。老樹が倒れたり枝が落ちる危険が予測されるなら、「老木に注意」という標識をつけて注意を喚起すればよいであろう。万一、木が倒れてきても、車とちがって、注意さえしていればたいていは避けることができるのではなかろうか。

樹齢300年といわれるハルニレの大樹は、学生にも市民にも、目に見えない慰めや励ましを与えているのである。そういう恵みを忘れ、わずかでも危険があるから伐ってしまえ、という発想は、「自然と共存する社会の追求」を研究・教育の目標に掲げる大学がとるべきものではあるまい。さらに樹木医のいう空洞率30%という数値が、科学的にはなんら根拠がないことも明らかである。

日本中の大樹・老木の多くは、空洞をもちながら数百年ときには数千年を生きているのである。

写真5 「危険木」とされ伐採寸前だったハルニレの巨木
(「北大キャンパスの樹林を考える市民の会」の依頼で大阪からかけつけてくださった樹医、山本光二さんの説明を聴いているところ、背後は北大最古の建物の1つ、古河講堂。この写真は原論文にはのせられていない)

このように少しでも科学的に考えてみれば、たんに空洞がみつかったからといって大騒ぎするのはおかしいにもかかわらず、当局が伐採を決めると、大部分の科学者はそれに異議を唱えることもなかった。300年間、まだ1度も事故さえおこしたことのないハルニレに、おまえは近近、事故をおこすからと死刑を宣告し、宣告後になんの弁論の余地も残さず、宣告からわずか10日後に死刑が執行されると知って、平気なのである。

これがいまの科学者の現状である。75年前、

「宗教は疲れて近代科学に置換され然も科学は冷たく暗い」

と賢治がいった言葉は、いまも変わらない。何をさしおいても、まず目の前にある木を救おうと考える科学者はほとんどいないのが現実なのだ。

そんなことにかかずらわっている暇はない。早く論文を完成させなければ競争に負けてしまう。論文がいいジャーナルに載らなければ研究費がこなくなる。

それが大部分の科学者の気持ちであろう。ここでハルニレの大樹のことを書いたのは、そこに今の科学のすべてが凝縮されていると思うからである。科学者が「そんな

写真6 保全された北大正門前のハルニレ（新渡戸稲造夫人メアリーから北大に贈られた木。準危険木とされ伐採のおそれがあった。山本樹医の診断で、根元ギリギリまであったアスファルトをはがし、道をつけかえることを市民の会から提言。北大が数年後それを受け入れ、道を曲げてくれた。この写真は原論文にはのせられていない）

ことにかかずらわっている暇はない」という「そんなこと」こそ、いちばん大切なことなのではないか。水俣でおきたことも、諫早湾でおきてしまったことも、「そんなこと」であった。科学者がそれを他の「研究」に優先してさえいれば、悲劇は防げたのではないか。

明日にも死刑を執行されようとしているハルニレを救うにはどうすればいいか、わずかでも危険はあるのだから、それを許容して年老いたハルニレと共存するにはどういう手だてがあるか。そのようなことを第一に考える科学があっていいし、なければならないと私は思う者である。空洞のある木は、ない木より本当に倒れやすいのだろうか。寺田寅彦なら、ただちに空洞のある木とない木にヒズミ計のようなものをつけて、風が吹いたときにその振動や揺れの周期を測定するかもしれない。また樹木医はハルニレもポプラも同様に空洞率30%で危険としているが、樹形も材質も異なるこれらの木々を同じ基準で論じていいはずはない。いっぽう、木が倒れるリスクや、そのときにたまたま人が下敷きになるリスクをどう見積もるか、保険をかけるならどのような保険が可能か、管理者責任を最小化するにはどのような処置が必要か、といったことがらは環境リスク論や法学的な問題であろう。保全に費用がかかるとすれば、「この木を残すために、いくらまでなら支払えますか」といった仮想評価法（CVM）を使った環境評価も必要になるし、大樹が人の心にどのような癒しを与えているかについては心理学的な研究もできるであろう。1本のハルニレでも、伐らずに救おうとすれば、これだけの研究ができるし、そういう研究こそ評価されるべきだと思うのである。

市民のための市民の科学を

ことはハルニレだけではない。およそ科学者といわれる人々、学生も含めて科学の研究者とよばれる人々ならば、長良川河口堰ができればどんな影響が出るか、いやそもそも河口堰が本当に必要であったのかどうか、といった問題は十分に想像でき

る問題であろう。中海や諫早湾の干拓計画も、吉野川第十堰の問題も、川辺川ダムも、別に河川の専門家でなくとも、科学を学んだ者ならば、すぐにおかしいと気づく程度の計画である。科学者は学会に出ると、すさまじい勢いで自説を主張し、他説を攻撃する。わずかな数値の違いにやっきとなり、誤差や検定にも細かくこだわる。科学にはそれだけの厳密さが要求されると言えばそれまでであるが、ではそれだけの厳密さを追求してやまない科学者が、いかにもずさんなダム計画や自然の大改変計画を目の当たりにしながら、それは自分の専門ではありませんから、と口をつぐんでしまうのはなぜであろう。いや、このような自然や環境に関わる大計画には、まったく無関係な研究者など本来いないはずである。

　千歳川放水路計画で問題になったように、じっさいには200年に一度の大雨で282ミリの雨が降り、石狩川に1万2,000m^3/sの流量しか出ていないのに、こんどは150年に一度の大雨に対処する治水計画で、260ミリの雨が降ると1万8,000m^3/sもの流量が出るから大工事が必要、といった、およそ科学からはほど遠い計画がまかり通っているのが現状なのだ[4][5]、まともに科学をやった人間ならば、こういう「河川工事にとって都合のいいマニュアルどおりの計算」がいかにおかしいかは誰にだってわかるにちがいない。しかし、とくに科学を勉強したわけではない一般の市民は、役人にもっともらしく数字を並べられるともう反論できなくなってしまうことが多いのである。

市民のための市民の科学を！

　1000人の科学者がいたら、いまや少なくともその半分は、目の前にある自然と環境の問題を解決するために働くべきであろう。ただ論文を生産し続けることで研究を評価するだけでなく、「今そこにある危機」を解決することで研究を評価するしくみをつくるべきである。そうでなければ、ほとんど読まれない論文が山のように生産されるだけで、そのあいだに日本の自然は消え失せ、生物は絶滅し続け、ただ、この生物がいついつこのような工事で絶滅したという記録集が残るだけであろう。

文献

(1) 高木仁三郎（1999）『市民科学者として生きる』岩波新書
(2) 堀尾青史編（1991）『宮沢賢治年譜』筑摩書房
(3) 高木仁三郎（1995）『宮沢賢治をめぐる冒険』社会思想社
(4) 小野有五（1999）市民のための川の科学　科学　69　p.1003
(5) 小野有五（2001）千歳川放水路計画　五十嵐敬喜・小川明雄編『公共事業はとまるか』岩波新書

水俣病問題と向き合って

　1999年からJICAの研修コース「地域流域環境」[注5]のリーダーを引き受け、毎年のように発展途上国の研修員を連れて水俣に通うようになって以来、初めて水俣病問題をまともに勉強するようになった。これも私には大きな変化を与えた。水俣病のいろいろな文献を読んでも、そこに地理学者は登場しないのである。1956年の公式発見以来、地理学はいったい何をしていたのか、ということがまず疑問であった。地理学のもっとも得意とするのが、分布図を描くという作業である。患者の発生場所や、有機水銀の濃度、漁業者居住地域との関連など、地理学的手法を駆使してできる研究はいくらでもあったはずだ。もちろん、私が知らないだけで、そのような研究が地域ではなされていたのかもしれない。しかし、「環境地理学」と銘打った教科書などを見ても、水俣病に関する地理学からの貢献は見当たらないのである。

　現地で、さまざまな患者さんやその支援者の方がたと知り合い、関係を深めていくうち、札幌で水俣展を来年やりたい、という相談が北海道環境財団の人からもちこまれた。2003年のことである。大きな会場はすでにふさがっており、デパートなどからは、水俣病は残酷だからという理由で断られ困っているとのことであった。それならいっそ北大でやったら、と提案した。しかし大学側は、水俣展は一種の「興業」のようなものだから、と難色を示した。それで私の所属する大学院地球環境科学研究院を動かし、環境に関わる重要な展示だから、と大学当局に働きかけてもらおうとしたが、化学系の教官などが反対し、これもできなかった。けっきょく、何かあったら私が責任をとるということで、なんとか学術交流会館での2週間の展示の許可をとったのである。水俣展開催中の2週間は、何かあったら首が飛ぶと覚悟して過ごした。化学系の教官が反対したのは、かつて水俣病のために化学が悪者にされ、化学を志望する学生が減ったり、世間での評判が落ちたからであった。ようやくそうした記憶が薄れてきているのに、眠った子を起こすようなことはやめてくれ、というのが彼らの陰での言い分であった。教授会では、けっして何も言わない。

　そんな苦労のあった水俣・札幌展（写真7）であったが、山口二郎さんの科

学研究費で、「水俣病に学ぶ市民自治」、「水俣病と科学のあり方」という2つのシンポジウムを企画し、原田正純さんや岡本達明さん(注6)といった水俣病と最初からつきあってこられた方々をお呼びすることができた。また、原子力問題を長く研究されてきた吉岡斉さんにもご参加いただいた。すでに高木基金の関係で吉岡さんとはおつきあいがあったが、第6章で述べるような、3.11をめぐる吉岡サークルとでもいうべき吉岡さんのネットワークに入ることができたのも、このシンポジウムがきっかけであったといえるかもしれない。最晩年の宇井　純さんがわざわざ水俣展に来られ、講演してくださったことも忘れられない思い出である。

写真7　水俣・札幌展

　原田正純さんとは、その後もなんどかお会いして、お話をうかがう機会があった。2012年6月11日に惜しくも亡くなられてしまったが、亡くなる直前に撮られたNHKのインタヴュー（2012年11月4日NHK教育テレビETV特集「原田正純　水俣　未来への遺産」）でも、科学者にとって中立とはなにか、ということを語っておられた。科学者は中立でなければならない、と言われるが、それは権力をもつ側とそうでない側が、社会的な意味で対等であって初めていえることだ、と原田さんは強調されていた。つねに水俣病の患者さんの側に立って発言してきた原田さんにして初めて言える言葉であろう。それを聞いたとき、長年、胸につかえていたことが溶け去っていくのを感じた。そうなのだ。患者さんや、財力も学術的知識もない市民、声を発せない生きものと、政府・行政・企業などとのあいだに決定的な権力の不均衡があるとき、科学者は、まずその力を対等にするために戦うべきなのだ。

地理学における「水俣学」をめざして

　晩年の原田さんは「水俣学」を提唱された。札幌での講演のタイトルも「現場からの学問の捉え直し、なぜ水俣学か」というものであった。超多忙な原田さんに代わって、原田さんの書かれた『水俣学』をもとにＡ４版両面のレジュメをつくり、事前に熊本のお宅にお送りして見ていただいたら、十分すぎるくらいですと、ほめてくださったのが嬉しかった。そこにまとめたのは以下の8項目である。抜粋して、その要点だけを示そう。

1．公害の原点とは
　「水俣病は公害の原点」とよく言われるが、その意味を吟味すべきである。第一は、工場の環境汚染によって食物連鎖を通じて起きたこと、第二は、胎盤を通じて胎児性水俣病が起きたことである。この２つとも人類史の上で初めて経験する画期的な事件であった。

2．人類史上初の事件
　人類初の事件だったから、最初は企業も行政も学問も戸惑い、無策となったことは否めない。とくに学問こそは先進的であるべきだったが、戸惑い、困惑し、ついには無関心になった。しかも、この巨大な政治的・社会的事件を医学のなかに閉じ込めてしまったこと、さらに医学の中の、さらに狭い症候学という一分野に押し込めてしまったことはもっと問題であった。つまり、症状がいくつあったら水俣病か、という次元に閉じ込めてしまったのである。水俣病事件のなかでは、問題を医学から解き放し、そこに他の学問が参加する機会が何度もあった。しかし、社会科学系の無関心さは、裁判の提起まで続いた。

3．現場から学ぶ
　ごく初期の段階で現場に足繁く通った熊本大学、新潟大学の業績は大きかったが、しだいに現地から研究者が離れるようになっておかしくなっていった。

それは本人の意識にかかわらず行政（権力）に学者が取り込まれるときでもあり、実態をも失う時期でもあった。

4．病像論と言われるものは

関西訴訟を除く各地の裁判は1996年5月、2千人を上回る原告が行政・チッソと和解することで幕を閉じたが、裁判で争われた病像論とは、「どのような症状なら水俣病と判断できるか」、「水俣病の判断基準は何か」ということに過ぎず、メチル水銀が人体に及ぼす影響のすべてを明らかにするという、真の医学的な病像論ではなかった。

5．水俣病は終わっていない

和解後の2000年3月になってからも、新しい胎児性患者が認定されている。

6．世界の水銀汚染

水俣病とは何かという問題について、日本でこの問題の決着をつけないと、その論争は世界に広がってしまう。すでに北欧、カナダでは日本の厳しすぎる判断基準のために、軽症の水俣病の発生が否定された歴史がある。

7．胎児性の問題

1990年、IPCS（化学物質安全に関する国際プログラム）は、胎児の安全基準は成人頭髪水銀値の50ppmでいいのか、という問題を指摘している。イラクでは母親の頭髪水銀値が14〜18ppmで胎児に影響が認められ、ニュージーランドでは、13〜15ppm、カナダでも13.0〜23.9ppmで、何らかの影響が認められているという。

最近の環境研究は地球環境についてのものが多い。グローバルな問題はもちろん重要であるが、足元（ローカル）の問題を棚上げして地球環境問題の解決はあり得ない。

8．水俣学の模索

（1）いのちを大切にする学問、弱者のための学問であること明確にすべきで

ある。
（2）バリアフリーの学問、専門の枠組みを超える学問、そして「素人」「専門家」の枠組みを超えた市民参加の開かれた学問であるべきであろう。
（3）水俣病は単にチッソの企業体質からおこった単純な事件ではない。現代のシステム（装置）が引き起こした構造的な事件である。そういう装置を変革、破壊する学問でなければならない。
（4）研究者が現場から離れることが、いかに事実を見失わせるかを経験した。現場は豊富な真実がある宝の山である。足元の現実に根ざした学問を大切にしなければならない。

　原田さんほど現場をよく歩いた研究者はいないであろう。水俣の村々を歩き、一軒一軒の家を訪ねて、そこに患者さんを発見していった。患者さんを見つけると、発病までの生活史を詳しく聞きだし、政府がさまざまな手続きを導入して患者を切り捨て、認定枠を狭めていくなかで、水銀で汚染された魚を食べ続けていた被害者の側に立って、その人が水俣病患者として認定されるべきであると主張し続けた。原田さんこそ偉大なフィールドワーカーであったともいえる。
　そのような水俣病のフィールドワーカーは、地理学にはいなかったのである。
　3.11のあと起きたことは、まさに水俣病の繰り返しといえよう。水銀値を放射線量と言い換えただけである。企業（東京電力）と政府による同じような被災者の切り捨て、補償のがれ、そして線引きによる被災者の分断・対立をあおる構造がつくられている。原田さんが「水俣病の構造」と呼んだものが、「フクシマの構造」になっているのである。
　いまこそ、地理学のなかから、原田さんに続くようなフィールドワーカーが出てきてほしいと思う。
　これまで、地理学会を変えることも、日本の地理学を変えることも、環境を看板に掲げる北大の大学院を変えることも、私にはできなかった。そういう意味では、私の人生は失敗であったともいえる。しかし、私自身を変えることはできた。
　このことを知って、今までの自分を少しでも変える人が、ひとりでもでてき

てくれたら、うれしい。

(注1) それまで、高校の地理教科書では、変動帯という用語は使われず、環太平洋地震帯・火山帯とか、新期造山帯という用語だけが使われていた。安定大陸という用語もなかった。私が東京書籍の『地理B』にそれらの用語を導入して以来、ほかの教科書でもしだいに「変動帯」が使われるようになった。
(注2) この問題を掘り下げたのが、第7章でもふれる小野（2013）である。
(注3) この論文は、それが出る少し前年に亡くなった人文地理学者、竹内啓一さんの霊前に捧げた。分野違いの私に対し、つねに別刷りを送ってくださり、またお送りした本に対してはいつも丁寧なコメントをくださった竹内さんが生きておられたら、と思わざるを得ない。最近になって入手した、Bavoux（2011）の大学向けの人文地理学教科書 "La Géogrphie, objet, méthodes, débats" を見ると、「地理学、それはまず、人間を幸福にするのに役立つ」という項目がある。これはもちろん、ラディカル・ジオラフィーの闘士、イヴ・ラコストの言葉「地理学、それはまず、戦争に役立つ」（Lacoste 1976）のもじりであろう。また、この項目に書かれている内容は、私が論文で主張していることと同じではない。しかし、フランスを中心として、欧米における人文地理学の流れを手堅くまとめているこの教科書では、市民科学や、環境正義を求める地理学への志向が強く打ちだされているのを感じる。
(注4) 教授会で反対意見や新しい提案を述べても、誰も支持しない。シーンと静まり返っている。それで、意見は採用されず終わりになるのだが、あとから廊下で会ったりすると、あの意見はよかったとか、よく言ってくれた、とか言う人がいるのである。ヴォルフレンさんのいう「人間を幸福にしない日本というシステム」は、「まわりの空気を読む」ことを「自分が考えること」に優先するシステムともいえる。最近では、KY（空気・読めない）という言葉さえできて、ますます人とちがった意見を出すことが悪いことであるかのような風潮が強まっているのも、心配なことである。
(注5) JICA帯広国際センターで続けている研修で、環境や治水を専門とする海外からの研修員約10名を約2ヶ月間、複数の講師で指導するものである。リーダーは自ら講義。実習を指導するだけでなく、コース全体の企画と運営に関わる。コースでは、環境管理を流域単位で行うための基礎知識や技術の習得を目指す。
(注6) チッソ水俣工場の職員だった岡本達明さんは、内部からチッソを批判、のちに4巻からなる『聞き書き水俣病』を書かれ、チッソという企業が水俣病を引き起こすに至った背景を、多くの住民からのていねいな聞き書きによって明らかにされた。

　札幌での岡本さんの発表は、3枚にわたる手製の年表を使った興味深いものであった。1956年の水俣病の公式発見から1965年の新潟水俣病の発生確認まで、

チッソ・政府・熊本県がチッソによる水銀の垂れ流しを放置した時期を、岡本さんは「虐殺期」という強い言葉で表現している。

引用文献

Bavoux, J.-J. (2011) *"La Géographie: objet, méthodes débats" (2nd edition),* Collection U, Armand Collin. Paris. 309p.
Lacoste, Y. (1976) *La géographie, ça sert, d'abord, à faire la querre.* Maspero, 190p.
岡本達明・松崎次夫編（1990）『聞書　水俣民衆史』全5巻　草風館
小野有五（2013）大地は誰のものか？　―自然環境をめぐる日本のポリティックス　浅野敏久・中島弘二（編）『自然の社会地理』41-68. 海青社

6
Trial
訴える

　第 5 章に再録した「人間を幸福にしない地理学というシステム」のなかで、伊藤（2003、2006）を引用し、環境正義にもとづく地理学的研究を行えば、裁判の原告になることも当然の帰結でありうる、と述べた。伊藤達也さんは、長年、地元である木曽川水系の水資源問題と関わり、長良川河口堰問題で明らかになった中京圏における過剰な水需要の設定に地理学的視点から疑義を呈し、過大な水需要予測にもとづくダムや河口堰建設計画を批判してきた地理学者である。伊藤さんほかが原告となって水資源公団を訴えた裁判については、伊藤（2003、2006）に詳しく述べられている。

　しかし、論文を書いた 2006 年には、まだ自分が裁判の原告になるとは想像できなかった。原告として戦ってこられた伊藤さんを尊敬しつつも、裁判というアリーナは、まだどこか遠い世界のことのように感じていた。そんな私が裁判に関わるようになったのは、2003 年に起きた沙流川の水害に対して地域住民が北海道開発局を訴えた「富川水害訴訟」がきっかけであった。この訴訟は、水害から 1 年後の 2004 年に、被害を受けた 9 人の地域住民を原告として札幌地方裁判所に提訴された民事訴訟である。この訴訟に、水害について科学的に分析した意見書を出すことを、原告側の弁護団から求められたのである。2007 年のことであった。

　千歳川放水路問題に関わることを逡巡した以上に、このときは悩んだ。放水路問題では、いくら論陣を張ったとはいえ、それは司法の場ではなく、弁護士さんたちが設置した一種の模擬法廷のようなものでの話であった。また北海道が設置した検討委員会にしても、そこでの発言はあくまでも一委員としてのものにすぎない。第 4 章に書いたように、熟考したうえで発言し、相手のミス

を突き、議論を有利にするレトリックやポレミックを心掛けたとはいえ、やはり委員会というアリーナは、裁判というアリーナとは決定的に異なっていたのである。二重の意味で、私は悩んでいた。

一つは、放水路問題でも攻撃されたように、私は、地理学者、環境科学者であっても、河川工学者ではないということである。富川水害のように、二風谷ダムの人為的操作が引き起こした水害においては、きわめて厳密な河川工学的検討が要求される。私にはまず、そうした検討を自分ひとりでやれる自信がなかった。第二には、たとえ私がなんとか検討したとしても、河川工学の専門家でないということで「あら探し」をされ、攻撃されるだろうという懸念である。もし私の論証に重大なミスが指摘されるようなことが起きれば、裁判に致命的な影響を与える。それがもとで原告が敗訴するようなことがあれば、責任は重大である。

このときも、まず、当時まだ新潟大学におられた大熊　孝さんにお願いした。大熊さん以上の適任者は考えられなかったからである。だが、大熊さんは、すでにいくつもの水害訴訟やダム訴訟を抱えておられ、時間的余裕がまったくない状況であった。

「えっ、北大だって河川工学者がいっぱいいるでしょう。北海道のことなのに、誰もやってくれないんですか？」

大熊さんはそう言われたが、残念ながら、北海道開発局を敵にまわすような役を演じることができる河川工学者は、北海道の大学や研究機関にはひとりもいないのである。

もしわからない点がでてきたら、そのときは教えてくださいますね、と大熊さんの協力だけはとりつけて、意見書の執筆を引き受けたのは、2007年4月のことであった。このときもまた、私の背中を押したのは、シマフクロウの大きな目であったかもしれない。

たとえ河川工学の専門家ではなくとも、長年、地理学や環境科学を研究し、河川問題とも少なからず関わってきた以上、自分は専門ではないから、と逃げることは許されないと思った。理不尽な水害に襲われ、家や財産をなくした住民の存在を知りながら目をつぶることは、その人たちを見捨てることである。私には、それはできなかった。

（1）「富川水害訴訟」

　富川水害は、2003年8月9日から10日にかけて、北海道を襲った台風10号による史上最大の豪雨にともない、沙流川下流で起きたものである。沙流川は、図1に示すように日高山脈から流れだし、額平川などの支流をあわせ、日高町富川で太平洋に注ぐ日高地方最大の河川（全長104km；流域面積1,350km^2）である。富川の市街から約20km上流には、二風谷ダムがある。第7章でもふれるように、アイヌの人々が最も密度高く住むのが二風谷であり、その中心部に建設された二風谷ダムに対しては、アイヌ民族から初めて国会議員となった萱野　茂さんと、長年、権利回復運動をしてきた貝澤　正さんが、アイヌ文化を破壊するものとして提訴、1997年には違法判決を受けたいわくつきのダムである。違法とされながら、判決時にはすでにダムが完成していたため、その撤去は命じられなかった。

　しかし、沙流川全体からみれば下流部ともいえる場所につくられた二風谷ダムには、当初から懸念されていたとおり、上流から運ばれた大量の土砂がたまり、ダム湖は土砂に埋まって、治水効果には疑問が投げかけられていた[注1]。そうしたなかで、日雨量350mmという、まさに想定外の豪雨が沙流川流域を襲ったのである。

　しかし、二風谷ダムを管理する北海道開発局にとって、想定外はそれだけではなかった。写真1に示すような5万m^{3}の流木と、大量の土砂がダム湖に流れ込み、9日夜から10日にかけて二風谷ダムの水位を上昇させた。二風谷ダムの水位はダムの設計限界水位に近づき、そのまま水位上昇が続けば、ダムが決壊する危険が生じた。このため北海道開発局は、ダムに設置されたゲートを

図1　沙流川の流域と台風10号による浸水域（朝日新聞、2011年6月27日付北海道内版による）

写真1 流木と泥で埋まった二風谷ダム（上流側から見る）洪水ピークの2日後でも、なおダム湖の水位がきわめて高いことがわかる（北海道新聞2003年8月13日全道版より；北海道新聞社提供）[注2]

開けて、ダムから放水する「但し書き操作」[注3]とよばれる緊急手段をとることを決定した。日付が9日から10日に変わってすぐの午前1時のことである。問題は、そのわずか5分後、河川管理事務所の所長が、富川周辺の堤防上で樋門を監視していた操作員を、危険だからと、樋門を開けたまま、即刻避難させてしまったことであった。

河川工学では、堤防によって氾濫から守られる宅地や農地を堤内地、川が流れている側を堤外地とよぶ（図2）。堤防は、堤内地と堤外地を遮断しているが、堤防で洪水を防ごうとする本流（河川工学では本川という）には、いくつもの支流（河川工学では支川）が流れ込んでいるのが普通である。このため、それらの支流の水を本流に合流させるために、堤防にはトンネル状の導

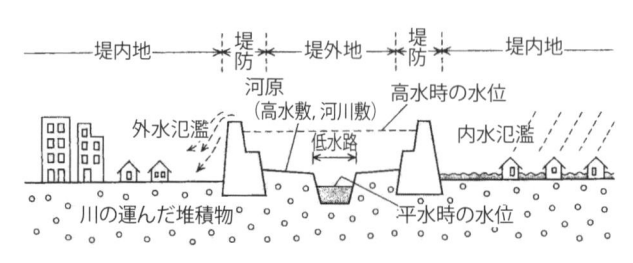

図2 堤外地と堤内地（小野1997、『川とつきあう』岩波書店より）
高水（洪水）時の本流の水位は堤内地より高くなるので、堤防に設置された樋門は閉じなければ本流の水は堤内地に逆流してしまう。

水路（カルヴァート）やパイプ（樋管）を設ける必要がある。ふだん（平水時）は、流れ込む支流のほうが本流より高い水位をもっているので、導水路やパイプは開けたままにされ、水は支流から本流に向かって流下する。これを順流という。

しかし、洪水時には、広い流域をもつ本流の水位のほうが高くなってしまうことが多い。すなわち、放っておけば、本流のほうから支流のほうに水が流れる。これを逆流という。そこで、本流の水が支流や堤内地に逆流してこないよう、導水路やパイプの両側に設置されたゲートすなわち樋門を締め切る必要がある。

このように樋門は、本質的に、洪水時に本流の逆流を防ぐための設備であるから、洪水時には樋門を閉めるのが一般的な常識といえる。富川水害の場合は、とくに上流の二風谷ダムからの放水が近いうちに始まり、それによって本流の水位が急激に上昇することが明らかであるにもかかわらず、河川事務所長は、まだ開いた状態になっていた樋門を閉めさせずに、樋門操作員を退避させてしまったのである。その結果、ダムからの放水によって本流の水位が急激に上昇を始めると、本流の泥水は、あけっぱなしになった樋門から逆流し、堤内地にあった住宅や牧場を浸水させて甚大な被害を与えた。災害から2年後の2005年、被害を受けた住民のうち9名が原告となって、札幌地方裁判所に国家賠償を求めた民事訴訟が「富川水害訴訟」[注4]である。

地理学から見た富川水害訴訟

裁判で最大の争点となっていたのは、河川管理事務所長（以下、所長と略す）が樋門操作員を退去させたとき、本流が逆流することを予見できたかどうか、という点であった。樋門の「操作規則」によれば、樋門の本流側より支流側の水位が高ければ、支流の水を流すために樋門は開けておかねばならない。河川管理事務所長が樋門操作員を退避させたときには、まだ支流の水位のほうがわずかに高いか、支流と本流の水位が拮抗する状況であった。だからその時点では、樋門を閉める必要はない。だが、ダムの放流によって、当然、本流の水位が急に上昇することは予見できたのだから、操作員を退避させるなら樋門は閉じてから退避させるべきであり、それを怠ったのは明らかな過失といえる。

しかし、河川管理者である北海道開発局は、「所長が樋門操作員を退避させた1時5分の時点では、まだ支流は逆流していなかった」、「だからその時点

で樋門を閉じさせるわけにはいかず」、その後、「支流の流域で大きな降雨があれば、むしろ支流の水位が高まる」ので、「本流の水位が支流の水位を上回って逆流が生じるとは限らない」、したがって、「必ず逆流するとは予見できない」から、「樋門を閉めずに退避させたことには河川管理上、何ら過失はなかった」と反論していたのである。

　河川工学者でない私は、この問題をまず地理学の視点から追及すべきであると考えた。千歳川放水路問題のときと同様、このときも、まず地形図の読図から作業を始めた。図３は、所長が樋門を閉めることを命じなかったために浸水被害が起きた３つの樋門（図中○５、６、７に相当）周辺の２万５千分の一地形図である。日高地方第一の長流である沙流川と、樋門でつながっている短い支流の流域面積の大きなちがいは明らかであろう。沙流川の流域面積 1,350km^2 に対して、もっとも長い支流のエショロカン川でもその流域面積はわずか 8.49 km^2、栄町樋門につながるミドリ川では、4.02 km^2、富川の市街地を流れる小河川や排水路が集まるコンカン樋門ではわずか 0.142 km^2 にすぎない。

　このように、流域面積に決定的なちがいがあれば、洪水時には本流からの逆流が生じるのは当然のことと思われた。だからこそ、堤防にはあらかじめ樋門が設置されているのである。しかし。裁判というアリーナでは、そのような「常識」は通らないことを思い知らされた。被告である北海道開発局は、前述したように、いくら支流の流域が狭くても、そこに集中して大雨が降れば、支流の水位は本流より高くなりうるので、100％逆流が生じるとは言えない。すなわち逆流は予見できないし、もし、支流の流域にそのようなまとまった雨がふれば、樋門を閉めてしまうと支流の水は行き場がなくなり、堤内地側で氾濫して内水氾濫を起こすので、所長が樋門を開けたまま操作員を退避させた行為は正当である、と言い張っていたのである。

　これは、巧妙なレトリックともいえよう。確かに、支流の流域がいかに狭くても、近年各地で起きている「ゲリラ豪雨」を考えれば、そこにだけ集中して豪雨が降る可能性も否定できないからである。ましてこのときは史上最大の大雨が降っており、８月９日昼ころ、沙流川中流の山間部ではなんと時間雨量 95mm にも達していていた。もしそのような降雨強度の高い雨が３つの樋門

6 Trial 訴える

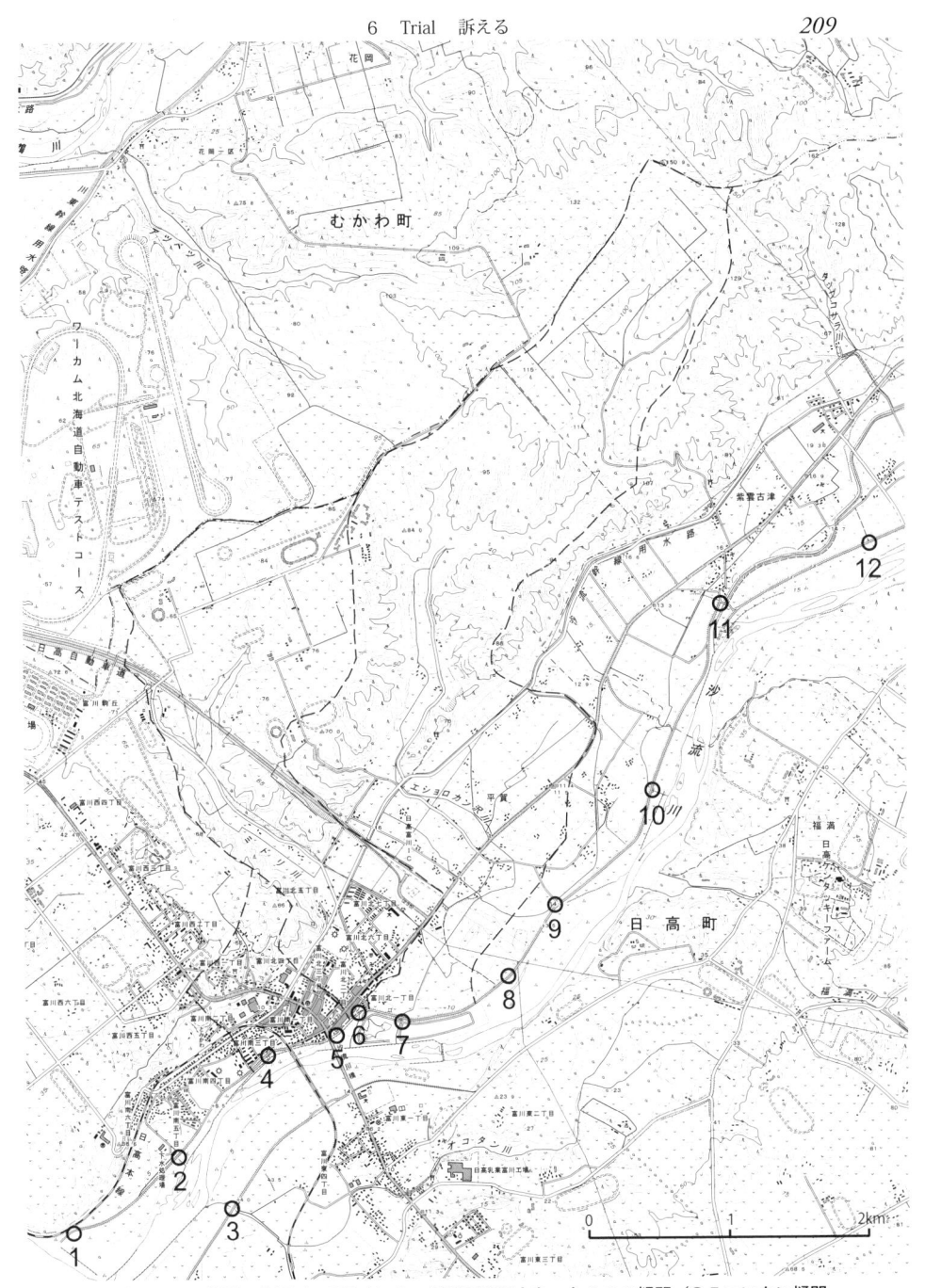

図3 富川周辺の樋門の位置（○で示す）と、訴訟で問題となった3つの樋門（○5 コンカン樋門、○6 栄町樋門、○7 富川D樋門）およびそこに流入する小河川の流域（分水界を破線で示す）（国土地理院発行1：25,000 地形図「富川」を約50％縮小）

に通じる支流域にだけ降ったとすれば、たとえ本流の水位が高まっても、支流の水位のほうがそれを上回る可能性も否定できない。そのような可能性は限りなく低いとはいえ、何％かでもそのような可能性があれば、所長の行為は正当化されてしまうのである。

　そこで、私は気象学的なデータをすべて集め、そのような集中豪雨がその3つの支流域にだけ降るという可能性が限りなくゼロに近いことを、1時間おきに出されていたアメダス・データや、雨をもたらす雲のレーダー画像などを集めることで、論証しようとした。

　その結果、明らかになったことは、8月9日の0時を境にして、沙流川流域の雨は急に小降りになっていたという事実である。レーダー観測のデータでも、密な雨雲の中心的な位置は、0時過ぎにはすでに沙流川流域から日高山脈の東方に移動しつつあることが明確に認められた。そのような気象データを所長が確認していれば、3つの樋門の支流域にだけそのような大雨が集中的に降るという可能性は限りなくゼロに近いことを予見できたはずである。

　問題は、気象データは瞬時には届かず、時間遅れがあるということだ。たとえば、0時以降、降雨量が急激に低下したということは、0～1時の時間雨量のデータが入手できて初めてわかることである。所長がそのデータを入手したかどうかは明らかにされなかったが、所長が樋門操作員に樋門を開けたまま退避を命じたのは10日1時5分であったので、所長がそのデータをすでに入手していた可能性はきわめて低いであろう。

　所長が、「樋門を開けたままの退避」というおよそ常識では考えられないことを操作員に命じた理由は、ひとえに「沙流川が増水して水位が上がり、堤防上にいる操作員の生命が危険になったから」とされていた。では、所長はその決断をするまでに、どれだけのデータを入手していたのか、どんなデータにもとづき、「操作員の生命が危険だから直ちに退避させる」とか、「3つの支流域だけ大量の雨が集中する可能性があるので、樋門は閉めずにおくほうがいい」と判断できたのか。

　このように考えていくと、問題は予見性そのものではなく、所長はそのような決断をするにあたり根拠となる十分なデータをもっていたのか、言いかえると、10日1時5分に所長が決断したのは、時間的にみて正しかったのか、所

長はもっとデータを集めてから判断しても遅くはなかったのではないか、操作員にはまだ差し迫った生命の危険はなく、もう少しデータを集めてから判断すべきではなかったのか、といった疑問に行きついた。

時系列で整理する

　ここから先にやったことは、必ずしも地理学的な分析とは言えないかもしれない。むしろ通常の犯罪捜査のように、犯人の行動を分単位あるいは秒単位で追い、アリバイを崩したりする分析と同じようなものであったともいえる。しかしそのためには、それまでに原告、被告双方から出されていたすべての文書を読み、資料に目を通す作業が必要であった。

　裁判というアリーナでは、双方が、「準備書面」とよばれる主張を述べた文書を裁判所に提出する。また、その準備書面の裏付けとなる資料を、それとは別に提出する。原告側の書類は「甲」、被告側の書類は「乙」と区分され、資料は、提出された順番に甲1号証、乙1号証とよばれていく。富川水害訴訟では、私が意見書を書く時点で、甲19号証、乙68号証まで提出されていた。また原告側8つ、被告側9つの準備書面が出されていた。裁判の進行とともに増

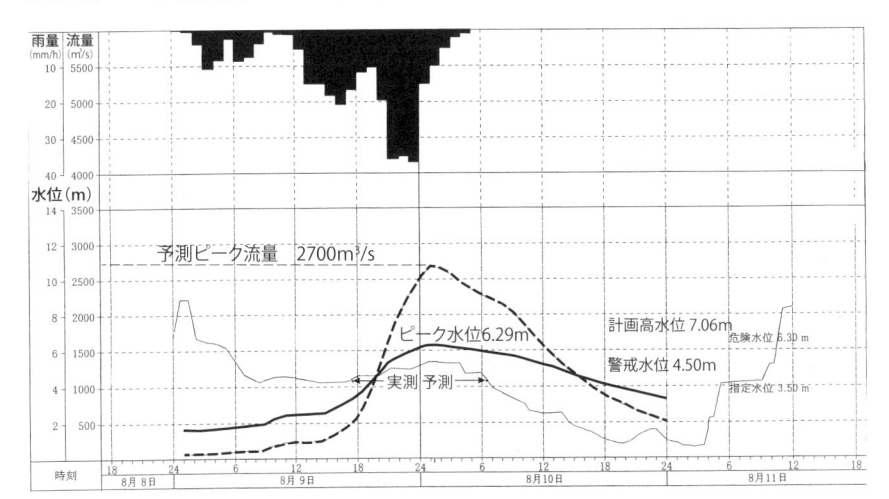

図4　2003年8月9日0時に出された沙流川流域の時間雨量（黒い棒グラフ）と富川での流量（破線）・水位（太い実線）のデータ（北海道開発局室蘭建設部の資料にもとづく）9日24時までは実測値、10日0時以降は予測値である。細い実線は富川地点での沙流川の河床断面を示す。すなわち10日1時にピーク水位が6.29mになることが予測されているが、河床断面とあわせて見れば、これは危険水位（6.30 m）にも達せず、水を安全に流せる限界の計画高水位（7.06 m）よりはずっと低いことがわかる。

えていく書類をあわせると、数百ページ以上、分厚く閉じられたファイルは重ねると30cmを超え、重さは10kgにもなった。裁判のたびにそれらをすべて持参するので、弁護士さんは、まるで旅行に行くときのように、車のついたスーツケースに入れて運んでいたほどである。

　すべての書類と資料を読み込んでみると、所長が退避を命じた8月10日1時5分というのは、所長が、河川管理事務所のモニターで富川での沙流川の水位が6.30mという危険水位に達していたことを知った1時から、わずか5分後でしかないことが明らかになった。この6.30mという水位は、8月10日0時に出されていた1時間後の予測水位6.29mを超えるものであった。図4は、10日0時45分に、所長が北海道開発局の本部治水課からFAXで受け取った、10日0時（9日24時）における沙流川の洪水予測図である。

　洪水予測図というのは、1時間おきに出されるもので、雨の降り始めからの時間雨量の変化と、川の流量変化を示す1種のハイドログラフである。地理学で普通に使うハイドログラフと異なる点は、各地点での河川断面が同じ図に重ねて描いてあることだ。上流側から見た断面図なので、左に左岸側の堤防、右に右岸側の堤防が描かれ、堤防と堤防のあいだが、河床の断面図になっている。その上に、流量の増加に応じた水位の変化が描かれ、水防上、重要な基準となる水位（警戒水位、危険水位）などがあわせて表示される。またこの図4は、8月9日24時（10日0時）時点のものであるから、24時までのデータは実績（実測値）、それ以降のデータは予測値である。

　所長がFAXで送られてきたこの図を目にしたのは、10日0時45分であった。すなわちその時点で、所長は、富川での水位は10日1時には危険水位である6.30mに近い6.29mに達するであろうこと、そのときの沙流川の流量は、富川で約2,700m^{3}に達することを予見できていたことになる。

　しかし、前述したように、1時には、0時での予測を超えて富川での沙流川の水位は、6.30mという危険水位に達したのである。さらに所長のもとには、0時46分、二風谷ダム事務所から、ダムの水位がサーチャージ水位を超え、ダムが危険な状態になるので、ダムからの放流量は3,000 m^{3}を超え、5,100 m^{3}になる恐れがある、との連絡がきていた。

　図4に示したように、0時の予測では、富川での沙流川の最大流量は2,700m^3

であった。それでも、水位は危険水位に近い 6.29m にもなるのである。二風谷ダムの「但し書き操作」が始まれば、流量は、最大 5,100 m^3 になる恐れがある、というのだから、そのときの沙流川の水位がそれよりはるかに高くなるのは、確実に予見できたことである。

　いっぽう、3つの樋門のある支流域についてはどうだろうか。調べてみると、所長は、9日 23 時の時点では、3つの樋門で内水（支流）と外水（沙流川本流）の水位がほぼ拮抗していたことを知らされていただけで、その後の樋門における情報は報告されていなかった。23 時には逆流は生じていなかったものの、その後、1時までに樋門での水位がどう変わったかを、所長は把握していなかったのである。また1時の時点では、9日 24 時（10日0時）の気象データしか参照できていなかったので、雨が0時を過ぎて急に小降りになったことも所長はまだ把握していなかった。

　こうした状況のなかで、1時には本部の治水課長から電話が入った。「沙流川水防警報」が発令されたので、堤防が危険になっていることを門別町・平取町へ電話で連絡するようにとの指示であった。所長が、樋門操作員に樋門を開けたまま退避を命じたのは、そのわずかその5分後のことである。しかし、被告側が出した第1準備書面には、所長は、

「樋門を閉扉したほうが、開扉のままとするよりも、かえって内水位を上昇させて内水氾濫にともなう浸水被害を増長するおそれがあると考え、いずれの場合が結果的に被害を軽減できる可能性が高いかについて、当時把握していた情報を総合考慮した上で、開扉のままとするのが相当であると判断し、本件各樋門の操作員を退避させるに当たっては、本件各樋門を閉扉する指示を出さなかったものである。」

と書かれていた。0時 45 分から1時にかけて、所長のもとには、上述したようなきわめて重要な情報が次々に入ってきていた。その対応に追われるなか、わずか5分後に退避命令は出されたのである。このような短時間で、「総合考慮」ができるであろうか。また「当時把握していた情報」には、1時の気象データなど、とくに今後の支流域での降雨を予測するうえで重要なデータがぬけていたのではないか。

論点を変える：専門知と現場知

　第一準備書面は、最初に提出される書面だけに、原告にしても被告にしても、いちばん主張したいことがまず書かれている。被告の準備書面に上述のような記述を読んだとき、まずそこに疑問をもったのである。そんな短時間で「総合考慮」するのは無理ではないか。また、できるだけ新しい気象データを得るには、それが来るまで待っていなければならない。しかし所長は、すぐにでも堤防が決壊するように思い、そんな悠長なことは言っていられないと、直ちに退避命令を出したのではないか。その判断に誤りはなかったのであろうか。すなわち、退避させたことが問題なのではなく、退避を命令した時刻が問題なのではないか。

　いっぽう、被告が主張するように、3樋門のある支流だけに大雨が降れば、支流の水位のほうが高くなって逆流は起きない可能性もある。だから、必ず逆流が起きると予見できた、という弁護団の主張は通らない。だが、被告が主張するような気象条件はきわめて特殊な場合であり、そのような局地的な集中豪雨が起きうるかどうかは、直近の気象データで判断するしかないであろう。確かに自然現象を100％予見することは不可能である。しかし、そのような特殊な大雨は90％降らないであろうと、予測することはできる。だとすれば、河川管理者としては、その予測の確度を1％でも上げる努力をすべきであろう。そのためには、1時5分に退避命令を出すのではなく、少なくとも1時時点の気象データの到着や、レーダーのよる雲の情報を待つべきであった。

　さらに問題は、二風谷ダムの「但し書き操作」が1時に開始されるとしても（実際に開始されたのは1時27分であった）、ダムからの放流による流量や水位の上昇がダムより20kmも下流の3樋門のある地域に到達するには、少なくとも30分〜1時間かかるということである。所長としては、当然、その時間差を考慮すべきであろう。1時の時点で沙流川がすでに「危険水位」に達したと言っても、「危険水位」というのは、あくまでも、「水防活動を強化する基準になる水位」に過ぎず、それですぐに堤防が危険になるわけではない。図4に示したように、富川での計画高水位は7.06mであり、すべての堤防は、この水位まで安全に水を流すことを前提につくられているからである。1時の時点では、その計画高水位まではまだ70cmも余裕があったのであり、直ちに樋

門操作員を退避させねばならないような切羽詰まった状況ではなかった。堤防がいまにも決壊すると勘違いして、あわてて樋門を開けたまま操作員を退避させてしまったことが、明らかな過失だったのである。

　意見書を依頼された時点では、弁護団はもっぱら争点を予見性に絞り、そこで戦うために私に意見書を求めたと思われる。しかし以上のような分析から、私は予見性では被告のレトリックを崩せないと判断し、その論点を大きく変えて、所長が退避命令を出した時刻を争点にした。

　この論点の転換が、裁判の流れを大きく変えたともいえる。被告側は、退避命令が早すぎたということに反論できなくなり、それが所長の明らかな過失、ということになって、2011年4月、第一審での勝訴を勝ち取ることができたのである。国は控訴したが、札幌高等裁判所での第二審でも新たな証拠や反論を出すことができず、2012年、第二審でも勝訴、国が最高裁への控訴を断念したので、富川水害訴訟は完全に住民側の勝訴となった。国を相手にした水害訴訟では、これまでほとんど住民側が負けてきたので、この勝訴の意義は大きい。

　結果的には、私があえて論点をずらせたことがよかったといえるかもしれない。それは、私が地理学者だったからできたことではないか、とも思う。予見性だけにこだわって論争していたら、国側のレトリックを崩せず、裁判には負けていたのではないかとさえ思う。内水については、予見できないという被告の言い分をまず認めたうえで、ではなぜ予見性を少しでも高める努力を怠ったのか、と反論し、所長の判断が早すぎたことが過失であったとした。いっぽう外水については、ダムの但し書き操作によって水位が急激に高まることは確実に予見できたのだから、それを無視したのは明らかな過失と攻めたのである。

　「予見性」、「計画高水位」、「但し書き操作」といった専門用語をもとに議論するのは、専門知である。しかし、被害を受けた住民は、そのような言葉の意味を理解しているわけではない。彼らがずっと抱いてきたのは、なぜ所長は樋門を開けたまま操作員を退避させてしまったのか、なぜそんなに早く退避させる必要があったのか、といった素朴な疑問なのである。

　たとえば「樋門操作規則」では、樋門は、本流の逆流が確認されなければ閉じてはいけない、となっている。しかし、沙流川にあるたくさんの樋門の8月9〜10日にかけて操作データを調べると、樋門操作員は、本流が逆流して

いなくても、本流と支流の水位が同じになった時点で、すでに樋門を閉めていた場合が多かった。樋門操作員は、すべて地元住民である。長年、沙流川の洪水を体験してきた住民は、たとえ水位が同じでも、本流と支流では川の規模が大きく違うのだから、早晩、逆流が始まることを知っていて、「樋門操作規則」には厳密にいえば違反しながら、樋門を閉めていたのである。

　このような、体験に基づく住民の知識を「現場知」という。そのような「現場知」を尊重できるのが、地理学的視点ではないだろうか。私が徹底して8月9〜10日にかけての所長の行動にこだわったのは、地域住民の抱く疑問が、すべてそこに集約されていたからである。こうした意味では、河川工学の専門家でない人間が地理学をもとに意見書をまとめたことが、かえっていい結果をもたらしたのではないかとも思う。

　「専門知」、「現場知」は本来、社会学で使われてきた概念である。社会学もすぐれた学問であるが、その分析はどうしても人間や社会に偏る傾向がある。これに対して地理学には、地域住民のもつ「現場知」と、自然科学における「専門知」を結び付けて分析できる強みがあるのだ。地理学者として、河川地形学、水文学、気象学といった「専門知」をもっていたからこそ、住民の抱いた疑問を、所長の行動に重ねあわせて分析できたともいえるであろう。

　以下に、意見書の全文を再録した。長いので活字を小さくした。内容についてはすでに本文で要約したし、書面や資料を参照しないと分かりにくい点も多いので、わざわざ読んでいただくには及ばないが、裁判所というアリーナでたたかうには、このような流儀が必要である、ということを示すために、あえてそのまま示すことにした。

　意見書を裁判所に提出したのは2009年1月31日、札幌地方裁判所での証人尋問は、2009年6月17日であった。午前10時30分〜12時、まず、原告側弁護人からの尋問があり、昼休みを挟んで、午後1時30分〜2時30分、こんどは被告側弁護人からの尋問があった。被告側からの尋問は、当然のことながら河川工学者でもない人間が出した意見書に対する容赦ない尋問であり、私を挑発して混乱させようとするような姿勢もみられたが、つとめて冷静に対応し、主張すべきことはきちんと主張できたと思う。

　その後、被告側からは、意見書の内容をすべて否定する第20準備書面が出

された。図表もあわせると27ページに及ぶ文書であったが、一部、私の思い違いや図表の読み違いから、意見書に引用した数値に誤りがあったことの指摘を除けば、反論にならない反論であった。引用した数値の誤りも、さいわい重大な誤りではなかった。以下に再録する意見書では、指摘された数値を修正し、一部その内容を注で示したほかは、原文のままである。

(注1) 沙流川は、アイヌ語ではシシリムカと呼ばれたが、ムカは、(運搬される砂が多いために)河口が塞がれるという意味をもっており、この川はもともと流送土砂の多い川であった。二風谷ダムはその下流部につくられたため、建設後すぐ堆砂が始まっていた。2003年の台風10号では大量の土砂がたまり、ダム湖の貯水容量は40％になってしまった。運用開始後の堆砂量は1,300万m^3であり、これは100年間でたまると設計された量の2倍以上に相当する。

(注2) 二風谷ダムを管理する北海道開発局室蘭建設部は、8月10日朝に流木と泥で埋まり、濁水を放出する二風谷ダムの写真を撮影、以下のダム協会などのネットでは公開している。しかし、今回、その転載を正規の手続きで申請したところ、拒否された。国民の税金で飛行機を飛ばし、撮影した写真を専門書に使わせないという態度こそ、問われるべきものである。
http://damnet.or.jp/cgi-bin/binranB/TPage.cgi?id=40

(注3) すべてのダムには、水を貯められる限界がある。限界を超えると、ダム湖の水位が高まり、ついにはダムの頂部から越流するようになって、ダムが決壊する危険が増す。このため、ダムはその設計限界水位に至る前に、ダム湖の水位がそれ以上高まらないように調整するようになっている。それが「但し書き操作」とよばれるもので、それが開始される水位を「サーチャージ水位」という。二風谷ダムのようにゲートがあるダムでは、ゲートを開いて、ダムからの放流量を増やし、ダムへの流入量とダムからの放流量が等しくなるようにする。この結果、ダムは、流入してくる水をそのまま下流に流すことになるので、ダムによる貯留効果はゼロになる。それまではダムで流入量の一部をカットしていたのが、その効果がなくなるので、下流側では急激に流量が増え、水位が上昇する。ダムができてから、かえって水害が増えたといわれることが多いのは、このようなダムの但し書き操作によって、ダム下流では急に水位が上昇するためである。

(注4) 富川水害訴訟の詳細については、以下のウェブサイトを参照されたい。
弁護団ウェブサイト
http://www.geocities.jp/tomikawafloodcase/
http://www.news-pj.net/npj/2007/tomikawasuigai-20071125.html
弁護団に協力したフリーの科学者、佐々木聡さんの以下のホームページにも言及されている。
http://mirai00.hp.infoseek.co.jp/nibutani02/

2009年1月31日

小野 有五
札幌市北区北10条西5丁目
北海道大学・大学院地球環境科学研究院　教授　理学博士

札幌地方裁判所　平成17年（ワ）第17号　損害賠償請求事件

意見書

はじめに ——意見陳述者の立場の説明——

　2003年（平成15年）8月9－10日、台風10号による大雨によって生じた沙流川流域での洪水において、富川町で発生した洪水被害の原因についての意見書の作成を原告から求められたものとして、意見書を提出するにあたり、意見陳述者の立場を説明させていただく。

　意見陳述者は、自然地理学ならびに環境科学をその専門とする研究者である。
　自然地理学者としては、1975年、日高山脈・十勝平野における氷河期から現在に至る気候変化に対応する氷河や河川の変化を明らかにした地形学的研究により理学博士となり、同年より、筑波大学水理実験センターの助手として採用され、その後、6年間、大型実験水路を用い、河川による土砂の運搬・侵食・堆積作用の研究に従事した。また自然地理学者として、専門とする地形学はもとより、気候学、水文学、陸水学を学び、氷河期から現在に至る気候変化や、それにともなう河川作用の変化を、北海道だけでなく、ヒマラヤ、ヨーロッパ・アルプス、北極圏などを主要な調査地域として長年、研究してきたものである。
　1986年に北海道大学大学院環境科学研究科（現・大学院地球環境科学院）に赴任してからは、人文・社会科学にも研究の範囲を広げ、環境科学的視点から、現実に生じているさまざまな環境問題の解決にあたってきた。
　環境科学的視点とは、利害が対立する環境問題において、それぞれの主張する利害をまず客観的に検討し、双方の主張にある問題点を科学的に明らかにして、最終的にその是非を判断しようとするものであり、分析の過程においては、対立するどちらにも与しない、中立的な立場を維持することが求められる。
　意見陳述者が関わった最大の環境問題は、「千歳川放水路計画」問題であったが、ここにおいても意見陳述者はこのような立場を貫いた。すなわち、意見陳述者は、千歳川放水路計画を推進する北海道開発局と、それに反対する漁業団体、市民団体などの主張を科学的見地から平等に検討し、疑問点や、科学的におかしな主張があれば、それを徹底的に追及したのである。この結果、それまで、計画に反対する人々が、「千歳川放水路計画は千歳川の治水には役立たない」と主張してきたことは科学的に誤りであるとして、千歳川放水路計画が、従来の治水計画としては、それなりにすぐれたものであることを明確に認めた。
　しかし、いっぽうでは、千歳川放水路計画は、自然環境・社会環境に与える悪影響がきわめて大きいこと、また、開発局が提案したさまざまな対策では、とくに自然環境への悪影響をほとんど除去できないことを明らかにするとともに、そもそも計画のもとになった基本高水流量の算定そのものに科学的な問題があることを指摘し、開発局に対しては、千歳川放水路の悪影響を除去できるとする科学的な根拠、基本高水量の算定に関する科学的に意味のある説明を求め続けた。

このように、科学者として開発局に科学的な回答を徹底的に求め続けたことから、意見陳述者は放水路計画の反対者とみなされたが、その見方は上述したような理由から正しいとはいえない。すなわち、意見陳述者には、開発局に対して初めから先入観念をもって反対したり、その事業を頭から否定する意図はまったくなく、それは本件の取扱いにおいても変わらないことを強調しておきたい。

したがって、本意見書の作成は、原告側からの要請にこたえて行うものであるが、意見陳述者としては、一方的に原告側に組みするためにこれを引き受けたものではない。これは意見陳述者となることを引き受ける際、原告側にもはっきり申し上げたことであり、意見陳述においては、自然科学者・環境科学者として、本件をできるかぎりあくまで客観的・科学的に分析し、公正な意見を述べることを目的としていることをあらかじめお断りしておきたい。

1．事実経過についての確認

本件の最大の争点は、2003年8月10日午前1時ころ、開発局の治水対策本部竹内治水課長からの電話で、「沙流川水防警報（指示）第3号発令」の連絡を受け、門別町・平取町への電話連絡をするようにと指示された鵡川事業所長が、同日1：05ごろ、「樋門操作員への退避指示」を出した（被告第四準備書面7p.）際、その時点でまだ閉じられていなかったコンカン、栄町、富川Dの3つの樋門について、それを閉じることを命じなかったことが、河川管理者として妥当であったか否か、という点であると考えられる。

この問題を検討するためには、そもそも、鵡川河川事業所長（以下、事業所長と略称でよぶ）が、樋門操作員に対し「樋門を開けたままの退避命令」を出した2003年8月10日午前1：05までの時点において、沙流川本川、二風谷ダム、およびその下流にある23の樋門の状態、および沙流川流域の降雨に関する情報をいつ、どのように知りえていたかを、明確におさえておく必要がある。そこで、とくに被告から出された第三準備書面（およびその別紙2）、第四準備書面、第七準備書面で提出された事実経過にもとづき、まずこれらを時系列的に整理してみたい。

2003年8月9日
23：30 ごろ

事業所長は、随時、河川情報システムのモニターを見ることにより、富川及び平取観測所の外水位を直接把握していたが、沙流川本川では、平取で23：20に危険水位を超えたことを23：30ごろに確認した（被告第三準備書面8p.）。

二風谷ダムで洪水流の一部を貯留し、カットしているにも関わらず、ダムより下流にある平取で危険水位を超えたという事実は、ダムより下流の治水上きわめて重大なことであり、事業所長は、まずこのことをきわめて深刻な状況として、8月9日23：30の時点で受け止めたはずである。

なぜならば、ここでいう危険水位とは、被告によれば「堤防の決壊、すなわち破堤という、治水上、最悪の事態がいつおきてもおかしくない危険な状況になった水位」（被告第一準備書面13p.）だからである。すなわち事業所長は、沙流川本川の堤防が破れる危険すらある状態にまで本川の水位が上昇していることを、8月9日23：30の時点で認識していた。

8月10日
0：45 ごろ

本部治水課より、同日午前0時時点での外水位の予測結果がFAXで送付される（被告第三準備書面8p. および第四準備書面6p.）。

これは、本部治水課が、室蘭洪水予測システムによって今後の沙流川の水位を把握するために行っ

た予測結果であり、これによると、富川では午前0時に水位6.15mに達し、危険水位まであと15cmになったことがわかったほか、送付された図から判断すると午前1時(注1)、最高水位6.29mに達すると予測されている。被告第三準備書面（8p.）は、事業所長が、渡辺技官からFAX文書の提示を受け、今後さらに外水位の上昇が予測されるとの報告を受けたと述べる。

また被告第四準備書面6p.は、このFAXの予測結果から「現状は、予測値を上回る水位上昇速度であった。」と分析している。ここでいう「予測値」とはいつの時点での「予測値」なのか、被告が明らかにしていないのは不適切であるが、おそらく同様の水位予測が、本部治水課によって、それ以前にもおそらく1時間ごとに行われており、その1時間前（すなわち8月9日23：00）の予測値と比較したものであろうか。

事業所長が、このFAXの予測内容を0：45の時点で把握していたことは、本件にとって重要である。すなわち、事業所長は、0：45の時点で、少なくとも本川の水位の上昇がそれまでの予測以上に速いこと、また、富川では、本川の水位がわずか15分後に6.29mにも達することを予見できたからである。

0：46

その直後の8月10日0：46、事業所長は、二風谷ダム管理所から「（ただし書き操作）（1時間前情報提供通知）」を受け取る(注2)。その内容は、「10日1時ごろ、ダムがサーチャージ水位を超えダムが危険な状態になるので、ダム放流量は3,000m³/sを超え、更に増加し、5,100m³/sを超える恐れがあります。」（甲第二号証、○21　2枚目）という衝撃的なものであった。被告の第四準備書面6p.の記述によれば、これはFAX通信であった。このFAXでは、沙流川の水位については何もふれていないが、このFAXに言及した被告の第四準備書面6p.では、「今後とも外水位が上昇することが想定された」と述べている。事業所長は、外水位が「ただし書き操作」によって上昇することをじゅうぶん認識していたのである。

さらに重要な事実は、0：45に事業所長が受け取ったFAXにおける水位予測においては、0：46に二風谷ダム事務所が送付した「ただし書き操作」の影響が、適切に評価されていなかったことが、二風谷ダムからの通知で明らかになったことである。

すなわち、これより先、0：45の時点で受けたFAXでは、本川の最高水位をもたらす沙流川のピーク流量は、FAXの図から読み取る限りほぼ2,700m³/s程度と表現されていたが、0：46に来た「ただし書き操作」の通知では、前述したように、「ダム放流量は3,000m³/sを超え、更に増加し、5,100m³/sを超える恐れもあります。」と書かれていたからである。ダムからの放流量が、2,700m³/s程度ではなく、場合によってはその2倍近くにもなることを事業所長はわずか1分後に知ったことになる。

したがって、この時点で、事業所長は、富川における沙流川本川の水位が、2,700m³/s程度の放流量に対応して予測された6.29mをはるかに超える高いものになることを確実に予見できる状態になっていた、といえる。

0：54

さらに、そのわずか8分後の0：54、事業所長は、ふたたび、二風谷ダム事務所から、「ただし書き操作に関する事前通知」を受けとる。甲第二号証の○21　3枚目の文書である。
これが電話連絡であったのか、FAXであったのか、被告は何も述べていないが、これは本件にとって決定的に重要な文書であり、FAXであったのかどうかを確認すべきである。また、事業所長が受けとった情報を整理した被告の第三準備書面の別紙2では、この0：54の二風谷ダム事務所からの連絡が欠落している。予見性を検討するうえで決定的な重要性をもつ文書を書き落としているのは、意図的な隠ぺいともとられかねず、不適切な対応といえよう。

この文書は、まず、8分前に出されたFAXと同様、0：35時点での二風谷ダムの概況を報じており、二風谷ダムへの流入量は5170.86m³/sで、前のFAXの内容と変わらない。しかし、この文書が重要

なのは、この文書で、初めて明確に1：00ごろから「ただし書き操作」に移行する予定が述べられていることである。

「ただし書き操作に関する1時間前事前通知」であるにも関わらず、この通知では、通知のわずか6分後には、「ただし書き操作」に移行する予定が報じられていること自体が、河川管理上、まず大きな問題であるかもしれない。実際に「ただし書き操作」への移行が行われたのは10日1：27であって、33分後のことであったが、「1時間前事前通知」からすればやはり遅かったという誹りは免れないであろう。

しかし、事業所長は当然のことながら0：54の時点では、「ただし書き操作」への移行が行われるのが10日1：27からになることを知らない。事業所長は、あと数分後にも、「ただし書き操作」が開始される、と連絡されただけである。

「ただし書き操作」に移行するとどうなるか？

0：54のこの文書は、それを以下のように、明確に書いている。

「（3）ただし書き操作に移行しますと、下流河川の水位は急激に上昇しますので厳重な警戒をお願いします。」（甲第二号証、○21 3枚目）。

これを読んだ事業所長は、数分後にも開始されようとしている二風谷ダムの「ただし書き操作」によって、富川での本川の水位が「急激に上昇する」こと、また前述したように放水量が3,000〜5,100m³/sと通告されたことから、富川では、水位は6.29mをはるかに超える高いものになることを確実に予見できたはずである。

1：00ごろ

事業所長は、河川情報システムのモニターを見ることにより、すでに0：50に、富川の水位が危険水位6.30mに達したことを知った。事業部長は、このことにより、沙流川の現実の水位上昇や水位上昇の速度が、0時時点にFAXで受け取った水位予測をはるかに上回ったことを知ったことになる。なんとなれば、0時時点の予測では、今後、生じうる最高水位でも6.29mと危険水位には達せず、しかもそれが発現する時刻も、図では明示されていないが、図から目分量で判断する限り午前1時ごろと予測されていたからである(注3)。

「ただし書き操作」がまだ始まってもいないにも関わらず、富川での水位が予測より20分も早く、しかも水位が予測されたピーク（最高）水位すらあっさりと超えてしまった事実は重要である。しかも二風谷ダム事務所からの0：54の文書は、「ただし書き操作」が開始されれば、富川における沙流川の水位はさらに、しかも急激に上昇する、と明言しているのである。

事業所長は、1：00現在、すでに、予測よりもはるかに速く、かつ大きな水位上昇が生じていることを知った。そのうえ、さらに、急激でかつ大きな水位上昇が確実に生じるというダム事務所からの通告を事業所長は受け取っているのである。この2つは、予見性について判断するうえで決定的な意味をもつといえる。

1時ごろ、二風谷ダムから、それ以前の想定をはるかに超えた3,000〜5,100m³/sもの放流が始められるとしたら、それによる富川での水位上昇はどうなるであろうか？ 河川管理者であれば、当然、その予測はできていなければならないはずである。二風谷ダムより下流での洪水時の沙流川の流速がどの程度であるか、河川管理者であればそれを知っているのが当然であり、その流速と、これまでに得られている水位―流量曲線をもとにすれば、二風谷ダムでの3,000〜5,100m³/sもの放流の影響が、富川での水位上昇になって現れるのは、今からどの程度あとか、そのときの水位はどれほどであるか、河川管理者としては瞬時に概算できてしかるべきである。

当然のことながら、二風谷ダムと富川の間には約20kmの水平距離があり、いかに洪水時の流速は大きいといえども、放流による影響が富川に高い水位となって現れるのは放流と同時ではない。富

川に、放流による高い水位がもたらされるには放流の何時間後であるか、それも、事業所長は予測できたはずである。もし、これらのことがこの時点で明確に予測できていなかった、とするならば、そのこと自体が、河川管理者としては明白な過失となるであろう。

同じく1時ころ

　事業所長は、本部竹内治水課長からの電話を受けた。これは、同日0：50、すでに本部治水課から、北海道日高支庁に発令された、「沙流川水防警報（指示）第3号発令」（甲第一号証、129p.）の連絡であった。事業所長は、本部竹内治水課長から、同警報の着信の確認を行うとともに、切迫している堤防の危険性を伝えるために、門別町・平取町へ直接電話連絡するようにとの指示を受けた、とされている（被告第四準備書面6－7p.）。

1：05ごろ

　電話で本部竹内治水課長から指示を受けたその約5分後、事業所長は、それまでに彼が知りえたすべての情報をもとに、（1）外水位の上昇によって破堤等の恐れが極めて高くなったこと、（2）堤防周辺は深夜で暗く目前の危険性を把握することが困難な状況になったこと、（3）さらに支川において内水氾濫の拡大のおそれが極めて高くなったこと、を踏まえ、「これ以上、操作員等を堤防周辺に配置させて作業を行うには非常に危険な状況であると判断し、人的被害の発生を回避するため、操作員等に退避の指示を行った」とされている（被告第二準備書面20－21p.）。

2．　事実経過にもとづく問題点の指摘

　以上、事業所長が、樋門操作員に、樋門を開けたまま退避するよう命令を出したとされる1：05までの経過を、時系列で整理した。整理してみて、明らかになった問題点は以下の通りである。

（1）事業所長が、「樋門を開けたままで、操作員を退避させてよい」と判断するために、検討した時間はわずか5分間であった。

　まず明らかになったことは、事業所長が本部竹内治水課長から電話で指示を受けてから、「樋門を開けたままでの退避命令」を出すまで、わずか5分しかたっていない、という事実である。被告は、いや、事業所長は、治水の責任者として、8月9日、警戒態勢に入って以来ずっと、すべての対策を検討してきたのであり、電話で指示を受けて初めて、どうすべきかを検討したわけではない、と主張するかもしれない。

　しかし、前述したように、「今後、本川で逆流が生じるかどうか？」ということを判断するうえでもっとも重要な本川の水位の予測に関する情報が事業所長に届いたのは、0：46と0：53である。また、事業所長自らが、河川情報システムのモニターを見ることにより、0：50に、富川の水位がすでに危険水位6,30 mに達したことを知ったのは、同じく1：00ごろであったことを想起するならば、事業所長がモニター画面でそれを知ったのは、彼が本部からの電話を受けている最中であったかもしれないのである。

　事業所長は、このモニター画面により、沙流川の現実の水位上昇や水位上昇の速度が、0時の時点においてFAXで受け取った水位予測をはるかに上回ったことを知った。「ただし書き操作」がまだ始まっていないにもかかわらず、予測より20分も早く、しかも水位が予測されたピーク（最高）水位すら簡単に超えてしまった事実は、河川管理者にとっては衝撃的であったはずである。このように本川の水位の急激な上昇を確実に予測させうる情報が、わずか数分のあいだに事業所長に届いていたのであるから、事業所長が、逆流についての検討をきちんと行い得たのは、どんなにさかのぼっても、

8月10日0：46以降でしかあり得ず、また前述したように、0：53に届いたFAXはさらに決定的に重要な情報をもたらしたのであるから、それをもとにすれば、1：05の退避命令発令まで、事業所長が検討を行ったとしても、それを行い得た時間はわずか13分にすぎない。

しかし、当然のことながら、樋門の開閉については、外水の情報だけでなく内水の情報も知らなければならない。事業所長が内水について、最も新しい情報を口頭で受けたのは1時であった。後述するように、ここで事業所長が受けた情報はたんに、「まだ逆流が始まっていない」という定性的な情報にすぎず、本来なら当然、確認すべき水位や内外の水位差に関する情報ではなかったのであるが、ともかくも、事業所長は、1時に受けたこの情報をもとに、最終判断を行ったと考えざるを得ない。したがって、事業所長は、あらゆる意味において、1時から1：05のわずか5分間に、被告が主張する3つの問題の検討を行い、「樋門を開けたままでの退避命令」を下したことになるのである。

しかし、これまで被告が提出したあらゆる文書において、事業所長が、または彼を含む河川管理者たちが、1：00に本部からの指示を受けて以後、樋門をこのまま開けたままにした場合と、閉じた場合について、どちらがどれだけ内水氾濫が生じている地域に大きな被害を与えるかという問題を具体的に検討したという証拠は1つとして存在しない。検討しようにも、事業所長には、検討に必要な情報があまりにも不足していた、というのが現実だったからである。以下、この点について、論証する。

(2) 事業所長は、樋門での内水位、外水位の最新の状況を把握できていなかった。

被告が強調するように、原理的には、本川の外水位がいくら高くなっても、内水の水位も同じように、あるいはそれ以上に上昇すれば、樋門を開けたままにしておいても逆流は生じず、順流が維持される可能性はある。だが、洪水時には本川の水位のほうが高くなる可能性が高いからこそ、本川からの逆流を防ぐために樋門が設けられているのである。被告は、樋門には、平常時、開けておくことにより、支川の水を自然な状態で本川にそのまま順流として流れこませる機能もあると述べている（被告第一準備書面21p.）が、被告が乙26号証で挙げている「水門等操作要領」に定められた「樋門の操作目的」は、あくまで、「洪水時に外水の逆流を防ぐこと」だけである。そもそも逆流が生じる可能性が高いからこそ樋門はそこに設置されているのであって、その反対ではないことは治水上の常識であろう。とくに本件で扱っているように、本流（本川）の沙流川に対して、流域の規模も、したがって河川流量も著しく小さいミドリ川やエショロカン沢川などが支流（支川）として合流する場合には、本川の流量がもっとも増加する洪水のピーク時には、本川の流量や水位は、堤防で仕切られ（樋門でわずかに本川につながっている）支川の流量や水位を大きく上回るのが当然であり、これをそのまま放置しておけば、本川の高い水位の影響が（狭い樋門を通じて）支川に及び、支川は氾濫するのは当然のなりゆきである。地球上では、連続した水面は、重力の働きによって水平にならざるを得ないからである。

これは簡単な物理実験で証明することができる。水槽のなかを壁で仕切り、一方の水位を水槽の上端までくるほどに高く、反対に他方の水位は、水槽の底に近いほどに低くしておき、水槽を仕切っている壁の基部に小さな穴をあけてみれば、時間とともに水は水位の高い側から低い側に流れ、最終的に両者の水位は同じになることがわかるであろう。これを「連通管の原理」という。この実験において、仕切り壁を堤防、仕切り壁の底部に開けた穴を樋門、初めの水位の高い側が洪水時の河川の本川、初めの水位の低い側が、河川の支川に相当する。

このように、一般的に樋門は、洪水時に本線の水位（外水位）のほうが高くなって、本川の水が支川に逆流し、支川の水位（内水位）を上昇させ、まわりで氾濫する（内水氾濫）ことを防ぐために設置されているのである。

それにもかかわらず、コンカン、栄町、富川Dの各樋門を開けたまま操作員を退避させるためには、今後、洪水が続いても、これらの樋門では、逆流に転じる可能性は小さいということを、事業所長は1時から1：05までの時点で明確に予見できていなければならない。
　事業所長にはそれが可能だったであろうか？
　そこで、まずこれらの樋門について、8月10日1時から1：05の間までに、事業所長がどこまでその状況を把握していたかを検討してみたい。

　被告第三準備書面17p.で述べられているように、事業所長は、それぞれの樋門における外水位と内水位の経時変化については、それについての報告がまとめられたのが洪水後であったことから、もちろん1：05の時点では知ることができなかった。
　事業所長がもっとも新しい情報として把握していたのは、23：30ごろ、第三回の巡視からもどった大石技官、渡辺技官から報告された、コンカン、栄町、富川D樋門での内水位の断片的な情報と、まだ逆流は発生していないという情報だけであった。被告第三準備書面5p.によれば、コンカン樋門については、22：25には、内水位が、呑口の擁壁最上部から30〜40cmであったものが、23：05ころには5〜10cmていどまでに上昇したこと、窪地の浸水深は、22：30ころの時点で20〜30cmであったという情報を事業所長は知った。栄町樋門については、20：30ころに内水位は5.5mであったが、22：25ころには6.3mにまで上昇、内水氾濫が発生しているという情報である。富川D樋門では、22：20ころに内水位が6.5mで、内水氾濫が発生していると知らされている。
　また1：00ごろには、4日目の巡視中の大石技官からの電話連絡を受けた吉田副長から、コンカン、栄町樋門で、排水ポンプによる排水が行われているものの、内水氾濫が確認され、逆流は生じていないこと、樋門は開いたままになっていることが報告された。これが、1：05に事業所長が退避命令を出すまでに彼が知り得た樋門に関する情報のすべてである。

　すべての情報は、事業所長に、3つの樋門では逆流は生じていないこと、内水氾濫が生じていること、内水位が20時以降、徐々に上昇していることを告げているが、それ以上に詳しい情報はない。もっとも重要なことは、最新の情報である1：00の連絡において、事業所長には、内水位についての具体的な数値が何も知らされていないことである。「逆流は生じていない」というだけで、内水位と外水位の差が実際には何cmなのか、その差は、以前に比べて縮まっているのか、逆に大きくなっているのか、そのような、「今後、逆流が発生するか否か」という問題を判断するうえでもっとも重要な情報は、事業所長には届いていないのである。

　このような状況のもとでは、たとえ現在は順流であったとしても、それが、わずか数時間後に逆流に変わらないと的確に判断できるであろうか？
　答えは否である。
　被告は、「水門操作要領」を引用し、「樋門操作においては、順流のときは必ず開扉しておかねばならない」とする。しかし、現実の樋門操作は、必ずしも、この原則どおりになされているわけではない。
　河川にあっては、当然のことながら、合流点における本流と支流の水位は等しくなる。しかし、水は水位の高いほうから水位の低いほうに流れるのであり、逆はありえない。これは物理的な原理である。また、河川水の流れやすさは、河床の粗度（凹凸の度合い）や水深、河床（ないしは水面）の勾配に影響を受ける。合流点の近傍において、本川、支川の水位がほぼ等しくなれば、河川水は流れづらくなり、停滞しがちになる。
　合流点で逆流が発生するとすれば、たとえ1cmでも、本川側の水位が支川側の水位を上回ることが

必要であるのは自明であろう。先に述べた実験でも、仕切り壁の両側の水位がたとえ1cmでも違わなければ、水の移動は生じないのである。

しかし、二風谷ダム下流の23か所の樋門において、8月9日午後から、次々に樋門操作員によって樋門が閉じられていった経過を被告第四準備書面（別紙2）で見ると、内水位、外水位の情報が明らかな15の樋門のうち、実に6つまでは、外水位と内水位が全く等しい時点で、閉じられているのである。

「水門操作要領」からいえば、これらの行為はすべて規則違反であるが、被告がこれらの樋門操作員を、その後、罰したり、その行為を糺したということは記録されていない。

この事実は、現実の樋門操作においては、たとえ内外の水位が同じであっても、すなわち明確に逆流が生じていなくとも、現場における操作員の判断において、閉扉は可能だということである。

操作員には、当然、その近隣に長く居住し、現場を熟知した者が選ばれている。彼らは、たとえ内外の水位が同じであったとしても、このような状態であれば、早晩、逆流が始まるということを経験上、予見できたからこそ、厳密には水門操作要領に違反すると知りながら、逆流の発生以前にもかかわらず、樋門を閉めたのである。

現実においては、本件で問題とするような平野部の河川では、合流点の近傍における本川の河川勾配も、支川の河川勾配も、きわめて小さいのが普通である。このような場合には、たとえ内水位が外水位をなおわずかに上回り、いまだ逆流は生じていないとしても、内水はきわめて流れづらくなり、それによって内水氾濫が生じやすい。

3つの樋門で、10日午前1時までに生じていた内水氾濫がまさにそのような要因で生じていたことは、事業所長も知っていたはずである。なぜなら被告準備書面が強調するように、10分おきに更新される外水位のデータをつねにチェックしていた事業所長は、各樋門における外水位については確実に知りうる立場にあったからである。

しかし、内水位の正確な数値が標高データとして事業所長に知らされていたのは、被告準備書面から判断するかぎり、前述したように、栄町樋門については、「20：30ころに内水位は5.5mであったが、22：25ころには6.3mにまで上昇、内水氾濫が発生している」という情報、富川D樋門では、「22：20ころに内水位が6.5mで、内水氾濫が発生している」という情報のみであった。コンカン樋門に至っては、「20：25には、内水位が、呑口の擁壁最上部から30～40cmであったものが、23：05ころには5～10cmていどまでに上昇した」という相対的な水位情報しかない。

これらの相対的な水位データが事業所長の頭の中で直ちに絶対的な標高データに換算され、同時点の外水位と比較されていたかどうかは不明である。したがって、ここでは内水位についても絶対的な標高データが報告されていた栄町と富川D樋門についてのみ検討するが、栄町では、20：30の外水位は、5.5m、22：30には6.3mであって（22：30の計測については、内水の計測時刻より5分遅れているが）、すでに両者の水位に差はなくなっているのである。富川Dでは、22：20の内水位が6.5mに対し、外水位は22：30時点で6.45mであったが、後に報告された22：30の内水位データは6.45mになっており、現場では、栄町と同様、内水位・外水位が等しくなっている状況であった。

したがって事業所長は、少なくとも23：30までの時点で、内水・外水位がほとんど同じレベルに接近していたという事実を把握していたはずである。逆流こそまだ起きていないものの、逆流がいつ起きてもおかしくない、ほぼ同等な水位になっていることを事業所長は明確に把握していたのである。

このように内外の水位がすでに極めて接近した状態にあるときには、樋門を閉めたからといって、それだけで内水氾濫がそれまでより直ちに急激に増大するわけではない。上述したように、すでに樋門によっては20：30から内外の水位が同等になっているのであり、それによって、内水は容易に流出できず、内水の停滞が生じて内水氾濫を生じていたからである。

このような水位の均衡した状況においては、わずかな変化だけで、順流・逆流の変化が生じうるのであるから、今後の予測を行うにあたっては、水位に関する最新の情報を得ることが必要不可欠なばかりでなく、内水と外水の水位差が、時間とともに減少する傾向にあるのか、反対に増大する傾向にあるのかといった傾向を知るためにも、現在に近い時点までの情報が必要なことは言を俟たない。

しかし、事業所長はもっとも重要な水位や水位差の変化傾向についての確認を怠り、たんに「まだ逆流は発生していない」という報告だけにもとづいて、「樋門を閉じないままの退避命令」を出してしまったのである。

これが過失でなくてなんであろうか。

いっぽう、予見性の観点からすれば、1:05の時点でほぼ拮抗している内外の水位を、今後、数時間以内に、確実に、しかも大きく変える要因として予見できたのは、二風谷ダム事務所によって確実に予見され通告された水の急激な上昇だけであった。

被告は、内水の流域にも集中して大雨がふる可能性があり、そうなると、内水の水位の急激に上昇するので、1:05の時点では、たとえ外水位の急激な上昇が予見されても、樋門を閉めるわけにはいかなかったと強調するが、そのようなきわめて特殊な状況がほとんど起こり得なかったことは、事務所長が10日1:05までに知り得た気象に関するすべての情報から十分に予見できたはずであった。これについて、以下に詳しく述べる。

(3) 事業所長の把握していた気象情報に基づけば、3つの樋門の内水流域だけに沙流川中流・上流域をしのぐような集中豪雨が高い確率で降る、という可能性は、気象学の常識からは考えられない。

いうまでもなく、自然現象は偶然性をともなうことがあり、科学技術の進歩によっても、それを確実に予測することは困難な場合が少なくない。明日の天気、あるいはあさっての天気を予測しようとすることは、複雑な大気現象を、これまで蓄積された経験的な知見と最新の技術にもとづいて予測することであり、かなりの精度で予測ができてきた半面、「天気予報ははずれることもある」という事実もまた、日常的に経験することであり、我々は、気象に関する予見性の確実さと限界を体験的に知っているともいえる。

本件のような台風時の気象についても、台風の進路や、それにともなう雨や風の予測がつねに問題となり、予測が当たることも、はずれることもあることを我々は承知のうえで、気象予測を行い、それにもとづいてさまざまな対策をとっているのである。気象庁が出した予測が絶対に確実だと考えている人はいないであろう。予報を出す予報官自らも、そのようには考えていないはずであり、たとえば台風の進路に関しても、予測された円のなかを台風が進む確率が90％というように、常に、予測しなかった結果が生じることを認めつつ、こうなる可能性が最も高いであろう、ということで予報が出されているのである。

自然現象についての「予見性」とは、つねにそのようなものと考えるべきであろう。大地震のように、そうした予測すら原理的に不可能であるとする学説がある場合には、予見が不可能である、と言えるが、気象予測のように、かなりの程度まで、現に気象予報が行われ、予測が日常的になされている自然現象については、「予見性」を否定する場合にはきわめて慎重な吟味が必要である。

本件において、被告は、1時に樋門を閉めることなく、操作員を退避させた判断根拠として、「8月9日午後9時から10日午前0時までの3時間に、気象協会の9日午後10時発表の流域雨量予測を大幅に上回る降雨があり、また同日午後9時までの間についても、気象協会が発表した流域雨量予測を上回る降雨が続いていたことから、その後も気象協会の発表を上回る降雨となる可能性があった」こと、また「沙流川流域平均雨量は8日午前0時の降り始めから10日午前0時までに累計316mm

に達する記録的な大雨になっており、このまま多量の降雨が続いた場合、外水位の上昇のみならず、内水位の上昇もともなうことになり、また沙流川上流域よりも強い降雨が本件樋門流域に生じうるなど、流域の降雨の状況によっては、内水位が外水位よりも高い状態のまま推移し続けることも十分考えられたため」(被告第二準備書面 25p.) としている。

　まず、問題なのは、被告がここであげている気象情報は午前 0 時までのものにすぎない、ということである。被告が提出している降雨情報のなかで、事業所長が樋門の開閉についての検討をおこなったとされる 10 日 1 時—1:05 にもっとも近いものは、乙 36 号証にある 10 日午前 0 時に室蘭開発建設部から出された雨量データである。この雨量データでは、沙流川流域の 20 地点の 1 時間ごとの降雨量と、直近 1 時間については 10 分間の雨量データがミリ単位で記載されている。これによれば、二風谷ダムおよび、それより上流の沙流川流域各観測点において、8 月 9 日 12:00 ないし 14:00 ごろからは時間雨量 3 ～ 18 mm の雨 (注4) が続いていることが明らかになっている。これに対して、本件で問題となっている 3 つの樋門に関連する内水の流域内の降雨観測点は存在せず、もっとも近い観測点としては、富川観測所と、日高門別のアメダス雨量局があるのみである。したがって、事業所長が、10 日 1 時—1:05 において、今後、これらの内水の流域に降る雨を予測したとすれば、富川観測所での降雨記録と日高門別のアメダス・データしか、そのもとになる資料は存在しなかったと言うべきであろう。

　この 2 つのデータを検討すると、どちらの地点においても、二風谷ダムより上流の沙流川流域各地点で、時間雨量 3 ～ 18mm を超す雨が降り続いている 8 月 9 日 12:00 ないし 14:00 以降には、時間雨量わずか 1 ～ 6mm 程度の弱い雨が続いているにすぎず、激しい雨といえるのは、富川 観測所では 8 月 9 日 19:00、22:00、23:00、24:00 の 22 ～ 31mm が最大である。日高門別でも、データのない 24:00 を除くと、ほぼ同じ程度の雨量で、最大時間雨量は 24mm にすぎない。

　同じ時間帯の降雨量を、二風谷ダム観測点の時間雨量と比較すれば、19:00 には、18 mm と二風谷ダムのほうが少ないが、22:00 には 29mm、23:00 には 37mm と、いずれも富川 (22:00 に 22mm、23:00 に 23mm) や日高門別 (22:00 に 31mm、23:00 に 24mm) (注5) を上回る降雨が二風谷ダムでは観測されている。

　すなわち、4 つの樋門の内水流域だけに集中して他より激しい雨が降るという傾向は、9 日 24:00 までの降雨記録にはまったくみられないのである。このデータからは、台風 10 号にともなう激しい降雨は、二風谷ダムより上流の山側に集中して降っており、今後、数時間にその傾向が大きく変わるといった傾向はあらわれていない、とするべきであろう。

　しかし、富川、日高門別で、とくに 9 日 22:00 から時間雨量 20mm を超える雨が降りだしたことは、注目に値する。明らかに、このような雨は、富川、日高門別などの沙流川下流部ではそれまでにあまり降っていなかったからである。

　前述したように、それでも、時間雨量で比較すれば、同じ時間帯に、二風谷ダムやそれより上流では、それを上回る降雨が続いているのであるが、本流よりはるかに狭い内水流域においては、時間雨量 20mm を超す雨は重要である。

　したがって、10 日 1 時―1:05 の時点で、事業所長が行うべきことは、最新の雨量データをとりよせ、9 日 22:00 から 24:00 にかけて富川など沙流川下流域で降った時間雨量 20mm を超す雨が、その後も続いていたのか、降雨量がさらに増える傾向にあったのか、それとも、その後は減少する傾向にあったのか、という検討であった。

　しかし、事業所長が、9 日 24:00 以降の新しい降雨データでこれを検討したことは、これまで被告からまったく報告されていない。そもそも検討しなかったと判断せざるを得ない。

事業所長が、もし10日1時の降雨データを検討していれば、彼は、9日22：00から24：00にかけての時間雨量20mmを超す雨が止み、10日0時―1時には、富川でも日高門別でもわずか2mmの雨しか降っていないことを知ったであろう。また同時に、沙流川上流域でもそれまでに比較して降雨量は減少したものの、なお富川や日高門別のような沙流川下流域に比べると降雨量は多いことも知ったであろう。

これらすべての降雨データは、二風谷ダムより上流の降雨が、ほとんどつねに下流域での降雨を大きく上回っていることを示しており、それは当該樋門において、外水の水位を高める降雨要因が、内水の水位を高める降雨要因以上に強く働いていることを確実に予見させるものといえる。

被告は、第16準備書面においても、気象協会の流域雨量予測によれば、「引き続き朝まで33mmの降雨量が見込まれ」ていたことを強調する。しかし、第16準備書面の12p.においては、「引き続き朝まで33mmの降雨量が見込まれ、その後も外水位が上昇する可能性が高かったのである。」というかたちで引用され、同じ第16準備書面の16p.においては、「引き続き朝まで33mmの降雨量が見込まれ、その後も内水位が上昇する可能性が高かったのである。」とされている。

すなわち、気象協会の降雨量予測は流域内の特定の地域への降雨予測ではなく、流域全体への降雨予測であるために、たとえ朝まで33mmの降雨が予測されたとしても、それは外水位・内水位をともに上昇させる可能性がある、ということを被告自身が認めているのである。被告が主張するように、樋門に流入する支川の内水の流域だけに集中して降雨があり、支川の水位だけが上昇するという予測は、気象協会の予測からもあり得ない。

被告は、事業所長が退避命令を出した1：05の時点では、まだ1時の気象データを見ることはできなかったと主張するかもしれない。だが、もし、そうだとしたなら、まさにそこに、最新の気象データの入手を待たずに拙速に判断を下した河川管理者としての過失が生じるのである。

（4）内水域での降雨による流出について、事業所長は検討する資料を何も持ち合わせていなかった。

被告は乙42号証において、詳細なモデル計算を行っているが、当然のことながら、その計算は、この裁判のなかで初めて時間と労力をかけて行われたものであり、事業所長が、8月10日1時から1：05までの間に、そのような計算を概略でも行って、退避命令を出す判断の根拠としたという形跡はない。

被告は第11準備書面において、そもそも被告には、内水がどれだけ出るかについては全く責任もなく、内水側で氾濫した水を排除する責任もない、と強調している。本来そのようにわきまえていた被告には、10日1時から1：05のあいだに、当該樋門での内水が今後どれだけ増加するかを見積もるための資料もなく、そのための準備も最初からしていなかった、というべきである。

被告は、被告第二準備書面26p.において、「樋門を閉扉したほうが、開扉のままとするよりも、かえって内水位を上昇させて内水氾濫に伴う浸水被害を増長するおそれがあると考え、いずれの場合が結果的に被害を軽減できる可能性が高いかについて、当時把握していた情報を総合考慮した上で、開扉のままとするのが相当である判断し、」と主張する。

しかし、「いずれの場合が結果的に被害を軽減できる可能性が高いか」判断するためには、内水の流域に降る降水量を予測するだけでなく、その降水量が流出したとき、各樋門の周辺で内水位をどれだけ高めるかを予測できていなければならない。それには内水の流域での降雨とそれに伴う内水河川の流量と水位の変化についてのモデルができていなければならないが、内水がどれだけ出るかについては全く責任もなく、内水側で氾濫した水を排除する責任もない、とする被告がそのようなモデルをつくっていなかったのは当然のことであり、したがって、10日1時―1：05において、事業所長は、

6 Trial 訴える　　　229

そもそも、今後、内水がどれだけ増加するかを検討する手段すらもっていなかった、というべきである。

（5）結論1：事業所長は、樋門の開閉の可否について判断するために必要な情報収集を、それが可能であったにもかかわらず怠った。

　被告は、被告第二準備書面26p. において、「樋門を閉扉したほうが、開扉のままとするよりも、かえって内水位を上昇させて内水氾濫に伴う浸水被害を増長するおそれがあると考え、いずれの場合が結果的に被害を軽減できる可能性が高いかについて、当時把握していた情報を総合考慮した上で、開扉のままとするのが相当である判断し、本件各樋門の操作員を退避させるにあたっては、本件各樋門を閉扉する指示を出さなかったものである。」と主張するが、わずか5分間に、ここに明らかにしたような「すべての情報」をもとに、どのような「総合的考慮」を行ったかについての記述は何もされていない。
　行うために必要な情報収集を怠ったために、行い得なかったというのが実態だったからである。
　1時から1：05までの5分間に、樋門を開けたままと閉じる場合とで「いずれの場合が結果的に被害を軽減できる可能性が高いか」を「総合的考慮」にもとづき判断するためには、（1）内水位と外水位、内水位と外水位の水位差、およびその時間的変化に関する最新の情報、（2）降雨に関する最新の情報、（3）外水・内水とも、予測される降雨による流出によって水位がどれだけ上昇するかについての情報、がすべて得られていなければならないが、ここに詳述したように、事業所長がもっていたのは、外水位に関する情報と、内水位についてのきわめて不十分な情報だけであった。しかも、重要なことは、前述したように、これら（1）－（3）のすべての情報は、事業所長にとって、知ろうとすれば十分に収集可能な情報ばかりであった、という事実である。
　このように、集めようとすれば収集できた情報の収集を怠った結果、きわめて不十分な情報だけにもとづく判断に頼る状況のなかで、わずか5分間に、樋門の開閉に関し、「いずれの場合が結果的に被害を軽減できる可能性が高いかについて」どのような「総合的考慮」が行い得たであろうか。
　「樋門を閉扉したほうが、開扉のままとするよりも、かえって内水位を上昇させて内水氾濫に伴う浸水被害を増長するおそれがある考え」たことは、きわめて不十分な情報だけにもとづく事業所長の一方的な「考え」にすぎず、河川管理者として当然行うべき、収集可能なすべての情報に基づく「総合的な考慮」、客観的な検討とは程遠いものであった、というべきである。
　この意味で、被告第二準備書面の主張は、事実とは異なる虚偽の申し立てともいえる。

（6）結論2：河川管理者としての過失

　以上に述べたことから、10日1時―1：05において、事業所長が樋門の開閉に関し、「いずれの場合が結果的に被害を軽減できる可能性が高いかについて」そもそも的確な比較検討を怠ったにも関わらず、一方的に内水の影響だけを大きく見積もり、樋門を閉めることなく操作員を退避させる命令を下したことは、河川管理者としてきわめて大きな過失といわなければならない。
　河川管理者としての第一の過失は、内水、外水が拮抗するという微妙な状況において、つねに最新の情報を集める努力を怠り、判断を下したことである。とくに内水位と外水位、内水位と外水位の水位差、およびその時間的変化に関する最新の情報を得ることなく、たんに「まだ逆流は発生していない」という定性的な情報だけで、水門を開けたままの退避命令を出したことは大きな過失である。
　被告は、まだその時点では、逆流はしていなかったので、逆流の発生していないときには樋門を閉めてはならないという「水門操作要領」に忠実に従っただけであると主張するが、現地を熟知してい

る水門操作員のすくなからぬ人々が、水位のうえからは逆流が発生していないにも関わらず、樋門を閉めていることからも明らかなように、このような通常の規模を大きく超えた洪水の発生という緊急時には、マニュアルの規則よりも、現場での状況判断がより優先されるべきは論を俟たないであろう。

さらに言うならば、8月10日1時ころ、事業所長が、本部竹内治水課長からの電話を受けて伝えられたのは、同日0:50、すでに本部治水課から、北海道日高支庁に発令された、「沙流川水防警報（指示）第3号発令」（甲第一号証、129p.）の連絡であった。事業所長は、本部竹内治水課長から、同警報の着信の確認を行うとともに、切迫している堤防の危険性を伝えるために、門別町・平取町へ直接電話連絡するようにとの指示を受けた（被告第四準備書面6－7p.）のであり、それ以上ではない。

「切迫している堤防の危険性」とは、沙流川本流の水位が、「危険水位」を超えたという事実であり、それ以上のものではない。そもそも、沙流川では、「そこまで河川を安全に流すことができる」とする計画高水位が設定されており、計画高水位は、「危険水位」より高く設定されている。そこまでは安全に水を流すと自らうたっている計画高水位まではまだ余裕があるにも関わらず、危険水位を超えたからといってただちに操作員を退避させることが妥当であるか否かは議論の残るところであろう。

もちろん、危険水位とは、いっぽうでは破堤の危険が出てくる水位と定義されており、河川水位がそれを超えた時点で、水防活動に従事するものの避難を開始するひとつのポイントになっていることは確かである。しかし、いっぽう、そもそも水防活動とは何か、ということを考えてみれば、水防活動の基本は、堤防の決壊を可能な限り防ぎ、決壊によって失われる住民の生命・財産を最後の瞬間まで、守りぬく、ということにあるはずである。

たとえば、国の治水事業を担う国土交通省河川局と密接な関係にある財団法人「河川情報センター」が出している、国の河川事業に関する広報・啓蒙誌ともいうべき「PORTAL」No.65（2007年6月号）は、「地域の水害対応力を考える」という特集号であるが、そこでは今後の洪水に対する水防活動のモデルが利根川（熊谷市周辺を設定）を事例に紹介されている（23－30p.）。それによれば、水防活動は，河川水位の上昇とともに、以下のような5つの異なる段階に区分されている。

＊第一段階（水防団待機水位を超えた段階）：利根川上流河川事務所から「水防警報の発令」、その後も水位上昇が続いたため、河川事務所は、「水防警報・出動」を発令。水防団は堤防の見回りや、水防工法の準備を開始。
＊第二段階（氾濫注意水位を突破した段階）：国土交通省の巡視班から、堤防の洗掘箇所発見の第一報が水防団本部に入り、水防団は「水流し工」、「シート張り工」などの水防工法を実施。
＊第三段階（避難判断水位まで上昇した段階）：地方整備局と気象庁予報部は共同で「利根川上流部氾濫警戒情報」を発令、熊谷市長は、住民に「退避勧告」を発令。見回り中に水防団警戒隊が、「堤防にひび割れ」を発見。水防団長は、第三中隊に「五徳縫い工」の実施を指示。
＊第四段階（氾濫危険水位を突破した段階）：国土交通省地方整備局と気象庁予報部は共同で「利根川上流部氾濫危険情報」を発表。災害サポーターから「漏水箇所発見」の連絡を受けた水防団長は、水防団に「釜段工」、「月の輪工」の実施を指示。
＊第五段階（氾濫危険水位を超え、さらに水位が上昇を続けた段階）：内水氾濫が発生し、国土交通省の排水ポンプ車が出動。利根川上流河川事務所から「水防警報・支持」が発令され、水防団長は、「積土嚢工」「土留鋼板工」の実施を指示。近隣住民も協力して、堤防の天端に、土嚢積みが開始される。

これを今回の沙流川の洪水にあてはめれば、樋門操作員に退避命令が出されたのは、住民に「退避勧告」が出された第三段階、あるいは、「氾濫危険水位」を突破した第四段階にすぎず、水防団の活動

としては、まだまだ途中段階にすぎないことが明らかである。

　被告は、国が任命する樋門操作員は、地方自治体が組織する水防団とは組織的にもまったく異なるとし、同一には扱うべきではない、と主張するが、上記の利根川でのモデル・ケースでも明らかなように、また社会的通念としても、水防団は河川管理者たる国の河川管理責任機関の指示のもと、密接に連携して水防活動にあたっているのであり、第五段階に至れば、決壊寸前の堤防上で、生命の危険もあるなか、住民は必死に堤防の上に土嚢を積み、堤防からの越流を防止するのである。過去の水害においても、水防団と住民による必死の土嚢積みによって、堤防の天端まで迫った洪水が越流するに至らず、堤防の決壊を免れた例は少なくない。

　このようなことは社会的通念からは常識であり、管轄が異なるからといって、樋門操作員だけを早々と退避させていいものではないであろう。被告は、樋門周辺の堤防が完成堤防ではなく、暫定堤防であったことから、なお樋門操作員がそこにとどまると、生命の危険があったと主張するが、それならば、具体的にどこが暫定区間であり1：05の時点では暫定堤防と完成堤防、それぞれの区間で堤防天端と水位とのあいだにどのような差があったのか、樋門操作員の退避を不可能にするような状況があったとすれば、それは具体的にどのようなものであったかを図面等で示し、説明すべきであろう。

　すでに述べたように、二風谷ダムからの想定を上回る放流が1時ごろに予告された時点において、事業所長は、一般的な洪水の流速から考えても、放流による流量の増加に基づく高い水位が約20km下流にある富川で発現するには、まだしばらくの時間がかかることを明確に予見できたはずである。そうであれば、少なくとも、1：05の時点で直ちに樋門操作員を避難させる必要はない。前述したように、内水位と外水位の差がきわめて小さくなっていた状況においては、樋門操作員の安全を確保するために支援体制を強化するなど適切な処置をとりつつ、可能な限り樋門操作員に水位の推移を監視させ、樋門の開閉の判断をぎりぎりまで待つべきことは、河川管理者として当然の責務というべきであろう。これを怠ったことはまことに遺憾であり、過失というべきである。

3．河川管理者としての管理者責任について

　本件は、たんに大雨によって自然河川が氾濫し、被害が出た、という自然災害ではなく、計画を上回る洪水時に、被害が生じた現場のわずか20kmほど上流でダムの「ただし書き操作」がなされているという、きわめて限定された条件のもとで生じた水害であることを、明確にしておきたい。

　被告は、第二準備書面において、「河川の流出現象は、自然的要因と人為的・社会的要因が複合的に関与するもの」であり、河川工学の標準的な教科書を引用して、「河川の本川と支川それぞれの流出現象に絡む複合的要因に加え、河川の流量を支配する最も重要な要因である降雨が不確定要素を含む自然現象であることから、その結果生じる逆流も、一定の規則性をもって発生するものではない」とする。

　たしかに教科書的な一般論ではそうであろうが、本件のように、被害の発生した場所のわずか約20km上流に巨大なダムが存在し、かつ、計画を上回る洪水時におけるダムからの緊急的な放流の方法が、あらかじめ被告自身によって準備され、またその放流が下流の水位に及ぼす影響についても予測しうるような限定された条件のもとでは、本川と支川とのあいだにどのような現象が生起するかについての予測はじゅうぶんに可能なはずであり、これを一般論で論じることはできない。

　本件のように、「計画を上回る洪水時となった場合、ダムのただし書き操作が開始されると、ダムの流入量に流出量を徐々に近づける操作が行われる結果、本川の流量が増加することにより、外水位の上昇がもたらされる」としながらも、「ただし書き操作による外水位の上昇と並行的に、樋門流域の降雨による内水位の上昇が生じれば、内水位が外水位よりも高い状態で推移することも十分に考えられるのであり、その場合、逆流は発生しない。したがって、ただし書き操作を行っても、必ずしも逆流

が発生するわけではない」と被告は主張する。一般論としては、確かにそのとおりであるが、ここでは、2003年8月9日の深夜から10日の未明にかけて、二風谷ダムからの緊急的、かつ大規模な放流によって、そのわずか20kmほど下流に設置された3つの樋門で、本川である沙流川からの逆流が生じるか否かを予見できるかどうか、が問題なのである。意見陳述者は、可能な限り被告の主張にもとづいて、この予見性について検討を行ったが、詳しく論じたように、3つの樋門において、数時間後に、本川からの逆流が生じるであろうことは、十分に予見できた、と言わざるを得ない。もちろん、このような限定された条件下においても、自然現象に絶対ということはあり得ない以上、たとえ逆流の発生が科学的には十分に予見できたとしても、被告が強調するように、「絶対に逆流が生じる」とは言いきれないのも、また事実であるかもしれない。しかし、重要なのは、「3つの樋門において、数時間後に、本川からの逆流が生じるであろうことが、科学的には十分に予見できた」ということである。

さらに、忘れてならないのは、被告は河川管理者であり、流域の生命・財産を守る重要な任務を住民から委託されているという事実であろう。

そもそも被告は、内水については、河川管理者の管轄外であるとしている。そうでありながら、事業所長は、自らの管理責任の外にある内水が、今後、増加することだけを懸念し、自らの管理責任下にある外水が、今後数時間以内に急激に上昇し、堤防が破壊される恐れすらあると確実に予見されているのにもかかわらず、それに対する処置をとらなかったのである。

被告は、流域住民の生命・財産を守るために河川管理者が当然行うべき、また、行うことが十分に可能であった責務を自ら無視・放棄し、不確実な情報だけにもとづいて、住民に多大な影響を与える最終的な治水対策を誤って選択してしまった、といえる。

また、被告は、住民への避難勧告について第一義的な責任を負うのは市町村長であって、河川管理者の責任ではないと主張する。それでも、「もっとも、被告は、住民の身を案じ、門別町に電話し、北海道日高支庁から水防警報第三号を着信しているかの確認をするとともに、切迫している堤防の危険性を伝えたのであるが」と被告は、第16準備書面において、自らの責任ではないにも関わらず、あたかも親切心だけから、そのような連絡をおこなったと述べているが、これほど、社会通念に反した言説はないであろう。

そもそも河川法において、治水事業は住民の生命・財産を守るべき重要な柱として位置づけられていることは言を俟たない。また堤防やダムの建設、河川改修、あらゆる場面において、河川管理者である国は、これらの事業が、流域住民の生命・財産を守るために必須の事業であるとの説明をしているのである。そうでありながら、ひとたび洪水が起きれば、住民が居住する内水側での浸水には一切、責任はなく、生命にかかわる退避命令に関しても、まったく責任はないと言い張る被告の態度は、河川管理者である被告に全面的な信頼をおいている住民、納税者を裏切る言説であり、意見陳述者には到底、容認することができない。これは環境倫理上の問題でもあるといえるであろう。

もし、万一、今回の訴訟において、このような状況のもと、樋門を開けたままの退避が合法化されたとすれば、流域住民はいったいどのようにして身の安全を確保できるのであろうか。まことにそらおそろしい事態といわなければならない。

裁判長ならびに裁判官各位におかれては、国民が河川管理者に抱いている信頼を被告が損なうことのないよう、公正な判断をお願いする次第である。

4．被害についての科学的評価について

意見陳述者の考えでは、本件は、詳述したように、河川管理者として最も尊重すべき情報の収集・

確認を怠った結果、恣意的な判断にもとづいて誤った命令を下した管理者責任を第一に問うべきものであるが、原告は、被告に対して損害賠償を請求しているので、被告の誤った処置によって生じた被害の多少についても、最後に論じることにする。

　被告は、モデル計算を行い、樋門操作員に対し、3つの樋門を閉じないままに放置させた被告の指示によって、現実に沙流川の逆流が生じたのはコンカン樋門だけであり、栄町と富川D樋門においては、逆流さえ発生しなかったとしている。さらに、被告は、逆流によって生じた被害はわずかであり、原告が主張する被害の大部分は、逆流とは無関係な内水被害によるものであると主張している。いっぽう、原告は、これら3つの樋門すべてにおいて、被告の処置により本川の逆流が生じ、それによって原告の被害が生じたこと、さらに、二風谷ダムの湖底に堆積していた「ヘドロ」様の泥が、逆流によって家屋等に流入し、これがさらに被害を増大させてと主張している。

　これらの点について、現時点で考えうる意見を述べる。

　ダムの放流にもとづく逆流が生じる以前に、すでに内水被害が発生していたことは、目撃者の証言からも事実である。しかし、本川に比べてきわめて小さい支川による浸水被害と、圧倒的な流量や流速をもった沙流川本川の逆流による浸水被害とを同じ基準で評価することは妥当とはいえないであろう。とりわけ、家屋内に大量の「ヘドロ」様の泥質物質が堆積して被害を拡大したことも、多くの証言から事実と考えてよいであろう。

　原告が「ヘドロ」様の泥質物質と呼ぶものについては、被告が主張するように、化学成分その他から判断して、それを学術的に定義された「ヘドロ」と呼ぶことは適切とはいえない。しかし、特有の臭気や、きわめて細粒な粒度組成に基づけば、それを「ヘドロ」様物質と呼ぶことは、一般的な呼称としては許される範囲のものであろう。そもそも「泥」という言葉じたい、ほんらいは普通名詞であり、学術用語としては不適切な言葉だからである。正確には、粒度からいえば、「シルト、粘土の混合物」とでもいうべきものである。これらの物質は、細粒であるがゆえに、洪水時には、水中に浮かんだ状態で一気に運ばれるため、「浮遊物質」と呼ばれ、その濃度（SS）は、単位時間に運搬される浮遊物質の量の多寡を示すよい指標となる。

　原告のいう「ヘドロ」様の泥質堆積物が、原告の主張するように、二風谷ダムの湖底の堆積物であったかどうかは、現時点では科学的に検証されたとは言い難い。むしろ「ヘドロ」様の泥質堆積物の起源については、被告が提出した証拠書類（乙77号証）が、詳細な調査に基づいており、現時点ではもっとも信頼に値する科学的資料である。この資料によれば、本件の洪水時において、いわゆる「泥」からなる浮遊物質の濃度（SS）はすさまじい値に達し、かつ、ダムの放流地点より、下流に著しく増加していた。浮遊物質の濃度（SS）が二風谷ダムの放流地点より、下流で著しく増加していたことから、二風谷ダム下流で生じた洗掘（河床の侵食・深ぼれ）によって、もともと沙流川の河床や、大きな浸食を受けた氾濫原のへり、すなわち河岸からもたらされた物質が、SSを増大させた主要な要因であったと結論されている。また、このことから、「今回の洪水では支川および残流域からの土砂流入の影響は小さく、SS負荷量増加の原因としては考えられない」と結論づけている。

　したがって、原告側のいう「ヘドロ」様の泥質堆積物が、すべて支流から運ばれ、堆積したものであるという被告側の主張は、被告が自ら出した証拠書類における詳細な科学的調査結果によって、自ら否定されることになる。もちろん、逆流が生じる以前の内水氾濫において、支流からまったく「泥」が運ばれなかったとはいえないが、SS濃度の異常な増大をもたらした主要な要因が、二風谷ダムより下流の沙流川本流での激しい洪水流による侵食に起因することが科学的に検証された以上、内水氾濫域で家屋への被害を増大させた「泥」の被害は、すべてとはいえないまでも、その大部分が本流からの高いSS濃度をもった洪水流の逆流によると考えざるを得ないであろう。

　被告は、本流の逆流が始まるはるか以前からすでに内水被害が生じていたことから、原告が請求す

る被害について、そのすべてを補償する義務はないとの主張を行っているようであるが、家屋や畜舎などへの被害は、それがたんに浸水・冠水したことによるのではなく、本川からの洪水流が大量の「泥」をともなったことが原因であると原告が認識している以上、原告の被告に対する損害賠償請求は、十分に正当なものであるといえるであろう。

(終)

小野有五

【現職】　北海道大学大学院地球環境科学研究院統合環境科学部門　広領域連携分野　教授
【学歴】
1970年3月　東京教育大学　理学部　地学科　卒業（理学士）
1972年3月　東京教育大学大学院　理学研究科　地学専攻　修士課程修了（理学修士）
1975年3月　東京教育大学大学院　理学研究科　地学専攻　博士課程修了（理学博士）
【学位】　理学博士
【専門分野】　地形学、地理学、環境学、地球生態学、環境社会学
【職歴】
1975年6月　筑波大学　地球科学系　助手　（水理実験センター勤務）
1981年6月　筑波大学　地球科学系　専任講師
1984年4月-6月　パリ第7大学　自然地理教室　客員教授
1986年7月　北海道大学大学院　環境科学研究科　助教授
1987年12月　北海道大学大学院　環境科学研究科　教授
2005年4月　北海道大学大学院地球環境科学研究院　教授
【所属学会】
日本地理学会、日本地形学連合、日本第四紀学会、環境社会学会
【委員等】
日本地理学会評議員（1987－現在）
日本地形学連合評議員（1987－現在）
日本第四紀学会評議員（1987－現在）
日本学術会議・地球惑星委員会：地球・人間圏分科会委員（2006－現在）
日本学術会議・地球惑星委員会：社会貢献分科会委員（2007－現在）
文化庁天然記念物委員会委員（2002－現在）
財団法人・日本自然保護協会理事（2002－現在）
IGBP（国際地圏・生物圏共同研究計画）PAGES（地球古環境復元計画）日本代表委員（1996-2002）
北海道・千歳川流域治水対策検討委員会委員（1997-99）
【主著】
『地形学事典』（共編・共著）（二宮書店：1989）
『北海道の自然史』（共著：北大図書刊行会：1991）
『川とつきあう』（岩波書店：1997）
『ヒマラヤで考えたこと』（岩波ジュニア新書：1999）
『自然をみつける物語 1：川との出会い、2：森の時間、3：山のひみつ、4：島への旅』（岩波書店）1995-96）
「千歳川放水路計画」（五十嵐敬喜／小川明雄　編：『公共事業は止まるか』（111-124p.；岩波新書：2001）
『市民が止めた　千歳川放水路』（共編、共著）（北海道新聞社：2003）
『日本の地形：北海道』（共編・共著）（東大出版会：2005）
『自然のメッセージを聴く　──静かな大地からの伝言』（北海道新聞社：2007）
『トポフィリア』（共訳）ちくま学芸文庫（2008）
「サンルダム問題の現状と住民運動の今後」（姫野雅義ほか編・著『川辺の民主主義』98-110p.；ロシナンテ社：2008）
【主な学術論文】
国際学術雑誌に約40編；主要国内雑誌に約50編；
＊とくに河川に関する論文のみ以下にあげる。
岩舘知寛ほかと共著（2007）天塩川水系岩尾内ダム直下流域におけるヒゲナガカワトビケラ（*Stenopsyche marmorata* Navas）の優占　陸水学雑誌　68巻　1号　41-49.
長津　恵ほかと共著（2007）絶滅危惧種エゾホトケドジョウ *Lefua nikkonis*（Jordan and Fowler）の分布と生息環境．保全生態学研究（12巻、60-65p.）
小野有五（2003）「21世紀の公共事業と環境保全」『環境経済・政策学会（編集）、公共事業と環境保全（1-19p.）、東洋経済新報社、263p.
ONO, Y. (2002) Landform Conservation and Flood Control：the Issue of the Chitose Diversion Channel Project in Hokkaido, Japan, *Australian Geographical Studies*. 40 (2) 143-154.
小野有五（1999）市民のための川の科学　科学　69巻　12号　1003-1012.

森　由行ほかと共著（1997）北海道猿払川におけるイトウの産卵場所選択　野生生物保護　3巻　1号　41-52.
豊島照雄ほかと共著（1996）コンクリート化された河川流路における生息場所の再造成に対する魚類個体群の反応　日本生態学会誌　46　9-20.
小野有五（1995）ランドスケープの構造と地形学　地形　16巻　3号　195-213.
下田和孝ほかと共著（1993）知床半島における河川魚類群集の現状－特に人間活動の影響を中心に－　北海道大学大学院環境科学研究科邦文紀要　No.6　17-27.
小野有五（1992）地形学は環境を守れるか？　地形　13巻　4号　261-281.

【受賞】
『自然をみつける物語1：川との出会い　2：森の時間　3：山のひみつ　4：島への旅』（岩波書店）により第44回産経児童出版文化賞受賞（1996）
「地形学的研究による北海道の自然保護」により第1回沼田　眞賞（財団法人日本自然保護協会）（2001）
平成16年度河川功労者（社団法人日本河川協会）（2004）

（注1）この図面は、本文で引用した図4のことである。沙流川の流量がピークに達する時刻は明示されていない。小野は、それを1：20ごろと読み取ったが、被告は第20準備書面で、1：20ではなく、1時であると反論してきた。1時のほうが、実際には洪水ピークが早まるので、さらに深刻な状況だったことになる。

（注2）被告側の第20準備書面によれば、このFAXは、室蘭開発建設事務所管理課に送付されたもので、事業所長は当該通知を受け取っていない、とのことである。もし、そうなら、事業所長にこのような重大な情報を直ちに連絡しなかった室蘭開発建設事務所管理課の責任は大きい。

（注3）注1に同じ。

（注4）二風谷ダムでの時間雨量については、小野が誤って累積雨量を読み取ったために、時間雨量を60mmと過大に表記していた。実際は3～18mmであった。しかし、それでも二風谷ダムでの時間雨量が富川地区を上回っていたことにちがいはない。

（注5）ここでも、時間雨量の読み取りまちがいがあったが、やはり、二風谷ダムでの時間雨量は常に富川、日高門別の時間雨量を上回っている。

(2)「泊原発の廃炉をめざす訴訟」

(1) 3.11 以後　（日記より抜粋）

2011年3月11日（金）　大震災が起きた。ちょうど北大構内を移動中で、建物の外にいたため地震には気づかず、妻からの携帯で、東北で大地震が起きたこと、関東にいる息子夫婦とはまだ連絡がとれていないことを知らされる。札幌でも、かなり揺れたようだ。震度3らしい。あわてて、地球環境科学研究院で唯一テレビのある事務局長の部屋に行く。スイッチを入れてもらうと、すでに津波の第一波が押し寄せてきているところ。まっさきに思ったのは、震源にもっとも近い女川原発がこの地震と津波で大丈夫か、ということである。だが、情報はない。それからずっとテレビに映し出される津波のすさまじい映像にくぎ付けになる。ふしぎだったのは、誰ひとりテレビを見にくる者がなかったこと。ずっと一人で、見続ける。5時になって、すぐ帰宅。その後もテレビを見る。ようやくテレビに出たのは、女川ではなく、福島第一原発1・2号機の外部電源が失われ、原子炉冷却機能が停止、東電が緊急事態を通報、というニュース。えっ、なぜ福島？　と思ったが、福島原発の画像が映った瞬間、ついに恐れていた原発事故が起きてしまったのだ、と確信する。夜10時になると、外部に放射能漏れの恐れがあり、政府は半径3km以内の住民に緊急避難を指示、というニュースが流れた。わずか3km圏内の避難ではとうてい防げない。なぜ、すぐに50kmくらいの範囲で避難させないかと、ひとりで声を上げて叫ぶ。だが、それ以上の情報は入ってこない。息子夫婦、その他とはやっと夜になって連絡がつき安堵する。だが仙台にいる友人は、電話をかけても通じない。これから、どうなるのだろう、と思う。3月18日に予定している定年記念の講演会・パーティはどうすべきか、ちょうど午前中に、準備をしてくれている白岩孝行さん[注1]と会場の下見、打ち合わせをしたばかりだった。あのときは、まさかこんなことが起きるとは夢に思わなかった。もう、1週間後である。そんなことをやっている場合ではないのかもしれない。

3月12日（土）　朝から、新聞、テレビ、ネットにかじりつく、津波のすさまじい映像。なんど見ても、自然の圧倒的な力にただ茫然とする。北海道新聞では、

「仙台で200超す遺体」との見出し。とくに海岸に近い若林地区がやられている。友人の住んでいる地区だ。心配だが、無事を祈ることしかできない。原発の情報を集めるが、いま何が起きているのか、なかなかつかめない。だが、午前11時20分には、炉心水位が低下して燃料が90cm露出、14時には一部の溶融が確認されたと知る。一部ではなく、すでにメルトダウンが始まっているのではないか、と疑う。

　午後3時36分、第一号機の建屋が水蒸気爆発。どれだけの放射性物質が出たのか。どう流れるのか。風向きや風力はわかっているのだから、なぜ国はそれを予測して公表しないのか。政府は、避難地域を20km圏内に拡大したが、なんとも遅い対応である。しかし汚染は同心円では拡がらない。あくまでも風と地形だ、同心円で避難させるのではなく、原発周辺の風向きで、遠いところでも避難させるべきだ、そもそもこれだけの大事故で、まだ20km圏内といっているのが許せない。講演会・パーティはどうすべきか。もし、ここ数日で、さらに放射性物質の拡散が深刻になれば、中止するしかない。札幌でも、いろいろな催しが次々にキャンセルされている。とくに、津波の被害があまりにひどいので、被災者のことを思い、お祝い事は自粛、というムードも出てきている。しかし、なんでも自粛、というのはいやだ。こういうときだからこそ、集まって、顔を合わせ、お互いに話すべきだ。いい知恵もでてくるのではないか。講演会だけにして、パーティはやめるという選択もあるが、やはり講演会だけでは一方通行でもったいない。もともと別に華美なパーティでもないのだから、できれば交流したい。明日には決めなければならない。きょうの水蒸気爆発だけですめば、そして、高濃度の放射性物質の拡散が、東京や札幌までにも広がる事態にならなければ、やる方向で考える。本州からの参加予定者には、くれぐれも無理をしないよう、自分や家族の安全を優先してほしいというメールの文面を書く。

3月13日（日）　朝、白岩さんからメール、はるばる定年記念講演会に参加してくれるアラスカ大の吉川さん(注2)から、どうすべきかメールが来たとのこと。サンフランシスコ空港で、フクシマの状況を見ながら、ぎりぎりまで、検討するという。ゆうべ書いたメールを参加予定者に転送してもらうことを依頼。よほどのことがない限り、やる方向で決める。

原子力保安院は、事故を「レベル5」と評価した。スリーマイル島事故と同じレベルだというのである。冗談ではない。スルーマイルの原子炉は地震や津波で原発が壊れたか？　しかもあっちは、事故を起こしたのは1基だけ。こちらは少なくとも4基だ。とうてい、同じレベルではない。どうみても、チェルノブイリと同じレベル7である。東電や政府による事故隠し、深刻な事態を隠して、軽く見せる工作が始まっているのを感じる。NHKテレビでは、東大の原子力工学者の関村直人氏などが、しきりに、大きな問題はないと説明しているが、まったく信用できない。なぜ、京大の小出裕章さんや、原子力資料情報室の人たちを呼ばないのか。明らかに事故隠しである。高木仁三郎さんが生きておられたら、とつくづく思う。高木さんおられたなら、マス・メディアも無視できず、高木さんのコメントをとったに違いない。くやしい。一気に計画停電の話が出てきた。原発が止まれば停電という脅しに違いない。計画停電のニュースばかりで、肝心の原発の情報はたいしたものが出てこない。ネットで見る New York Times の記事のほうが、よほど情報がわかる。国内では情報が制限されているのだ。講演会・パーティ参加者の一部に、再度、メールする。

3月14日（月）　定年前、最後の教授会。定年で辞める教授は、必ず最後に挨拶のスピーチをする。原発事故のことを話し、地球環境科学を標榜する研究院として、環境への放射性物質の拡散について政府に情報公開を求めることなどを訴えようとしゃべりだすと、まだ5分も話していないのに、研究院長から、もうこれ以上しゃべるなと、ストップさせられる。これが25年間、教授としてはおそらく最も長くこの研究院に勤めた者への最後の対応かと、悲しくなる。原発問題をしゃべっても、教授会はシーンとしているばかり。生きものが絶滅に瀕しようと、何もせずただ自分の研究だけやっている生態学者、目の前の環境問題に知らん顔をし続ける科学者集団。これでは理学部の大学院と変わらない。この研究院は、少なくとも、「環境」という看板を下ろすべきである。25年間やってきたことはけっきょく、徒労だったのか。

　教授会を終えて部屋にもどり、ネットを開くと、午前11時に3号機も炉心溶融。水蒸気爆発のニュース。だが、画像で見た3号機の爆発は、1号機とは明らかに違う。まるで核爆発のように見える。何が起きたのか。枝野官房長官は「放射性物質が大量に飛び散っている可能性は低い」、「ただちに健康に影響

するレベルではない」と繰り返しているが、なぜそんなことがいえるのか。こんな状態で、住民はどうなるのか。

　NHK に出てくるのは御用学者ばかりで、言うことはひたすら事故隠し。民放の番組に、水俣病のシンポジウムにお呼びした原子力の科学史研究者の吉岡斉さんが出てまともな話をされたのに勇気づけられ、吉岡さんに、現状に対するご意見をうかがうメールを「新通史」(注3)執筆者でつくっているメーリングリストに投稿。この ML は、3.11 以後、僕にとって、原発事故をめぐるもっとも重要な意見交換の場となっている。吉岡さんはじめ、地震学者の石橋克彦さん、原発技術者の後藤正志さん、再生可能エネルギーにくわしい飯田哲也さんなど、専門家がたくさん入っているからだ。吉岡さんからは、わずか 1 時間ちょっとで、お返事がきた。

　　「全電源が長時間ダウンしている事態は前代未聞。何が起きても不思議ではない。1 基でも地震動で一次冷却系の破断が起きていれば、メルトスルーとそれにつづく水蒸気爆発で炉心と格納容器が木っ端みじんになる、という最悪のシナリオとなる可能性が高くなる。そうなれば総員撤退となり、無人のまま空焚きがじわじわと進行し、残る数基が次々と最悪のシナリオをたどることになる。運転中の 3 基が全て崩壊すれば、出てくる放射能はチェルノブイリ事故を 1 桁上回る。」

　というような内容。3 号機の異常な爆発を見たせいもあって、情報を出さない政府と東電に代わって、科学者がとにかくわかる範囲での情報を出すこと、政府と東電に圧力をかけて住人のために情報を速やかに出させるよう、働きかけるべきことを痛感。

　18 日の講演会のことが朝日、道新、両方で大きく取り上げられたせいか、札幌市長の秘書の方から電話が入り、講演会に市長が来てくださるとのこと。少し前に来られて楽屋で会い、忙しいので講演の途中で帰る予定という。その電話を受けた直後、市長と楽屋で会えるなら、それまでに被災者支援の会の準備会を開き、市長への要望事項を話しあうべきだと考える。札幌自由学校「遊」(注4)の小泉雅弘事務局長に電話。被災者支援の運動を起こすことをよびかける。賛同をもらえてよかった。18 日前に相談するといっても、17 日は準備があるので、16 日に集まることにして、それぞれのネットワークで連絡を始める。

3月15日（火） 朝7時のNHKニュースで、2号機の燃料が露出したことを知る。だが、すでにメルトダウンしているのではないか。吉岡さんにメール。吉岡さんも、かなり深刻な状況と判断されている様子。東京、筑波の親戚、友人たちに連絡する。空振りに終わってもいいから一時的避難を、と、13日から何人かに伝えてきたが、いよいよ、という感じ。静岡にいる息子夫婦も一時、札幌に呼ぶことを考える。政府は相変わらず、同心円状の避難区域しか設定していない。風向・風力・地形を入れた拡散シミュレーションはないのか？　筑波大のときに、近いことをやっていた人がいたことを思い出し、さっそく、メールする。彼らも、実は、入手できたデータでシミュレーションを今やっているとのこと、だが、そもそも国が、SPEEDIという、もっと精度のいいシミュレーションをやっているはずだということを知らされる。SPEEDIのことを知ったのはこれが初めてだった。すごいショック。国はなぜそれを公表しないのか。速やかに公表させるには、どうすればいいか、考えこんでしまった。

3月16日（水） 夜の2時にアラスカ大の吉川さんから、ぎりぎりまで空港で待機したが、成田上空での被ばくの危険が回避できそうにないので、来日はとりやめる、とのメールが入っていた、7時に返事を書く。SPEEDIを管轄しているのは文部科学省である。それなら、独立行政法人とはいえ、北大など大学を管轄している機関と同じではないか。いわば身内である。そこが、住民の命や健康を無視してSPEEDIの情報を出さずにいるのだ。直接、抗議したらどうだろうか。今から東京に飛び、文部科学省に行って抗議するとともに、その前で座り込み・ハンストのようなことを始めたらメディアも注目してくれるのではないか。だが、ヒラの教授がひとりでそんなことをやっても、官僚には相手にされないであろう。メディアも、これだけの情報管理がなされているところを見ると、けっきょく黙殺されるだけかもしれない。もっと有効な手立てはないだろうか……。だが、そう思うことで、実は逃げているのを感じる。いまさら講演会をやめるわけにはいかない。そんなことをしたら、最後になって大学を首になるかもしれない。お前は心の底ではそんなことを思っているのだ、SPEEDIが公開されれば、放射線にさらされなくてもすむかもしれない住民を、見殺しにしていいのか。

夜、エルプラザで、被災者支援の会の立ち上げのための準備会。けっこう人

が集まって感動。これまで福祉関係の市民活動はしたことがなかったので、初めて会う人も多い。とりあえず小野と小泉が呼びかけ人ということで、「東日本大震災支援・市民ネットワーク」準備会とし、3月25日に正式に立ち上げの会を開くことを決定する。18日は、市長に、市の施設に窓口をつくること、財政的な支援、市による公的な支援との連携をお願いすることを決める。

3月17日（木） ゆうべ一晩、考え、日本学術会議を動かし、そこから、文部科学省に働きかけるという作戦を思いつく。筑波大以来、知り合いであった安成哲三さんが、学術会議では、我々の地球科学部門の代表のような立場にあることを思い出し、安成さんを通じて働きかけてもらおうと決心する。大学に行き、祈るような気持ちで名古屋大に電話したら、運よく安成さんにつながった。これから新幹線で文部科学省に行くところだという。ギリギリで間に合った！

　明日、学術会議で、今回の大震災の対応について声明を出すための会議があるが、定年記念の講演会と重なっていて行けないので、意見を言ってほしいと頼む。だが、安成さんも明日は出られないという。それで急遽、会議に出す提言書をつくって学術会議に送り、安成さんを通じて提言をプッシュしてもらうことをお願いする。明日の講演や、参加者に配布するものの準備もまだ終わっていないが、とにかく提言を優先して、書きはじめる。

3月18日（金） 朝いちばんで提言書を学術会議と安成さんに送り、ついで「新通史」のＭＬにも転送して、協力を依頼する。東大の金森　修さんから、すぐに賛同のメールをいただき感激。安成さんからも、提言を支持する反応が複数の委員からあったとの知らせがきた。安成さんに感謝のメール

図5　退職記念講演会ポスター

を舞台裏で打ったのは、講演会（図5）が始まるわずか9分前であった。

3月19日（土）　きのうの講演会は、400人以上の参加者があり、成功であった。市長さんとも講演前に楽屋でお会いし、市民による被災者支援組織への協力を要請できたのは、大成功。ただ、講演会の参加者はほとんどが一般市民で、地球環境科学研究院からは、スタッフも学生もほとんど来なかった。あんなものには行くな、という指令が出ていたのでもあろう。最後まで、自分の所属する組織から徹底して無視されたのは寂しい。

昨日の午後、学術会議から出された声明は以下のようなものであった。

日本学術会議幹事会声明
東北・関東大震災とその後の原子力発電所事故について
2011年3月18日

　平成23年3月11日、三陸沖を震源地にマグニチュード9.0の巨大地震が発生し、東北地方太平洋沿岸を中心に広い地域を襲った巨大な津波を誘発して、多くの方々の貴重な生命を奪いました。この未曾有の地震と津波の犠牲者の方々には、心からの哀悼の意を捧げます。食料、飲料水、寝具、医薬品など、緊急な救援物資さえ敏速には届かず、寒さと飢えと病いに苦しみ続ける被災者の皆様には、一刻も早く暖かい救助の手が届くこと、膨大な数にのぼる行方不明の方々も早急に発見され、家族と再会できることを、強く祈念せずにはいられません。不屈の闘志を持って被災者の救出活動に懸命に努力されている多くの方々には、心からの感謝の意を表します。また、海外から寄せられた暖かい連帯と激励の言葉並びに敏速な救援活動に対しても、厚くお礼を申し上げます。これら無償のご厚意にお応えするためにも、日本学術会議はこの惨状の克服に向けたあらゆる努力に協力する覚悟です。

　そのためにも、今回の事態に照らして、災害の衝撃に対する日本の社会・経済システムの備えを厳しく点検しなおすこと、災害を予測・予防するために、学術がどこまで有効に貢献できるかを冷静に考えなおすことは、必要不可欠です。この再点検、再検討の作業は本格的な取り組みを要する中・長期的な課題ではありますが、現在も継続中の危機に有効に対処するために早急に必要な緊急作業も、決して少なくはありません。

　第1に、我々が現在直面している最大の問題は、東京電力福島第一原子力発電所の原子炉から放射性物質の漏出が起こっている非常事態です。その原因の究明と再発防止への議論もさりながら、放射能漏出による国民生活や健康への被害を最小限に留めるための対策は、喫緊の重要性を持っています。原子力関係の科学

者が、所属する省庁や研究グループの違いを超えて学術の《知》を結集して、少ない選択肢のなかで最善の選択がなされることを、心から願っています。

　第2に、未曾有の災害に直面して国民が覚える不安感は、直面するリスクに関する正確な情報が、必ずしも的確に伝達されていないことに起因することが少なくありません。たとえ深刻な情報であっても—むしろ深刻な情報であればあるほど—正確に国民に伝えられるべきものです。そうであればこそ、事態の深刻さを冷静に踏まえた適切な行動を求める呼びかけは、人々を動かす力となるものだと思います。放射性物質の漏出問題はその適例であります。

　第3に、今回の災害に対して、かつての阪神大震災の教訓を生かして社会・経済システムが設計されて、今回の自然災害に直面して有効に機能したかといえば、総量的には不足していない緊急な救援物資さえ被災者に敏速に届いていない事実が物語っているように、慄然とした思いを禁じ得ない実状にあります。津波による輸送網の破壊によって説明できる部分は限られていて、少なからぬ問題点はシステムの運用面に見いだされるというべきです。

　これらの緊急の作業に関して、人文・社会科学を含む学術の全側面を代表する日本学術会議は、必要な助言を行う意思と能力を持っています。
日本の学術の担い手を結集する日本学術会議は、今回の災害が顕示した日本の社会・経済システムの脆弱性を謙虚に受け止め、その改善の方策を真摯に模索して、次代に安心して引き継ぐことのできる新しいわが国の社会を構築するために科学と技術を活用する方法を、社会に向けて説明する責任を自覚して行動します。

　まあ、これが公式文書というものなのだろうか。まったくインパクトのない、冷たい文章である。なぜ、「SPEEDIを真っ先に公開せよ」と言えないのか。思いあまって、私の所属する、学術会議のなかの地球惑星科学委員会・地球圏・人間圏分科会のメンバーに、そこからも声明を出してほしいとのメールを書く。しかし、9分後にメンバーの入倉孝治郎氏から、すでに学術会議全体で声明は出しているのだから、さらに分科会で出すのはおかしいとの反論が来る。また、私が「放射物質の拡散についても、ドイツの科学者のシミュレーションしかネットで見られないという現状は、日本の科学者の能力のなさを世界にさらけだしているようなものではないでしょうか？」と述べたことに対して、いや、日本もSPEEDIのようなすぐれた技術をもっていると反論された。そうではなく、まさにそのSPEEDIの研究成果を政府が公表しないでいることを科学者がこのまま黙認することが、科学者の能力のなさを世界にさらけだしている、と言っ

ているのです、と説明するメールを打つ。それに対しては、入倉さんから、全面的に賛同しますとのメールをいただき、ホッとする。

　3.11 からつけてきた日記はここまでである。
　その後、3月23日になって、政府は初めてSPEEDIのデータを公表した。日本学術会議に働きかけて公開を訴えてきたことが実った結果なのかどうかはわからない。
　しかし、住民のもっとも深刻な被ばくが起きていたのは、3月14〜15日にかけてであった。20km圏内の強制的避難地域から、北西方向に避難した住民の多くが、原発からの距離は遠いにもかかわらず、かえって線量の高い地域にとどまり、子どもたちを外で遊ばせていた。20km、30km圏外だけが危険という情報しか与えられていなかったからである。典型的な行政の不作為であり、SPEEDIの公開、住民への周知をさせなかった文部科学省の責任者[注5]、たとえば原子力監の渡辺格氏や、原子力安全・保安委員会の、斑目春樹委員長などは、その責任を徹底的に追及されてしかるべきであろう。しかし、それだけではない。我々、科学者の責任は、どうなるのだろうか。私は3月15日までは、SPEEDIの存在すら知らなかった。無知も、罪であるかもしれない。が、知ってからあとは、私も不作為の罪を問われるのである。16日、あの日、すべてを捨てて、一人でも文部科学省に突入すべきではなかったのか、との思いが今もよぎる。
　けっきょく、学術会議地球惑星科学委員会地球・人間圏分科会から、独自の声明や提言を出そうという提案は、通らなかった。やはり、親組織が声明を出しているのに、分科会がさらにそれを超えるような提言をするのはいかがなものかという主旨の、入倉孝次郎さんからのメールが説得力をもったのであろう。それもわからないではない、しかし、原発事故による放射性物質の拡散に住民がさらされようとしているというとき、それに最も敏感に反応すべきは、すべての科学分野を網羅する学術会議のなかでも、「地球・人間圏」分科会なのである。そこが特別に声明や提言を出して何が悪いのか。
　しかし、状況は、もっと深刻であった。メールの最後に再録したように、すでに3月18日付で、日本気象学会理事長の新野　宏氏は、放射性物質の拡散

情報については国が一元的に管理すべきであり、研究者が自分の研究成果を独自に発表することは差し控えるべきだ、とのメールを学会員にメールで送っていたことがわかったからである。もしろん、不確実な情報を無責任に垂れ流すことについては慎重でなければならない、しかし、放っておけば、生命に関する危機があるなかでは、限られたデータにもとづくという限定をつけながらも、研究者は、自らのすべてをかけて、知りえた情報を公開すべきではないだろうか。いや、その前に、「放射線の影響予測については、国の原子力防災対策の中で、文部科学省等が信頼できる予測システムを整備しており、その予測に基づいて適切な防災情報が提供されることになっています。」というならば、学会のすべてが、国に圧力をかけ、SPEEDIデータの一刻も早い公表を迫るべきであった。気象学会はそのような努力をしたのであろうか。

　地理学会のなかにも、この分野に関連する研究者はいるのである。SPEEDIの存在を知っていた研究者は、個人として、また学会を動かして、国に働きかけることは可能であった。学会の集合体である日本学術会議こそ、まずそれをするべきであった。

　科学研究が、国の方針や政策に支配され、管理されてしまってはなるまい。研究者が、自らの研究を放棄し、国にすべてを委ねてしまうのは危険である[注6]。とりわけ、生命や健康に関わる問題では、予防原則を優先し、研究者は、国や行政の対応を監視するだけでなく、必要と思えば、それをとびこえて自らの信念で行動すべきであろう。

　SEEDI事件は、3.11以後、すべての科学者に重い課題を投げかけたといえる。

3.11 直後から 3.20 までのメールのやりとり

（小野以外のメールアドレスは削除した。メール本文はできるだけ原文のままとしたが、明かな入力ミスを訂正したほか、とくに個人情報に関わる部分は、削除した。メールの再録を許可されたそれぞれの発信者に感謝する。）

From　Takayuki Shiraiwa
To：　yugoono<yugo@ees.hokudai.ac.jp>
日付：　2011 年 3 月 13 日 10：06
件名：　Re：Earthquake... How are you?

小野先生
こんにちは。
すごいことになっておりますね。
　さて、金曜日のミーティングを受け、昨日参加者にリマインダーを送ろうと思いましたが、状況が状況だけに、躊躇しました。送るとすれば、本日送らないといけない期限になってしまいました。参加者の多くが住む西日本、東京、北海道の状況は平穏なので、開催は可能と思います。先生の最終決断をお願いします。
　下記のような吉川からの問い合わせも届いており、できれば今日中に連絡したいと思います。
白岩孝行

On 2011/03/13, at 9：47, Kenji Yoshikawa wrote：

白岩様
いま、サンフランシスコです。
明日の午後出発予定ですが、今一度確認です。
最終講義＆セレモニーは予定通りですか？
　地震後の状況が日に日に悪くなってきて、ついにアメリカ政府から日本への渡航自粛要請がでました。
　そちらの状況は多分それほど悪くないと思いますが、状況など教えてもらえると助かります。特に東京や札幌̶千歳の公共機関は平常通りなのですか？
それでは、
Kenji Yoshikawa

From： yugoono<yugo@ees.hokudai.ac.jp>
To： Takayuki Shiraiwa
日付： 2011年3月13日15：02
件名： Re：Earthquake... How are you?
定年記念講演会・パーティ　準備会事務局　　白岩さま
以下のようなメールを、講演会・祝賀会参加予定者の皆様に転送していただけますか？

　　定年記念講演会・パーティに参加を予定してくださっておられる皆様へ
　　M8.8という、明治以来、最大級の地震が発生し、大津波によって、多数の死者・行方不明者が出ています。また、以前から警告してきたことですが、福島原発では、予測したように冷却水のトラブルが生じ、メルトダウンの危険さえあります。このような状況のもとで、一時は、講演会そのものを中止、延期するようなことも考えましたが、すでに講演会のことが札幌だけでなく、道内で大きく新聞に報道されたこともあり、今から中止すればかえって混乱を招くこと、また、この機会に、たくさんの人に集まっていただければ、原発の問題や、被災者への今後の救援策などについて、みんなが話し合える場にもなること、また、救援募金を集めるにもいい機会になると考え、講演会は、福島原発や女川原発が最悪の状態になって、旅行、外出などができなくならない限りは、予定どおり行いたいと思います。またパーティも、このような時期に、ということも考えましたが、これも、みんなで集まって、いろいろなことを話しあうにはいい機会かもしれない、と思い、今のところは、予定どおり、やるつもりでおります。ただ、つくばでは、研究所、大学にもかなりの被害が出ているようで、それぞれ責任ある立場におられるつくばからのメンバーは、参加できなくなる可能性が大きいと思います。つくばの方々は、どうぞ、それぞれの職場やご自宅でのことを最優先していただきたき、くれぐれも無理はしないでいただきたいと存じます。
　　大変な状況にはなりましたが、これも、原発問題に関わってきた私に、何か行動せよ、という、自然からのメッセージではないか、と思っております。皆様を巻き込んでしまい、恐縮ですが、どうぞ、被害に遭われた方、原発に比較的近い場所におられる方は、ご自分、ご家族、友人、職場の安全を第一に考えていただき、講演会・パーティへの参加については二の次、三の次にしていただきたいと存じます。
　　ただホテルへの人数確定を遅くとも15日にはしなければいけませんので、恐れ入りますが、15日昼までに最終的なお返事をいただきたいと存じます。原発

の状況については、私も関わっております「原子力資料情報室」などの出す、より真実に近い情報をもとに、判断していくつもりです。政府発表や、原発推進派の電気会社、原子力保安院、東大教授が解説するNHKの報道はどうか信用しないでください。

　現実はもっと深刻です。最初の時点で、3km、10kmといった、いい加減な避難区域を設定した責任はきわめて重いと思っています。

　スリーマイル島の事故のレベルはすでに超えていますので、どうぞ、近い場所におられる方には、早めの避難をすすめていただきたいと思っております。メルトダウンを止められなければ、風向きしだいで、つくばはもちろん、東京も危険になりますし、北海道も安全とは言えません。そうならないことを、ひたすら祈るのみです。どうぞ、みなさま、くれぐれもお大事に。

　ひとりでも多くの方と18日にお目にかかれますことを祈っております。
2011.3.12
小野有五

From Yugo ONO yugo@ees.hokudai.ac.jp
To：新通史のM L
2011年3月14日・13：55
吉岡　斉さま

　TVで、解説を拝見しました。NHKは政府とそれに追従するだけの解説でしたので、ありがたかったです。ただ、吉岡さんには、もっと発言していただきたいと思っております。せめて、このMLでは、現状について、また科学者のとるべき態度について、いまつくられつつある歴史を、我々、新通史メンバーは考えるべきではないでしょうか？

　たまたま私は3月18日に定年記念の大きな講演会を北大で予定しておりまして、一時は中止も考えたのですが、むしろ、いま、開くことに意味があると考え、準備を手伝ってくださっている皆様に、さきほど下記のようなメールを送ったところです。三号機の状況は、スルーマイルの状況を超えており、きわめて危険、というのが私の解釈ですが、専門家としての吉岡さんのご意見をうかがいたいです。

よろしく、お願いいたします。
小野有五

　定年記念講演会の世話人のみなさまへ
　ご苦労さまです。

金曜から、睡眠時間を削って、原発関連の情報収集につとめていますが、、今朝から、ＴＶではいっさいの報道がなくなり、すべて、首都圏の停電報道一色になってしまいました。まるで戦時中の報道統制と同じです。北朝鮮と変わりません。大学もひどくて、何一つコメントを出しません。女川で2,000マイクロシーベルトの放射能が測定されたのを、政府は、福島原発から飛んできたと言っていますが、100km離れた女川に、そんな高濃度の放射能がきたのなら、20km圏の避難などまったくナンセンスと自ら認めたことになります。私は、そうではなく、女川でも漏れているのではないか、と思っていますが。
　100kmを飛んできたのなら、きのうの風向や大気拡散の理論でいくらでも科学者なら反論できるはずなのに、だれひとりそういうことを言いません。情報があまりに少ないので、慎重になるのはわかりますが、科学者もマスメディアと同じ、ということでしょう。
　報道が一切なくなった、ということは、最悪の事態が起きつつある、ということではないかと危惧しています。日本はいつもそうで、最後に、どうにもならなくなったときにしか、本当のことを市民には知らせません。
　もし、そうなれば、札幌でも外出できなくなりますので、講演会も中止せざるをえませんが、そうならない限りは、皆さまに集まっていただき、原発の問題、今後の支援について意見を交換する機会にしたいと思います。義捐金の募金もしたいと思います。
　アラスカからの吉川さんは、奥様の強い反対で、きょうの出発を延期している状況です。アメリカやヨーロッパのほうが、原発に関してはよほど的確な報道をつづけています。フランス政府は、東京にいる自国民の引き上げをきめたようです。当然でしょう。
　皆さまも東京、関東圏に親戚、友人がおられたら、できるだけ西に逃げる準備だけはしておくよう、ご連絡ください。
3月13日
小野有五

Hitoshi Yoshioka
2011年3月14日 15：06
Reply-To：yugo@ees.hokudai.ac.jp

小野様
お世話になっております。

福島では炉心冷却がうまくいってないようで、やきもきしています。
　一昨日の福島第一1号機の建屋崩壊事故の映像をみて、もしこれが圧力容器・格納容器の破壊をともなうものならば、「早め」に福岡に逃げようと思いました。「早め」というのは微妙な表現で、東京に高濃度の放射能が降るまでには、風向・風速の予測を考慮して2〜3日程度の時間はありそうだが、放射能雲がせまってくれば、みな我先に空港や駅や高速道路に殺到するだろうから、その直前までに高飛びすればよい、というほどの意味です。
　ただし私はこの問題のプロでもありますので、「船長が我先に船員・乗客を見捨てて逃げるのはよくない」という気持ちもあり、迷いました。結局、後者をとりました。公表されている線量を信用するならば、放出量からいえばまだスリーマイル島には及ばないと思っています。
　とはいえ10基の全電源が長時間ダウンしている事態は前代未聞です。何が起きても不思議ではなかったと思います。
　たとえば運転中の1基で、地震動で一次冷却系の破断が起きていれば、上記のような条件下では、メルトスルーとそれにつづく水蒸気爆発で炉心と格納容器が木っ端みじんになる、という最悪のシナリオとなる可能性が高くなります。
そうなれば原発周辺地域から関係者が総員撤退という事態となり、無人のまま空焚きがじわじわと進行し、残る数基が次々と最悪のシナリオをたどることとなります。運転中は3基（福島第一4〜6号機は点検中）なので、それが全て崩壊すれば、出てくる放射能はチェルノブイリ事故を1桁上回ります。
　「最悪の場合の被害規模」（リスク論でいう「ハザード」）に関しては、今回の「福島原発震災」のそれは、スリーマイル島事故やチェルノブイリ事故を1桁上回る未曽有のものです。
　その危険性がまだ消えていないのが、残念なところです。
　ただし東京は200キロ離れているので致死量はたぶん浴びないだろうし、2〜3日は時間がある、というのはせめてもの慰めです。
　海水注入というのは、駄目な作戦であることが、証明されるかも知れません。
以上はホラーのような話ですが、複数箇所で数百人の死体が無造作に積み重なるという、東日本大震災の津波被害がまさにホラー的であり、それがあるならこれもありうるという気がします。
吉岡　斉

---

yugo ono　<yugo@ees.hokudai.ac.jp>
2011年3月14日 15：21

To：Yoshioka
吉岡さま
　さっそくのお返事、ありがとうございます。たったいま、原子力資料情報室からのメールを見たところです。もちろん、まだ確認されたわけではないのですが。
　福島原発が東端にあるので、万一のことがあっても大部分は海上に流れ、東京はだいじょうぶかもしれませんが、最悪の事態になれば、たった200kmですから、いきなり致死量ではないとしても、相当な汚染になると思っています。
　いたずらにパニックをもたらすのも問題ですが、いっぽうでは、これくらいの危険もあるということを、科学者はもっと言うべきではないでしょうか。とくに、政府は、3号機も、うまくいった1号機と同じだから、という論理を使っていますが、MOX燃料を使っていることの危険性はいちども言ったことがありません。これも気になるところです。
小野有五

****

　　　　　　　　　投稿者：原子力資料情報室 投稿日時：2011/3/14 12：44：11
　福島第一3号炉の建屋の骨組みが壊れて、残骸のようなものがのこっています。吹き飛んだか、熔け落ちている。大きな火の玉が見えました。
　放射能の雲（キノコ雲）が立ち上がりのあとに、大きな塊が数個ぱらぱらの落下している様子が見えました。俯瞰の映像では、格納容器はみえません。
　プルトニウム燃料を装荷している3号炉ですから、燃料の融点が通常燃料より低いことから炉心熔融事故の危険が高い性質があります。
　周辺の放射線が上昇しています。この爆発で、かなりまとまった量の放射能が放出した可能性が高いです。
　西風にのった放射能運が海側に流れているため、東京電力の測定は放射能の実際の値を反映していません。
　東京に送られている原子炉のデータが信頼できる根拠はないと思います。
原子力資料情報室での放射線の測定結果
AM 12：00　0.05-0.10マイクロシーベルト／時
****

Hitoshi Yoshioka
返信先：yugo@ees.hokudai.ac.jp
日付：　2011年3月14日 22：37

小野様
　３号機がMOX燃料装荷であることを、政府も東京電力もマスコミも、ほとんど言及していないのは、困ったものです。
　小生のところには昨日、愛媛新聞記者から電話があり、詳しく教えてやりました。プルサーマルを実施している地域では一定の関心があるようです。
　２号機もピンチのようですね。東電作業員の初歩的な人為ミスが絡んでいることには、がっかりさせられます。緊張感がないのでしょうか。
吉岡　斉

From： yugoono<yugo@ees.hokudai.ac.jp>
To： Yoshioka
日付： 2011年3月15日7：13
件名： ２号機はどうなる？
吉岡さま
　7時のNHKニュースでは、冷却系が壊れて、海水の注入が止まっていること、燃料棒は完全に露出した状態が続いている状態で、これではメルトダウンは時間の問題ではないでしょうか。
　関村直人東大教授は、あいかわらずのんきなことを言っていますが、困ったものです。東京もいまのうちに逃げられる人は関西方面に避難を始めたほうがいいと私は思います。
小野

From： Yoshioka
To： yugo@ees.hokudai.ac.jp
日付： 2011年3月15日8：50
件名： ２号機はどうなる？
小野様
　相当にまずい事態だと思います。
　若い学生・生徒たちは、行き先があれば、逃げるのも有力な選択肢と思います。福岡の私の自宅では、亡妻のベッドがあいていますので、1名なら収容可能です。首都圏に残る人も、長期間の屋内退避を強いられる恐れがおりますので、物資を調達するのがよいと思います。
　とりあえず数万円程度の出費であれば、空振りに終わっても惜しくはないでしょう。（保存食や水は、長期保存もできますし。）

しかし電池はほとんどの店で、もう売り切れているようですね。
吉岡　斉

```
                                      From：  Kenji Yoshikawa
                                      To：    yugo@ees.hokudai.ac.jp
                                      Cc：    Takayuki Shiraiwa
                                      日付：   2011年3月16日2：05
                                      件名：   タイムリミット
```

小野先生
吉川です。
　今回は、いろいろご心配、ご迷惑をおかけしました。また、震災と重なりご心労のほど、心を痛めております。
　まもなく、金曜に到着可能なフライトの最終時刻の判断のときが、近づいて参りました。当初、アメリカでは放射能汚染状況が悪化するという予想がある反面、出発を遅らせれば、原発問題が収束するかもしれないと期待していましたが、予想通りの結果になってしまいました。連日渡航の日程をずらして今日まで来ましたが、残念です。心配していた航路上の飛行禁止区域も昨日やっと設定されたようですが、風向きなどを無視した現場30km圏内だけでは、日本へのアプローチや成田着陸混雑時のループ飛行などで簡単に被曝する可能性もあるのではと心配されています。ただ、上空の測定値がわからないので、何も議論できませんが……。
　その上、渡航自粛要請や帰国時のトラブルを考慮すると、やはり渡航を見送るのが無理のない判断かと思われます。
　あと数時間でデルタ航空に電話して、キャンセルの旨を伝えると思います。
このたびは、お手伝いができなくて、大変心苦しく思っています。申し訳ありません。近いうちに、またお目にかかることができると思いますが、どうぞ、お体には、くれぐれもご自愛ください。
取り急ぎ、心苦しいのですが、欠席の連絡をさせていただきます。
Kenji Yoshikawa
Water and Environmental Research Center
Institute of Northern Engineering
University of Alaska Fairbanks

```
From：  yugoono<yugo@ees.hokudai.ac.jp>
To：    Kenji Yoshikawa
日付：   2011年3月16日7：40
```

件名：　　Re：タイムリミット
吉川さま
　やめていただいてよかったです。僕もこの3日間ほど、ほとんど休まず情報を収集、ネットで、一緒に反原発運動をしてきた知り合いの原子力関係者と連絡をとり、市民にニュースを送ってきました。事態は、最悪のシナリオに近づいています。東京もあぶないので、知り合いには避難を勧めています。
　札幌で外出ができなくなるようになれば別ですが、そこまでいかなければ、18日はとにかくやるつもりです。いま、どうなっているのか。
　今後に向けて、何ができるのか、みんなで集まって考えるには、いい機会になると思います。札幌市長も、参加してくれるという電話がきのうありました。
　どうぞ、最悪の事態（事故を起こしている福島第一の原発がすべて、メルトダウン、メルトスルーして爆発する）だけは避けられるよう、祈っていてください。
　また、東京など関東圏に知り合いがいたら、早めに避難したほうがいいことを知らせてください。
　パニックになってからではとても逃げられません。
小野

yugoono<yugo@ees.hokudai.ac.jp>
2011年3月16日15：09
To Hitoshi　Yoshioka
吉岡さま
　一緒に活動している弁護士さんからのメールです。パニックにならないように留意することはもちろんですが、原子力資料情報室が中心になり、あるいは、科学者有志で、声明・勧告のようなものを出せないでしょうか？
小野

---------- 転送メッセージ ----------
From：Mori
日付：2011年3月16日14：40
件名：退避指示を促す
科学者の皆さん
　今日は更に事態が深刻化し、2号炉、3号炉では格納容器の破損の可能性を枝野官房長官が認め他との報道もあります。中央制御室には常駐できず、ときどきデータを確認に行く程度で、常時観測も不可能のようです。
　さらに4号炉と同様に使用済み燃料が3号炉などでも白煙をだしているとの

報道もあります。このような情報の中で、果たして20キロ退避、30キロ屋内退避などで間に合うのでしょうか？ 100キロ程度は避難する必要はないのでしょうか？
　私は科学者ではありません。しかし、科学者の皆さんがここまで来ればとりあえず安全という圏域を示して、政府に退避支持を促す、そのための交通手段を自衛隊などで用意させる、などの声明は出せないのでしょうか？
市川守弘

K. N.
2011年3月17日 11：50
To：yugo ono <yugo@ees.hokudai.ac.jp>

小野先生
　先だっての地震と津波で実家が被災しました。家屋と車は流亡したようですが、両親は逃げて無事でした。さらに原発の事故が重なり、再避難し現在茨城の親戚の家に身を寄せています。
　現地はガソリン不足が深刻で、みな身動きが取れない状況のようです。ガソリンが無いため、いとこの消防署員までも自宅待機が命じられたとか。
物資が安定するまで、まずは本日一部の親戚を札幌に一時避難させ、更に今後の対応を検討しています。
　以上のような状況なので、先生の講演会に行けるかどうかかなり流動的になってしまいました。ただ、現実には現段階で私のできることはあまりなく、気を揉んでいるしかありません。各地の惨状を見ますと、まだ生きてるだけ良かったと思います。家もなくなり逃げたことで、私も放射能汚染地域にあわてて突っ込んで捜索復興をする必要もなくなりましたし。
　テレビの映像を見ているうちに精神的にやられてしまいました。先生の講義に行けば懐かしい知り合いに会えますから、少し気分を立て直せるかとも思いますので、時間を見て参加させていただこうと考えております。
まずはご報告まで。

---

yugo ono <yugo@ees.hokudai.ac.jp>
2011年3月17日 12：11
To：K. N.
K. N. さま
　了解です、どうぞ、いまは、命をいちばん大事にしてください。

きのう、福島市にご家族がいて、動けないでいる方に送ったメール、転送します。ほんとうは、少しでも遠くに避難するべきときなのですが、それが無理なら、下記のような対策をとってください。

政府、NHK、TVを信用してはいけません。

小野

札幌市民による被災者支援の会の立ち上げを10時すぐまでエル・プラザでやって、さっきもどったところです。

きのうは、「みんたる」で、岩内で原発のウオッチを25年間やってきた斉藤武一さんの講演があり、いろいろ参考になりました。あとで、その要旨を送ります。

福島は70km離れてますし、ゲンパツの風上になることも多いので、いわきに比べればいちおうは安全圏といえるかもしれません。もちろん、最悪のシナリオになれば、札幌も危ないのですから、あくまで、このままの放射能漏れですめば、という意味です。これですめば、以下の対策でなんとかしのげるとおもいます。

外出はできるだけ避ける。

外出するときは：

頭髪につくととれにくいので、完全に頭髪を覆う。（シャンプーで洗っても落ちにくいそうです）

帽子も、服も、うすいものを重ねて着て、1～2時間、外に出たら、外のものからどんどん捨てる。

目は、スキー用のゴーグルで守る。

鼻。口はマスク。インフルエンザを防ぐ体制でいい。

部屋にもどるときは；

服は捨てる、よく鼻をかむ（使った紙は、袋で密封）、うがいをする。

部屋では、なるべく中心にいて、窓きわによらない。まどは、隙間をガムテープなどでシール。暖房器なども、外気をとりいれるタイプ（FF式？）はつけてはいけない。換気扇もダメ。

といったルールを守れば、なんとかなるそうです。

18日は、どうするか、考えましたが、いま、みんなが集まることが重要と思い、やることにしました。

きのう、札幌市長も聴きに来るという申し込みがあり、嬉しかったです。

それもあって、きょうは、市民での支援をみんなで考え、いくつかの提案もでてきているので、それを上田さんにお願いしようと思っています。

そういう意味でも、やる方向にしてよかったと思っています。

もちろん、今後、札幌でも外出が危険になるような事態になれば、また検討しますが。

パーティも、「交流会」的なものにして、やる予定です。いらっしゃれないのは残念ですが、大学で、ヴィデオを取り、ネットで流すそうですから、見ていただけるでしょう。
では、くれぐれもお大事に。
小野有五

以下は、きのう、市民活動している人たちに送ったメールと、それまでのいろいろなやりとりです。参考までに。

―――――――――――――

みなさま
　現状の把握に追われてお返事が遅くなり、すみません。
状況はますます悪くなっており、あとは、水の注入と圧力の除去がうまくいくかどうかにかかっています。しかし五分五分ではなく、7：3くらいで分が悪いと言うべきでしょう。
　チェルノブイリとの比較ということですが、まず専門家である吉岡さんのメールを読んでください。むしろ、それより状況は悪いというのが、古岡さんのご意見です。もちろん、現状ではありませんよ、今後、水の注入・圧力除去に失敗し、格納器そのものの爆発が起きれば、という前提です。
　ですから、今の時点では、いくら今出ている400〜1,000ミリシーベルトが続こうと、東京には致命的な影響はありません。ただ、北風ですから、数時間後には、影響がでる可能性はありますが、これだけなら、家の中への退避だけで十分です。
問題は、あくまで、最悪の事態になったときで、その確率が7：3くらいで高まっているというだけです。
　2号機がこっぱみじんになると、隣接する1号、3号、続いて4号もいかれる可能性があるでしょう。こんな事故は、チェルノブイリの何十倍の被害になります。
原子炉の構造がチェルノブイリとはちがうから、とみんな言っているようですが、もうそんなことは関係ありません。いまは、こちらのほうが深刻なのです。
　最小限、2号機だけで済んだとしても、チェルノブイリでは、やはり200kmが直接の強い被災圏ではないでしょうか？　もちろん、放射能は1,000km単位で飛散しますが、濃度は距離とともに指数的に薄くなるので、遠いところほど、また、放射能は地上から数百メートルの風で運ばれやすいので、その日の風向きが決定的に重要になります。
　日本は上空ではつねに偏西風ですので、基本的には東へ飛ばされるでしょうが、数百から1000mくらいのところは、天気予報でみるように、いろいろ風向が変わりますので、きょうのような冬型なら、南に流れて茨城・東京があぶなくなり、これ

から暖かくなって南風になると、北海道へもくることになります。
　被害その他については、ネットで、チェルノブイリのウイキペディアでも見ていただくのが早いでしょう。セシウムなどの拡散した範囲が色分けででています。
　原爆とちがって、原発事故では、今後、1年以上かけて、核分裂が続き、放射能が出続けるので、トータルの量は、原爆の数倍、数十倍になります。そこがこわいところです。ただ瞬間の値は、爆弾ではないので、小さいですし、破壊を目的にはしていないので、その範囲も限られるでしょう。だからこそ。避難が有効なわけです。
　ただ、放射能汚染の影響は長く続きますので、もどって生活ができるかどうか、は別問題です。原爆なら、数年後には復興できますが……
　逃げろ、というのは、あくまでも、1つの選択肢です。今なら、まだパニックになっていないので、交通もマヒしていない、だから、危ないと思った人は今のうちに避難すればいい、少しでも西にいけば、風上になるので、より安全ですよ、と言っているだけです。
　移動が無理な方は、今後、外出できなくなったときのことを考えて、水、食料の備蓄をするほうがいいでしょう。放射能汚染の心配は残りますが、物流がとまるわけではないでしょうから、一時的にしのげれば、あとはなんとかなるでしょう（としかいいようがありません）。
　政府や東電の公式発表は、最悪の事態になってからしかないと思った方がいいです。時間がないので、すみません。とりあえず。
小野

From　yugoono<yugo@ees.hokudai.ac.jp>
To：　新通史グループ
日付：　2011年3月18日8：50
件名：　Re：ご教示ください
みなさま
　きょう。学術会議で、「いまわれわれにできることは何か」という会議が開かれるようです。以下のメールをおくりました。
　皆様も送ってください。あとで、アドレスをお知らせします。
小野有五

　学術会議事務局御中
　　北大、地球環境科学研究院教授で、第三部・地球惑星部会の委員をしております小野有五と申します。安成哲三さんより、きょうの会議のことを伺い、出席

できませんので、意見を述べさせていただきます。

　3月11日の事故以来、福島原発では、危機的な状況が続いていますが、政府や東電の対応、また、ＮＨＫや民報の報道は、きわめて安全を強調するものであり、いま起きている危機的な状況を的確に伝えているとは思えません。
　私は原子力の専門家ではありませんが、活断層の研究を通じ、また環境科学の専門家として、現在の状況につき、原子力の専門家とも密に連絡をとり、海外の情報も集めて、より真実に近い状況の把握に努めてきたつもりです。
　その方々のご意見をあわせても、現在の状況は危機的であり、チェルノブイリ、あるいはそれ以上の大事故につながる瀬戸際であると判断されます。
学術会議としては、科学者の立場から、

1：政府、東電に対し、より正確な情報の開示を求める。
　とくに放射能測定値は、場所により、また時間的にも変動するものですから、1ヶ所の、しかもたまに出すのではなく、可能な限り連続的に、1〜4号機の周辺、少なくとも数地点でも測定値にもとづき、分布図として示すことを要請する。
2：アメリカ、フランスなどはすでに80km圏内からの避難を要請しており、日本政府の危機に対する認識・対応はきわめて甘いと言わざるを得ない。早急な、避難体制を整備し、すみやかな避難を進めるべきである．
　とくに、20〜30km圏内で、家の中に、補給もなく待機させられている住民はただちに救済し、より遠方に避難させるべきである。また、首都圏の住民にも、自己判断で、逃げられる者はできるかぎり退避するよう、勧告すべきである。そのために、政府は最大限の便宜をはかるべきである。
　また、大気拡散の専門家による、放射能の移動方向について、刻々の風向きにあわせ、情報を出すべきである。
3：最悪の事態を防ぐためには、水をかけるしかないのは明らかである。現在、作業員が命がけでその作業を行っていることには深い敬意を表するが、政府・東電は、いま利用できるすべての力を結集し、自衛隊だけでなく米軍などにも協力をあおいで、これ以上の、反応が進み、爆発に至らないよう、全力をつくすべきである。

　時間がありませんので、最小限にしましたが、どうぞよろしくお願いいたします。科学者として、いま、まさに言わねばならないことだと思います。学術会議には原発推進の委員もおられると思います。しかし合意の形成に時間をと

られていると機会を逸します。組織のリーダーとしての決断を強くもとめたいと存じます。
北海道大学地球環境科学研究院教授
小野有五

---

cc 安成哲三さま
From： yugoono<yugo@ees.hokudai.ac.jp>
To： 新通史グループ
日付： 2011年3月18日8：52
件名： Re：ご教示ください
みなさま
　たくさんの意見を送ってほしいです、そうすれば、学術会議も考えるでしょう。どうぞよろしく。
小野
以下、学術会議からの案内通知です。

日本学術会議会員・連携会員の皆様
　今般の震災を受けまして、このたび、下記の要領により、日本学術会議緊急集会「今、われわれにできることは何か？」が開催されることとなりました。開催の趣旨につきましては、本お知らせの末尾にあります金澤日本学術会議会長からのメッセージを御覧ください。
　大変急なことでございますが、御都合の許す限り御出席をいただければ幸いです。

記

日　　時：平成23年3月18日（金）午後3時から5時まで
場　　所：日本学術会議講堂（東京都港区六本木7－22－34）
※　御参加の方は、以下の連絡先まで御連絡ください。
日本学術会議事務局　審議第二担当
Email：s253@scj.go.jp Tel：03-3403-1056
※　今回の緊急集会につきましては、御出席に係る旅費・手当は支給されませんので御了承ください。また、このお知らせは、被災地域の会員・連携会員の方々にも届いているかと思われますが、どうぞ御容赦くださいますようお願い申し上げます。

（以下、金澤日本学術会議会長からのメッセージ）

日本学術会議緊急集会「今、われわれにできることは何か？」開催のお知らせ
日本学術会議会長　金澤一郎
日本学術会議会員・連携会員の皆様
　日頃から日本学術会議の活動にご賛同、ご協力賜わり感謝申し上げます。
　このたびの史上最悪となりました東北関東大震災に直面し、科学者の立場から国民に対し何がしかのメッセージを発するべきではないかとお考えの方もおいでのことと思います。
　わが国の学術は厳しい自然環境との戦いの中で発達してきたといえます。今回の災害は、人類の幸せを追及することを目的として精進してきたわれわれ科学者に自然の力の強さを見せつけ、科学・技術の力の限界をあらためて認識させる結果となりました。
　また、自然災害の二次災害である原子力発電所からの放射性物質の漏出については、我々科学者に大きな課題を残すこととなりました。
　災害の復旧、原発の修復に献身的に努めておられる関係者の方々に心から敬意を表するとともに、我々は学術の立場から今後どのような貢献ができるのか、我が国のこれからを見据えた復旧へのメッセージを国民に伝えることが求められています。
　このような状況に鑑み、大変急なことではありますが、科学界、産業界、メディア関係者などの方々との意見交換を行う機会を持ちたいと考えております。交通網が完全に復帰していない状況ではありますが、以下のとおり会合の場を設定いたしました。万障お繰り合わせのうえ、ぜひご参集下さいますようお願い申し上げます。
日　　時：平成23年3月18日（金）　午後3時から5時まで
場　　所：日本学術会議講堂（東京都港区六本木 7 - 22 - 34）

==

From：　Osamu　Kanamori
返信先：　新通史グループ
日付：　2011年3月18日 9：17
件名：　Re：ご教示ください

みなさま
　執筆者でもないのに口出しすることをお許し下さい。
　東京大学・教育学部、金森 修です。

小野先生のご提案、お考えに全面的に賛成します。
　どうも昨日辺りから、原発関連情報の全体の情報量が微妙に減っているような感じがします。或る種の統制が入っている可能性さえないとはいえず、これは客観的な危険性・安全性の判断のためには極めて重大な事態だとおもわれます。
　パニックを起こすことを避ける、といういかにも公益的な言葉の陰で、一種の隠蔽が行われ、事態が本当に収拾がつかなくなったときに誰か第三者に指摘される（例えば外国から）などというときになったときの大混乱を誘発させることは、絶対にあってはならないことだとおもいます。
　最低限いえることは、危険性も含めた、客観的情報をより積極的に発信することを当局、国家に強く要請すべきだということだと思います。
金森　修

YASUNARI Tetsuzo
2011年3月18日 10：42
Reply-To：日本学術会議
Cc：yugo ono <yugo@ees.hokudai.ac.jp>,

学術会議事務局御中：
第三部会員（環境学委員会、地球惑星科学委員会）の安成です。
小野有五氏からのご提案に全面的に同意いたします。
今、学術会議がすべきことは、一般的な声明などよりも、
科学者、専門家集団として、現在進められている震災復興および
原発の危機回避のためにできる具体的な提言と行動かと考えます。
本日の会議には、残念ながら出席できませんが、
金澤会長にもぜひお伝えいただければ幸いです。

From Yasunari Testuzo
2011年3月18日 12：25
Reply-To：　yugo ono <yugo@ees.hokudai.ac.jp>,

小野様：
おかげさまで、地球惑星科学委員会には一挙にポジティブなレスが拡がり、
今日の会議には、地球惑星科学委員会の幹部である北里、中島両会員が出席して、
小野さんからの提案も含めて、意見を出してくれるようです。
取り急ぎ、ご連絡します。
安成

yugo ono　<yugo@ees.hokudai.ac.jp>
2011年3月18日 13：51

To：yasunari
安成さま
　ありがとうございます。これから定年記念講演会です。札幌市民400人に話します。
　学術会議としては、とにかく科学的な情報の公開、科学的に納得のいく説明をもとめる。
　放射能の拡散について、日本の科学者にデータを公開して、科学的な警報をいつでも出させるようにすること、などをメインにしたらどうでしょうか。
　よろしく！！
Ono

yugo ono <yugo@ees.hokudai.ac.jp>
2011年3月19日 18：50
To：日本学術会議地球惑星科学委員会地球・人間圏分科会各位

日本学術会議地球惑星科学委員会
地球・人間圏分科会各位
　NHKなどで流される、政府や東電、原子力保安院による報道や、「専門家」による解説がきわめて一方的であり、現状を的確に反映していないように思われること、また、地球科学的、環境科学的、防災科学的な観点からみて、あまりに問題が多いと考えられることから、科学者の最高機関である学術会議から、
1：できる限りの情報の公開
2：科学的に公正な説明（複数のちがった意見・解釈の発表）
3：予測されるさまざまな被害やそれらへの対策についての検討・一般への周知
などを求める声明を緊急に出すべきであると、17日になって安成さんに働きかけました。
　その結果、安成さんが動いてくださり、18日午後の「科学者はいまどうすべきか」という会議で検討いただき、下記のような声明が18日のうちに出されました・なにも、出さなかったよりは、はるかによかったと思いますが、内容を拝見すると、きわめて不十分で、これでは、政府が聞いてくれるとは思えません。
　より、具体的な追及が必要ではないか、と思っております。
　また、もうひとつの問題は、科学者自身が、どういう行動をするのか、この声明では、きわめてあいまいで、責任のがれとも見えるいい方をしていることです。
　ひごろ、研究者のアウトリーチの必要性が強調されていますが、このような危機的状況にある今こそ、科学者が、政府と市民に対して、科学的な見地から疑問点や意見を述べるべきではないでしょうか。

火山防災の第一人者である、岡田　弘さんと、きのうも話しましたが、最悪のシナリオも含めて、そうならないようにいま、どうするべきかを、市民には公開するのが、防災上は、もっとも重要であると言っておられました。
　安全だ、安全だと繰り返して、ほんとにお手上げになったときに、さあ逃げろというのは、少なくとも科学者としてはあまりに無責任だと思っています。
　放射物質の拡散についても、ドイツの科学者のシミュレーションしかネットで見られないという現状は、日本の科学者の能力のなさを世界にさらけだしているようなものではないでしょうか？
　それはパニックをもたらすとは思えません。可能な限り、風向と、それによる拡散の状況を示すことで、避難はより円滑にできるはずです。
　またNHKなどによる初歩的な解説のあやまり（これも政府や東電が意図的にやらせているのかもしれませんが）も、問題です。
　一回のレントゲン検査で浴びる線量より、測定値が低いから安全、という言い方がよくされていますが、測定値はあくまで、放射能を1時間浴びたときの量に過ぎません。住民は何日もそこにいるわけですから、結果的に、実際に浴びる放射線はその数十、数百倍にもなります。
　地球科学、環境科学、防災科学に専門家が集まっている、地球・惑星部会こそ、緊急に、声明をだすべきであると思います、どうぞよろしくお願いいたします。
北海道大学教授
地球・惑星部会連携会員
小野有五
　　　---------- 転送メッセージ ----------

From：日本学術会議事務局
日付：2011年3月18日16：00
件名：【SCJ】「日本学術会議幹事会声明 東北・関東大震災とその後の原子力発電所事故について」の発出（お知らせ）他－ 学術会議ニュース・メール No.290
　以下に、高木仁三郎さんがつくった「原子力資料情報室」がきのう出したメッセージを転送させていただきます。東海村の事故のときは、ここから出された情報が、海外ではもっとも信頼されていました。政府・東電、報道機関からの情報は、きわめて強くコントロールされており、正確な現状を伝えているとは思えません。いまこそ、科学者が、一般の人々が不安や疑問に思う点について、可能な限り説明するべきではないでしょうか。
　説明できないのが、政府、東電、原子力保安院による情報コントロールにあるとすれば、必要な情報の公開を強く求めるべきだと思います。

原子炉、原発そのもので起きている現象についてもそうですが、とくに9．に関連して、安全な避難のためには、風向と、放射線量から、大気中の拡散について、さまざまなシミュレーションを行うべきであり、それに応じた、避難や、補給などについても検討することは、まさにわれわれの仕事ではないかと思います。

　時期を逸することなく、的確な対応をするには、早急な検討が必要です。どうかご検討をお願いいたします。

小野有五

福島原発の危機について私たちは考えます
原子力資料情報室からのメッセージ
2011年3月18日　原子力資料情報室

1. 私たちは、3月15日に「福島第一原発及び同第二原発の今回の事故は、原発の設計条件においては考えられていない想定外の過酷事故であり、極めて深刻な事態が続いています」と述べました。残念ながら、本日までこの状況は変わっていません。
2. 現場の作業員の方々の努力なしには、この危険を回避することはできません。作業員の方々は、極めて高い被曝の危険があるにもかかわらず、破局的な事態を回避するために、日夜奮闘されています。私たちは、最大限の感謝を表明します。
3. ところで、事故以来、私たちには「何キロまで離れれば安全か」という問い合わせが殺到しております。
4. しかし、この質問に対して、具体的に「何キロ」と回答することは困難です。私たちには、現状の正確な情報が乏しく、また、今後の状況を予測することも困難なことが大きな理由です。また、避難するかどうかは、原発からの距離や放射線レベルだけでは決められません。家族構成、生活環境、周りの人々とのつながり、避難先および避難手段の確保など、条件はさまざまだからです。
5. 放射能は、妊婦（胎児）・幼児・子供には影響が大きく現れます。これらの方々は、福島原発からできるだけ遠くへ避難した方が安心です。
6. 遠くへ避難できない場合には、建物の中に入り外気に触れるのを避けること、雨には極力当たらないことが、被曝を避けるためには重要です。
7. 現状では、放射能が大規模に放出されるような事態には、至っていません。しかし、今後、そのような最悪の事態が生ずる可能性は否定できません。その場合には、政府が設定している現在の避難範囲では、不十分なことは明らかです。
8. 最悪の事態に至る可能性がある具体的な事象は、原子炉水位のさらなる低下による核燃料の溶融（メルトダウン）、大規模な爆発、使用済み燃料プールからの放

射能大量放出などがあげられます。
9　政府および東京電力は、これらの事象につながる状況の変化について、迅速かつ正確な情報提供をするべきです。特に、放射線量の測定は、政府および東京電力だけではなく、各自治体や民間でも測定されています。政府は、これらのデータを収集して、誰もが容易にアクセスできるような体制を速やかに構築すべきです。

Kojiro Irikura
2011年3月19日 18：59
Reply　To：yugo ono <yugo@ees.hokudai.ac.jp>,
CC 日本学術会議地球惑星科学委員会
地球・人間圏分科会各位

小野　様、皆　様

　内輪もめのような議論はすべきではないと思いますので、議論の蒸し返しは避けたいと思います。小野さんのお気持ちは十分理解しますが、安成さんが言われる地球惑星科学委員会の企画委員会からの声明は不適切と考えます。

　昨日開かれた日本学術会議緊急集会「今、われわれにできることは何か？」に 私は出席していましたが、その中で原子核工学の専門家が米国の80kmの避難勧告は一定の仮定に基づいた試算に基 づくもので、仮定がどの程度正しいかは検証が必要と述べていました（趣旨としてを書いたので、正確にはこのような言い方ではないことお許しください）。地球惑星科学委員会企画委員会が米国の情報を分析したうえで声明に盛り込むのなら分かりますが、どうもそうではないことが大変気になりました。

　学術委員会として声明などの情報を発信する場合、伝聞に基づくのではなく、専門家集団としてみずから確認した情報に基づいて行うべきと思います。
入倉孝次郎

Kojiro Irikura
2011年3月19日 19：27
Reply- To：yugo ono <yugo@ees.hokudai.ac.jp>,
CC 日本学術会議地球惑星科学委員会
地球・人間圏分科会各位

小野　様、皆　様

　先程のメールで、重要なことを書き忘れてしまいました。
　放射物質の拡散についても、ドイツの科学者のシミュレーションしかネットで見られないという現状は、日本の科学者の能力のなさを世界にさらけだしているようなものではないでしょうか？

この問題は大変重要と思います。昨日の緊急集会で報告者の田中俊一氏から「放射物質の拡散」の評価はSPEEDIといわれるもので、日本では、原子力技術センターという機関が評価し発表することになっている、ということが、明らかにされました。それに対し、出席していた同センターの所長が、自分のところではきちんと計算し、関係の政府機関に報告している、その情報を公表については同センターではなく、政府判断ということでした。
　あまりにも明らかですが、この問題は決して「日本の科学者の能力のなさ」とは異なると思います。SPEEDIについてインターネットで調べれば、いくつかの日本の関係機関で解説が述べられていることからも分かります。このような問題こそ日本術会議として政府に情報公開を要求すべきことと思います。
入倉孝次郎

---

yugo ono　<yugo@ees.hokudai.ac.jp>
2011年3月19日 22：08
To：irikura
CC 日本学術会議地球惑星科学委員会
地球・人間圏分科会各位

入倉孝次郎さま、みなさま
　SPEEDIがきちんと、シミュレーションをされていることは高く評価しています。問題は、その科学的に高い研究成果が、科学者によって公表されず、政府によってすべてコントロールされている（ように私にはみえる）ことです。
　一般市民は、そういう研究が、自分たちの税金を使って行われていることすら知らされていません。まして、その成果（ドイツのものに比べたらはるかに高い精度で行われている研究成果）を、いま知ることすらできないのです。
　情報をどこまで出すべきか、ということはもちろん、慎重に検討すべきことだとは思いますが、少なくとも科学者は、その決定権をすべて政治家や官僚にゆだねってしまっていいのでしょうか。
　科学者自身が、自ら考え、防災・生命の保護という観点から、市民にその成果を示すことを、もっと積極的に行うべきではないのでしょうか？　そうした検討を、学術会議をふくめて、私たち、科学コミュニティはしていないのではないでしょうか。
　私が「能力のなさ」と言っているのは、そういう点であって、シミュレーションの科学的レヴェルのことではありませんので、どうぞ誤解しないでください。
　隣接する4つの原発が、同時に危機的状態に陥るという、人類の歴史始まって以来、

初めてのこの未曽有の危機に直面して、日本の科学者は、いま、その真価を試されているように思います。

　私も、12日以来、ほとんど情報がないなかで、さまざまな専門家の出されるメールや Twitter、海外のメデイアの情報を可能なかぎり収集し、メール上でやりとり、現時点では、知り合いや友人に、個人的に見解を伝えているにすぎません。
しかし、それではけっきょく、たまたま科学者と知り合いだったものが得するだけであり、不公平であると思います。できるかぎり、公平に、科学者が、いま起きていることについての見解や、被害を最小限に抑えるための情報を伝えるにはどうすればいいのか、ぜひ、皆様も、考えていただきたいのです。
　入倉さんが提案されているように、まず、政府・東電に対しては、基本的な情報の公開を求めること、また SPEEDI のような最新の研究成果の公表を認めさせることが重要であると思います。
小野有五

Kojiro Irikura
2011年3月19日 22：38
Reply-To：
To：yugo ono <yugo@ees.hokudai.ac.jp>

小野　様
この件については、小野さんの意見に全く依存がありません。このような要求をより効果的に政府に求めることが今われわれのやるべきことだと思います。
入倉孝次郎

YASUNARI Tetsuzo
2011年3月20日 17：54
Reply-To：yugo ono <yugo@ees.hokudai.ac.jp>,

小野様：
　気象学会理事長で、メソ気象の専門家である新野さん（東大大気海洋研教授）から、下記のようなメッセージも流されました。
　SPEEDI が容易に流されないのはこのような理由もあると思います。ただ、一方で、20〜30km 範囲の意味やなぜ 80km を日本政府は採用しないのか等、一般に説明せねばならないことも多々あるとは思っています。難しいところです。

2011年3月18日
日本気象学会会員各位

日本気象学会理事長
新野　宏

　このたび発生した東北地方太平洋沖地震とこれに伴う津波では東北地方・関東地方に未曾有の被害が生じました。これらの地域にお住まいの皆様のご無事をお祈り申し上げますと共に、被害に遭われた皆様には心よりお見舞い申し上げます。また、困難な状況の中、救援・復旧に総力を注がれている皆様に深い敬意を表します。

　今回の災害は、私達に2つの重大な教訓を与えたと思います。第一は、災害は想定を越えた激しい現象によって起きること、第二は日頃から十分な防災訓練や対策を行っていても現実の現象の前では十分機能しないことがあることです。二度とこのような災害を繰り返さない防災体制や防災教育をいかに構築していくかは、当学会が関わる多様な気象災害においても共通の課題であり、私達は今一層真剣に取り組んでいく必要があると思います。

　今回の地震災害の影響は、今後も長く継続していきます。避難所に避難されている方々への支援、被災地の復興の支援には、すべての国民と共に力を尽くしていく必要があります。

　一方、この地震に伴い福島第一原子力発電所の事故が発生し、放射性物質の拡散が懸念されています。大気拡散は、気象学・大気科学の1つの重要な研究課題であり、当学会にもこの課題に関する業務や研究をされている会員が多数所属されています。しかしながら、放射性物質の拡散は、防災対策と密接に関わる問題であり、適切な気象観測・予測データの使用はもとより、放射性物質特有の複雑な物理・化学過程、とりわけ拡散源の正確な情報を考慮しなければ信頼できる予測は容易ではありません。今回の未曾有の原子力災害に関しては、政府の災害対策本部の指揮・命令のもと、国を挙げてその対策に当たっているところであり、当学会の気象学・大気科学の関係者が不確実性を伴う情報を提供、あるいは不用意に一般に伝わりかねない手段で交換することは、徒に国の防災対策に関する情報等を混乱させることになりかねません。放射線の影響予測については、国の原子力防災対策の中で、文部科学省等が信頼できる予測システムを整備しており、その予測に基づいて適切な防災情報が提供されることになっています。防災対策の基本は、信頼できる単一の情報を提供し、その情報に基づいて行動することです。会員の皆様はこの点を念頭において適切に対応されるようにお願いしたいと思います。

(2) 原告募集と提訴

　3月25日、私たちの呼びかけで95人の市民が集まり、「東日本大震災支援市民ネットワーク・札幌」という組織が発足した。定年記念講演会で集めた募金は10万円にもなり、それをもとに、すぐさま、被災地での支援活動を始めた。最初は、現地での炊き出しや、瓦礫処理、物資の輸送といった支援活動が中心であった。名前が長いので愛称をつくろう、ということで決まったのが、「むすびば」という名前である。図6は、最初につくった「むすびば」を紹介するリーフレットだ。そこに示した図が表しているとおり、この組織は、被災者と市民を、市民と行政や企業を、また市民と市民をむすぶ場をめざしている。

　なぜ、すぐにそういう組織をつくったか、といえば、やはり地理的な感覚が大きく働いていたといえる。東北が被災し、フクシマで原発事故が起きてしまった、ということは、南からの支援が、放射線被害によって遅れるかもしれないということである。そして、東北最大の仙台市が被害を受けた。仙台に最も近い百万都市は札幌である。今回の震災ではまったく無傷だった札幌こそ、支援の中心になるべき都市ではないか、と考えたのである。現地へなんども足を運び、津波のすさまじい被害を目の当たりにして茫然とせざるを得なかったが、

図6　むすびばのリーフレット

しかし、みんなが力を合わせれば、かならず復興できる、という確信のようなものをもつこともできた。しかし、フクシマは、そうはいかない。4月に入ると、札幌にフクシマや周辺から避難してくる人たちが急増した。「むすびば」は、限られたボランティア・スタッフと少ない資金のなかで、現地支援と並行して、避難者への生活支援をしだいに重視せざるを得なくなっていった。「むすびば」は、最初から、被災者のなかでももっとも弱い者を最優先しよう、ということを規約にうたっていたから、被ばくの危険がもっとも深刻な、フクシマの子どもたちや若い女性の避難、保養(注7)を、現地の市民団体と協力して実施する活動を優先するようになっていった。しかし、せっかく北海道に避難してきて、こんどは泊原発が事故を起こしたら、どうなるのか。

　4月11日には、北大で、海外からの留学生向けの英語での講演会が大学の主催で開かれた。講師を見ると大部分が工学部の原子力専門の教授である。胡散臭いものを感じて参加すると、案の定、島津洋一郎、杉山憲一郎という、北大の原子力工学を代表する2人の教授がそろって登壇し、何も心配はいらない、福島第一原発事故はせいぜいレベル5だ、レベル7のチェルノブイリとは全くちがう、健康への影響はない、という一方的な「安全神話」の宣伝が始まった。とくに杉山氏は、講演の後半になると、泊原発は福島原発とはタイプが違うから安全、日本海側にはプレート境界がないから大地震や大津波の心配はない、といった泊の「安全神話」を垂れ流し始めた。さすがに怒り心頭に達して、質疑では、福島事故は到底レベル5とは考えられないこと、泊原発のような加圧水型原子炉には、福島原発の沸騰水型原子炉とは違った問題点が数多くあること、日本海にプレート境界がない、というのは1980年代以前の説で、今は通用しない考えだということなどを反論したが、まともな議論はできなかった。当時 New York Times などでは、東電の発表データに原子炉でしか生成されない放射性塩素38が含まれていたことが報道され、識者のあいだでは再臨界が始まったのではないかという危惧が高まっていた。当然そのことも質問したが、まだ聞いたことがないという答えしか返ってこない。いちばんショックだったのは、この講演会をしきった副学長が、原発事故にはさまざまな風評が流れていて、留学生のみなさんはきっと動揺していると思うが、この講演会はあくまで「Be scientific」ということでやる、と冒頭で明確に述べていたことである。

そもそも講演者の選定からしてあまりに一方的であり、すでにその時点で、この講演会は「Be political」と宣言しているようなものであったが、問題は、その内容があまり非科学的だったことである。翌4月12日、政府は福島原発事故のレベルを、それまで言ってきたレベル5から一挙にレベル7に引き上げた。

　いったい、島津、杉山の両氏は、何を言っていたのだろうか？　もし、二人が、ほんとうはレベル7と知りながら、レベル5と言い張っていたのなら、これは明らかな虚偽である。また逆に、もしこの二人が福島原発事故をレベル5だと信じ切っていたとするなら、専門家としての分析があまりにずさんであったということになる。どちらにしても、原子力工学の専門家としては失格であり、そのような人間だけを選んで、事故には大きな問題がないと留学生に宣伝する行為は、大学としてはあるまじきものといえよう。

　これでは、留学生に誤った情報を一方的に流してしまったことになると考え、こんどは、私が知りえた限りの情報を伝えようと、2週間後に、講演会を企画した。さいわい、市民団体が、京大原子炉研究所で放射線の健康被害に詳しい今中哲二さんを札幌に呼ぶということを聞いたので、空港からそのまま大学に来ていただき、話していただくことにした。4月11日の留学生向け講演会では、留学生センターはもちろん、すべての講座に、所属している留学生全員に講演会のことを周知せよ、という通達が入り、おかげで講演会は300人の会場満員の盛況であった。私はせめて留学生センターを通じて、企画した講演会のことを留学生に知らせてほしいと依頼したが、メーリングリストがないので、という信じられない理由で断られてしまった。それでも、大学主催の講演会の終了後、それに不満だった留学生たちと話をすることができ、十人以上からメールアドレスを教えてもらっていたので、その学生たちを通じて拡散してもらった。実際に来てくれたのは50人足らずであった。せっかく準備をし、今中さんにまで来ていただいただけにがっかりもしたが、あとで書いてもらった感想文には、"It's really a great conference. Thank you so much."　というようなメッセージがいくつもあって、それを見ただけで、やはりやってよかったと思った。また、このとき参加してくれた何人かの日本人のなかから、その後、裁判の原告になってくれる人が出てきたのだった。

　とはいえ、その時点では、まだとても裁判までは考えていなかった。富川訴

訟で親しくなった市川守弘弁護士から、泊の訴訟を起こしませんか、と声をかけられ、初めての会合をもったのは5月26日のことである。7月7日、七夕の日に一般に呼びかける会を開いたところ、その日だけで200名以上の原告希望者が出た。3.11の8ヶ月後の11月11日を提訴日と決め、千人規模の原告をめざすことにした。しかし、すぐに問題が起きた。私たちはこの裁判を「人格権」で争うことにしたが、そうすると裁判所に出す書類に貼る印紙代が数百万円にもなる、ということがわかったのである。損害賠償を求めるときには、その賠償額の何分の一かでいいらしい。それでほかの原発訴訟では、賠償請求額をあえて小さくして、それで印紙代を安くしているのだという。しかし、「人格権」で訴えることには深い意味があった。福島原発事故では一人も死んでいないではないか、という原発推進者の声がある。確かに事故で直接、亡くなった方はいないかもしれない。しかし絶望して自死した農業者の方もいれば、原発事故に起因するストレスで亡くなった方はもっと多いだろう。それだけではない。なにより、16万人の福島県民は住みなれた家と故郷を失い、さまよっているのだ。ふつうの生活。誰もが自分自身で思い描き、それに向かって日々を生きていくという当たり前の日常を、原発事故は突然、奪い、何年たってもそれはもどらない。これは生存権というより人格権そのものの侵害といえよう。それを訴える裁判なのである。

　チェルノブイリ事故のあと、強制避難地域になったのは、汚染された土壌の放射能が1平方メートル当たり555キロベクレル以上になった地域であった。それをフクシマに当てはめてみれば口絵23のようになる。地理学的に見れば、福島原発事故はこれだけの地域を人の住めない地域、アネクメーネに変えたのである。面積にするとほぼ1,800km^{2}の地域、ということは、香川県の面積にほぼ等しい。地理学では、日本は国土が狭いことをその第一の特徴にあげ、そこからさまざまな現象を説明してきたが、原発事故はひとたび起これば、狭い国土をさらに実質的に狭くしてしまうことを指摘した地理学者はいなかった。しかし、今はそれが事実となったのである(注8)。

　裁判所に出す書類に貼る印紙代は、原告の数が増えればそれだけ多くなり、けっきょく一人あたり5,000円ほどにもなることが明らかになった。このため、当初、一人1,000円で原告になれる、と発表したことを修正せざるを得な

なり、活動費も含め、原告希望者には一人 10,000 円を払ってもらうことになった。このため、希望者は半減してしまった。高い印紙代は、簡単には原発訴訟を起こさせない仕組みになっているともいえる。

なんとか原告を一人でも増やそうと、8月からは毎週のように全道各地で講演を行い、講演会は3ヶ月で15回にもなった。図7は、最初につくったリーフレットにのせた図である。福島第一原発の事故を身近に感じてもらうために、福島第一原発からの放射性物質の拡散図を回転させ、同じ縮尺で北海道の地図に重ね、泊原発の位置に福島第一原発を置いたものである。福島第一原発と福島市の最短距離は 60km、泊原発と札幌の最短距離は 65km だから、泊で福島第一のような事故が起きれば、札幌市は、福島市とほぼ同じような汚染を受ける、ということを知ってもらうための図である。地理学者だからこそ、すぐにこのような図を発想できるのだと思う。もともとの拡散図も、実は群馬大学の早川由紀夫さんの図であった。早川さんはもともと火山の研究者であり、テフラ（火山灰）が、風によってどう流され分布するかを研究していた人であった。テフラを放射性物質に置き換えただけのことである。

しかし、この図だけでは満足できなかった。ただ地図をかさね合わせただけだったからである。なんとかして実際の地形や風向・風力を入れ、泊原発からの放射性物質の拡散シミュレーションができないか、と北大の研究者に頼ん

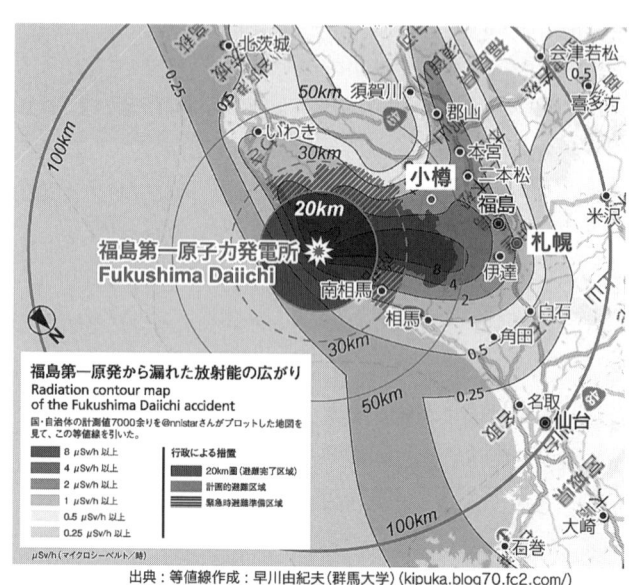

図7　泊原発の位置に福島第一原発をおき、事故発生時の放射線の線量分布を回転した福島の地図に北海道の地図を重ねて示した図
（「泊原発の廃炉をめざす会」のリーフレットより）

6 trial 訴える

写真2 札幌地方裁判所への提訴（2011年11月11日、「私達の未来 汚さないで」のプラカードを掲げているのは、当時、中学2年生だった原告の女子、その左は最年少だった小学校5年生の原告の男子、右端：筆者）

でみたが、とてもそんなことはできないと断られてしまった。国に逆らうような研究は誰もやろうとしないのである。困っていると、2012年になって、東京の環境総合研究所という民間の組織が、そのソフトを開発しているという話が伝わってきた。すぐに連絡をとり、実際に作業をされた青山貞一所長をお呼びして講演もいただき、口絵24のような最新のシミュレーション結果を提供していただいた。このようなシミュレーションが、なぜ専門家のたくさんいる地理学会でできないのか、私には理解できない。もちろん気象学会など、より物理的な研究を行っている学会が率先してやるべきことであるが、前述したように、そこでは学会理事長自らが研究の自粛を学会員に要請してしまったのである。しかし気象学会は、たんに拡散現象を物理的に追及する研究者の集まりにすぎない。地理学会は、物理現象だけでなく、放射能の影響を受ける人間や地域社会をも研究対象とし、防災についても深くかかわっている研究者の集団なのだ。風の専門家、医学地理学の研究者はもちろんのこと、地理学に関わっている人たちは、子どもたちの命や健康に関わる放射性物質の拡散にもっと神

経を尖らせ、積極的に発言してほしいものである。

　講演会をやるごとに原告が増え、3.11から8ヶ月目の2011年1月11日、612人の原告で札幌地方裁判所に提訴することができた（写真2）。それに先立ち、106ページの訴状（泊原発の廃炉をめざす会2012）を準備して、提出した。私が執筆したのは、「泊原発における地震の危険性」という第8章、約25ページである。

　1970年代後半、日本地理学会のなかにできた活断層研究グループに参加させていただき、日本最初の活断層分布図をつくる作業のお手伝いをしたのが、活断層との関わりであった。このときの成果は、活断層研究会（1981）『日本の活断層―分布と資料』として出版されたが、10年後に改訂され『新編・日本の活断層―分布と資料』となった。ただ私は氷河地形・周氷河地形の研究に集中していたために、この改訂版には関わっていない。そういう意味では、ほとんど30年ぶりに、活断層やテクトニクスの勉強をし直さなければならず、私にはつらい作業であった。それでも、活断層にはずぶの素人である弁護士さんから見れば、ずっと専門家である。とはいえ、もちろん千歳川放水路問題のときと同じように、本来の専門でない問題に関わるときは、信頼でき、尊敬できる専門家に必ずご教示を仰ぐことに決めている。そのような専門家を見出すことができたのも、まさに地理学会のおかげであった。

　2012年5月28日、第二回の口頭弁論では、原告のひとりとして意見陳述を行った。これは、訴状に書いた内容をわかりやすく噛み砕いて、裁判官や被告側弁護人だけでなく、原告側の弁護人やたくさんの傍聴者に聞いてもらうための意見陳述であった。通常の陳述は意見を口頭で述べるだけであるが、図や写真を使わないと理解してもらえないので、スクリーンが壁に設置してある法廷に変えてもらい、パワーポイントを使って30分で説明したのである。以下にはそのときの画像と、あらかじめ裁判所に提出させられた説明文を、やや簡略化してのせた。画像の一部は、その後、出版した『北海道電力泊原発の問題は何か』（寿郎社）で使用した図や、その後に公表されたよりよい図と差し替えたが、ほかは陳述当時のままである。

　2012年11月、さらに621人の原告が新たに加わり、第二次提訴を行った。1233人の大原告団になったわけである。しかし、福島第一原発では、依然と

して放射性物質の拡散が続いている。新聞もテレビも、原発のことをほとんど報道しないが、原発が危機的な状況にあることに変わりはない。原子炉の冷温停止とは、圧力容器に支障がなく、燃料がなかに収まっていて、水で満たされ冷却されて運転が止まっている状態のことである。福島第一の1～3号機は永久に冷温停止できなくなってしまった。メルトダウン、メルトスルーして、圧力容器は破損し、燃料は溶けてどこにあるかわからず、水を入れてもすぐに漏れてしまうからである。それでも、冷却水を入れ続けなければ、溶け落ちた燃料は、自らの崩壊熱で再臨界に達し、核反応を起こしてしまう。水を注入すれば、最高度に汚染された水が外に漏れ出て、それを回収し、タンクにためるしかない。無限にタンクをつくり続けることができるのであろうか。地下水への汚染はどうなっているのであろうか。使用済み核燃料がプールで冷却されているにすぎない4号機は、もういちどM7.8クラスの地震が起き、すでに地震でかなり傷んでいるプールが壊れて水が抜ければ、水蒸気爆発で青天井になっているプールで、いきなり再臨界が始まってしまう危険な状況にある。

「除染」も大きな問題である。「除染」という言葉は間違いで、それはたんに放射性物質をある場所から別な場所に移動させているにすぎない。除染ではなく「移染」というべきであろう。確かに「除染」した場所の線量は下げられるが、別な場所の線量が上がるだけのことである。大量の放射性物質がたまっている山地や森林の「除染」をどのように考えるべきなのであろうか。これまでトリチウムのような放射性物質を使って、地下水や堆積過程を研究してきた地理学会の水文学研究者や地形学者こそ、この問題に正面から取り組むべきであろう。第5章で述べたように、私が原子力の問題に関わるきっかけは、高レベル核廃棄物の処理問題であった。官僚が主張する言説が、地理学の教科書に自ら書いてきたことと矛盾することから、それを批判したのである。中・高の地理教科書の原子力関係の記述に対しては、「原子力ムラ」の一部を構成する社団法人「日本原子力学会」が、以前から現行の高等学校地理教科書のすべてをチェックし、原子力発電を少しでも批判するような記述には事細かく異議を申し立てている。それが文部科学省の教科書検定にも少なからず反映されているのが現実である[注9]。地理教育に対し、別の学会からクレームがつけられているのであるから、地理学会として、それに対抗するのが当然であろう。ただ

かう、というのは、そういう意味である。

(注1) 北大低温科学研究所准教授；私がまだヒマラヤや日本アルプスの氷河地形を研究していたころ、修士・博士論文を指導した縁で、定年記念講演会・パーティの準備会代表として動いてくれていた。
(注2) アラスカ大学、水・環境研究センター准教授、私がまだ北極圏スヴァルバール諸島の永久凍土・周氷河地形を研究していたころ、修士・博士論文を指導した縁で、わざわざ、アラスカから来てくれることになっていた。とくに近年は、永久凍土のことをアメリカの子供たちや一般人にわかりやすく説明するための「Tunnel Man」というTVプログラムを開発。自らも主演するなど、広い意味での環境教育・市民教育に力を入れており、定年記念講演会の第二部では、その報告をしてくれる予定になっていた。
(注3) 吉岡　斉（編集代表；2011-12）『新通史　日本の科学技術：　世紀転換期の社会史　1995年〜2011年』原書房のこと。1995年に出版された中山　茂ほか（編）『通史　日本の科学技術』のあとを受け、その後の世紀転換期における日本の科学技術の発展や変容を社会史的に俯瞰することをめざしたもので、全8巻からなる。『新通史』出版のプロジェクトは2005年に始まり、数多い執筆者と編集者との連絡や意見交換の場として、メーリングリストが設置されていた。3.11が起きると、このMLでは、原発事故に関する意見交換の場となった。また本自体も、当初の予定を急きょ変更して、原発事故を含めた内容にされ、2011年末から2012年にかけて出版された。小野は第4巻のなかで、第8部9章「世界遺産・エコツーリズム」（pp.523-548）を執筆。
(注4) 札幌で1990年に設立され、2000年にNPO法人化された市民向けの教育活動組織。国籍や国境を越えて広くアジアや世界の草の根の市民とつながり、共生するための生き方、知識、技法を身に着けるための講座やさまざまな催しを行っている。　http://www.sapporoyu.org/?f=about_yu#anc030
(注5) 東京新聞編集局（編）『原発報道　東京新聞はこう伝えた』（東京新聞社、2012)によれば、SPEEDIの非公表を決定した最高責任者は、高木義明文部科学相、鈴木　寛、笹木竜三副大臣など文部科学省の政務三役である5名である。彼らがまず責任をとるべきであろう。
(注6) 広重　徹（1973）が早くから指摘していた「科学の体制化」の危険は、駒込ほか（2011）によって、それぞれの学問分野で検証されている。地理学もまた例外ではない。
(注7) フクシマにおける子どもたちへの放射線被害とそれを避けるための保養プロジェクトについては、西崎・照沼（2012）を参照。ここに示されているさまざまな保養活動のなかで、「むすびば」が関わったのは、現地の「子どもたちを放射能から守る福島ネットワーク」、「福島の子どもたちを守る会・北海道」である。「むすびば」の活動はいまも続いている。ウェブサイトは

http：//shien-do.com/musubiba/home/
（注8）国土をめぐる日本のポリティクスについては、先住民族問題も含めて小野（2013）で論じた。
（注9）高校「公民」教科書への「日本原子力学会」による細かい異議申し立てと文部科学省による教科書検定問題については、「週刊金曜日」の大藤（2011）の記事を参照。

引用文献

青山貞一・鷹取　敦（2012）「原子力発電所事故時想定書ミュレーションシステム Super Air3D/NPP」（株）環境総合研究所（東京都品川区）http：//eritokyo/jp/
朝日新聞社取材班編『生かされなかった教訓―巨大地震が原発を襲った』朝日文庫　朝日新聞出版
原子力安全保安院（2011）「第8回 地震・津波に関する意見聴取会議事録および北電からの提出資料（2011年12月27日）：泊原発前面海域における活断層分布図」
広重　徹（1973）『科学の社会史』（上巻）中央公論社（再刊：岩波書店 2002）
石橋克彦（2011）地震列島の原発　石橋克彦編『原発を終わらせる』115-128.　岩波新書
石橋克彦（2012）『原発震災―警鐘の軌跡』七つ森書館　334p.
笠原　稔・小平秀一・本谷義信・高波鉄夫・前田　極・岡山宗夫・石川春義・一柳昌義・山本　明・松本　聡・津村紀子・岡田知巳・矢部康男・飯高　隆・平田　直（1994）「1993年北海道南西沖地震の余震活動とその分布」文部省科学研究費突発災害調査研究成果　平成5年北海道南西沖地震・津波とその被害に関する調査研究　13-19.
気象庁（2012）「気象庁地震カタログ」
http：//wwweic.eri.u-tokyo.ac.jp/db/jma/index-j.html
活断層研究会編（1980）『日本の活断層―分布と資料』東大出版会
活断層研究会編（1991）『新編　日本の活断層―分布と資料』東大出版会
小林洋二（1983）プレート沈み込みの始まり　月刊地球　5　519-518.
駒込　武・川村　肇・奈須恵子編（2011）『戦時下学問の統制と動員』東大出版会
宮内崇裕（2003）奥尻島、渡島大島、渡島小島―日本海東縁に浮かぶ島々　小畑　尚・野上道男・小野有五・平川一臣編『日本の地形2　北海道の地形』312-317. 東大出版会
茂木昭夫（1977）『日本近海海底地形誌―海底俯瞰図集』東大出版会
中村一明（1983）日本海東縁新生海溝の可能性　地震研究所彙報　58　711-712.
中田　高・後藤秀明・渡辺満久・鈴木康弘・西澤あずさ・堀内大嗣・木戸ゆかり（2012）「日本海東縁海域の海底活断層の詳細分布図」日本活断層学会ポスターセッション発表要旨　2012年10月　京都大学防災研究所（宇治）
西崎伸子・照沼かほる（2012）「放射性物質・被ばくリスク問題」における「保養」の役割と課題～保養プロジェクトの立ち上げ経緯と2011年の活動より～　福島大学行政社会学会行政社会論集　25（1）31-67.
岡田博有（2003）北海道における日本海東縁問題　小畑　尚・野上道男・小野有五・平川一臣編『日本の地形2　北海道の地形』54-55. 東大出版会
岡本行信・加藤幸弘（2002）海域の変動地形および活断層　大竹政和・平　朝彦・太田陽子編『日本海東縁の活断層とテクトニクス』口絵　47-69. 東大出版会

小野有五・五十嵐八枝子（1981）『北海道の自然史―氷期の森林を旅する』北大図書刊行会　219p.
小野有五（2001）なぜ幌延立地か―地質上の問題点と核燃のウソ　核廃棄物施設誘致に反対する道北連絡協議会・幌延問題道民懇談会編『深地層研究所計画への疑問』7-32. 道北連絡協議会・幌延問題道民懇談会
小野有五（2005）環境保護・自然保護運動　中村和郎ほか編『日本の地誌1　日本総論　I』359-371.　朝倉書店
小野有五（2013）大地は誰のものか？　自然と環境をめぐる日本のポリティクス　浅野敏久・中島弘二編『自然の社会地理』41-68.　海青社
大藤瑠璃子（2011）原発安全神話を強制する文科省の教科書検定　週刊金曜日　847号　18-21.（2011年5月20日）
田中三彦（2011）原発で何が起きたのか　石橋克彦編『原発を終わらせる』3-34. 岩波新書
瀬野徹三（2002）東アジアのプレート運動と日本海東縁　大竹政和・平　朝彦・太田陽子編『日本海東縁の活断層とテクトニクス』口絵　16-26.　東大出版会
鈴木康弘・中田　高・渡辺満久（2007）原発耐震安全審査における活断層評価の根本的問題　科学　78（1）　97-102.
平　朝彦（2002）日本海東縁の変動と日本列島のテクトニクス　大竹政和・平　朝彦・太田陽子編『日本海東縁の活断層とテクトニクス』口絵　3-15.　東大出版会
東京電力福島原子力発電所事故調査委員会（2012）『国会事故調報告書』640p.
泊原発の廃炉をめざす会編（2012）『北海道電力泊発電所1号機ないし3号機の廃炉請求訴状 2011年11月11日』泊原発の廃炉をめざす会*
泊原発の廃炉をめざす会編（2012）『北海道電力　泊原発の問題は何か』寿郎社
渡辺満久・中田　高・鈴木康弘（2009）積丹半島西岸の地殻変動と海底活断層　日本地震学会発表要旨
渡辺満久（2011.8.6.）「変動地形学からみた泊原発周辺の活断層」（「泊原発の廃炉をめざす会」主催の講演会でのパワーポイント資料）

*「泊原発の廃炉をめざす会」で入手可能；ウェブサイト：http://tomari816.com/home/

2012年5月28日 14：00~14：30　札幌地方裁判所　805号法廷

泊原発の廃炉を求める訴訟
原告　小野有五　意見陳述内容

はじめに

　意見陳述者の小野有五と申します。陳述者は原告の一人でもありますが、大学・大学院では地質学・自然地理学を学び、長年、地形学の研究に従事してきました。変動地形学の研究にも携わったことがあり、活断層研究会に参加、1980年の『日本の活断層─分布と資料』では、北海道の活断層の一部の執筆を担当しました。

　『訴状』第8章（pp.59-84）に述べた「泊原発における地震の危険性」について、パワーポイントの画像を映写しながら、『訴状』の内容をわかりやすく説明することが本陳述の目的です。一部、訴状に載せていない図や写真がありますが、すべて、訴状の内容をわかりやすく説明するためのものです。訴状の内容を超えるものについては、別途、準備書面で提示したいと考えております。では始めさせていただきます。

パワーポイント映写

1：泊原発の危険性

　泊原発は、沖合の海底にある活断層による地震や、それによって生じ得る巨大津波の危険にさらされていることを説明させていただきたいと思います。泊原発のある地域で大地震がくりかえし起きたことは、海岸段丘などの地形によって示されることも、あわせて述べたいと思います。これらはすべて、「変動地形学」と呼ばれる地理学、自然科学の一分野の最新の知見にもとづいております。

2：プレートの運動とマントル対流

　地球の表面は、プレートとよばれる岩盤からなっています。地球を卵にたとえますと、ちょうどカラ（殻）にあたる部分であり、その一部は、「地殻」ともよばれます。その

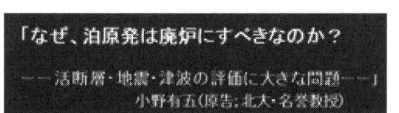

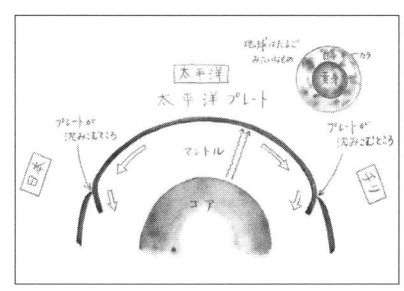

下には、卵の白身にあたる「マントル」があります。卵の黄身にあたる中心部の「コア」の一部や「プレート」は固体ですが、マントルは、熱くて、ゆっくりと流動しています。熱せられた物質は湧きあがって左右に分かれ、流動したのち、ふたたび沈んでいきます。この熱による流れ、すなわち熱対流を「マントル対流」といいます。図は、太平洋周辺を示したものですが、太平洋プレートは、このマントルの流れにのせられて東西にゆっくり移動し、南米と日本付近で、マントルへ向かって沈み込んでいます。

3：主要な地震はプレート境界で起きている

　世界地図に主な地震の震源を入れると、太平洋を囲む帯状の地域と、ヒマラヤから地中海周辺に向かう地域に集中して分布することがわかります。狭く帯状に分布するので、これを「変動帯」とよびます。変動帯で大きな地震が発生するのは、そこがプレートとプレートの境目、すなわち「プレート境界」になっているからです。世界のプレート境界は、2つのプレートがぶつかっているところがほとんどです。しかし日本では、なんと4つのプレートがぶつかりあっています。

4：世界の原発の大部分は安定大陸の上にある

　これは、主な地震の震源を示す地図の上に、世界中の原発の位置を示した地震学者、石橋克彦さんのつくられた図です。これを見ると、世界の原発のほとんどは、変動帯ではない安定した部分、これは「安定大陸」とよばれる地域だけに建設されていることがわかります。これに対して、日本の原発は、まさにすべてが変動帯の上につくられているのです。

5：日本列島は4つのプレートの境界にある

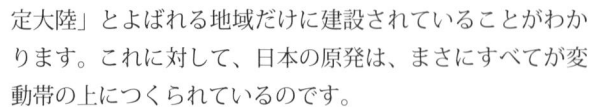

　日本列島の東側や南側には深い海溝があります。そこがプレート境界になっているのです。東からは太平洋プレート、南からはフィリピン海プレート、西からはユーラシア・プレート、北からは北米プレートが移動してぶつかりあっ

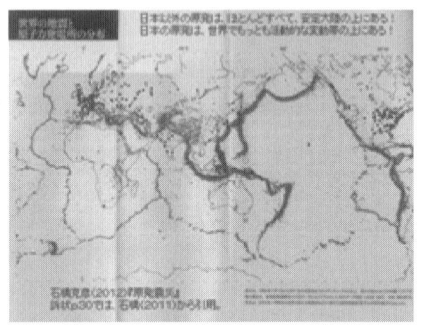

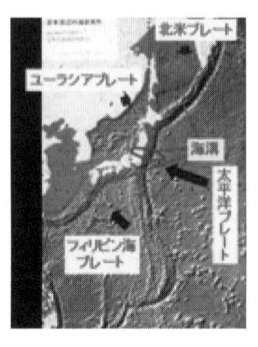

ており、日本列島は、地球上でも、もっとも活動的なプレート境界に位置しているのです。矢印は、プレートの運動方向を、その長さは、運動の速度を示しています。太平洋プレートの動きがもっとも速いのですが、それでも1年に8センチメートルていどです。

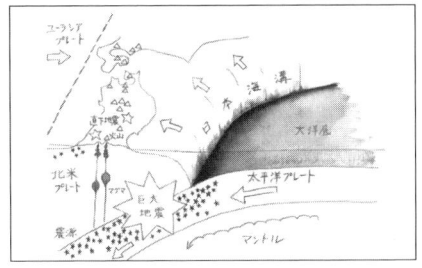

6：太平洋プレートの沈みこみと巨大地震

　日本列島では、日本海溝付近で太平洋プレートが沈み込んでいます。海のプレートのほうが陸のプレートより重いので、海のプレートが沈み込むのです。2つのプレートの境界では地震が起きます。星印で示す震源の深さは、太平洋プレートの沈みこみに従ってしだいに深くなります。またマントルの一部が上昇したりして、地殻をつくる岩石が部分的にとけるとマグマが発生し、それが地上まで噴出すると火山活動になります。日本列島もつねに押されているので、そのストレスによって地震が起きることがあります。これが直下型地震です。規模はさほど大きくありませんが、直下なので、被害は大きくなります。阪神淡路大震災を起こしたのも典型的な直下型地震でした。しかし、3.11のような巨大地震は必ずプレート境界で起きます。

7：日本の原発の分布とプレート境界

　3.11の巨大地震は、日本海溝に沿う帯状の部分の活断層が500kmにわたって動いた結果、生じました。断層の長さと、発生する地震の強さはほぼ比例します。500kmの断層が動けば、M9クラスの巨大地震になる、というわけです。

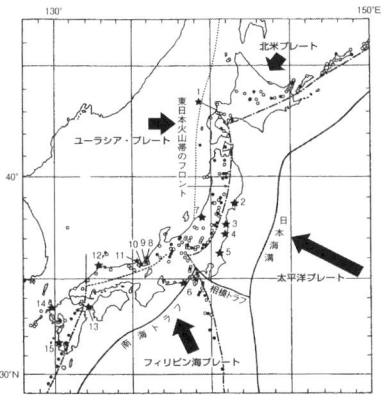

　日本の原発は、図に示すように15ヶ所ありますが、つねに冷却しなければならないために、すべて海岸にあります。原発は、必然的にプレート境界に近いところにある、ということです。なかでも静岡県の浜岡原発は、4つのプレート境界に近い場所にあるわけで、世界でもっとも危険な原発といえます。菅　直人前総理は、辞任前に浜岡原発だけを止めまし

たが、永久に止めるという意味なら、これはきわめて賢明な処置といえるでしょう。しかし、ほかの原発は安全かといえば、けっしてそうではありません。

図では、太平洋側のプレート境界が実線で描かれているのに、泊原発のある日本海側のプレート境界は、点線で描かれています。日本海側にはプレート境界がない、というのが1970年代の常識でした。ですから、太平洋側のプレート境界と日本海側のプレート境界がこのように区別されて表現されることがありますし、それには、それなりの理由があるのです。

8：日本海側のプレート境界についての諸説の変遷

1983年、日本海中部地震が発生したことで、初めて、日本海に、ユーラシア・プレートと北米プレートの境界があるのではないか、という説が、中村一明さん、小林洋二さんによって、独立に唱えられました。これが図bです。それまでは、図aのようにプレート境界は日高山脈の西側にあると言われていたのです。その後、瀬野徹三さんほかによって、北米プレートの一部はオホーツク・プレートとしてさらに区分されたり（図c）、さらに一部が東北日本マイクロ・プレートとして細分されたりもしています（図d）が、日本海にプレート境界があるという点は変わっていません。右下の図は、1998年に出されたWeiさんと瀬野さんによって、プレートの動きも含めて描かれた包括的な図です。ここではユーラシア・プレートの一部が「アムール・プレート」として区分されています。私たちが2003年に編集・執筆した『北海道の地形』という北海道の地形についての最初の総合的な教科書（右上）でも、これらの説を受けて、日本海にプレート境界があるとしました。

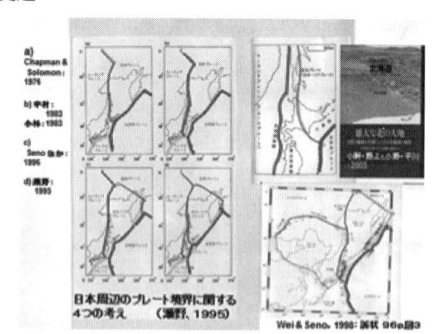

9：日本海側のプレート境界は東西圧縮帯

日本海にプレート境界があることは、1983年の日本海中部地震の10年後に北海道南西沖地震が起き、さらにその2年後、北サハリンでネフチェゴルスク地震が起きたことで決定的になりました。1940年の積丹沖地震や、1971年のモネロン島付近地震も含めて、すべての大き

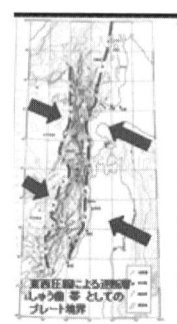

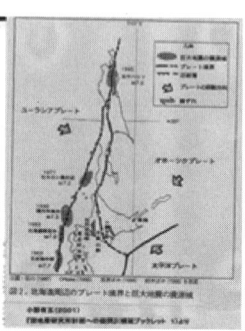

な地震が、右図のようにほぼ一直線のうえで起きていることが明らかになったからです。しかしよく見ると、これは一直線ではありません。日本海溝のような1本の深い海溝がある太平洋側とは異なり、日本海側のプレート境界は、左の図のように、海嶺とよばれる海底の山脈と、トラフや海盆とよばれる深い凹地が連続するきわめて複雑な地形をしています。これらの海嶺と凹地は、東西から強い力で圧縮を受けた結果、地層がずり上がる逆断層や、折れ曲がるしゅう曲ができた結果、つくられたものなのです。日本海側のプレート境界は東西圧縮帯といえるでしょう。

10：太平洋側と日本海側のプレート境界の全体図

　北大の地震火山研究観測センターがつくった図が、以上のことをわかりやすく表現しているので示しました。日本海側のプレートは、瀬野さんほかの「アムール・プレート」としています。日本海側のプレート境界が、基本的にはアムール・プレートの沈みこみとしてとらえられていることがわかります。

11：日本海側のプレート境界についての解釈

　平　朝彦さん（2002）による解釈を説明します。平さんは、日本海側のプレート境界では、ユーラシア（アムール）・プレートが、北海道のある北米プレートの下にゆるやかに沈みこんでおり、その境界にある奥尻海嶺の周辺で、東西圧縮による逆断層が起きている、と解釈しています。星印は南西沖地震の震源で、まさにプレート境界で起きた地震であることがわかります。筒型が泊原発の位置ですから、泊原発がいかにプレート境界に近いかがわかるでしょう。あとでふれますが、奥尻海嶺そのものは、日本海と同じ海洋の地殻でできていること、その両側で、傾斜が反対になる逆断層が発生することも、この図は示しています。

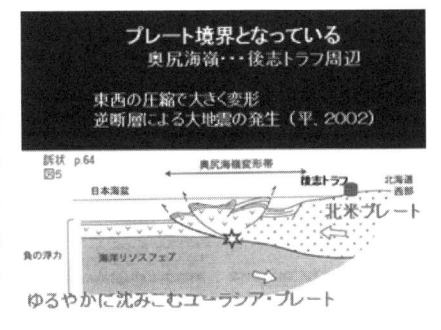

12：北海道での地震の震央分布

　北海道の太平洋側と日本海側の地震の震央・震源の水平的・垂直的な分布図です。

太平洋プレートが沈み込んでいる太平洋側では、東北地方と同様、地震の震源が、内陸に向かってどんどん深くなります。しかし日本海側では深い地震はなく、すべて50kmより浅いのです。これは、日本海側では、プレートの沈みこみが始まったばかりである、という説の根拠にもなっています。日本海側の地震は、北海道南西沖地震の余震を示したものなのですが、その分布のようすは、平さんの模式図にあった、奥尻海嶺をはさむ２つの逆断層とよく一致しているようにも見えます。

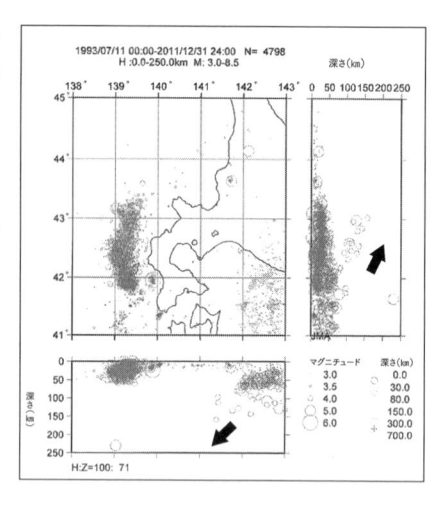

13：日本海側プレート境界の複雑な地殻変動（テクトニクス）

岡田博有（2003）さんによる図では、奥尻海嶺の北部（測線J7）と、南部（測線J12）で、地下の構造がちがうことが示されています。北部では、ユーラシア・プレートが奥尻海嶺の下に沈み込んでいるのですが、南部では逆に、ユーラシア・プレートが奥尻海嶺にのし上げ、奥尻海嶺そのものをつくっています。中村さん、小林さんは、日本海側は、プレートの沈みこみが始まったばかりの新生プレート境界である、と唱えました。日本海側では、ユーラシア・プレートが北米プレートの下に沈みこもうとしているものの、まだその運動は始まったばかりで、ときにはユーラシア・プレートが北米プレートの上にのし上がってしまうような運動も見られ、一筋縄ではいかない、というのが、現状なのです。逆にいえば、古くからプレートが沈み込んでいる太平洋側は、だいたいの予測がつけやすいけれども、沈みこみが始まったばかりの日本海側は、いったい何が起きるかわからない、ということで、防災面からみると、予測ができないというリスクがさらに大きい、ということになります。

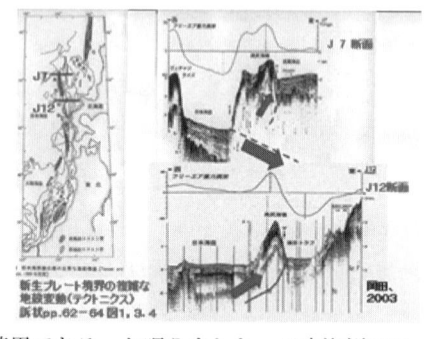

ここまでが、訴状第8章の基礎的な説明です。

14：北電と活断層研究会による活断層分布の比較

ここからが、訴状でもっとも強く批判した、北電による活断層の認定の甘さに対する問題提起の部分になります。北電は、保安院からさまざまな指摘を受けると、活断層を新たに追加して認定することがありますので、新しい資料のほうがいいと思い、北電が 2011 年 12 月 27 日に原子力保安院に提出した最新の図を左に示します。この最新の図でも、今から約 20 年前の 1991 年に、活断層研究会によって出版された『新編　日本の活断層』にのせられている活断層のいくつかが、認定されないままになっています。（パワーポイントでは黄色の）破線で示す活断層がそれです。とくに、周辺ではかなりの活断層を認めているにも関わらず、泊原発から 30km 圏内に入ると活断層が急にまったくなくなるという不自然さが顕著です。

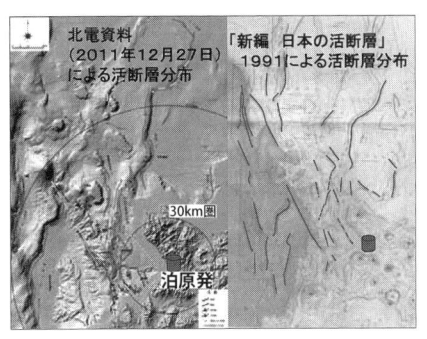

15：電力会社は変動地形学の研究成果を無視

なぜ北電による認定では、ぬけている活断層が多いのでしょうか。

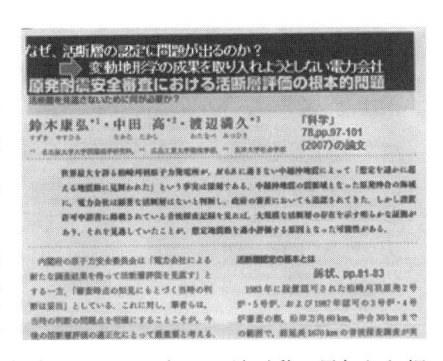

以下に、その理由を説明したいと思います。訴状で引用した論文は、2007 年に「科学」という雑誌にのった鈴木康弘さん、中田　高さん、渡辺満久さんという日本を代表する変動地形学の専門家 3 人による論文です。鈴木さんほかは、東電の柏崎刈羽原発が 2007 年に起きたマグニチュードわずか 6.8 の中越沖地震で、想定をはるかに超えた地震動に見舞われ損傷したことを重くみて、その原因を、活断層を無視した原発の立地にあると指摘しています。この論文で、鈴木さんたちが「活断層認定の基本とは」と述べていることをわかりやすく説明するために、共著者の渡辺満久さんが、札幌で講演されたときに使われた 2 枚のパワーポイントをお借りして、お見せしたいと思います。

16：活断層認定の基本は変動地形学的な知見

そもそも「断層」とは、地質学の用語であり、地殻の変動によって、ひとつながりの地層が、ある面を境に切れることを意味します。地質学的にいえば、地層が切

れている、ということが、もっとも重要なのです。しかし、変動地形学では、こうした断層の運動によって、地形にどんな変化がもたらされるか、ということに着目します。

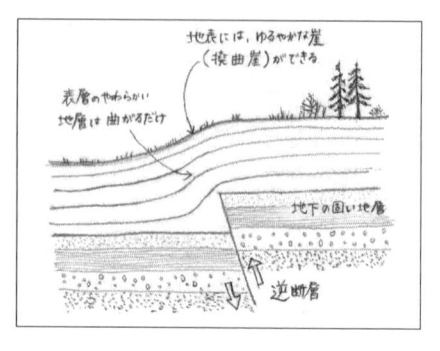

図は、まだあまり固まっていない地層が、ちょうどふとんのようにのっている状態を示しています。地下の固い岩盤が断層でずれると、地下では、断層面を境に、上側の岩盤がのし上がる動きをしています。これを逆断層といいます。この逆断層によって、地下の地層や岩盤は切れているわけです。しかし、ふとんのようにのった地層は、やわらかいので切れず、ただ地層が変形して、たわむだけです。ですから、上にのる地層だけを見ていると、その部分の地層は切れていないわけですから、これは断層ではない、と判断してしまうことになるのです。けれども、上にのった地層へ明らかに変形していますし、のし上がった側が高くなった結果、地表にはゆるい崖ができます。変動地形学では、このような崖を「撓曲崖（とうきょくがい）」と呼んで、こうした地形があれば、地下には断層がある可能性が高いと考えるのです。

17：海底の音波探査データを変動地形学で解釈する

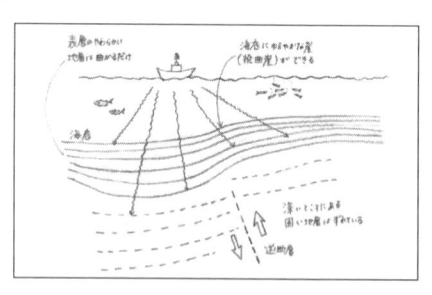

海底の活断層は、海底に向けて船から音波を出し、その反射によって地下にある地層や断層を調べることで確認します。これを「音波探査」といいます。音波探査では、海底の地層は、図のように黒い縞模様で表されます。この図でも、海底の表層の地層はどこも切れていません。ですから、たんに地質学的にみると、ここには活断層はない、と見過ごされてしまうわけです。しかし、よく見ると、海底に近い、浅いところの地層ほど水平で、深くなるにつれて地層が曲がっています。これを変動地形学では、「変位の累積」といいます。つまり、地層は海底で水平にたまったはずなのに、時代たつにつれて、曲がり方、たわみ方が強くなっているのです。ということは、地層が水平にたまった後で、それを曲げたりたわませたりする力がくりかえし働いていることになります。その力は何かといえば、深いところにある断層しかありません。地下では断層によって破線で示した地層がとぎれている

ように見えます。そして、ちょうどそのあたりで、上のほうの地層にたわみが起こっているのです。ですから、ここに逆断層があると推定できるのです。

18：海底の活断層の認定

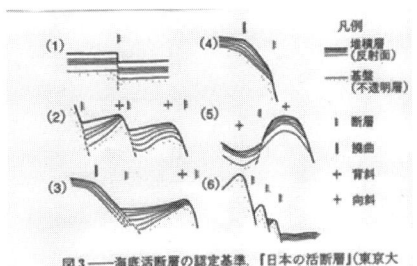

図は、私自身も執筆に加わった 1980 年に最初に出た『日本の活断層分布―分布と資料』にのせられている図です。つまり、すでに 1980 年の時点で、変動地形学からいえば、「海底の表層部では地層が切れていなくても、その下には活断層が存在する場合がこんなにある」という認定基準をちゃんと出していたわけです。
図でいえば、地層が切れているのは（1）だけで、あとは、すべて、表層の地層がたわんだり、表層の地層がのった堅い岩盤がずれたりしているだけです。日本中の変動地形学者が集まって、何度も討議を重ねてつくったこうした基準が、電力会社や保安院によってまったく無視されてきたことこそが、大きな問題なのです。

19：東電による柏崎刈羽原発での活断層認定への批判

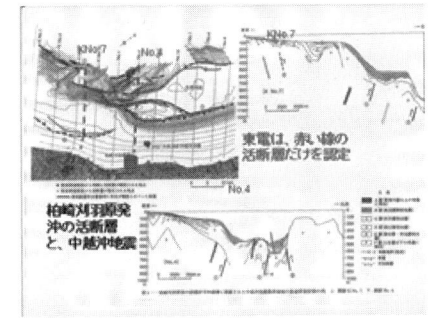

左の図は、柏崎刈羽原発周辺の活断層の平面図、右と下はその南北の断面図を示したものです。東電は、パワーポイント画像では赤く塗った断層（左の図で、円筒マークで示す原発のすぐ北側の中央部分だけ）しか、活断層と認めていません。しかし変動地形学の立場からすれば、たとえば、この赤く塗った活断層は、そのまま青く塗った部分（その左右側）まで
伸びていると考えるのが常識です。まず、ここでは、密な等深線で示される、きわめて顕著な急崖がずっと続いています。このような急な崖が、中央部だけの活断層でできることはありえません。崖が左右にずっと続いていれば、活断層もそこまで続いていると考えるのが普通です。同様に、パワーポイント画像では緑や黄色に塗った活断層（図の左上や右上にのびる断層）も、顕著な急崖や、音波探査のデータから、確実に認定できます。ところで、中越沖地震は、左図の爆発マークで示した地点の地下で起こりました。活断層が引かれている場所とちがうではないか、と思われた

方もおられるかもしれません。でも、下の断面図（No.4）を見ていただければわかるように、(赤で描いた) 中央部の活断層は、柏崎刈羽原発の方に向って傾斜しています。つまり、中越沖地震は、柏崎刈羽原発のほうに向かって傾いていくこの断層面の上で、地下の岩盤がずれて起きたのです。

20：泊原発の沖合の海底地形

意見陳述では、笠原　稔さんほか（1994）の論文に示された日本海の海底地形図に、これまで指摘された活断層を記入して示したのですが、この図はやや不正確でした。最近、中田さんほか（2012）によって、口絵25にもカラーで示した、アナグリフによる正確で詳しい海底地形図が出されましたので、ここでは、それを使って説明します。

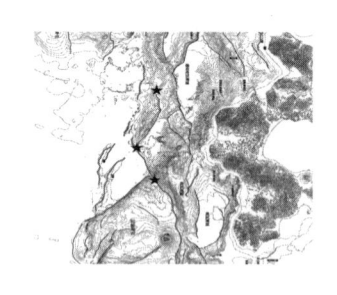

北海道南西沖地震を起こしたのは、奥尻海嶺の西側から奥尻島の西側に続く急崖をつくる活断層によるものでした（3つの爆発マーク）。海底地形で急な崖になっているところには、多くの場合、その基部に、活断層が認定されています。図の左下に見える海底の広い台地、松前海台の前面の急崖をつくったのも活断層です。その裏側（南側）にも活断層があります。後志舟状海盆（後志トラフ）の西縁や、奥尻海盆の西縁の崖をつくるのも活断層です。奥尻海盆は東縁も活断で切られて急崖になっています。寿都海底谷の活断層、岩内堆周辺の活断層、そして神威海嶺からカムチャッカ根とよばれる積丹半島北部の海底地形を経て、泊原発の沖合にのびるのが、泊原発にもっとも近い活断層です。

21：北海道南西沖地震の意味

口絵26にカラーで示した図です。茶色の部分は陸上を空から見下ろして立体的に描いたもので、鳥瞰図といいますが、海底の地形は、鳥でも見えません。海面を泳ぐクジラが見下ろしたという意味で、青い海底の部分は鯨瞰図とよんでいます。3つ並んだ爆発マークの北端が、北海道南西沖地震の震源です。北海道南西沖地震は奥尻海嶺の北部、西側で始まり、その破壊が南に及んで、ついには奥尻島の西側にまで及び、それによって30 mを超える津波が奥尻島に押し寄せたのです。もし、あのとき、奥尻海嶺の西側でなく、東側の活断層、つまり後志トラフ東縁の活断層が動いていたら、どうなったでしょうか？　巨大津波は、そのまま泊原発に押し寄せ、私たちはもう、いま、

6 Trial 訴える　　　*291*

生きていないのではないでしょうか？
　海底地形では、奥尻海嶺の東にある深い後志トラフとよばれる海底の盆地や、ここに向かって、寿都からは、寿都海底谷とよばれる深く切れ込んだ谷が顕著です。また奥尻島の南東には、奥尻海盆とよばれる深い盆地が続き、また南西には、松前海台とよばれる海底の広い台地が広がりますが、その前面も活断層による急な崖で切られています。

22：北海道南西沖地震による青苗の被災状況
　北海道南西沖地震の起きたのが奥尻島の西側だったので、津波は、奥尻の西海岸では 30m にもなりましたが、東側には、回り込むような波になったため、10〜15m ですみました。それでも、これだけの大きな被害が出たのです。このような巨大津波が、泊原発を直撃する危険を想定しないでいいのでしょうか。

23：松前海台の前面の地形と活断層
　さきほどの図で位置を示した松前海台とその前面の急な崖を、深さ 3,500m の日本海の海底から見上げたのがこのコンピューターによる合成図です。松前海台の深さは 1,500m ですから、この急崖は、高さ（比高）が 2,000m もあることになります。断層運動がくりかえし起きなければ、このような急な崖がこれだけの長さにわたって続くことは、まずありえないでしょう。さら注目されるのは、その前面に、低い崖ができていることです。この崖は、背後の北海道側が逆断層によって日本海の海底に向かってのし上がる運動が今も続いていることの大きな証拠になります。変動地形学からすれば、これらの崖はすべて、最近までその運動が継続している活断層の存在を示しているのです。

24：海岸の地形から、海底の活断層を推定する
　　変動地形学の知見を使えば、目に見える海岸の地形から、目に見えない海底の活断層を推定することができます。以下の5枚の写真は、このような推定がなぜ可

能か、という説明のためのものです。まず、大地震のたびに地盤が隆起して「ベンチ」とよばれる地形ができることが、歴史時代の大地震のさいに観察されています。写真は、三浦半島のベンチです。低いほうのベンチは、もともと波で削られてできた浅い平らな海底だったのですが、それが1923年の関東大地震の時に隆起して、このような「ベンチ」をつくったのです。かつては波をかぶる海底だったわけですが、隆起すると、もう水をかぶらなくなるので、正確には「離水ベンチ」といいます。高いほうのベンチは、1703年の元禄地震でできたベンチです。このように、大地震のたびに地盤が隆起することを「地震性隆起」といいます。

25：西津軽地震による千畳敷の隆起

写真は、青森県の津軽の海岸にある「千畳敷」とよばれる「離水ベンチ」です。

これは、1789年に起きた、わずかM7程度の西津軽地震によってできたもので、場所によっては最大3.5mも海底が隆起したと言われています。

26：泊原発周辺の地震性隆起

泊原発周辺にも地震性隆起を示す地形があります。トンネルの手前には、「海食洞」があります。これも、もとは海面で波が当たって、やわらかい部分が削られてできた洞窟です。中で縄文期の遺跡が見つかっていますので、縄文人がこの洞窟を利用したことを考えると、約7,000年前にできていた洞窟が、あとでここまで隆起したと考えられます。また手前では、崖の一部がへこんでいますが、これは「ノッチ」と呼ばれる地形で、もとはいちばん波が当たる海面のところにできていた地形です。それが、いまはここまで隆起しているわけです。

27：神威岬の離水ベンチ

観光地になっている積丹半島のカムイ岬にも離水ベンチがあり、やはり、波で平に削られた浅い海底だったものが、地震によって持ち上がったベンチだと思われます。

28：長期間にわたって地震性隆起が継続してきたことを示す地形

泊原発周辺の積丹半島には、このような「離水ベンチ」だけでなく、それより高いところに、何段もの「海成段丘」が見られます。いちばん高いのが H1 面、泊村がのっている平らな面は、約 12 万 5 千年前には浅い海底で、波で削られ、砂などが堆積してできた平らな面が、その後の地震性隆起で、約 30m も隆起してできた地形なのです。これは日本各地に分布しており、M1 面、または S 面とよばれています。その下には M2 面と呼ばれる海成段丘面があり、長期間にわたって、地震性隆起をもたらす活断層の運動が続いてきたことがわかるのです。

29：泊原発にもっとも近い活断層

地震性隆起を示すこのような海岸の地形や、海底地形、さらに音波探査データなどから、さきほど「科学」での共著論文を引用した 3 人は、2009 年の日本地震学会で、泊原発のわずか 15km 沖合に、長さ 60～70km の活断層があることを発表しました。この図は、著者のひとり、渡辺満久さんが、2011 年に札幌で講演されたときに映されたパワーポイント画像を簡略化して示しております。ベンチやノッチ、海食洞、海成段丘面など、かつて海面にあった地形が隆起するためには、海岸の比較的近くに、これらを隆起させるような断層がなければなりません。そして、それは、陸地側が海側に向かってのし上がるような逆断層になるはずです。この図で、活断層はたしかに泊原発に近いが、それでも 15km は離れて

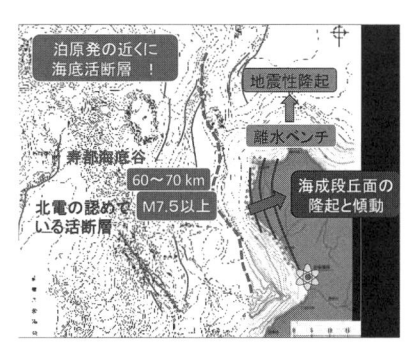

いるではないか、と思われる方もおられるでしょう。でも、そうではないのです。

30：泊原発に近い逆断層は直下型地震をもたらす可能性がある

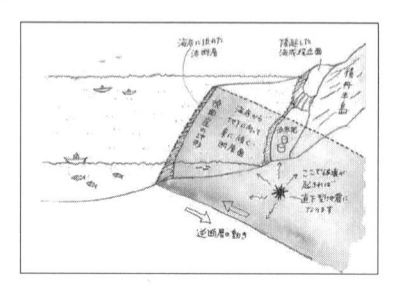

なぜかといえば、この活断層は逆断層であるために、断層面は、泊原発の下に向かって傾いて続いていくからです。地震というのは、この断層面のどこかで破壊が起き、その破壊が広がっていくことで生じます。ということは、泊原発の真下で、直下型地震が起きる可能性もあるということです。さきほどの図で示しましたように、長さ60〜70kmの活断層は、少なくともマグニチュード7.5くらいかそれ以上の大きな地震を起こしますので、この地震が起きれば、泊原発には致命的な被害が出るでしょう。

31：活断層は連動することが3.11で明らかになった

3.11では、活断層が500kmにわたって連動して動き、大きな地震と津波をもたらしました。これまで、活断層による地震や津波の評価は、1つ1つの活断層ごとに行われていましたが、3.11以後、近くにある活断層は、つながっていないように見えても、大地震のときには連動して動き、地震の規模をさらに大きくすることがわかったのです。そこで、原子力保安院は、岩内堆の東方に伸びる活断層が、陸上にある黒松内低地帯の活断層と連動して、長さ150kmの断層が一度に動いたらどうなるかを検討しなさいと北電に命じました。北電はそれに答えるといいながら、全ての活断層が連動したときの計算を避け、個別に計算した結果しか出しませんでした。そのような不誠実な態度をとる一方、北電は、この活断層がさらに噴火湾の海底を経て、八雲まで伸びる可能性を認め、164kmの活断層が連動したときの地震動を検討するとも言っています。現在、その回答を待っているところです。（その後、北電は、計算結果を発表し、原発に影響する短周期の地震動では問題がなく、長周期の地震動では、これまでに想定してきた地震動を超える地震動が出たとしましたが、詳細については公表していていません）。すでに、この地域には、長さ100km級の大活断層がいくつも存在する可能性を指摘しました。詳しくは、別途、

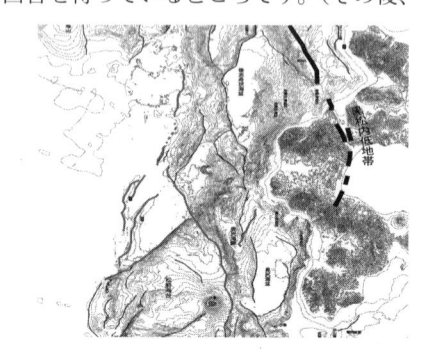

準備書面で述べる予定ですが、活断層のきわめて密な分布を見れば、連動の危険性が、この場合だけではないことがおわかりでしょう。

32：結論

　以上、見てきましたように、泊原発の位置する積丹半島の西方には、多くの、しかも長い活断層があり、それらは互いに近接しているために、連動する可能性もきわめて大きいと言えます。また、活断層が深さ3,000m〜2,000mといった深い海底に存在することも重要です。大地震が起き、海底が持ち上がると、その上の海水がすべて持ち上がるために、巨大な津波になるからです。3.11でなぜあれだけ巨大な津波を起きたかといえば、もちろん地震が大きかったこともありますが、その地震が深さ1,700mの海底の下で起きたことも大きな要因です。そして、海岸から130kmも離れた場所で起きた地震があれだけの津波を引き起こしたのです。津波のことを考えれば、100km圏内の活断層しか問題にしない北電の姿勢が、いかにずさんであるかがわかるでしょう。

　いっぽうで北電は、泊原発から30km圏内には1つも活断層がない、と主張しています。しかし地震性隆起を示す地形がこれだけあり、海底地形や音波探査データにも、海底の活断層を示唆する複数の証拠があることが変動地形学の立場から指摘されている以上、それを無視することは許されないと思います。先に述べましたように、泊原発の沖合わずか15kmに推定されているこの活断層は、東傾斜の逆断層であり、泊原発の直下で地震が起きる可能性すらあるのです。

　訴状でも述べましたように、日本海側では明らかに地震の活動度が高まっており、次の大地震はいつ起きてもおかしくありません。3.11の巨大地震によってプレート自体が大きく動いてしまった現在、その危険はさらに高まったと言えるでしょう。

　1日も早く泊原発を廃炉にすることが、子どもたちのために、また北海道の未来のために、必要であると思います。

　裁判官におかれましては、このような現実を重視され、泊原発を廃炉にすべしとの判決を1日も早く出していただきたいと願っております。

　以上で、私の意見陳述を終わります。ありがとうございました。

7
Imagine
イマジン

（1）「知里幸恵記念館」とアイヌ語地名併記運動

　知里幸恵（以下、幸恵と略す：写真1）に出会わなければ、1997年以降の私の人生はずいぶん違っていたと思う。

　北大に赴任した1986年に、幸恵の手紙と日記を集めた『知里幸恵　遺稿　銀のしずく』（草風館1984）という本を書店で見つけた。装丁が洒落ていたので開いてみると、明治から大正に生きた若いアイヌ女性の遺稿集である。その文章に惹かれて購入し、一気に読んで心を打たれたのを覚えている。幸恵が書いた『アイヌ神謡集』の序文もその本には出ていた。美文であるが、たんにそれだけではない。ひとの心を動かす力をもったふしぎな文章であった。だがアイヌも、アイヌ文化も私には遠い存在であった。序文に感動しても、岩波文庫に入っている『アイヌ神謡集』は、読んでもよくわからなかった。左側のページにはカタカナでアイヌ語が書いてあり、右

写真1　知里幸恵（亡くなる約2ヶ月前の写真、知里幸恵　銀のしずく記念館提供）

側のページには、幸恵によるその和訳が書いてある。アイヌ語は理解できないし、日本語の訳はわかるが、書かれているうた（ユカㇻ）は、当時それほど面白いとは思わなかった。アイヌ語や口承文化についての知識がなさすぎたのである。しかし幸恵の遺稿集だけは、書棚のいちばんいい場所において、ときおり読んでいた。

　1997年4月、「北海道旧土人保護法」というすごい名の法律が、やっと廃止された。1899年にできたきわめて差別的な法律が、なんと100年近くも日本では存続していたのである。新たに制定されたのが、「アイヌ文化振興法」であった。正式には、「アイヌ文化の振興並びにアイヌの伝統等に関する知識の普及及び啓発に関する法律」という長い名前の法律である。何も知らない私は単純に喜び、これでやっと平等な社会になったのだと思い込んだ。法律が実際に施行されたのは7月1日である。何かが劇的に変わるだろうと思っていた。しかし、札幌にいても、何も大きな変化はなかった。

　道や自治体でこの法律を具体化するための施策を公募する、という案内を見たとき、自分には何ができるだろうと思った。アイヌのことは何も知らない。だが、法律が変わっても何も変わらないことに疑問を感じていた私は、なぜなのだろうと考えた。「アイヌの人々の民族としての誇りが尊重される社会の実現を図り」と法律の第一条には書いてある。民族としての誇りが尊重される、ということは、まずアイヌ語が街でも普通に聞かれ、それを違和感なく受け止めるような社会ができる、ということであろう。もちろん長年にわたる同化政策によって、アイヌの人々は母語であるアイヌ語を奪われてしまっているのだから、いきなり街でアイヌ語のアナウンスが流れるとは思わない。まずそれを取り返すための教育が必要であろう。アイヌでない人間も、アイヌが日本という国の平等なメンバーになったのだから、当然、その言語を勉強する機会をもてるはずだし、少なくとも義務教育段階では、もたなくてはいけないだろう。だが、私自身もアイヌ語は全く習ったことがなかった。そういう大人にいきなりアイヌ語教育を強制しても、抵抗があるだろう。

　だが、と私は気づいた。地名は誰でも使うものである。そして北海道の地名は、ほとんどがアイヌ語に由来するという。だとすれば、漢字化され、もとの意味や音が大きく歪められているアイヌ語地名をきちんと併記し、誰もが日常

それを見聞きすることで、アイヌ語そのものに慣れる準備をしたらどうだろうか。もちろん、それだけではない、平等ということは、地名も平等でなければならない、ということだ。アイヌ語地名を一方的に変え、しかも地名表示板ではそれを平等に扱わないままにしておいて（p.373 の写真を参照）、それで、「民族の誇りが尊重される社会」とは言えないだろう。地名は、地理学の重要な分野である。だから、アイヌのことは知らなくても、地名のことなら地理学者である私が言い出してもいいのではないか。

　そう考えて、「アイヌ語地名の平等な併記を求める要望書」を北海道に提出したのは、公募の締め切り間近の 1998 年 3 月末であった。北大の物理学科の教授を途中でやめ、地図研究家・エッセイストとして活躍しておられた堀淳一さん、集会に来られて運動に賛同してくださったアイヌの小川隆吉さんの（目次viiiの写真参照）3 人の連名で提出したのである。アイヌの人たちと会うのもほとんど初めてであったが、以後、急速にさまざまなアイヌの人と知り合うようになった。

　知里幸恵の故郷は登別である。そのアイヌ語地名はヌプル（nupur）ペッ（pet）だ。ヌプルは濁っている、霊力ある、という意味、ペッは川である。温泉水で白濁したような色をしているから、そう呼んだのであろう。彼女が少女から青春時代を過ごした近文は、鳥（cikap）いる（un）ところ（i）である。一語ずつ読めば、チカプ・ウン・イであるが、アイヌ語はフランス語のように子音の次に母音がくると連音（リエゾン）するので、チカプニとなる（p.374 の写真を参照）。

　鹿をもつかむような伝説上の大きな鳥がいるところ、という意味である。そのように、アイヌ語地名にはすべてきちんとした意味がある。とりわけ、地形やそこにいる動物、生育する植物など、自然に対するアイヌの正確な知識がアイヌ語地名にはきちんと表されている。もともと地形学を学び、またランドスケープ・エコロジーをやるようになって動植物とその生息場所を研究するようになった私にとって、地形やそこに生きるものを的確にとらえたアイヌ語地名は、今は失われてしまった本来の自然を復元するうえでも重要な手がかりを与えてくれるものであった。

　「美馬牛」という地名がある。観光客は、さすが北海道、きれいな馬や牛が

いるからこういう地名がついたのね、と思っているが、アイヌ語では、ピパウシ、biba（川真珠貝）us（多くいる）i（ところ）なのである。アイヌ語ではbとpを区別しないので、ピパウシという地名もある。日高山脈から十勝平野に流下する川の一つは、ピパイロ川であった。平川一臣さんとそれぞれ50ccのバイクに乗って十勝平野を調査していた1973年ごろ、さまざまなアイヌ語地名と出会い、その音の美しさに魅せられていたが、なかでもピパイロという音の響きは忘れられなかった。これもピパ・イロ・ペッ、川真珠貝の多い川、という意味である。しかし、ピパイロに美生という漢字があてられ、川のほとりの町は、上美生（かみびせい）というように音読みされるようになった。そしてついに、川の名前も、美生川（びせいがわ）になってしまったのである。それは許せないと思っていた。だが、そうして漢字化することでアイヌ語本来の音や意味を変えていくことが、大和朝廷以来、連綿として続く「日本」という国家の政策であり、今も続くアイヌ支配、植民地主義の継続であると気づくには、知里幸恵とのほんとうの出会いが必要であった。

「其の昔此の廣い北海道は、私たち先祖の自由の天地でありました。」

という『アイヌ神謡集』序文の冒頭の一文こそ、大正11年（1922年）に初めてアイヌ自身の口から発せられた「先住民族宣言」であった[注1]。幸恵の天才は、このような重い宣言を、やわらかな言葉づかいで、さらっと言い切ってしまうところにある、と思う。

口絵10に示したように、北海道のランドスケープは、わずか百数十年の間にすさまじく変貌した。第3章で述べたように、この2枚の地図は、GIS（Geographic Information System）という地理学が誇る現代的手法を駆使して、氷見山幸夫さん、有薗正一郎さんという二人の地理学者によってつくられたものである。これは西川　治さんを代表者とする『近代化と環境変化の地理情報システム』というプロジェクト（1991～93年文部省科学研究費・重点領域研究）の成果として、朝倉書店から大版の書物として刊行された[注2]。しかし、このような大規模な土地の改変が北海道ではなぜ可能であったのか、という地理学的な研究は行われなかった。プロジェクトの名称がそうであったように、「近代化」という名のもとにそれらは一括され、そのような視点から日本の国土はこのように変わった、ということが地図化されたに過ぎない。地図化する

ことはもちろん地理学的研究のもっとも重要な手段であり、当時としては、それ自体が一つの重要な研究であったともいえる。しかし、本当の研究はそこから始まるのだ。

百数十年間の北海道のランドスケープの変化を日本の他地域の変化と比較すれば、その変化の速さと規模がまったく異なることは明らかであろう。北海道以外の地域のランドスケープが弥生期以来ほぼ2000年かけて変化してきたのに対し、北海道は明治以来、わずか150年でそれを変化させてしまったともいえる。なぜそれほど急速で大規模な変容が可能だったのであろうか。それは、日本のなかで北海道だけが、植民地政策による一方的な資源収奪と土地改変をこうむってきた地域だからに他ならない。日本の地理学は、これまでそのことにほとんど注意を払ってこなかった。というよりも、意図的にその事実を隠蔽することに加担してきたのが日本の地理学であったともいえよう。「近代化」という言葉のもとに、地域は「発展」し、「開発」され、「豊か」になるという暗黙の前提にたって地理学は地域を記述してきたのである。

知里幸恵という一人の女性。彼女はわずか19年の短い命をかけて、幼いときから聞きなじんだアイヌ語とそれによって語られる「カムイユカラ」（神謡）のすばらしさをすべての人に伝えようとした。彼女は、地理学者でも歴史学者でもなかったが、その人生のすべてを凝縮した『アイヌ神謡集』序文のあの冒頭の一文で、学者たちが隠蔽しようとしてきた北海道の本当の姿をあらわにしてくれたのである。GISの示す150年前の北海道から、「アイヌの自由の天地」であったときの北海道をイマジンしてみよう。

「自然豊かな北海道」、「原生的な北海道の自然」といったキャッチ・フレーズで語られる現在の北海道の自然は、徹底的に収奪されたあとのみすぼらしい自然にすぎない。札幌から帯広へ、日高山脈を越えて走るJRや高速道路から見る北海道の森林は、植民地政策のもと徹底的に伐り尽くされた本来の豊かな森の残骸である。

「風景には全体が含まれている。その意味を読み取るには、眼と足を鍛えなければならないようである」

とは、ひたすら東南アジアを歩いた偉大なフィールドワーカー、鶴見良行さんの言葉[注3]であるが、目の前の風景の背後に隠された過去のランドスケー

プを読み取るには、まさに眼と足を鍛えなければならない。

　何人もが腕を広げてやっと囲めるような太いチキサニ（春楡）やランコ（桂）が鬱蒼と茂っていた森。ランコ・ウシ（桂・多い処）というアイヌ語地名が道内各地に残っているように、北海道はそのような広葉樹の巨木に満ちた森に覆われていた。その森をイマジンしたい。そのなかを自由に蛇行して流れる大河。シカリ・ベツ（然別）とは、自らを廻す川、すなわち自由蛇行河川のアイヌ語地名である。そこを舟で漕ぎ下り、漕ぎ上り、自由に行き来していたアイヌの人々をイマジンしよう。

　山から出た川はいたるところ砂礫を堆積させ、礫床河川（ピ・ナイ：比内）をつくり、砂礫の河床は水を浸透させて川の水量を減らし、末端の枯れる尻無川、オ・サッ・ナイ（於札内；末端・乾く・川）、水無川、サッ・ピ・ナイ（札比内、乾く・礫川）をあちこちにつくっていた。扇状地河川のアイヌ語地名である。森のつきるところは一面の湿地（サル）であった。猿払、更別、サロベツなど、おびただしいサル地名がそれを証拠立てている。口絵12に示したように、十勝川の下流部は、いまの釧路湿原に匹敵するような大湿地であった。札幌のまわりも、大谷地などの地名で知られるように、一面の湿地、泥炭地であった。そういう、北海道本来のランドスケープの広がりをイマジンしてみよう。

　アイヌ語地名の併記を求める要望書を提出した1998年、何気なく幸恵の本を手に取って最後にある年譜を見ると、1903年生まれという文字が目に入った。これまで何度も見てきたはずなのに、あと5年したら生誕百年を迎えるのだと初めて気づいたのである。そのとき、私のなかで何かが起きた。きっと生誕百年にはいろいろな行事もあるだろう。だが、それも北海道の一部でのことにすぎないだろう。そして1年たったら、また生誕二百年までみんな幸恵のことを忘れてしまうのではないか。そう感じたとたん、いや、そんなことは厭だ、そんなふうにはしたくない、という思いが私のなかを突き抜けていった。

　生誕百年まで、まだ5年ある。そのあいだに幸恵のことを全国に伝えよう、生誕百年を北海道だけのローカルな出来事にさせまい、そしてそのあとも年々、幸恵のことを知る人が増えていくようにしよう。そう決意して、まず幸恵のお墓参りに出かけた。登別にあることは知っていたが、どこにあるかもわからず、

地元の友人に探してもらってようやく20人程の有志で行くことができた（目次ⅷの写真参照）。そこに、幸恵の姪にあたる横山（知里）むつみさんが来てくださった。それがきっかけで、幸恵の遺品を大事に保管してきたむつみさんが、幸

写真2　旭川の知里幸恵文学碑とそこでの生誕記念の儀式（中央奥左が横山むつみさん、2001年6月8日撮影）

恵のことをまず地元の人たちに広く知ってもらおうと展示を翌年に企画され、それから毎年のように、幸恵の命日である9月18日の前後に行事が続いている。生誕百年には、東京はじめ全国で、大規模な展示を巡回することができた。

　家庭の事情で登別から離れた幸恵は、金田一京助のもとで『アイヌ神謡集』を完成させるため、亡くなる年の5月に上京する。その直前まで住んだ旭川では、すでにアイヌの荒井和子さんによって幸恵の文学碑が建てられていた。幸恵の戸籍上の誕生日である6月8日には、幸恵を記念する「銀の滴降る日」の催しが、地元のアイヌの人たちにより行われ（写真2）、石碑がその構内にある北門中学校の生徒も参加している。幸恵の生地である登別に、幸恵のことをつねに発信できる記念館ほしいという思いが関係者のあいだで強まり、2002年から幸恵記念館をつくるための運動が始まった。資金はゼロである。行政や大企業に頼るのではなく、日本中の一人でも多くの人が幸恵のことを知って募金する、市民ひとりひとりの力で建てる、という方式を提案した。さいわい、『アイヌ神謡集』をフランス語に訳した津島佑子さんはじめ、加藤幸子さん、池澤夏樹さんなど、幸恵の仕事に深い関心をもつ作家や、山口昌男さんのような文化人類学者など著名人の協力が募金活動を支えてくださった。そうした支援もあって、9年間で目標の3000万を超える募金を得ることができ、2010年9月18日、幸恵の生地に、「知里幸恵　銀のしずく記念館」（写真3）

が建ったのである。

2003年、幸恵の生誕百年を記念して、記念館建設の資金を得るために出版した『知里幸恵「アイヌ神謡集」への道』(注4) では、関わった人たちのエッセイとともに、山口昌男さんと行った「対話」をのせた。ちょうど10年前のことである。今から見るとまだ知識も乏しく、私の未熟さが目に付くが、幸恵を通じて北海道のほんとうの歴史と地理を、私たち自身を知ってほしいという思いは、当時も今も変わらない。文学という面だけから見ても、知里幸恵は、樋口一葉と同じくらい偉大である。厳しい差別と迫害を乗り越えてアイヌ民族の誇りを日本人に伝えたという意味では、さらに偉大であったともいえよう。一葉女史がお札のデザインになるなら、幸恵がなってもいいのである。日本人がそのようなお札を使える日を、イマジンしよう。

写真3 「知里幸恵 銀のしずく記念館」のオープニングを祝う餅まき（2010年9月17日撮影）

(注1) NHK制作の「その時歴史が動いた 第340回 神々のうたふたたび～アイヌ少女・知里幸恵の闘い」(2008年10月6日放映) では、解説者として出演し、ここに書いたことを初めて公の場で述べた。
(注2) 西川 治（監修）(2009)『アトラス 日本列島環境変化』朝倉書店
(注3) 鶴見良行 (1987)『海道の社会史—東南アジア多島海の人々』朝日選書『鶴見良行著作集8 海の道』みすず書房に再録。
(注4) 北海道文学館（編）『知里幸恵「アイヌ神謡集」への道』228p.（東京書籍 2003) 絶版中だが、知里幸恵記念館で販売している。
www9.plala.or.jp/shirokanipe/

知里幸恵に関する論考・エッセイ

小野有五 (2000) 知里幸恵の百年 図書2000年9月号 24-27.

小野有五（2001）知里幸恵のこと　労仂文化　166　3-19.
小野有五（2002.9.11）道立文学館「知里幸恵」展に寄せて　北海道新聞夕刊　文化欄
小野有五（2002）一九二二（大正11）年の武郎・賢治・知里幸恵　労仂文化　174　15-27.
小野有五（2003.6.3)「人とは違う自分」に生の意味：軌跡重なる2人の表現者：金子みすず・知里幸恵　百年目の出会い　北海道新聞夕刊　文化欄
小野有五（2003.7.22）県立近代美術館知里幸恵生誕100年記念巡回展に寄せて："アイヌ文学"世界へ発信：差別乗り越え「かけ橋」に　徳島新聞夕刊　文化欄
小野有五（2003）生きる意味—知里幸恵とキリスト教—　北海道文学館編『知里幸恵「アイヌ神謡集」への道』52-64．東京書籍
小野有五（2003）知里幸恵、東京での129日　北海道文学館編『知里幸恵「アイヌ神謡集」への道』付編　40-54．東京書籍
小野有五（2004）今に生きる知里幸恵　別冊太陽『先住民アイヌ民族』134-135.
小野有五（編集）（2011）知里幸恵　銀のしずく記念館　友の会通信　No.1　16p.

アイヌ語地名・環境変化に関する論考

Ono, Y. (1999). Ainu Homelands：Natural History from Ice Age to Modern Times. In W. W. Fizhugh and C. O. Dubreuil (Eds.), *Ainu, Spirit of Northern People,* Arctic Studies Center, National Museum of Natural History, Smithonian Institution, 32-38.
小野有五（1999）アイヌ語地名の併記を考える　ことばと社会　1　78-86.
小野有五・谷川健一・堀　淳一（1999）座談会特集：アイヌ語地名　地理　44（5）　18-43.
小野有五（1999.9.21/22）ワシントンでのアイヌ民族特別展　上・下，北海道新聞夕刊　文化欄
小野有五・シュテファン＝カイザー・大谷泰照・西川長夫・大橋克洋・児玉徳美・山口幸二（司会）（2000）公開シンポジウム：グローバル化と多言語の共存　立命館言語文化研究　12（2）　1-22.
小野有五（2005）川と環境—沙流川ピパイロ川ヌプルペッ　国文学　50（3）　6-11.
小野有五（2008）アイヌ語地名の兵器に向けて—アイヌ語地名研究の目的と意義—　アイヌ語地名研究　11　1-10．北海道出版企画センター
小野有五（2012）東北のアイヌ語地名と考古学　アイヌ語地名研究　15　1-18．北海道出版企画センター

対話：山口昌男 vs 小野有五
「コスモポリタンとしての幸恵、そしてアイヌ文化」（財）北海道文学館編『知里幸恵「アイヌ神謡集」への道』pp.99-116

対話　コスモポリタンとしての幸恵、そしてアイヌ文化

山口昌男×小野有五

1　アイヌ民族が山口文化人類学の原点

小野　きょうは山口さんとカムイユカㇻや知里幸恵さんのことについてお話できるということで楽しみにまいりました。一昨年でしたか、北海道新聞に連載された山口さんからの聞き書き「私のなかの歴史」のなかで、たしかお育ちになった美幌での、アイヌのかたがたとのふれあいを語っておられたと思うのですが。

山口　美幌のコタンにアイヌ系の人たちだけが住んでいたときに、明治13年ごろ、あの地域は根室の開拓使の管轄で、そこに派遣されてきたのが元薩摩藩の士族だった佐々木なんとかという人だったんですね。彼は西南戦争になったときに海軍の伍長だったのをやめて、西郷軍に加わり、敗走して、北海道に追放されるかたちできたんです。

小野　『東北学』の第四号にのった赤坂憲雄さんとの対談でそのことを知りました。

山口　だから何が勝ちか負けか、わからないような人によって先鞭がつけられたわけです。江戸時代以来のいわゆる和人の支配のあとに入ってきた人間のひとりだからね。それがまあ3代目くらい。であるけれども、東大に入って1年目くらいの夏休みに帰郷したとき、僕はまだそういう構造の中に自分もとらえられていたことには気がついてなかった。近所でつくり酒屋をやっていたインテリの人のところへ行って、このへんにアイヌの人はいないかと聞いたら、それならお隣りの上美幌にいる菊地さんという家にいったらいいといわれたわけです。そうして、菊地儀之助さんというひとのところへいって、アイヌのことを研究したい気もするんだけど、どうでしょうかと相談にいったら、「アイヌのことなんて、そんなに気楽に始めないほうがいいですよ、実はけっこう怖い話もあるから」って言って、それでおばあさんの話をしてくれたわけです。

小野　和人と同じ大地には住みたくない、って2階に上がったきり二度と降りて来なかった、という方ですね。

山口　そうです。菊地さんが言うには、「実を言うと、うちの家系はこのあたり一帯の大酋長の家系であった」と。確かに僕の育った家の裏の畑を、冬だとスキーにのっ

て十分くらい坂道を上っていくと、ちょうど裏山へいく途中に高さ3メートルくらいの立派な碑があって、「菊地ウイントク大酋長」の功績が書いてありました。僕は、ものごころがついて字を読めるようになって最初に読んだのが、どうもこの碑文なんですね。で、彼のおばあさんというのは、このウイントクの奥さんになるわけです。おばあさんが若くして結婚してまもなく、シャモ（和人）を経験的に憎んだんですね。学校法が制定されてアイヌも学校に行けといわれたわけだけれども、シャモのような人間ができるようじゃ、学校には行く必要もないといってみんなに反対をたきつけた。僕もそんなことは知らなかったけど、おばあさんが若かった当時は、シャモがきてはアイヌの男をとっつかまえて、ひどい目にあわせて強制労働させたり、女はとにかくどんどん犯した、というふうな歴史があったわけです。だからシャモっていうのは人間の心なんてもっていない連中だと、アイヌのほうが子どもを育てることを知っているんだから、なんでシャモに教育を任す必要があるんだ、と言って反対されたわけですね。まあ、聞いてショックでね。とてもアイヌの勉強なんて簡単にはできないと思って、それで実際の人類学をやって、調査は新島とか大島でやって、それからだんだん南へいってアフリカまで行ってしまったわけです。というわけで、自分が本当は直面している問題を避けて、よそへ行ってしまった。直面する勇気があって、危機を解決するのが学問だ、と思えればよかったけれど、そのときは、とてもそういうところまではいかなかった。

小野 おばあさんの話がなければ、山口さんがアイヌ民族を研究して、もっと別な展開があったかもしれませんね。

山口 そう。大学の学部でも、同級生に、のちにアイヌ語辞典をつくる福田（田村）すず子さんの兄貴がいて、妹さんがアイヌのことを調べているということで資料を届けにいったこともあったんです。だから身近にもそういう同世代の研究者もいて、いいところまではいっていたわけだけれどね。

小野 しかも山口さんは、最初は、国史をやっておられた。

山口 同時にモヨロ貝塚を発掘した米村（喜男衞）さんの網走郷土館が近くにあって、考古学に向かうようなきっかけもあったわけです。それができた直後、僕のところは菓子屋をやっていたわけだけれど、2、3人の小僧さんたちが一緒に網走に行こうということになって、僕は小学校一年生くらいだったと思うけれど、連れて行ってもらった。それで、初めて郷土館という建物に入って、びっくりして、とてもこの世のものとも思われなかった。2階、3階には天窓があってね、実にきれいな建物でした。そこでアイヌの物質文化を見る機会があって、それを何度も見に行った。それを理論的にどうしよう、という気は無かったけれど、アイヌ民族の環境というのは自分が生まれ育った環境とは違うんだな、という意識をもったわけです。中学の

ときはそこを通って網走中学に通っていたわけですが、近道だったせいもあるけれど、あそこは小高い丘でね。

小野 チャシだったところじゃないですか。

山口 そうですね。だからチャシにアイヌ民族の美術館ならいいけれど、役所なんか立てちゃ悲惨なもんですよね。その丘の上で、春は桜が咲いてき

写真　山口昌男氏と著者（手前）（2003年3月18日於・北海道文学館、平原一良氏撮影）

れいなところだったから、そこで昼ごはん食べてから学校へ行く、というような生活をしていたわけです。

小野 毎日、さぼった上に寄り道していたんですね（笑）。

山口 要するに学校へ行くためにそこを通るわけで、目的はわかっていたわけだけれど、その目的にはすんなりとは行かないという、だいたい僕は生き方においてそういう生き方を続けてきたわけです。その癖は、どうもそういうことでついたんじゃないかと思うんですけれど（笑）。

小野 チャシの郷土館への寄り道が「山口学」の方法論をつくった（笑）。

山口 それで、中村斎（いつき）君って、今は白老のアイヌ民族館にいる男が中学の同級生だったから、確か中学3年か4年のときにモヨロ貝塚の発掘にも手伝いにいったんですよ。で、河野広道さんや、児玉（作左衛門）先生、名取（武光）先生などそうそうたる考古学者たちを知ったわけです。だからあのまま考古学をやっていたら、今頃は大古老になっていたわけね（笑）。そのチャンスをぜんぶ逃してしまった（笑）。

小野 ちょうど最近、東大のモヨロ研究所が50周年を迎えて、宇田川（洋）さんたちが『オホーツク文化』という本も出されました。

山口 こないだは網走のオホーツク・文化交流センターで、オホーツク祭りの第1日目として、モヨロ貝塚発掘50周年のシンポジウムをやってね、それで僕も中村君と昭和22年ごろ発掘に参加したわけだけれど、なにせ中学生だから虫けらみたいなもんで（笑）、発掘の記念写真には写っていない。ただ当時、映画館で日本ニュースを見ていたら、「オホーツク文化の発掘始まる」というのがあって、その映像のなかに後姿で映っているのがどうも僕ではないかという思えるわけね。確証があるわけ

じゃないけど。まあ後姿だから誰にも信じてもらえない（笑）、っていうようなヨタ話をしてきたところです。
小野 北海道考古学の古老である、ということはとにかく印象づけられたわけですね（笑）。

2　カムイユカㇻとの出会い

山口 だからまあ、いろいろな入り方をしているわけですね。入り口まで来て。そのなかでも最後まで行ったものはというと、これ、どこかで確かめられるといいんだけれど、小学校5年生くらいのとき、昭和16年くらいかな、国語の副読本がありまして、そこに「アイヌ神謡……オキクルミの神の話」というのがのっていた。こういうものをきちんとのせた、ということが当時としてはえらいですね。たとえば沖縄にだって民謡的にすばらしいものがあるのに、国民学校、小学校の唱歌には一つものせられなかったわけです。
小野 副読本ですから、まあ北海道だけのものだったかもしれませんけれど、とにかくその時代にのせられたということはすごいですね。
山口 この神謡がどこに出ているものなのかを知りたいんですが、幸恵さんの『アイヌ神謡集』にはないようですね。小学校5年のときに読んだきりの記憶ですけれど、オキクルミの神が地上を見ると、人々の生活は貧しく悲惨なものだと、それで、オキクルミの神は助けてやりましょう、といって、火を盗み出していった。家の入り口までくるとイヌがなきはじめた。そとでオキクルミの神は、灰でつくったダンゴをイヌの口に投げ入れた。それで、イヌはそれまでは人間の言葉をしゃべっていたものが、それからはしゃべらなくなって、それからはただワンワンとなくようになった。これはレヴィ・ストロースも南米の神話でそういう例があることを語っていますし、ガストン・バシュラールはオーストラリアの神話のなかで、そういうふうに火がもたらされたというを報告しています。つまり火というものを媒介として、人間はいろいろなものに変わるとか、普通の言葉をしゃべっていた状態から、しゃべれなくなる状態に変わるとか、そういうものを結ぶために神話ができたんだというわけです。だからオキクルミは、盗みとかいたずらをすることで神と人間を結びつけてしまうという、一種のトリックスターだといえるわけですね。ギリシャ神話にも神の世界から火を盗んできたというプロメシウスの神話があります。さらに北欧神話には人間に火をもたらしたロキの神話というのがあって、これについてはディメデイリという人が一冊の本を書いているほどですが、こうしてみると、アイヌのカムイユカㇻのほうが、日本の神話より普遍的といえるのではないか。ある種の伝播

といったことを考えると、ほんとうのグローバリズムというのは、アイヌのほうにあるのではないか、アイヌの神話の普遍性というものを強く感じたわけです。であるから、カムイユカㇻは、日本では文学としてすぐれていると評価されているわけですが、ほんとうはもっとグローバルな、神話学的なという広い世界を考えながらやったほうがいいのではないか、日本のなかだけですばらしいといっているとね、どうもなんか日本のなかでとどまっちゃう、日本のたいていのものがそういうことになるから、そういうことも必要なんじゃないか、という感じがするんですがね。まあそういうこともあって、僕自身はいろいろな神話を比較しながら文章を書くことを学問のなかでやってきたわけですが、いってみれば、僕の学問の核心の部分に、それがあるわけですね。アイヌ文化との出会い、ほんとうの出会いというものが。

小野　小学校5年生のときのカムイユカㇻとの出会いが、まさに文化人類学者、山口さんをつくったともいえるわけですね。

山口　だからそういうことで、教育ということはすごく大事だと思うんです。とくに子どものときに受けたインパクトがずっとひろがっていくというところがあるんじゃないかという気がするんですね。

小野　そういう意味で、小学校や中学校や高等学校、いろんな段階でアイヌ語やアイヌ文化にふれる機会がなければいけないと思うんです。とにかくまず、機会を与えるということが大事なのではないかと。例えば高校生になれば日本の古典で、源氏物語は読みますね。それから古事記も読みますし、徒然草とか何でも少しずつは入っているわけですけれど、その中にもカムイユカㇻは入ってこないわけです。幸恵さんのカムイユカㇻは当時のアイヌ語だけではなく、歴史的な言葉や雅語がたくさん使われているわけですから、当然、古典としても扱うべきじゃないかと思うのですけれど。

山口　だから、いまだに全国統一教科書を使っているっていうことだっておかしい。北海道なら北海道の教科書があってもいいと思いますけれど、いっぽうでは、また、そこからどんどん広がっていって、北海道や沖縄のものが日本全国に広がっていってもいいわけです。そういうふうになると、つまり、より選択肢が広くなるわけです。

小野　日本文化というものが、ともすればすべてヤマト文化だけであるとされてしまいがちなわけですけど、そうではなくて、いろいろものがあるという。

山口　だいたい本州ではもう桜が咲いているときに、北海道ではまだ雪が降っているわけですからね。

小野　幸恵さんの『アイヌ神謡集』は岩波文庫に入っているわけなんですけれども、これがごらんのようにピンクの装丁、つまり外国文学に入れられてしまっているという事情があるわけです。日本文学なら緑なんですが。それがまずおかしいのでは

ないか、という問題も、いま言ったことと関連するように思います。
山口　岩波の意識にはそういうところがあるんだよね。
小野　岩波の言い分は、これは日本語への翻訳だから外国文学なんだと。
山口　その問題は太宰　治さんの娘さんにあたる津島佑子さんが、『アイヌ神謡集』のフランス語訳を監修されたときに、話されていましたね。
小野　日本とか、日本文化というものを構成しているのがヤマトだけではなくて、そこにアイヌ民族もちゃんといる、というのであれば、アイヌ語で書かれた文学もまた、「外国」ではなく「日本」の文学ではないかと思うわけです。もちろん、こう言うと、ほんらいは独立して存在していたアイヌを勝手に「日本」に入れてしまうのは同化政策と同じでけしからん、という人もあると思いますが、もちろんそういう意味ではなくて。
山口　津島さんがフランス語訳を監修されたときに、まずアイヌ語と日本語を比べるとアイヌ語のほうがとっても長い、というわけね。それはもとのアイヌ語には何度も繰り返しがあるのに、日本語ではそれが冗長だといってとってしまうということからくるわけで、こういううちがいも重要ですね。
小野　もともとカムイユカㇻは口承文芸ですから、語られた物語で、そこにはサケヘとよばれる繰り返しが、ユカㇻを物語っていくうえでの大事な要素になっているわけですね。
山口　だから最初のフクロウの神様の歌でも、「シロカニペ　ランラン　ピシカン　コンカニペ　ランラン　ピシカン」という繰り返しがほんとうはもっと頻繁に繰り返されていたわけでしょう？　それが、語られたもともとのユカㇻでは実は重要な意味をもっていたと思うんだけれど。
小野　幸恵さん自身がユカㇻを日本語に訳すにあたってそれを省いたわけですね。そこにはまず、口承文芸を書かれた文学にするという上での葛藤や問題もあったと思います。今回は生誕百年を記念して幸恵さんと『アイヌ神謡集』についての本を出そうとしているわけですが、そこでは、このシロカニペ　ランランの最初の約２ページ分を、幸恵さんの日本語訳、津島さん監修のフランス語訳のほかに、ベイツ大学におられるサラ・ストロングさんの英語訳、工藤正廣さんとタチアナさんによるロシア語訳を並べて比較してみようと思っているんです。
山口　まさに世界文学としてカムイユカㇻをとらえようというわけですね。「外国」文学じゃないんですよ。
小野　いろんな言葉に翻訳した時の、翻訳上の問題って言うのがありますよね。とくに詩は。だからアイヌ語の韻文が他の言語でどんな風に表現されるかを比較することで、逆にアイヌ語やアイヌの口承文芸というものの本質が見えてくるのではな

いか思ったのです。

3 カムイユカㇻのトリックスター

小野 さきほど、神様から火を盗んでもってきたオキクルミは一種のトリックスターだというお話がありましたが、オキクルミは、幸恵さんの『アイヌ神謡集』では、オキキリムイと呼ばれています。そのオキキリムイには、二人いとこがいることになっている。オキキリムイは一番下なんですけれど、一番上の長男はもう真面目一方な人で、真ん中のサマユンクルという神様がどうも一番トリックスターみたいな性格付けをされているんですね。それで、話によっても違うんですが、サマユンクルの妹さんがでてくれば彼女は悪役になって、オキキリムイの妹さんはいい娘さん、という対比がいつもなされていたりする。幸恵さんのカムイユカㇻにはサマユンクル自身が悪いことをするという話はあまり出てこないのですが、三人いてその真ん中がトリックスターになるという、そういう構造がどうもあるような気がするんです。アフリカの神話でも、そういうパターンのようなものはありますか。

山口 二つのタイプがあるんですよ。一つは特定の動物、僕が調査したところだと野ウサギが徹底的にいたずら者で、それが突如として良いことをする。結果としては幸せを導き出すという役割を果たす。それに対してハイエナとか象とかそういうような、もう、いじわるばあさんじゃないけど、いつもこけにされる役割がある、というパターンに分かれている。そういうようなトリックスターのパターンはアメリカ・インディアンにも入っていますね。

小野 そうですか。動物で言いますと、カムイユカㇻにはもちろんウサギも出てきますし、ウサギも一匹ではなく兄弟で出てきて、お兄さんのほうは、人間、というか本当はオキキリムイが作ったわなを馬鹿にして、それにひっかかっちゃうんですね。弟がそれを見ていて、お兄さんから村へ行って助けを呼んできてくれって言われて、急いで村まで行くんですが、何を言いつけられたか忘れてしまぅ、というふうに、非常に滑稽な存在というのは、神話のなかでどういう意味をもっているのでしょう？

山口 これは、何かに対比してストーリーが作られるという構造ですね。だから、アフリカでも賢い小動物、例えばクモなんかね、これもトリックスターになることが多いんですが、それが主人公になって、そして今度は兄貴と弟という対比があって、というのが多いんです。兄貴が先に天上に昇って行って、弟がそれに対して後から行って、さんざん暴飲暴食をして、追い返されるという。天から降りて来る時にいろいろな食べ物をいっぱい持たされて、「綱があるからこれを使え、ただしどんなことがあっても口をきくな」と言われたら、それが口をきくわけなんだよね。それで

カラスが寄ってきて「お前いいもの持っているな、それを俺に食べさせろ」とかなんとか、ぐちゃぐちゃやって、「うるさいなお前らあっちへ行け」と言ってね、それでばーっと落ちていって、そのために地上にいろいろな食べ物が広がっていったのだという。そういう話になってくるのが一つのパターンです。

小野 それから、キツネがいつも悪役といいますか悪い役で出てくるんですけれど。

山口 それはキツネというのは、アフリカでも、南アメリカのペルーに行っても、そういうふうな悪役を演じて、最終的にはこけにされるという話が広まっているんですよ。それは世界的には知られていなかったけれど、僕がアフリカで調べた時にわかったことです。ところが、民博（国立民族博物館）にいた友枝君というペルーで調査した人と話をつき合わせてみると、キツネの話はどうも向こうへ行ってから展開したようです。

小野 元々はアフリカでできた神話が、南米に伝わってから更に発展したという？

山口 どうもそうらしい。

小野 あとは、カワウソですね。これはカムイユカㇻの中ではすごく大事な役割をしているように思えます。でもカワウソは多分アフリカには出てこないでしょうね。

山口 出てきませんね。

4 アイヌ文化の基層

小野 カワウソはさっき話にでたオホーツク文化と関連があるかもしれません。もっともカワウソだって、かつては日本中にいたわけだから、日本土着の神だっていいわけですが。ただアイヌ民族の「熊送り（イオマンテ）」自体が、本来のその縄文や擦文文化にはなくて、オホーツク文化から初めて出てくるという、これは最近わかってきたことですけれども、そういうアイヌ文化の多様性にはもっと注目すべきだと思うんです。僕らが「伝統的なアイヌ文化」と考えてきたものが、アイヌ民族に固有なものではなくて、アイヌ民族自身が、周辺のさまざまな民族からとりこんできたもの、そしてそこから独自に発展させたのが、「アイヌ文化」なのだという……。

山口 それはね、フランスにいる時に、古本屋に非常に親しいおばあちゃんがいたんです。彼女はいろんな人をつないでいるんだね。あるお客さんが「日本には熊を神として殺して犠牲にしている民族があるってというけれど、それについてちょっと教えてくれ」って言うので、「どうしてそんなことを聞くんだ」と尋ねると、その人がよく知っている考古学者で、スイスのある地方で熊の骨がまとまって出てくるケースが多いので、それを知るためにアイヌのケースを知りたい、と。意外とそういうところで何かあるのかもしれない。だから、アイヌ語やアイヌ文化の系統の中に、

日本語の普通の構成で考えられないコミュニケーションが何らかの形であったかもしれないと考えてもいいわけです。

小野 中沢新一さんも、最近だされた『熊から王へ』という本で、熊を神とする文化の世界的な広がりに注目していらっしゃいますね。水のことを、アイヌ語では稚内のワッカと言いますでしょ。で、岩手県へ行くと「安家洞」という鍾乳洞があって、すごい地下水が流れている。奈良へ行けば、東大寺のお水取りでは、水のことを「若水」と言いますよね。あの「わか水」は本来は「ワッカ」だったのではないかと僕は前から思っているのです。徒然草なんかを読んでいますと、仏様に水と花を捧げる小さな棚を「阿伽棚」と言ってます。みんな、もとをたどればラテン語のアクア（aqua）ですよね。そういう風に考えると、本来そういう言葉の原型が世界中に広がっているんじゃないかという気がするんですけれど。

山口 僕が調査したインドネシアの地方では、水はワエですね。前半だけが「ワ」で。

小野 そうなんですか。ワッカをたどる旅、というのをやってみたら面白いんではないかと思うんです。もちろん縄文語というのはもうわからないわけですけれど、例えば三内丸山の遺跡とか見ていれば、言葉なしにああいうものができたとはとても考えられないわけですよね。ですから縄文人が言語というものを持たなかったと考えるほうが可能性としては少ないわけで、もしそれがあったとしたら、その痕跡を一番色濃く残しているのがアイヌ語ではないかと僕は思うのですけれど。もっとも韓国語とアイヌ語はすごく共通性があるという考え方もありますね。とくに音がね。

山口 だから、よく言われるでしょ。韓国語と言われて、実はアイヌ語というのがけっこうたくさんあるんだという。

小野 地名のほうからも、今までは東北の北半分、昔の多賀城とかがあった辺りから北がアイヌ語地名の分布域で、そこから南は、アイヌ語地名があっても密度が非常に薄くなると言われています。だけれど実際には、これはアイヌ語地名ではないか、という地名が、日本中からいくつも出てきますね。去年、南西諸島の西表島に行きましたら、「ピナイサーラ」という滝があるんですね。あそこはマングローブだから泥しかないんですが、そこだけ大きな岩がゴロゴロしているんです。アイヌ語で、ピというのは石のことなんですね。旭川の近くには比布という所がありますし、東北には地鶏で有名になった比内という所がある。ナイは川ですから、それで正に「石の川」なんですよね。サーラは滝をさすアイヌ語のソからきているのではないでしょうか。もちろんたんに語呂合わせで地名を解釈してはいけないわけで、本当にこれがアイヌ語地名だ、というためには山田秀三さんがなさったような厳密な研究が必要になりますが。

山口 昭和25年に菊地儀之助さんの所へ遊びに行ったら、自分は戦争中に「アイヌ人も日本人に協力している」という証拠を示せと言われ、東北地方を講演して歩いたというのです。その時に東北地方、とくに岩手県へ行くとアイヌ語と思える地名が実に多いのにびっくりしたという。ところが、それをアイヌが東北にいた証拠として話したら、あまり喜ばれなかったというんです。しかし、これはやるべき課題だと僕は思った。それで山田秀三さんの仕事を知ったのです。

小野 東北については、『東北学』で赤坂憲雄さんたちがずっとやっていらっしゃいますけれど、東北では本来、大和の人が来て東北のもとを作ったんだという意識が非常に強くて、アイヌと同一視されることをすごく嫌がる傾向があったようですね。だけどもともと東北を支配していた蝦夷は、アイヌ民族とほとんど同じものではなかったかと僕には思えるのですけれど。

山口 だから、正統の歴史家と称する人たちがアイヌと蝦夷を考えるのを嫌がるのです。

小野 そういう傾向がありますね。最近やっと変わってきたのではないかと思うのですけれど。そういう傾向をさらにさかのぼると、縄文・弥生の問題になりますよね。縄文人がアイヌ民族に近い存在だとすれば、一方には大量に渡来した大陸系の弥生人の系統があって、いわゆる「和人」「ヤマト」というのは、弥生をベースにしてそれに在来の縄文が入り混じってできたものと考えるのがいちばん真実に近いのではないかと思うんですが、日本人のベースがほとんど渡来人だ、ということはなかなか認めたがらない。いっぽうでは、縄文は限りなくアイヌ民族に近いのにそれを認めないという……。

山口 東京に住んでいても、東京における縄文という要素はいくらでも考えられます。多摩川の近くに野川というのがありますよね。そこにある「ハケ」という崖は、大岡昇平の『武蔵野夫人』に出てきて有名になりましたが、その「ハケ」なんかももとはアイヌ語じゃないかという人がいる。それからね、被差別でいうと、僕が住んでいる多摩墓地の付近には別所という地名があって、これはどうも出羽の国から連れられてきた人たちが別れ住んでいた所だという。それは蝦夷でアイヌだという説があったのだけれど、そういう歴史は消されちゃっているんです。最近、何でもかんでもわからないものは、あいまいな見えない日本に追い詰めてしまっていく傾向があるから、かえってそれで難しくなっている。そのうえ、「澄んで水清き日本」とか言っちゃっているから……。ひと口に日本というもののなかには、実はいろんな基層が重なり合っているのだということをもっと考えないと。

小野 もちろん一方でさっきのアイヌ語地名のように、なんでもアイヌに結びつけるのも考えものですけれど、為政者はとにかく自分に都合のいい勝手なイメージを

作りますからね。
山口　そういうことですね。ラフカディオ・ハーンが、ある夜、出雲で見たという非常に不思議な集団の踊りのことを書いているのですが、これは一応、被差別になっているけれど、「大黒舞」という特殊な舞で、その大黒舞らしきものを追いかけて日本中をまわった人物が新潮社の雑誌「新潮」の編集長なんですよ。アイヌと関係があるとは言ってないけれど、日本の底に沈められてしまった人たちの芸能で、それが日本の芸能の根源的な力になっているんだということで、近々、本を出すのだけれど、これはどうも、新潮社をクビになるかもしれないね（笑）。
小野　最近、佐賀県の鹿島というところへ行ったら、「面浮立」という異人の面を被った踊りがあることを知りましたが、これもその系統かもしれませんね。
山口　クビになるかもしれないなんて言ったけど、今、まさにそういうものを掘り起こすことがもっと必要なんですよ。
小野　韓国や中国から渡ってきた渡来人が大和政権を作る以前の人たちですよね。だから日本の歴史というのは言ってみれば日本列島の本来の先住民族というのが、いろんなかたちでどんどん沈められていくという、その歴史ではないかとも思います。そういう意味では、本州では縄文文化というのが弥生で消されちゃうわけですけれど、北海道は最後まで続縄文というかたちで残るわけですよね。非常に新しいところまで縄文が続いていて、その後の擦文というのも基本的には縄文とあまり変わっていない。もちろん鉄器が入ってきたりして変わった部分もあるわけですけれど、基層の部分はずっと縄文の……。
山口　ただ、考古学者はね、「ある時代が終わって、次の時代」とかそういうふうに分類するのが好きなんだよね。
小野　そう、出土したモノで分けていきますからね。
山口　先月号だったか、いま出ている雑誌だったか忘れましたが、考古学の常識がどんどん崩れていくということで、例えば日本の農業はイコール稲作だとか、「ある時から米づくりが始まった」というのは考古学者がつくりあげた妄想だと書かれていました。学者は時間が新しければ進歩しているという。だから縄文と比べて弥生が洗練されているというが、本当はそうではない。実際、いっぽうでは稲作があっても他方では稲作以外の文化がいくらでもあるということをしきりに強調して、ただ時間的にこういうふうに並べるのは止めて、どんなものでも並立する可能性があるということをもう少し考えたほうがいいんじゃないかと言っていましたが、その通りだと思いますね。
小野　ちょうど去年が国連の決めた「国際山岳年」という年で、「山の環境の大切さを考えましょう」という年だったものですからいろんなことをやったのですけれど

も、4月にもその関連で、いま東大におられるマタギの研究者・田口洋美さんをお呼びしてシンポジウムをするんです。マタギの人たちだけでなく、そのような山人たちは、当然、稲作ではなく焼畑や山菜とりや狩猟で暮らしていたわけで、そういう人たちの文化がどんどん消されていって、水田農耕しないものは日本人にあらず、というような考えかたになってしまったという……。

山口 だから、幸恵さんなんかは、そういうとてつもない圧力によって消されて沈んでしまうものを、命をかけてとにかく救い上げたという視点でも見なければいけないと思いますね。民族学でいえば、もう20年くらい前に亡くなったけれど、坪井洋文という人は柳田国男の弟子でありながら、稲作以外の雑穀栽培がずっと文化の中で継続していて、米なし正月を続けている所は、米というものに抵抗して、一つの民族とか文化とでも呼べるものを形づくっていると言っていた。そうして米なし正月の所を調べてみると、だいたい文化のコンプレックスやそういうふうな要素がある、と主張していたんだけれどなんとなくそれは少数派で問題にされなかった。坪井さんが学会で発表されたときも、大御所の大林太良先生でさえ、「坪井君、そうはいうけど、やっぱりお米の方がおいしいよね」と言って（笑）、それでもう、チャラにされちゃったことがある。

小野 そんなことがあったんですか。柳田国男も結局、山人というものを否定しますよね。水田耕作する日本人と根本的に違う人びとが日本にも本来いたんだということを、最後には否定してしまいます。そこが柳田学の大きな問題なんじゃないかという気がするのですが。

山口 要するに柳田は、台湾のいわゆる蛮族調査で山人というものの概念を得て、最初はそれをもとに東北の山人というものを位置づけたつもりだったんだけれど、やっぱり、平地の文化を中心に考えようとしたために、それだけで説明できるというところに至りついちゃったんだね。

5　柳田国男と『アイヌ神謡集』

小野 柳田学への批判ばかりが出ましたが、いっぽうでは、幸恵さんの『アイヌ神謡集』の出版はまさに柳田国男のおかげともいえるわけですね。

山口 こんど復刻された知里幸恵さんの『アイヌ神謡集』（炉辺叢書）を見たら、炉辺叢書で出る予定になっていた本の広告が巻末にのっているんですね。それが実におもしろい。そして、柳田学の中で一番ポジティブな意味がここには出てくる、というのがこの本を見たらわかったんです。

小野 ほんとに、この広告はおもしろいですね。

山口　まず炉辺叢書の発行元は郷土研究社なんですね。この郷土研究社というのは、岡村千秋がやっていた。彼は人類学者の石田英一郎の義父なんですよ。僕はこういうくだらんことをよく知っていて、「人類学の『噂の真相』」とよく言われるんだけど……（笑）。この岡村千秋という人はね、ポリネシアのことなどを勉強していて、編集者として非常に優れた人で、岡書院の編集部にいてその当時は「民族」のちには「ドルメン」という雑誌の編集にも携わっていた。それで、炉辺叢書のシリーズの選択にはもちろん岡村千秋さんが関わっていたと思うんですけれど……。

小野　幸恵さんが亡くなる前の最後の写真をとったのも岡村千秋さんですね。

山口　だけど、この炉辺叢書はね、本当にいわば柳田さんのふるいにかかっている。ネフスキーの「宮古島の言語」とかが入っていたりしているのをみるとね。予定だけだったのかもしれないけれど。

小野　これ、結局は出たんですかね。僕はそこのところを確かめていないのでわからないんですが。

山口　早川孝太郎から伊波普猷、そういった沖縄関係の実地調査の報告が次々に炉辺叢書には入っていますね。いわばこの頃の柳田さんの民俗学には、柳田さんが敵視した、漢籍をどんどん引用してくるような、そういう漢籍に対する反感というのがあったんですよ。漢籍そのものに反感を持ったんじゃないけど、江戸時代の随筆者がそういうものを引用してだらだら書くのを排除して、実地の調査に基づいた柳田学問を出そうとしたのを助けたのがこの炉辺叢書ということになる、と思うのです。であるから、この郷土研究社も、「郷土」という概念が一新されたのも、大体この頃だったんじゃないかと思うのですけれどね。

小野　その前に「郷土会」という研究会が、新渡戸稲造さんの家で明治43年にできていたわけですね。僕の父親は、家が新渡戸さんのお隣だったものですから、高校生の分際で、その郷土会の末席を汚していたのです。大正3年には、ツツガムシなんかをとりあげた「全国の風土病一班」なんていう発表をしたりして。

山口　ほう、そんなことがあったんですか。その郷土会の中から始まっていると思うのですが、その頃に「郷土」という言葉が言われるようになった。だから北海道の「郷土」としてこのアイヌの神謡集が選ばれたのは実におもしろいことだと思うのです。

小野　まさにアイヌ民族が北海道の郷土そのものだと……。

山口　だから、岩波文庫が『アイヌ神謡集』を外国文学として出す精神とはまさに対極のところにあったわけですね。そういうおもしろさがあって、八重山から、壱岐、沖縄というようにそれぞれ独自な地域を強調していますからね。

小野　そうですね。

山口　で、柳田さんが意識したのは、江戸で通ぶっている奴ら。『故郷七十年』の中では「左様でゲス」っていうような言葉を使う江戸の趣味人は嫌いだって言うようなことを書いていますけど、でもまあどっちもどっちなんだけどね（笑）。結局、中山太郎が柳田さんに排除されたっていうのは、そういうところにあるのではないでしょうか。それまでは民俗学の人気の中心は中山太郎だったんですよ。だから炉辺叢書には中山太郎のシンパが全然現れてこないというふうな時代性も現れている。

小野　炉辺叢書の顔ぶれを見ると沖縄関係が多いですね。

山口　そうですね。柳田さんが折口（信夫）たちと沖縄に行ったということの直接の成果だと思います。ただね、この炉辺叢書が出始める大正期というのは、柳田さんがだいたい孤立した時期です。大正に入ってからなんとなく孤立していたんです。人柄は魅力はあるのだけれど、非常に、こう……。

小野　官僚的になりますね。

山口　そうなんですよね。僕は昭和37年8月18日という、その8、8がつながっている日に、ちょうど柳田さんが88歳で亡くなる10日くらい前ですけど、柳田文庫へ行ってお会いしたんですよ。

小野　あの、成城の。

山口　だから、柳田さんに最後に会った人間のひとりなんですよ。そのとき、大島だったか、僕が調査に行った時に、こういうことがあったんですよということで、男色や夜這いの話をした。でも結局、柳田は、青少年の問題でも男色というものをあまり認めなかったんですよ。ですから、そういうことについて全然触れないでしょ。村を調査したら、そういうふうなこと、青年のなかでは当たり前なんですけれどね。僕が調査に行って、土地のおばあちゃんにいろいろ聞いているとそのおばあちゃんが言うのにはね、昔は娘小屋があってそこに青年が夜這いをかけてくる。その時はねガタガタっと戸を外すと見つかるので、音を立てないように、（引き違い戸を開けたてする）「さん」の所にまずおしっこをする。そうすると音がしないんで、それでそーっと忍び入ったもんだって言うんだね（笑）。そういう話をしていると、そばで聞いていたひげを生やした教育長が、「おばあちゃん、昔もそんなことはしなかったよ。もう、そんな、うその話を大学の人にしないでくれよ。」と言うんだ。そうすると、おばあちゃんは、「あらっ、お前だってうちの○○子のところに来たじゃないか。」「いやいや」と（笑）。それから、その教育長はもうついてこなくなった。そういう話をしたら、柳田は「それは随筆にはなるけれど、フォークロアにはならないですねぇ」という反応でしたね。

小野　そうですね。柳田学の問題としては性の問題とか笑いとかまあそういうところを全部、捨象していきますでしょ。どんどんね。

山口　非常に形式化した笑いとかは書いているけれど性の問題はそれを取り上げるのを嫌って南方熊楠と決裂したりするわけですね。
小野　そこを切ってしまったところが、非常に大きな問題じゃないかと思うんですけれど。
山口　うん。だからそういうことは差別に見えないようで、実は差別と同じなんですね。要するに境界を設けるということね。話していいこと、悪いこと。意識的に排除してしまうという。そとでモデルが作られるという……。

6　コスモポリタンとしての幸恵、そしてアイヌ文化

小野　それで、差別ということでいえば、「日本は単一民族国家である」と、かつての中曽根総理や最近の鈴木宗男さんなどが言うと、みんないっせいに批判するわけですけど、実際には、アイヌ民族も「日本」というものの構成者であると、きちんと考えている人はまだ少ないように思うんですね。
山口　そういう感性があるね。感性ということで言えば、僕のアイヌ文化への接近方法のことでさっき僕が言い忘れたのは、母親の教育の悪さというものがある。どこでもそうね。要するに、昔はアイヌのおばさんがガンピの皮いらんかえ、って売りに来るわけですね。
小野　昔は燃えやすいシラカバ（ガンピ）の樹皮を焚き付けに使ったんですね。
山口　で、当時アイヌのおばさんたちは口に刺青をしていて、子どもにはなんとなくおっかないから、子供が言うことをきかないときに、「言うことをきかないとおばさんに連れていってもらうよ」って子どもを脅かすんですね。そういうふうに恐怖感を与えて異人性を強調する。これは文化接触には当然あることだけれど、ヨーロッパではロマ（ジプシー）に対して同じようなことが言われたわけで、要するに文化のなかには必ず「異人」を作り出すようなそういう装置が組み込まれているわけだね。
小野　僕も子どものころはお祭りになるとよくサーカスや見世物が出て、悪いことをすると母親に、「サーカスの人に遠くへ連れていってもらうよ」と脅かされました。
山口　例えばね、僕はイギリスの本拠地にも行って会ってきたんだけれど、イギリスの移動演劇の劇団で「Wales State International」っていうのがあるんです。この名前にはそんなに意味はないんだね。「どんなきっかけでそんな名前ができたのか」と彼らに聞いても、「自分たちも知らぬ間に、なんとなくそんなふうに呼んでいた」と言うのは、現代おいては珍しい、いい加減な名前の付け方ですが、まあそれもいいと思うんですけれど、その人たちが富山県の利賀村でやっている国際演劇祭に呼ばれて来たことがあるんです。

小野 早稲田で前衛的な演劇をやっていた鈴木忠志さんが劇団を移されたところですね。

山口 ええ。それで彼らは本番の2ヶ月前くらいに調査団を二人派遣してきて、だいたい何か演劇にする材料はないか、と探したわけです。そうすると利賀村の後ろに非常にいいスロープの山がある、と。それで、そこを利用してピルグリム（巡礼）のイメージをやろう、と考えた。どういうふうにしたかというと、集まった人がたくさんいたので、それをまず10人くらいずつ班にわけた。そして、2週間くらい前に人が入って、山の上から下まで仕掛けがしてあるのです。例えばコンクリートで小さい神殿みたいなものをいちばん麓の部分に作っておく。それから途中にもいろいろ記念になるものを作っておく。それでいちばん上の方へ行くと、今度は何か水車小屋か風車小屋のようなものが作ってある。金属は一切使わないで、木だけで作ってである。そこで語られる話は、人類は一度、滅亡して、それから復活するという話です。それを彼らはアイヌ民族の話からとったといっているんだけど、もしかしたら、ただとったことにしているだけかもしれない。それは誕生にはツグミが必要でツグミが子どもを持ってくるという話なんだけれど、そういうふうなものをアイヌとしてもってきて、これで生命が蘇る、アイヌのおかげだ、というわけです。そういうことを、イギリスの、本拠はバーミンガムにあるようなところの連中がよく考えついたと思うね。それで、下りてきたら、みんな明かりのついていない提灯を手に持って大きな魚の腹の中に入っていく。そうして、今度は再生したことを示すために、魚の腹の中からまた出てくるときには、みんなが小さい提灯に明かりをともすので、そういう小さな火のついた提灯が無数に出てくる。それで、最後は影絵で「人間の世の中はこんなに楽しい」と影絵で踊りを見せるというところで終わっていく。自然の景観を存分に使って、アイヌというものをいちばんの本源に置くという、なかなかのものでした。これはもっとその時に論じられても良かった。

小野 いつ頃のことですか？

山口 えーと、もう30年くらい前ですかね。ええ。利賀村早稲田小劇場のはじめの頃です。それで、僕は好奇心の持ち主ですから、すぐイギリスへ行って……。

小野 それを向こうの現場で見ようとされたわけですね。

山口 ええ。それで、ロンドンから電話をかけて、「去年、日本で見たから、また見に来たから」というと、「信じられん。でも今、我々はケンブリッジの南15マイルくらいの所の、むかし荘園だった町でプロジェクトをやっているから来ないか。」というので、イタリアで演劇をやっている友人と車で行った。そうして町についたら、本当に中世風のホテルに宿をとってくれて、彼ら自身は「もう俺たちは遊民化したから、サーカスのようにテントに寝ると。それで「僕も加えてくれ」と一緒にテン

ト入れてもらった。彼らのやっていることを見たら、だいたい、公園に居をとって、公園のなかに舞台装置をまた作る。その町には昔15メートルくらいの風車があったんだけれど、ドイツの空襲の目印になるからと壊されてしまった。彼らが前もって調査に来たら、そのことが町の人のいちばんのこだわりとして記憶に残っていることがわかった。だからそれを中心にやろう、ということで、全体を風車という概念にまとめた。それから、そもそも彼らを呼んだおばさんたちというのが、町の身障者のおばさんたちであった。であるから、呼び込みのパレードをやる時にも、まず会長のおばさんの家からで、そこへ行ったら、花で飾るごとく、小さい風車を模した「かざぐるま」で門から何から飾ってあった。

小野 すてきな演出ですね。

山口 それで、その家に招かれておいしいクッキーとお茶を飲むと、みんな歓迎だ、いうことになった。それでそこから出発した。その時は朝から公園に行ったら、今日はピッコロを吹く人が一人足りないと言う。「それなら私が練習してやりましょう。フルート吹くので。」と言ったのです。それは僕がこれまでに吹いた管楽器の中で一番いい演奏だったと思う。その間にもちらしを配ってくれと言われて、道々でちらしを配って、ピッコロを吹いて、というのをずーっとやったんです。

小野 山口さんのそんなところをぜひ見たかったですね。

山口 彼らが言うには、「これでもね、変な外国人が来た、と嫌な顔をしないで一緒に話をしてくれるのは最近の変化で、はじめは、だいたい、みんなちょっと変わっているので、何かやるとすぐ迷惑がられたりして、取り締まってくれという電話で警察がどどーっと来るのが普通だったんですよ。」ということだった。そんなことでやっていて、最後は町なかの決められたパブに行くと、そこには「友達」と称するスキンヘッドのお兄ちゃんたちがいる。その当時は排除された人たちだった。要するにスキンヘッドなんていうのは、ロンドンに行って、まずサッチャー首相のはじめの頃でどんどん失業して町へ帰ってくると「変な格好をしている」と誰も相手にしない。それで、一緒にロックなんかをやっている。その劇団は最初、劇団だったんだけれど、いっそのこと遊行の劇団をやろうということで、そういうのを巻き込むのがうまかった。それで、そういう連中をわーっと巻き込んで、彼らもどうせ昼間からやることもないから手伝わせてくれって公園に来て、いろいろな舞台装置を作るのを手伝ったわけです。僕は最後の日はいなかったんだけど、最後の日は町の人に呼びかけて、自転車や身障者の車椅子にかざぐるまをつけて走ったらしい。歴史的な記憶と、現在の、ある意味では社会的にちょっとマイナスな意味もみんな結び付けていて、なかなかこれは知恵がわいていると思った。だから、その頃ちょっと「世界をつなげ花の輪に」なんていうよそよそしい歌が流行ったけれどね（笑）。あんなのよりはる

かにいい。かざぐるまに変えたというだけでもすごい。だから、イギリスでは差別というのはそんなにはないけれど、どっちかというと疎んじられるかもしれないような人たちが中心になって祭りを組織していくという、そういうふうな運動はやっぱり、アイヌ系の要素の中に入っていくべきではないかと思う。

小野 幸恵さんもそうですしね、このユカㇻを伝えた伯母様の金成マツさんもやっぱり最初からクリスチャンになっちゃっているわけですよね。ですからそういう意味でも、当時、普通にいたアイヌの人とはすでにちょっと違うわけです。それから、英語もまあ勉強しているわけですけれど、日本語とそのアイヌ語が完全にできたという、今で言えばバイリンガルな人ですよね。そういう存在というのは、ある意味ではアイヌの社会からもちょっとはみ出ているし、もちろん日本の社会からもはみ出ている。そういう意味で言うといま日本でも例えば帰国子女とかいろいろそういう人が出てきているわけですよね。ですから、いったい何がアイヌなのか、という……。

山口 その問題は大きいですよね。帰国子女の雑誌を出している人たちと話したことがあるのだけど、日本国内における一種の差別の扱いを受けているという。異能者であるがために、かえって差別されちゃうというか。僕は札幌大学で異能者であるために排除されたという部分がありますからね（笑）。

小野 常にそういう……。僕もいとこが中学くらいにアメリカへ行って、アメリカへ行ったら日系でまた排除されるわけでしょ。それで日本へ帰ってきたら帰ってきたで、それはまた差別されるっていう……。

山口 ブラジルの日本人がものすごくたくさん日本へきて、結局不幸な思いをして帰っちゃっているでしょ。

小野 それから、アイヌのことを昔は「アイノ」とも言ったそうです。「合いの子」という言葉があるけど、あれはどこかでつながっているんじゃないかという気がするんです。今風に言えば「ハーフ」でも、ちょっと前までは、外国人の血が混じっていたりちょっと日本人ばなれした顔立ちだったりすると、すぐ「合いの子」だと言っていじめられた。さっきちょっとお話しした僕の父はロシア人と結婚しましたから、僕の腹違いの兄はまさに「合いの子」なんです。

山口 ヴァイオリニストだったアンナさんの……。

小野 ええ、アンナさんの息子だったわけですけれど。それがやっぱり相当いじめられて。父なんかも、ロシア人と結婚したというだけで、当時はずいぶん白い目で見られたようです。ヨーコだって、白人のヒーローであったジョンを奪ってしまったことで、「東洋の魔女」というレッテルを貼られていじめられた。同じイギリス人だったらあれほど非難されなかったでしょう。

山口 その「いじめられる」と言ったら、それこそ真志保さんのことです。去年、幸恵さんの記念館をつくる打ち合わせの集まりの時に話したと思いますが、改めて言いますが、岡　正雄さんは真志保さんと親しかったわけです。要するに兄貴分みたいなもので。岡さんの話だけれど、小学校へ真志保さんが息子さんを連れていった時に、とにかくもう門にしがみついて絶対入ろうとしないという。一歩入るといじめられるという。真志保さんは「生きていてこれほど悔しい思いをしたことはない」と何回ともなく話をしていたということを言っていました。

小野 幸恵さん自身、ものすごい差別を受けたわけですね。まずアイヌ語を学校で使っちゃいけない、という。

山口 「きれいな言葉でしゃべりましょう」というね。

小野 僕は前から、幸恵さんの『アイヌ神謡集』の序文は、明治時代以降に書かれた日本語の文章を10、選ぶとしたらその一つに入るんじゃないか、と言ってるんですけれど。

山口 そりゃあもう、文体でもなんでも、今はもう日本人の学生の文章のレベルがかなり低くなっているから、あの序文は日本人の教科書としてもいいくらいだという……。

小野 逆にそういうことがあって、だから幸恵さんが日本語で『アイヌ神謡集』の序文を書いたり、カムイユカㇻを日本語に訳したりしたことは、一種、同化政策に乗せられただけではないか、という人もいるわけです。また、金田一京助もやはり研究者ですから、アイヌ民族のため、というより、ただ彼の研究対象であるユカㇻだけが採集できればいいということで、幸恵さんもただ彼の研究に利用されただけだという見方をする人たちもある。そういう見方からすれば、幸恵さんが苦労してカムイユカㇻを日本語に訳したこと自体を、翻訳のためにユカㇻ本来のアイヌ語をねじまげた行為として、むしろ批判する人たちさえ出てくるわけですね。だから、僕たちが、『アイヌ神謡集』の序文を賞賛したり、彼女が苦労しながらアイヌ語を日本語に訳したことを評価しようとすると、それ自体がまるで同化政策の延長であるようにみなされることだってあります。でも僕はそうは思わないんですね。金田一だって、もちろん非難される部分は多々あったとしても、それは「研究者」という、いってみれば対象を骨までしゃぶりつくす性をもった人間たちには、今、生きている人にだって当てはまることでしょう？　そうではなく、むしろ研究以外の部分で、彼がアイヌの人たちをどれだけ助けたかをきちんと評価したいと思うんです。幸恵さんにしても、確かに日本語は押し付けられた言語であったかもしれないけれど、逆にそれを使って日本人よりも優れたものを作るという行為は、そうした違いを自ら超克してしまうことだと言ったっていいと思う。知里幸恵という人それ自身がさっきもお話

ししたように、一筋縄ではいかない複層的な存在であって、単純なきめつけを彼女自身が拒否しているように思うのです。

山口 僕はそんなに批判するつもりはないけれどとにかく対立、対立でやると戦いになっちゃってね。対立をあおるのではなく、融和するのが本当だと思います。同化ではなくね。融和というのは、一方的な同化でもなければ、敵・味方を分けることでもない。敵味方、ではなくて、一緒に何か新しい集団を作り出すということです。アイヌだから、和人だから、自分とちがうから他者だ、という見方は簡単にしてほしくないね。他者という概念はそもそも僕が『文化の両義性』で使った言葉です。だから、知里幸恵も、これまで思われてきた以上にもっともっと豊かで多様な、さまざまな「両義性」をもった、北海道におけるいわば天照大神(アマテラスオオミカミ)のような存在だった、と考えることだってできる。そういうふうな感覚でやってもいいのではないかと思いますね。

小野 今はカズオ・イシグロさんみたいに、日本人でありながら英語で小説を書いてブッカー賞を取ってしまうという人も出てきていますし、いっぽうではリービ英雄さんのように、アメリカ人であって日本語の小説を書く人もいる。では一体その、人間のアイデンティティーというのは何なのかというのを考えますとやっぱり幸恵さんはアイヌだけれども、同時にもう、それを超越しているんじゃないか、という気がするんですね。だから、そういう意味で、単に「アイヌだから」、「日本人だから」というのではなくて、まに世界的な、一種のコスモポリタンという位置付けができるんじゃないかと思うんです。それはまた僕たち自身にもいえることで、幸恵さんをどう評価するのか、アイヌ民族とともに生きる日本を世界の人たちに示すには何をすべきなのか、という問いにどう答えるかで、僕たち自身がどれくらいコスモポリタンたりうるかが逆に判断されてしまうのだと思います。

山口 だから、日本のなかだけでごちゃごちゃ言うのはもうやめて、幸恵さんにしてもアイヌ民族にしても、世界的な視野で見ていく試みを、とにかくもっと広めたいですね。

小野 幸恵さんの記念館をつくるということは、まさにそのための拠点づくりだと思っているんです。きょうは、ずいぶん長い時間お話いただきお疲れになったと思います。どうもありがとうございました。

山口 僕も、記念館建設の募金運動の発起人の一人として、記念館のオープニングの日が一日も早く来ることを祈っています。（2003年3月18日／北海道立文学館）

(2) マオリとの出会いとシレトコ世界遺産問題

　2003年は幸恵の生誕百年でいろいろな行事に忙しかったが、十勝ではアイヌの若者の育成をめざす市民グループの主催する、「アイヌ・ユース・キャンプ」が開かれ、それに準備段階から協力した。そこにきてくれた世界の先住民族のひとりが、マオリのアイザック・ビシャラさん（p.353 写真12を参照）だった。帯広に来てくれことがわかった時点で、すぐに交渉し、当時、関わっていたガヴァナンス・プロジェクトで、講演をお願いした。大学の講演会場でのシンポジウムというかたちのなかで、アイザックさんの講演は、仲間の女性によるマオリ語のチャント（儀礼の言葉）で始められた。高い声で朗唱しながら、アオテアロア（ニュージーランドのマオリ語地名）の岸辺に打ち寄せる波のように、広げた両手の先を絶え間なく揺する。その波動が、声とともに聴いている私たちの心を震わせ、共振させるのだ。

　それが私にとってのマオリ、あるいは世界の先住民族というものの初めての体験だった。それまでに出会ってきたアイヌの人たちの多くは、日本社会のなかで抑圧され、遠慮しながら生きているように見えた。だが、マオリは、自らを堂々と主張し、自らの文化をそのままに出す人たちであることを知った。もちろん、アイヌも海外に招待されてこのような場に立てば、そのようにふるまうことができるかもしれない。だが、マオリはニュージーランドにおいても変わりなくマオリであることを、後に知った。

　力強いチャントを聞きながら、私自身の体に中にみずみずしい力が湧いてくるのを感じていた。アイヌの人たちと関われば関わるほど、厳しい現実にたじろぎ、疲れきってもいたからである。日本社会のなかに取り込まれ、そのなかでしか生きていけないように見えるアイヌ。それをどう乗り越え、先住民族であると同時に、いまを生きる「普通の人」として、日本社会のなかで平等に生きていけるのか。それを支援する自分は、どう生きればいいのか。

　「アイヌ・ユース・キャンプ」自体が、大きな問題をつきつけていた。多くの人たちがボランティアで協力し、アイヌの若者を育てようとイベントを企画しても、肝心のアイヌの若者は日々の仕事に追われて参加することすらできな

いでいる現実があった。アイヌ語地名を平等に併記する運動も、旭川市では教育委員会が協力してくれ、2003 年、世界で初めてアイヌ語地名を平等に併記する看板ができたが、ほかの自治体は知らん顔であった。アイヌ語の看板？そんなものより、毎日の暮らしのほうが大事だ、と言うアイヌの人もいた。何かをしても、それはたんに和人の学者が勝手に思うことをやっているだけで、アイヌには関係ないと、切り捨てられることも少なくなかった。

だが、マオリのチャントは、いわば幸恵のユカヲであった。そこでは、人間が発する声というもの、肉体を通して世界と通じる精神のはりつめた関係が、先住民族であるかないかを問わず、いきなり人をとらえ、新しい空間をつくりだすのである。山口さんとの対話で話していた、コスモポリタンとしての幸恵、という意味を、私は本当にはまだ理解していなかったのだ。深淵からの声として発せられるチャントやユカヲこそが、あらゆる人をむすびつけ、人間をその原初の状態にひきもどしてくれるのである。

そういう意味からいえば、ユカヲを文字にしてしまうことは自殺行為ともいえよう。だが、そうしなければ、和人たちにユカヲを伝えることができないとしたら？　そこに幸恵が抱えた最大の苦悩があり、それを乗り越えたところに彼女の偉大さがあったというべきであろう。

2004 年に、初めてアオテアロア（ニュージーランド）に行った。アイザックさんに会いに行くという約束を果たすためでもあり、マオリがその土地でどう生きているかを見たいという気持ちからでもあった。マオリ語が公用語にもなっているアオテアロアでは、地名も多くはマオリ語と英語で併記されていた（写真 4）。マオリも 1936 年には人口が 11,000 人にまで減少し、このまま絶滅

写真 4　マオリ語地名が平等に併記された「アオラキ／Mt. Cook 国立公園；テワヒポウヌム／南西ニュージーランド世界遺産地域」の看板（2004 年 11 月 11 日撮影）

すると言われていた。それが今では、人口50万を超えるようになった。アイザックさんの言葉を借りれば、マオリがせっせと子どもをつくったからではない、マオリであることを自分で認めるマオリが増えたからにすぎない。差別され、マオリであることを隠す人が多かったのが、社会的条件が改善され、マオリであることが有利になると、カミングアウトする人が増えたにすぎないという意味である。

写真5 ジャスミンさんのガイドのようす（2004年11月9日撮影）

　南島のカイコウラでは、マオリのモーリスさんがやっているマオリ・エコツアー[注5]に参加した。高校を出たばかりの若い姪のジャスミンさんが、職がないので、エコツアーのガイドになって手伝っていた。アオテアロアのランドスケープも、植民者によって北海道以上に変えられてしまっている。人口より羊の数のほうが多い、とよく言われるが、森林の大部分は破壊され、一面の牧草地になっている。ほんとうに局部的に残された森林のパッチが、かろうじて、マオリにとって「自由の天地」であったころのアオテアロアのランドスケープを伝えてくれているのだ。エコツアーに使われるのは、そうしたわずかな森のパッチである。この木の皮から薬をとったとか、この木の実は食べられるとか、ほとんどあらゆる植物資源をマオリが利用してきたことを紹介しながら（写真5）、彼女がポットを取り出して、ツアー参加者にサーヴィスしたのは、森歩きで疲れた身にはありがたい熱いお茶であった。これがこの木の葉からつくったマオリ・ティーと、そこでもマオリの伝統的文化についての説明が入る。森のなかでいちばんの巨木の下で、モーリスさん自作の歌をみんなで歌う（写真6）。ギターは西欧から入った楽器だが、歌詞はマオリ語であり、曲もマオリの音楽である。マオリ精神を伝えるには、別に、伝統的な楽器でなくてもいいのだという考え方である。ツアーの最後は、町はずれの、川を見下ろす道端。この川のほとりにマオリのかつての集落があり、対岸に見えるきれいな円錐状

写真6 モーリスさんのギター演奏で参加者が歌う森の中のエコツアー（2004年11月9日撮影）

の小山が、マオリの拝んだ山であるという（写真7）。まさにアイヌのチ・ノミ・シㇼ（我ら・祀る・山）である。それらの土地もすべて、イギリスによって奪われたが、長年かかってマオリはそれを取り返した。そのような権利回復の語りで、ツアーは終わった。途中では、街中にあるモーリスさんの家に立ち寄り、伝統的なマオリの料理をふるまわれる場面もある。マオリはまだ山中に住んで裸で昔ながらの生活をしている、と思い込んでいる観光客もいるから、とモーリスさんは家での簡単な接待をツアーに入れた理由を説明してくれた。

　3時間半ていどのツアーであるが、自分でミニ・バンを運転し、家では奥さんが料理をだし、という完全なファミリー・ビジネスである。これなら、アイヌの人たちでも十分にやれる。モーリスさんたちは、稼いだお金の一部を町にあるマオリの聖なる儀式用の建物（マラエ）の修理や維持などに提供しているという。

　このようなマオリ・エコツアーを体験し、アイヌでも同じようなことができないかと思っていた矢先、シレトコ世界遺産問題が起きたのである。環境省は、世界遺産地域に常住するアイヌはいないから、別にアイヌと協議する必要もないと思った、と言う。しかし、だからこそ、アイヌは「先住民族」なのである。

写真7 マオリの聖なる山と返還運動の説明を、法螺貝を吹きながら説明するモーリスさん（2004年11月9日撮影）

今、そこにいないのは、誰のせいなのか、誰がそこにアイヌを住めなくさせたのか。

それにしても、権利を主張するには、アイヌが現にそこで何かをやっている、というほうがいいだろう。そういう戦略的な考えもあって、マオリに学んだ先住民族エコツアーをすぐ

写真8 アイヌの植物資源利用を説明する石井ポンペさん（2005年7月1日撮影）

に始めることにした。エコツーリズムについてはもともと関心があり、1999年に「北海道のエコツーリズムを考える会」を立ち上げて、ガイドラインまでつくったくらいだったから、シレトコで最初にネイチャー・ツアーを実施し、当時からつながりがあった藤崎達也さんと、私たちの共通の友人であるアイヌの結城幸司さんの3人で話し合い、「シレトコ先住民族エコツーリズム研究会」をつくったのである。英語の Shiretoko Indigenous Peoples Eco-Tourism Research Union の頭文字をとった SIPETRU（シペル）は、アイヌ語の「主流の川の道」のもじりでもある。私たちとしては、こういう生き方が、これからのアイヌにとって主流の道になる、という意気込みであった。

マオリ・ツアーでやっていたように、アイヌの植物資源の徹底的な利用や、シカやクマへの対処のしかたなど、アイヌの伝統的な知識を説明し（写真8）、

写真9 エコツアーのなかで伝統的な儀式をする結城孝司さん（向こう側）と福本昌二さん（手前）（2005年7月1日撮影）

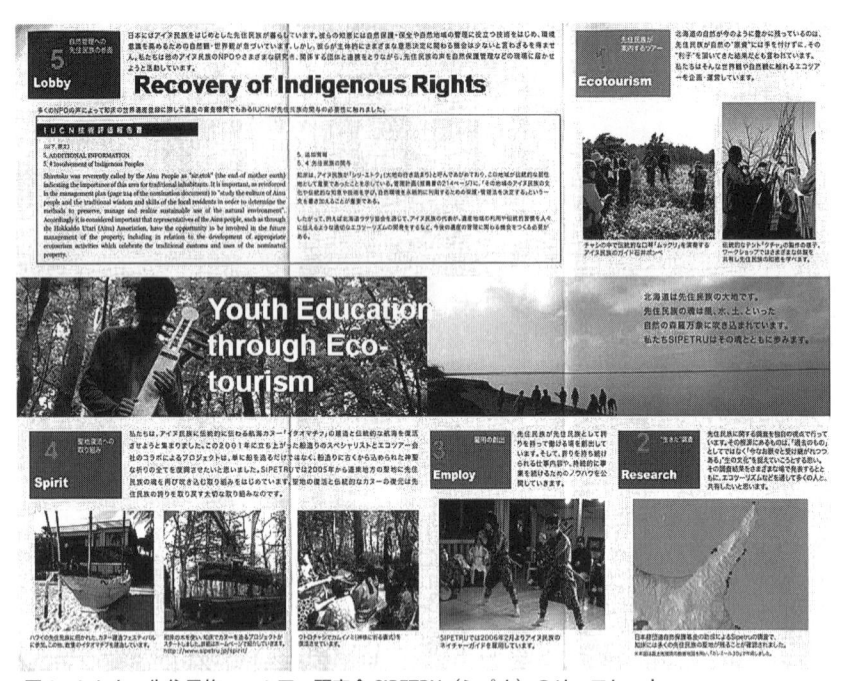

図1　シレトコ先住民族エコツアー研究会 SIPETRU（シペル）のリーフレット

ときには、参加者とともに儀式を捧げる（写真9）。またガイドは、トンコリのような持ち運びできる伝統的な楽器を奏で、自然のなかでトンコリを演奏することで、アイヌの音楽的な世界を作り出す（図1、中央の写真を参照。トンコリを弾いているのは福本昌二さん）。

2005年の7月1日に初めてのツアーをやった。7月14日、南アフリカ、ダーバンでのユネスコの会議でシレトコは世界自然遺産に認定されたが、世界遺産の評価を行う IUCN（世界自然保護連合）は、その会議で日本政府に対し、私たちの要請した「シレトコ世界自然遺産の管理に、エコツーリズムを通じてのアイヌの参画」を勧告してくれたのである。

図1は、それを受けてつくった SIPETRU（シペル）のリーフレットである。エコツーリズムの実施、そのための調査、アイヌの若者の雇用、アイヌの精神文化の伝達、そして、権利回復のためのロビー活動の5つが、会の活動の大きな柱であった。以下に再録した環境社会学研究12号の論文で述べたように、

エコツーリズムは権利回復をめざすための戦略である。

アイヌがシレトコで、またいつかは道内のいたるところで、かつてのように自由にサケをとり、それを生かしたエコツアーを行い、若者たちが、自分たちの伝統文化を知里幸恵のように自信と誇りをもって人々に伝えていく。そのような姿をイマジンしたい。

(注5) カイコウラのマオリ・エコツアーについては下記のウェブサイトでみることができる。http://www.maoritours.co.nz
また、マオリなど先住民族による（エコ）ツアーについては、Butler, R. and Hinch, T.（2007）*"Tourism and Indigenous Peoples — issues and implications"* Elsevier, 380p. を参照。

マオリ、エコツーリズムに関して書いた論考

アイザック・ビシャラ、マーセリーン・ノートン、ロジャー・スカービック、小野有五編（2003）『先住民族のガバナンス－自治権と自然環境の管理をめぐって』（Academia Juris Booklet 2003 No.11）北海道大学大学院法学研究科付属高等法政教育研究センター　49p.

北海道のエコツーリズムを考える会編集（1999）特集・北海道とエコツーリズム（報告）カムイミンタラ　91　6-13.

北海道のエコツーリズムを考える会編集（2000）『北海道ネイチャーツアーガイド』山と渓谷社　151p.

北海道のエコツーリズムを考える会編集（2001）「北海道エコツーリズム・ガイドライン　2001年バージョン」4p.

小野有五（2002）北海道での推奨制度に関わる現状と必要性　山岳エコツーリズムフェスティバル in 北海道2002実行委員会（編）『山岳エコツーリズムフェスティバル in 北海道2002』資料集　22-29.

小野有五（2002）国際エコツーリズム年と地理学　地理　47（3）　8-15.

小野有五（2002）大自然だけがエコじゃない：持続的な観光を　カムイミンタラ　112　12-13.

小野有五（2004）地域の資源を探す―アイヌ語地名　環境省編『エコツーリズム』日本交通公社　117p.

小野有五（2012）エコツーリズム　杉浦芳夫編著『地域環境の地理学』151-163. 朝倉書店

小野有五（2012）世界自然遺産―エコツーリズムの発展と課題　吉岡　斉編『新通史　日本の科学技術』第4巻　523-548.

シレトコ世界自然遺産へのアイヌ民族の参画と研究者の役割
―先住民族ガヴァナンスからみた世界遺産―

　北海道のシレトコ（知床）は、2005年7月、ダーバンでのユネスコの会議で正式に世界自然遺産に登録された。しかし、シレトコを世界遺産候補地として圏内で決定する過程において、アイヌ民族はまったく関与できなかった。しかし、アイヌ民族の「代表」組織である「北海道ウタリ協会」だけでなく、アイヌ民族のいくつかのNPO団体がIUCN（国際自然保護連合）に対してシレトコ世界遺産へのアイヌ民族の参画を求める要請を個別に行ったことで、最終的にIUCNは、アイヌ民族がエコツーリズムを通じてシレトコ世界自然遺産の管理計画に参画することが重要であるという勧告を出した。本論ではまず、日本の社会において、このような異常とも言える事態が起きた要因を分析する。この分析にもとづき、アイヌ民族がおかれている現状を環境的公正とガヴァナンスの視点から考え、先住民族のガヴァナンスを実現する手段としてのアイヌ民族エコツーリズムの戦略について検討する。本論は、研究者が自らの「客観性」や「中立性」を重んじるあまり、自らを常に対象の外において現象の記述に終始し、研究者自身が問題に介入することを避けてきたことや、問題が一応の解決を見てから「研究」を始める、という姿勢への批判的視点にたっている。シレトコ世界遺産問題を具体的な事例として、研究者＝運動者という立場から今後の環境社会学の研究のあり方について考えたい。

　　　キーワード：知床世界自然遺産、アイヌ民族、自然資源管理、ガヴァナンス、エコツーリズム、マオリ、研究者

1. 問題の所在と本論の視点

　本論は、日本環境学会第32回セミナー（2005年12月10日、関西学院大学）でのシンポジウム「世界遺産という『肩書き』―ローカルとグローバルのほどよい関係をめざして」における口頭発表「シレトコ世界遺産におけるアイヌ民族のガヴァナンスとその実現に向けての取り組み」[1]をもとに加筆したものである。
　シンポジウム主催者の意図は、世界遺産という「肩書き」が何を意味するのかを

問いかけ、「世界」遺産であるが故のグローバルな基準にもとづくさまざまな制約と、それによって生ずる指定地域のローカルな問題との「ほどよい関係」を環境社会学の視点から明らかにしよう、ということにあったと思われる。この問題設定は興味深いが、シレトコ世界遺産の問題では、筆者は社会運動論からいえば当事者のひとりであり、研究者として問題を外から観察・記録・論文化した者ではない。そのような人間が、同時に研究者としての立場を維持し、論文を書くことができるかどうか、あるいは、環境社会的な研究とは、そもそも運動への参画なしに可能なのかどうか、を問いかけることも、このような問題を扱うときには、重要であると考える。

　言うまでもなく、世界の先住民族は、つねに「研究」の対象であり、「研究者」の論文の素材とされることで、さらに「利用」され「搾取」され続けてきたからである。先住民族の立場に立てば、非・先住民族によって「研究」されることは、すでに拒否されている（Tuhiwai Smith 1997）。これは運動を担っているものの視点でもある。運動者の立場にたつと、自らを客観的・中立的な立場において、運動を外から観察し、記述し、論文化すると称する「研究者」は不要であり、むしろ有害ですらあることも少なくない。それだけの分析力をもつ人間であるならば、人間として、なぜ自ら運動に加わらないか、という問いに彼らは答えないからである。運動に加担すると論文が書けなくなる、というのであれば、では、ひとつの論文を書くことと、ある運動を成功させることのどちらが重要か、という命題に行き着く。

　研究は運動を成功に導くためにある、というのが筆者の立場である（小野、in press）。これは、"対象と研究者の「距離」を自覚しつつも、運動」の「場」に身を投じる（調査をする）以外に術はない"とする松村（1995, 445）や、第三者的な研究は必然的に加害者のための研究でしかありえないとする宇井（1974）の立場に近い。しかし、本論で述べる筆者の試みは、研究者は、たとえ運動を担っていても、研究者としては、運動に関して本質的に「よそ者」であり、「メタレベル」で普遍的な視点から運動そのものを「評価」する可能性を追求すべきではないか、という鬼頭（1998）の指摘に応えるものであるとも言える。運動の内にいる者としては、同時に研究者として「メタレベルで、より普遍的な評価」を行い、それによって運動をさらに強化することに意味があるからである。

　ここでは、『環境社会学研究』第11号で特集された環境正義や環境的公正（とくに、池田2005; 細川2005を参照）が問題となることは明らかである。もちろん、対立するさまざまなアクターのなかにあって、ひとつの運動体だけに加担すれば、ただちに何が正義であり公正かというジレンマに陥るであろう。しかし、現実の環境問題において、まず問われるのは、公正性や公開性といった原則的な規範である。そこにおいては、まず研究者が、それを保証させる運動を支援することが基本的に重

要であろう[2]。

　本論は「シレトコが世界遺産の候補地に選定される過程において、アイヌ民族の存在がまったく考慮されなかった」という 21 世紀の日本の社会で実際に起きてしまった「事件」に対して、一研究者がどう対応し、このような「無視という差別」を打開するためにどのような運動を続けているか、という現状報告であるとも言える。この運動にも、当然のことながら、さまざまな問題があることは明らかであるが、そこから現在のアイヌ民族が抱えている問題、それを含めた日本社会全体が抱えている問題が逆照射されることによって、環境社会学の研究者がそれに対して何をなすべきかが議論されるようになることを望みたい。

2. シレトコ世界自然遺産の選定過程におけるアイヌ民族の不在

2.1　シレトコ世界遺産選定の過程

　環境省は、白神山地、屋久島に続く日本第 3 の世界自然遺産候補地として圏内のさまざまな地域を調査し、2003 年、シレトコ、小笠原諸島、琉球諸島の 3 ヵ所を選んだ。この選定過程では、最終的に遺産地域の評価を行う IUCN（国際自然保護連合）からも研究者が来日し、現地の聞き取りや調査を行っている。2004 年 1 月 30 日、政府は最終的にシレトコを候補地に決定し、ユネスコの世界遺産委員会にその推薦書を送った。推薦書のもとになっているのは、環境省が中心になって作成した「知床世界遺産候補地管理計画」（環境省ほか 2004）であるが、このなかでは「知床」の地名がアイヌ語に由来することは書かれているが遺産地域とアイヌ民族と関わりについてはまったくふれられておらず、「知床世界遺産候補地連絡会議」にも、アイヌ民族の団体は入っていない。そもそも、知床を世界自然、遺産候補地に推薦する過程において、環境省や政府がアイヌ民族と話し合ったことは一度もなかったのである[3]。

2.2　「問題」の不在性

　アイヌ民族が、シレトコの世界遺産と自らの関わりを知り、世界遺産への参画を検討し始めたのは 2004 年 2 月以降のことであった。2004 年 1 月末、日本政府によってユネスコに提出された推薦書や管理計画にアイヌ民族への言及がなく、管理計画へのアイヌ民族の参画がまったく考慮されていないことを知った筆者は、アイヌ民族の友人にそれを知らせるとともに、北海道ウタリ協会札幌支部の集会において、何らかの行動を起こすべきであることを訴えた。その時点では、北海道ウタリ協会の中心的な人びとでさえシレトコ世界遺産の重要性をほとんど知らなかったの

である。

　アイヌ民族からの異議申立てに対する環境省の弁明は、「知床の世界遺産地域には、常住するアイヌ民族がいないので、考慮する必要はないと判断した」というものであった。これは、遺産地域の管理計画をつくる責任者の立場からすればもっともな判断ともいえるが、しかし、ほとんどすべての地名がアイヌ語からなるシレトコになぜアイヌ民族が常住していないか、という理由をまったく考えていないという点において、環境省の態度が根本的にアイヌ民族を無視したものであることにかわりはない。

　また、国がそのようにアイヌ民族の存在を無視するとき、その誤りを指摘して、国にアイヌ民族の存在を訴えるべきは北海道庁であり、アイヌ民族の権利や文化、福祉に直接、関わっているアイヌ施策推進室やアイヌ文化振興・研究推進機構であるはずであるが、これらの組織も国に対してアイヌ民族の参画を促す行動をとることはなかった。なによりも問題なのは、これらの組織が、世界遺産が先住民族にとってもつ意味を理解せず（あるいは理解はしていたかもしれないが）、それを当のアイヌ民族にまったく伝えなかったという点である。

　もちろん、アイヌ民族の側にも問題がまったくないわけではない。たとえ北海道からの情報提供がなかったとしても、逆にそのことを問題化して、北海道や国に問うこともできたはずである。しかし、そのように言えば、アイヌ民族が、和人と同等の教育を受け、同じような経済的・社会的条件をもっていれば、そのような批判は当然であるが、アイヌ民族の平等が社会のさまざまな側面で実現されていない現状では、それは、不当な批判である」といった反論もありうるであろう。日本の社会におけるアイヌ民族の大学進学率や、一般的な経済水準は和人に比べてなお低く（アイヌ文化振興・研究推進機構 2003）、法律家・弁護士・研究者といった、権利を主張するうえで有利に働く職業や地位についているアイヌ民族の数は圧倒的に少ない。先住民族と非・先住民族の、情報に対するアンテナの数や感度は、対等とはいえないからである[4]。

　したがって 2004 年まで、行政にとっても、当のアイヌ民族にとっても、世界遺産問題は、存在すらしていなかったと言える。そのようななかで必要なのは、「問題を問題として認識できる人間がまず動くべきではないか」という認識である。研究者こそ、そういう人間であろう。環境問題の多くは研究者によって発見されるのである。

3.「問題」の具体化とその過程

3.1　「問題」の認知と要請行動

シレトコ世界自然遺産では、何が問題なのであろうか。

「知床世界自然遺産地域には、常住するアイヌ民族がいないので、考慮する必要はないと判断した」とした環境省の態度が、まさに根本的な問題である。それは環境省だけでなく、和人社会すべてに通底する問題といえる。いま、そこに住民がいないから問題にはならない、現地に住んでいない人間はそもそもアクターにはなれない、という判断は「よそ者」論との関わりでもよく使われる論理である。しかし、それが先住民族にまで拡大されると、問題はさらに深刻になる。本来の居住空間を奪われている多くの先住民族は彼らがもともと生活していた地域に現在住んでいる住民からすれば本質的に「よそ者」となっているからである。

そこで、まず地名や歴史を手がかりとして、アイヌ民族がシレトコにおける先住民族であること、いま遺産地域にアイヌ民族がいないことは、アイヌ民族の意思によるものではなく、和人による圧迫の結果であることを訴える必要がある[5]。そのような手続きなしには、自らの「正当性」すら主張できないのが先住民族のおかれている現状と言えよう。

2004年7月には、IUCNのデイヴィッド・シェパード保護地域事業部長がシレトコの現地を視察することになった。そこで筆者らが行ったのは、シェパード氏に電子メールや手紙を送り、アイヌ民族がシレトコ世界遺産の選定の過程で不当に無視されてきたこと、今後の遺産地域の管理計画にも入れられていないことをまず知らせるとともに、7月の来訪時にアイヌ民族との会見を要請することであった。

2004年5月にはニューヨークで、国連の先住民族問題に関する常設フォーラムがあり、それに出席した北海道ウタリ協会の理事によって、「シレトコ世界遺産登録にかかわるアイヌ民族関与の欠如に関する声明」が発表された。日本国内ではこのことは報道すらされなかったが、海外での反響は大きく、IUCNはこれによって初めてシレトコ世界遺産地域における「アイヌ民族問題」を知った。アイヌ民族は、これまでも国や北海道の対応の鈍さに対抗するために、国連を中心とする国際機関に差別や国内での問題を訴え、それなりの成果を上げてきた（たとえば、上村2005）が、ここでもグローバルな機関でのアピールが、日本というローカルな地域を動かしたと言える。

こうした活動によって、2004年7月20日、ウトロでの公式レセプションの会場において、北海道ウタリ協会理事長と、シェパード氏の会見が実現した。しかし、この過程で、いくつかの問題が明らかになった。最大の問題は、アイヌ民族を支援すべき北海道庁が、逆に、IUCNに対する情報の伝達やシェパード氏とアイヌ民族との会見を積極的に支援しようとしない、むしろ妨害しているという状況が見えてきたことであった[6]。

アイヌ民族の「代表」として、誰がシェパード氏に会うか、ということも問題であった。後述するように、現在のアイヌ民族の社会では、誰がアイヌ民族を代表するか、という問題は未解決なままである。しかし、国や北海道はアイヌ民族の最大の組織である北海道ウタリ協会がアイヌ民族を「代表」すると考えているので、筆者らも、協会の理事長や主だった理事が中心となり、さらにシレトコ世界遺産問題に関心をもつその他のアイヌ民族関係者（北海道ウタリ協会委員で理事以外の者、あるいはアイヌ民族で非ウタリ協会員の者）も参加できるよう、北海道に対して働きかけを行った。

　国連機関であるユネスコからの委託で、国際NGOであるIUCNを代表し調査に来るシェパード氏に対してシレトコ世界遺産へのアイヌ民族の参画を求める以上、相手には最大限の敬意を払い、正式に要請を行うというのが外交上のルールであろう。アイヌ民族側が、正装して上記のような複数の「代表者」がシェパード氏を出迎え、挨拶をしたうえで、要請を行いたいという要望をもったのは当然のことである。しかし、環境省も北海道もそれを拒否し、最終的には、北海道ウタリ協会理事長ひとりがレセプションの会場で非公式にシェパード氏と話すことだけが許可された。

　レセプションには、北海道から派遣されている北海道ウタリ協会の事務局次長（事務局長ともども、この職はつねに和人によって占められている）が常に北海道ウタリ協会理事長に同行し、立食パーティの合間にシェパード氏と引き会わせ、通訳も務めた。傍で聞いていた限り、シェパード氏からの主要な質問は「アイヌ民族はシレトコ世界遺産を歓迎するのか？」、「遺産地域には民族の聖地のようなものがあるか？」という2点であった。理事長は、最初の質問には「もちろん歓迎する」と述べ、第2の質問には「そのような聖地はない」と答えた。筆者もその後、パーティのなかでシェパード氏と2人きりで話す機会をつくったが、筆者の役割は、北海道ウタリ協会の理事および、上述したような関係者で作成した要請文書の英訳を手渡し、その意図を説明することであった。この要請文書は北海道ウタリ協会からの正式な要請文書となるはずのものであったが、北海道はそれをそのまま英訳せず、文書はきわめて簡略化されてしまったうえ、少なくともパーティの席上では手渡されなかったからである。

3.2　北海道の対応

　このように、北海道ウタリ協会からの要請行動がきわめて不十分なものとなったのは、北海道が、北海道ウタリ協会からの要請を積極的に支援しなかったためである。その理由は、すでにアイヌ民族ぬきでIUCNへの推薦書を提出していた環境省やそれを容認していた北海道が、新たにアイヌ民族が関わることで問題が複雑化すること

を恐れ、できるかぎりアイヌ民族の関与を抑えようとしたためであろう。事業の多くを国の補助金や交付金に依存している北海道は、つねに国の意向を気にしておりそれを優先する傾向があるからである。

　北海道はまた、1997年のアイヌ文化振興法を受け、アイヌ文化の再生に向けての具体策として「イオル再生計画」[7]を打ち上げ、数年来、北海道ウタリ協会とその実現に向けて協議中であった。全道数カ所に、アイヌ文化の研究・普及施設を設置し、周辺でアイヌ文化を支える自然資源（たとえば、伝統的な衣服を織るための植物資源など）の回復を目指す「イオル再生計画」は、アイヌ文化振興法にもとづく具体的な施策として画期的なものであり、その早期実現は、北海道ウタリ協会にとっての最重要課題であった。北海道はそれをたくみに利用し、北海道ウタリ協会が「イオル再生計画」の早期実現を望むなら、「シレトコ世界遺産」への関与を求めるな、という強い姿勢を北海道ウタリ協会に対してとったのである。

　2004年7月20日の非公式な「会見」は、このような北海道の動きをみた北海道ウタリ協会の選択の結果であった。すでに複数の理事や、関係者から出されている「シレトコ世界遺産」参画への要請を無視することもできず、また「イオル再生計画」のために北海道の立場も尊重せざるをえなかった北海道ウタリ協会理事長は、IUCN側に最低限のメッセージを送ることで、双方の顔を立てたとも言えよう。

3.3　アイヌ民族NPOによる運動

　しかし、北海道ウタリ協会のこうした対応に満足しないアイヌ民族の関係者は、それぞれが主導するNPO団体（法人格ではないを中心として独自の行動を始めた。「少数民族懇話会」、「エテケカンパの会」はIUCNに「シレトコ世界遺産」への参画を求める文書を送付し、さらに「ウハノッカの会」は、直接、スイスにあるIUCNの事務局を訪問して要請行動を行った。これらの要請行動は大きな成果を上げ、IUCN事務局からは？　アイヌ民族の関与を考慮したい」という回答を得ることができたのである[8]。

　一方、北海道ウタリ協会のある会員は、北海道ウタリ協会事務局長が「シレトコ世界遺産地域にはアイヌ民族にとっての聖地のようなものはない」と言明したことを聞いて不審に感じ、独自の調査を開始した。この調査の結果、北海道教育委員会がまとめていたシレトコでの「チャシ」[9]の発掘資料（埋蔵文化財包蔵地調査カード）の存在が明らかになり、遺産地域には「チャシ」遺跡が相当数、存在していることが判明した（図1）。これは、北海道教育委員会が1950年代から北海道内各地で行ってきた「チャシ」遺跡の発掘結果を簡単にまとめたカードであり、1枚のカードごとに、遺跡の位置を示す地図と、遺跡の概要、文献などが記されている。このような

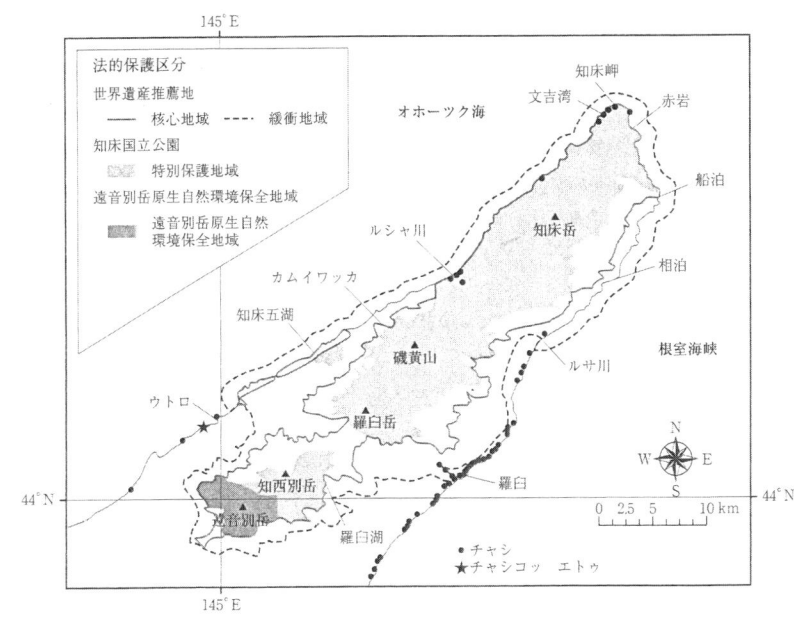

図1 シレトコ世界遺産地域の法的地域区分とチャシ

資料がありながら、環境省がIUCNに提出した推薦文書には遺産地域における「チャシ」遺跡の存在はまったく書かれていなかったのである。

これを受けて、北海道ウタリ協会の理事の一部や北海道ウタリ協会札幌支部(10)の会員の一部は、2004年10月、シレトコの遺産地域に入り、「チノミシㇼ」(アイヌ民族が崇拝の対象とした聖なる山)と思われる小山の前で、アイヌ民族の伝統的な行事である「カムイノミ」をするという、やや過激なデモンストレーションを行った。筆者は、IUCNへのさまざまな要請行動についてはアイヌ民族の当事者と話し合ったうえですべて支援したが、現地でのこのデモンストレーションについてはまったく聞かされておらず、寝耳に水であった。

この行動は、いくつかの問題を引き起こした。ひとつは、一行が立ち入り許可の必要な地域に許可を得ずに入ったこと、現地でのカムイノミのあと斜里町役場におしかけたことで行政側を困惑させ、話し合いを拒否する姿勢をとらせてしまったことである。もうひとつは、現在は北海道内の他地域に移住しているシレトコ遺産地域の旧住民により、札幌から「よそ者」が来て、カムイノミのような神聖な行事を自分たちの住んでいた地域で行ったと、強い不快感が示されたことであった。この抗議はある意味で当然ともいえるが、問題だったのは、その異議申立てが、デモン

ストレーションを行ったアイヌ民族に対して直接になされず、斜里町役場に対してなされたことであった。抗議した旧住民も、札幌から現地に立ち入ったアイヌ民族の人たちも、どちらも北海道ウタリ協会の会員だったのだから、この件は本来、北海道ウタリ協会のなかで解決されるべき問題であったとも言える。それが行政側を巻き込んでしまったことで、行政側に、こういうゴタゴタが起きるから、なおのことアイヌ民族は管理計画には入れられない、という姿勢を強化させてしまったのである。

4. 排除の構造と研究者の役割

シレトコ世界遺産にアイヌ民族の参画を求めるこのような運動のなかで明らかになってきたのは、現在のアイヌ民族をめぐる社会構造的な問題であった。図2にそれを模式的に示す。

4.1 アイヌ民族の社会

現在、北海道に居住するアイヌ民族人口は、1999年のセンサスでは、約24,000人とされている。そのうち、北海道ウタリ協会の会員はほぼ約4,000人にすぎない。このほか、前述したようなアイヌ民族を代表とする小規模なNPO(法人格ではないのが普通である)の会員がいる。これらの小規模なNPOの会員には、北海道ウタリ協会の会員である人と北海道ウタリ協会には属さない人とがいる。それ以外はアイヌ民放を中心とする特定の組織には属さないアイヌの人びとである。

北海道ウタリ協会のセンサスに記録された約24,000人の人びとは、自らをアイヌであると考え、また自分の同胞(ウタリ)に対してもそれを認めた人びと、すなわち、(A)アイヌであるという明確なアイデンティティをもつ人びとであると言えよう。しかし、それ以外に、(B)アイヌであることを隠している人びと、(C)アイヌであることをまだ知らずにいる人びとがいる。また北海道ウタリ協会に属しているのは北海道在住のアイヌ民族だけであり、東京や本州の他地域にいる(A)の人びとは、センサスには含まれていない。(B)や(C)のような人びとの数は、(A)の人びとより実際にははるかに多いと思われる[11]。アイヌであることを社会的に明らかにすると、さまざまな面で不利益や差別を受ける状況が、今も続いているからである。

4.2 支配の構造と研究者の役割

次に問題なのは、上述したようなアイヌ民族の社会が、和人を中心とする行政組織によって、完全に支配される体制になっていることである。国は、アイヌ民族に対

し、さまざまな事業費を出しているが、それを監督するのが北海道であり、北海道は、北海道庁の生活環境部にアイヌ施策推進グループを設け、さらに和人が北海道ウタリ協会の事務局長と事務局次長のポストを占めることで、情報や予算（ウタリ対策費）を制約している、と言える[12]。このような体制のもとで、国からのすべての情報と予算は、一度、北海道によってコントロールされたうえで、アイヌ民族に伝えられるのである。一方、シレトコ世界遺産について言えば、その主務官庁は環境省であり、環境省は、北海道と密接な連携をもちつつ、IUCNとの交渉を行うが、アイヌ民族の社会とはまったく関係をもっていない。したがって、北海道が伝えない限り、シレトコ世界遺産に関わる詳しい情報は、北海道ウタリ協会には入らない仕組みになっているのである。

　このような現実を明らかにすることも環境社会学的研究であるが、筆者は別に研究したわけではなく、運動をしているうちにそのような構造がみえてきた、というにすぎない。研究者としては、このような支配構造をもたらした要因や政治的・社会的な力関係をさらに深く明らかにすべきであろうが、運動者としては、シレトコ世界遺産問題から完全に切り離されてきたアイヌ民族を、環境省や北海道、IUCNに結びつけることが、もっとも緊急でかつ重要な活動となる。図2に点線で示した矢印がそれであり、本来は研究者である人間が、運動者として果たす役割に相当する。すなわち、ここにおいて研究者は問題の外にいるのではなく、問題を解決すべく活

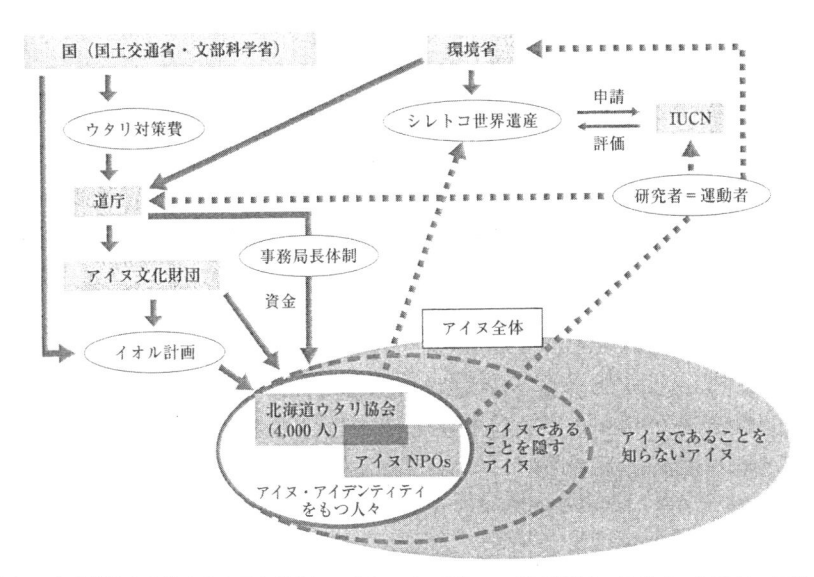

図2　和人が権力を独占する日本社会におけるアイヌ民族への支配構造と、研究者＝運動者の役割

動しているひとつのアクターとして、問題の中に存在しているのである。

矢印は、アイヌ民族の社会にも向けられているだけでなく、支配的な立場にある環境省や北海道、IUCNにも向けられている。研究者＝運動者のアクターにとって重要なのは、運動の二重の意味での対等性ではないだろうか。重要なのは、日本社会のなかでアイヌ民族の社会全体が受けている不平等な位置づけをなくすことである。それは日本社会が抱えている不平等を正すことに他ならない。したがって、運動のベクトルは、必然的に日本社会それ自体に向けられることになる。それはまた、アイヌ民族から日本社会を見る視線を自ら見出すことでもあろう。

もうひとつの対等性は、アイヌ民族社会のさまざまなセクターとの対等性である。前述したように、シレトコでは、旧住民と札幌からきたアイヌ民族とのあいだに対立が生じた。

この旧住民は、訪ねてみると、もとはサハリンのアイヌ民族であった。アイヌ民族の社会には、北海道アイヌとサハリン・アイヌとの文化的乳蝶も存在していたのである。また、実際には、北海道のアイヌ民族社会のなかでも釧路アイヌ、上川アイヌ、日高アイヌといったそれぞれの出自の違いにもとづく軋轢もみられる。さらに、札幌や東京など大都市に住むアイヌと地方在住のアイヌとのあいだには、文化やアイヌ民族としてのアイデンティティに関してさまざまな相違が生じている。これらは、アオテアロア（ニュージーランド）における都市マオリと地方在住のマオリとのあいだに生じてきる文化的・社会的軋轢（深山2005）に近いものである。北海道ウタリ協会札幌支部の人びとが地元におしかけて引き起こした問題は、サハリン・アイヌと北海道アイヌという出自の違いとともに、都市と地方という生活の場の違いがもたらした軋轢である可能性もあろう。

しかし、これらのさまざまな出自・背景をもつ人びとの総体が北海道のアイヌ民族社会をつくっていることを考えれば、研究者＝運動者の役割は、自ずと明らかであろう。図2に示したように、研究者＝運動者は問題の外にいるのではなく、内にいるのであるが、全体の構造をこのように俯瞰するとき、研究者は、すでに外側からの視点をもっているとも言える。その視線は、鬼頭（1998）のいう「メタレベルのより普遍的な評価」に相当するとも言えよう。研究者は運動者として当事者であり続けながら同時に何がイッシューであるかを明らかにすることによって、いま何をすべきかを、問題に関わるすべてのアクターに対等に提起する役割を果たすことができるのである。

4.3 排除の構造

このような立場に立ったとき、アイヌ民族を排除する行政側の視点として「アイ

ヌ民族がひとつにまとまっていないこと」、したがって、「あるセクターと交渉をもつと必ず別のセクターから文句がつけられ、行政の平等性が確保できない」ので、「けっきょく、最初からどことも話しをしないのが最善」[13]という、行政のいわば"事なかれ主義"が根強いことが指摘できる。実際にシレトコ世界遺産問題で生じたように、アイヌ民族が一体となって世界遺産への関与を要求し、管理計画への具体的な参画のあり方をアイヌ民族の側から提案できれば、国や北海道との交渉はより円滑に行われたであろう。行政側は、はじめから門戸を閉ざしているわけではなく、アイヌ民族側がそもそも「交渉のルール」をつくりえないでいることが問題なのだ、というのが行政側の主張である。

しかし、この主張には大きな問題がある。第1は、すでに指摘したように、シレトコ世界遺産問題においては、現在そこに住んでいるアイヌ民族がいないからという理由で最初からアイヌ民族は排除され、情報すら伝えられていなかったという事実を、行政側が忘れていることである。もちろん、そこには最初から、アイヌ民族を入れるとことが面倒になる、という考えや、自然遺産なのだからアイヌ民族は無関係なはず、といった思い込みがあったであろう。

1997年、差別的な「北海道旧土人保護法」が廃止され、「アイヌ文化の振興ならびにアイヌの伝統等に関する知識の普及及び啓発に関する法律」(以下、「アイヌ文化振興法」と略して呼ぶ) が制定されたが、この法律は、差別的な法律を撤廃させ、アイヌ文化の尊重をうたった点では評価されるものの、法律の制定にあたって北海道ウタリ協会が政府に求めたようなアイヌ民族の先住権には一切ふれておらず、たんにアイヌ文化の振興だけを強調している点で批判されている (阿部2005：46-47;苑原1998)。ここでも、アイヌは「文化」であって「民族」ではなく、まして、「先住権」は認められていないのだから、いま住民がいなければ、無視しても法律上はなんら問題がない、という行政側の基本的な考え方が貫かれているのである。

第2は、より根源的な問題である。すなわち、行政側が考える交渉や話し合いとは、双方の「代表」が行うものである、という暗黙の前提を、行政はアイヌ民族に押し付けている点である。これは、前述したように、代表制民主主義が政治や行政にとっては当然という西欧的発想を、先住民族に押し付けていることになる。もちろん、アイヌ民族には、他者によって書かれた歴史しかなく、自らの歴史や社会を自ら語る言説は口承文学化された『ユカヲ』しかないので、この問題を軽々しく論じることはできないが、アイヌ民族社会では、これまで民族全体の「代表」は存在しなかったようにみえる。地縁・血縁をともにする人々が集まって地域ごとに社会集団をつくり、互いに他の集団を牽制し、時には戦いながら、全体的な統一者や「代表」をつくらずに生きてきたのがアイヌ民族社会だとすれば、かたちだけ西欧化した日

本社会のシステムを唯一絶対的なものとして押し付けることには根本的な検討が必要であろう[14]。

5. 世界遺産の管理と先住民族ガヴァナンス

　図2に示したように、北海道ウタリ協会は最大の組織であっても、それはたんに会員数が最大というだけであり、その理事や理事長は、会員からは選挙で選ばれているものの、アイヌ民族全体から選ばれているわけではない。一般的に言えば、北海道ウタリ協会以外のアイヌ民族NPOができているのは、何らかの意味で、現在の北海道ウタリ協会では満たされないものがあるからであろう。それらのなかには、北海道ウタリ協会と対峙する団体もある。こうした複数の「代表」が並立し、それらを統一しえない、あるいはしないでいる先住民族の社会と「代表」による交渉相手の一本化を求める行政との関係はどのように調整されるべきであろうか。

　ここでは、先住民族のガヴァナンスという視点から、この問題を考えてみたい。ガヴァナンスにはさまざまな考え方があるが、本論では藤垣（2003）にならい、統治者―被統治者という二項対立ではなく、複数のアクターによる「共治」という意味で用い、問題解決のための秩序化を目指すプロセスに注目した概念（荒川 2004）として扱う。世界遺産をめぐる先住民族のガヴァナンスを考えた場合、アオテアロア（ニュージーランド）における先住民族マオリとパケハ（白人を中心とするニュージーランド植民者）による自然保護地域の協同管理（co-management）とそれをめぐる問題(Moller et al. 1997)はこのような意味で大きな示唆を与える。複数のイウィ（部族）やイプー（準部族）に分かれ、それぞれが固有の文化的伝統をもつマオリ社会は、協同管理においても、単一の「代表」による政府機関や地方自治体との交渉や管理体制への参画を否定し、複数のアクターによる対等な協議や管理を求めているからである。

　Coombes（2005）は、マオリの伝統を尊重したかたちでの協同管理をある程度までは評価しつつも、自然資源、の協同管理を行うことによって、パケハ側が、本来、マオリが所有していたはずの土地権についての問題をあいまいにしてしまう傾向があることを批判している。保全生態学にもとづく種や生態系の管理も、それが先住民族による伝統的な管理に優先されると、結果的に保全計画から先住民族を排除する結果を生む（Hill and Coombes 2004）からである。

　本論で述べたような現状をみれば、アイヌ民族にあっては、シレトコ世界自然遺産の管理計画への参画そのものがまず問題であり、すでに曲がりなりにも協同管理を実現しているマオリが直面する問題点を論議する段階にまではいたっていない

とも言える。しかし、参画をめぐって、先住民族の「代表」性が大きな障害とされるのであれば、複数のアクターとの対等な交渉を求めるマオリの協同管理手法はシレトコでも参考にすべきモデルになるであろう。また、土地権の問題を反故にすることなく、むしろ、土地権回復への第一歩として、まず自然管理権を回復する、という戦略もあるはずである。

　筆者らは、アイヌ民族が「シレトコ世界自然遺産地域での先住民族エコツーリズムの主体としての立場から遺産地域の自然、資源の管理に関わる」という提案をIUCNに行ってきた。先住民族が自らの文化を主体的に発信するとともに、これまで外部資本や非・先住民族側に握られてきた観光業を自らのビジネスとして取り返し、先住民族としての経済的な自立、若い世代の雇用確保、文化の伝承を図るのが、先住民族エコツーリズムである。先住民族エコツーリズムを可能にするためには、当然のことながら先住民族の伝統的な自然利用が保障されなければならない。アイヌ民族の伝統的な自然利用としてはサケの漁獲や河川の利用・管理権の回復が重要である（小野 2006; Ono et al., inpress）。すでにマオリ（深山 2003）やネイティヴ・アメリカン（Ichikawa 2001; 市川 2003）は先住民族の商業的な漁業権の回復にある程度まで成功している。国際的に、先住民族への対応を配慮せざるをえない「世界遺産」という「肩書き」において、まず先住民族エコツーリズムというビジネスの場におけるサケ漁獲を復活させ、ついで国の進めるイオル再生計画において権利回復を行い、最終的には、北海道内すべての河川におけるアイヌ民族の本来の漁獲権を回復しようという戦略である[15]。

　複数のアクターとの対等な交渉、という点に関しては、さまざまな利害関係にあるアイヌ民族の人びとの参画を可能にする方法として、地元シレトコの北海道ウタリ協会斜里支部と羅臼支部を中心に、「シレトコ先住民族エコツーリズム研究会（Siretoko Indigenous Eco-Tourism Research Union：SIPETRU）を2005年4月に立ち上げた。この組織は、地元の2つの支部が中心となることで地域の利益を優先させるとともに、札幌にある北海道ウタリ協会本部との連携も維持する。一方、「研究会」という独自の立場は、北海道ウタリ協会以外の人びとに対しでも、研究会の主旨に賛同する限りそこに参加することを可能にする。研究会は2005年7月1日よりシレトコでのアイヌ民族エコツアーを始めている[16]。

　2005年7月14日、ダーバンでのユネスコの会議でIUCNは、シレトコを世界自然遺産として認める公式文書において、「アイヌ民族の代表者たちが、たとえば北海道ウタリ（アイヌ）協会などを通じて、伝統的な儀式や世界遺産として推薦された地域の利用にかかる適切なエコツーリズムの開発を含めたかたちで、推薦地域の将来の管理に関与することが重要であると考えられる」という勧告を出した[17]。この

勧告は、IUCNへの要請を行ったアイヌ民族の意向を最大限に尊重したものといえる。

注

(1) 本論では、行政で一般に慣用されている場合には知床の漢字を用いるが、アイヌ民族側の立場にたってそれを扱うときには、できる限り「シレトコ」とカタカナで表記する。知床はまったくの当て字であり、アイヌ語のSiretoko（Sir 大地 +etoko 末端）は、岬の意味であって、知る、あるいは床という意味は、まったくないからである。筆者らは、アイヌ語地名の平等な併記を求める運動を行っている（小野 1999）。
(2) もちろん、たとえば公開性という、環境社会学では普遍的な「正当性」と考えられている価値観も、先住民族の立場にたつと必ずしも正当ではなく、大多数を占め、支配的な勢力である西欧・先進国での「正統性」にしかすぎない場合があることは、細川（2005：58）が、ハインドマーシュ架橋事件を例に指摘しているとおりである。民主主義そのものについても、同様のことがいえる（たとえば、Tuhiwai Smith 1998）。細川（2005）が先住民族を「弱いもの、美しきもの、異なるもの」ととらえる視線を批判しているのは正しい。「運動を支援する」という言い方に、バターナリステックな含意があると批判することも可能であろうが、筆者がここで言いたいのは、そのような姿勢で先住民族を支援する、ということではなく、われわれ自身にとって、避けて通るべきでない運動を支援する、という意味である。
(3) 自然遺産であっても、先住民族の権利への主張が強く、実際の権利回復も進んでいるニュージーランド（マオリ語ではアオテアロア）のトンガリロ世界遺産は、まず世界自然遺産に指定されたのち、1993年には世界文化遺産に指定され、初めての複合遺産地域となった。これはトンガリロが地域のナティ・トゥファレトア、ナティ・ランギ両部族にとって天地創造神話のある聖地であること、入植者による自然破壊を恐れた部族の首長ホロヌク・テ・ヒュウヒュウ・トゥキノIV世が、地域の自然保全を条件に、1887年、トンガリロ地域の土地を植民地政府に譲り渡し、それによってトンガリロがニュージーランド最初の国立公園となった歴史が評価されたためである。またアボリジニーにとっての聖地であるオーストラリアのウルルに対しては、その登攀に対して観光客に自粛をうながすなど、実際の自然管理計画に地域の先住民族が関わっている。このようなグローバルな現状に対して、日本というローカルな社会は、世界遺産に関してアイヌ民族を最初から排除していたことになる。
(4) たとえば、近年、行政側は、資料をネットで公開したり、意見をネットで公募することが多いが、ネットへのアクセスはまだ平等に確保されているとはいえない。これは、途上国の住民まで視野に入れれば、情報へのアクセスの平等性は、環境社会学の大きな課題であろう。一方、情報へのアクセスができるにもかかわらず、それをしない、という選択もありうる。情報にアクセスしないほうが悪い、という決め付けもまた、注2で述べたような問題をはらんでいる。
(5) 2004年9月20日に札幌アイヌ文化協会などの主催で行われた「第23回アシリチェップノミ」（川を遡上してきた最初のサケをカムイに捧げるアイヌ民族の伝統行事）のパンフレットに、筆者は「アイヌ民族と世界遺産」（小野 2004）と題して、アイヌ語地名からシレトコのみならず北海道におけるアイヌ民族の先住性を認めさせることの重要性を訴えた。
(6) 行政側の対応についてのこのような評価は、以下に述べるような、北海道ウタリ協会からIUCNに向けての働きかけの過程で筆者が実際に見聞した事実、北海道ウタリ協会の複数の会員の発言にもとづいたものである。
(7) イオル（イウオロともいう iwor）は、アイヌ民族の狩猟などに際してのなわばりと考えられており、流域単位でかなり広い面積を確保し、アイヌ民族の伝統的な儀式などの必要な自然資源を再生・回復することを目的にしている。
(8) 2005年3月8日、朝日新聞朝刊参照。

(9) チャシは、土壌・土塁からなるアイヌ民族など北海道の先住民族の遺跡であり、その機能は、戦闘用の砦、カムイ（神）との交流の場、聖地、見張り場などであったとされている（宇田川 2003）。
(10) 北海道ウタリ協会は、北海道の各地域に 54 の支部をおいている。多くの会員をもち、北海道ウタリ協会がある札幌を拠点とする札幌支部は、そのなかでももっとも有力な支部といってもよい。
(11) 1936 年には、わずか 11,000 人とされたマオリの人口は、1985 年には約 8 万人に、2002 年には約 50 万人にも増大した（ビシャラ 2003：21）。この事実は、社会的条件が改善され、先住民族であることを恥じたり、また隠す要因がなくなれば、先住民族アイデンティティを表明する人の数は急増することを実証している。
(12) 対策という日本語は、ほんらい何か悪いことに対して、それを克服する策を立てるという意味であり、アイヌ民族への対策を立てるという言い方自体が、実は構造的な差別になっている。
(13) 「　」内は、環境省や北海道、地元自治体など、シレトコ世界遺産問題に関わる複数の行政担当者が、交渉の場をつくろうとするときに直面するアイヌ民族の問題点として指摘するときによく用いる言い回しを要約した。
(14) 『元史』から知られる 1264-1308 年の元との戦争では、一時はアイヌ側が優勢でアムール河下流域まで攻め入ったとされており、そのような他民族との戦いにおいて、民族の統一や「代表」の選出があった可能性はある（榎森 2003）。また 13-17 世紀においてアイヌ諸部族の首長の勢力はきわめて大きく、イオルの統率者としての「乙名」とよばれる長は、各集落のなかから選出されていたが、民族全体の統一者や「代表」はなく、アイヌ民族は、地域ごとに成立した社会集団として存続していたといえる。このことから、河野（1996：283-85;1999：17-20）は、「アイヌ民族」というひとつのまとまりをもった民族の存在そのものを否定しているが、この考えには同意できない。たとえばマオリにおいても、伝統的には「マオリ」という統一の民族概念はなく、歴史的に存続してきたのは地域ごとのイウイ（ネイティヴ・アメリカンのトライブに相当する）や血縁集団としてのハプでしかない（ヘナレ 2004）が、彼らは、それが植民者（パケハ）側からの呼称にすぎないことを知りつつ、自らを「マオリ」と呼び、民族のアイデンティティとしているからである。「統一」や「代表」を拒むエートスが先住民族に共通しているという考え方（中沢 2003：146-48）もさらに検討されるべきであるが、アイヌ民族においては、和人による村落コミュニティー（コタン）の破壊、強制移住、病気、負債などの社会的要因が政治的な組織化を阻んだ、という多原（2006：200）の見解を支持したい。
(15) 日本政府は、1878-80 年にかけて北海道内の主要河川でのアイヌ民族によるサケ漁すべてを禁止した（多原 2006：126-29）。以後、アイヌ民族のサケ漁業権は回復されていなし。この意味で、アイヌ民族はいまだに明治 10 年代の状態におかれている。環境社会学ではコモンズ論がさかんであるが、アイヌ民族からコモンズを奪ったままでいる日本社会をまず論じるべきであろう。
(16) 図 1 ★印チャシコッ　エトウを中心に実施しており、成功しつつあるマオリ・エコツーリズム（青柳 2004：2006）をモデルにしている。口頭発表ではその内容を紹介したが、紙幅の制約から、詳細については稿を改めて報告したい。http：//w\vw.sipetru.jp を参照。
(17) 勧告の原文はユネスコのウェブサイト
http：//whc.unesco.org/archive/advisory_body_evaluation/1l93.pdf で読むことができる。

文献

アイヌ文化振興・研究推進機構編（2003）『アイヌの人たちとともに—その歴史と文化』
青柳光郎（2004）エコツーリズムは、なぜ心地よいのか / 先進地ニュージーランドで学ぶ奥深さ　朝日総研リポート　2004 年 9 月号　16-30.
青柳光郎（2006）ニュージーランドで観光を考える / 先住民マオリの参入相次ぐ　朝日総研リポート

2006年1月号　27-40.
阿部ユポ（2004）アイヌ民族の復権運動　上村英明・藤岡美恵子・中野憲志編『グローバル時代の先住民族』39-49. 法律文化社
荒川　康（2004）自然環境をめぐる問題の位相　環境社会学研究　10　75-88.
ビシャラ I.（2004）「I 心の命じるままに Me Kii taku ngakau—Let my heart speak」10-26.
Coombes, B., (2005) "Will comanagement resolve the contestation of state conservation practices in New Zealand?", Abstract of Hokkaido University-University of Auckland Joint Symposium "Hokkaido：Towards Coexistence between the Natural and Human Environments."7.
榎森　進（2003）北東アジアからみたアイヌ　菊地勇夫編『蝦夷島と北方世界』126-166. 吉川弘文館
藤垣裕子（2003）『専門知と公共性』東大出版会
深山直子（2003）マオリ漁業権の獲得に向けて―1986年テ・ウェエヒ裁判を中心に　社会人類学年報　29　59-82.
深山直子（2006）マオリ社会の都市化と都市マオリ集団の形成　前川啓治・棚橋　訓編『オセアニア講座世界の先住民族：ファースト・ピープルズの現在 09』132-146. 明石書店
Henare, M.（2000=2004）"Sustainable social policy," Boston, J., Daziel, P. and St. John S. eds., *Redesigning the welfare state in New Zealand*, マヌカ・ヘナレ「持続的な社会政策」柴田英昭・福地潮人監訳『ニュージーランド福祉国家の再設計』51-81. 法律文化社
Hill, St., and Coombes, B. (2004) "The limit to participation in dis-equilibrium ecology：Maori involvement in habitat restoration within Te Urewera National park," *Science and Culture*, 13：37-74.
細川弘明（2005）異文化が問う正統と正当―先住民族の自然観を手がかりに環境正義の地平を広げるための試論　環境社会学研究　11　52-69.
市川守弘（2003）アメリカインディアン法の生成と発展（主権とサケ漁猟権を中心として―アイヌ法確立の視座として）　日本弁護士連合会編『現代法律実務の諸問題』997-1025. 第一法規
Ichikawa, Morihiro (2001) "Understanding the Fishing Right sof the Ainu of Japan：Lessons Learned from American Indian Law, the Japanese Constitution, and International Law," *Colorado Journal of International Environmental Law and Policy*, 12（2）：245-301.
池田寛二（2005）環境社会学における正義論の基本問題―環境正義の四類型　環境社会学研究　11　5-21.
環境省・林野庁・文化庁・北海道（2004）「知床世界遺産候補地管理計画」
鬼頭秀一（1998）環境運動/環境理念研究における『よそ者』論の射程―諫早湾と奄美大島の『自然の権利』訴訟の事例を中心に　環境社会学研究　4　44-58.
計良智子・計良光範・河野本道・田中美智子・成田得平・猫宮さえ子・花崎皋平・村山トミ・山田順三（1998）『新版　近代化の中のアイヌ差別の構造』明石書店
河野本道（1996）『アイヌ史/概説―北海道島および向島周辺地域における古層文化の担い手たちとその後裔』北方新書
河野本道（1999）『「アイヌ」―その再認識　歴史人類学的考察』北海道出版企画センター
松村和則（1995）有機農業の論理と実践―「身体」のフィールドワークの探求　社会学評論　45　437-451.
中沢新一（2003）『熊から王へ』講談社メチエ
小野有五（1999）アイヌ語地名の併記を考える　ことばと社会　1　78-86.
小野有五（2004）アイヌ民族と世界遺産　札幌アイヌ文化協会」アシリチェップノミ実行委員会編『第23回アシリチェップノミ』12-19. 札幌アイヌ文化協会
小野有五（2006）教育のための世界先住民族会議@アオテオロアに参加して　先住民族の10年 News　121　12-13.

小野有五編『先住民族のガバナンス―自治権と自然環境の管理をめぐって』北海道大学大学院法学研究科付属高等法政教育研究センター
小野有五（2006）人間を幸福にしない地理学というシステム　E-Geo Journal, 1（2）
http://wwwsoc.nii.ac.jp/aig/hom_J.hmtl
Ono, Y., in press, Umezawa, M., Ishii, P., Yuuki, K., Nishihara, Sh., and Fujisaki, T.,"Recovering Ainu governance in the Shiretoko World Natural Heritage area in Japan through education and training for the Development of Indigenous Ecotourism, "*Proceedings of the 7th WIPCE*"
苑原俊明（1998）いわゆるアイヌ文化振興法について　八千代国際大学国際研究論集　10（4）90-115.
多原香里（2006）『先住民族アイヌ』にんげん出版
Taiepa, T., Lyver, Ph., Horsley, P., Davis, J., Brag, M., and Mo1 1er, H. (1997) "Co-management of New Zealand's conservation estate by Maori and Pakeha" *Environmental Conservation*, 24: 236-250.
Tuhiwai Smith, L. (1998) *Decolonizing Methodologies*. Zed Books Ltd.
宇井　純（1974）『公害原論』亜紀書房
上村英明（2005）先住民族の国際10年」が生み出した希望、現実、そして幻想　上村英明・藤岡美恵子・中野憲志編『グローバル時代の先住民族』229-249.　法律文化社
宇田川洋（2003）チャシ　榎森　進編『アイヌの歴史と文化Ⅰ』94-103.　創童舎

付記　シレトコ世界自然遺産へのアイヌ民族の参画運動については、阿部ユポ、多原良子、小川隆吉、小川早苗、清水裕二、結城幸司などの各氏、またシレトコにおける先住民族エコツーリズムについては、梅澤征雄、大木たかし、小川悠治、戸田幹雄、石井ポンペ、藤崎達也、西原重雄などの各氏のほか、加納オキ、アイヌアートプロジェクトの方々に協力をいただいた。運動者として感謝を表明したい。先住民族カヴァナンスの研究には、文部科学省科学研究費学術創成研究（2）14GSOI03I グローバリゼーション時代におけるガバナンスの変容に関する比較研究」（代表山口二郎教授）を使わせていただいた。また、本論を推敲するにあたって、査読者の西城戸誠氏および多原香里、深山直子両氏から適切なコメントをいただいた。あわせて研究者としての謝意を表する。

（3）ポストコロニアリズムと地理学
～先住民族地理学の意味～

　シレトコ世界遺産問題を通じて、研究者＝運動者という、環境問題に対する研究者の関わり方をより鮮明に示すことができたと思う。それは、千歳川放水路問題に関わったときから一貫してきた姿勢でもあったが、アイヌ民族に関わる場合でも、それを貫くことで問題の解決に寄与できたのである。ただし、アイヌ民族に関わる問題については、最初から、私はアイヌを研究対象にはしない、と宣言していた。もとより、アイヌやアイヌ文化の専門家ではないのだからそれは当然でもあったが、これまでアイヌやアイヌ文化を研究対象として

しか見てこなかった（文化）人類学者や考古学者、歴史学者、国文学者でなかったことが、私には幸いであった。またこれまで、地理学がアイヌを研究対象にすることがほとんどなかったことも、逆説的には幸いしたともいえる。最初は親切そうに近づいてきて、親しくなるとけっきょくはアイヌからいろいろなことを聞きだし、アイヌのもっている物を奪い（借りたまま返さず）、最悪の場合には、骨まで掘り返してもっていく和人研究者の暴虐（植木 2008）を幾度も経験してきた人々は、「研究者」、「学者」をまず警戒する、というのが普通の対応だからである。もちろん私がいくらそう宣言しても、信頼してもらえるまでにはそれなりの時間がかかったし、いまだに信じてもらえない人もいるであろう。しかし、1997年以来、「私は、アイヌを研究するのではない、アイヌがいかに速やかに権利回復できるかを研究する」と言い続けてきたし、そうしてきたつもりである。

2006年には、世界の先住民族が3年に一回、開いている「教育のための先住民族国際会議：WIPCE（World Indigenous Peoples Conference for Education）」のハミルトン大会に参加した。アオテアロアの北島にあるハミルトンは、マオリの多い地域であり、マオリがその全力をあげて実施したこの大会はすばらしいものであった（小野 2006；写真10）。通常の国際学会発表のように、いくつものセッションが同時に進行する大規模な催しであったが、驚いたのはその発表形式である。北大でのアイザックさんの講演がそうだったように、チャントが歌われたり、ハワイの先住民族の発表では、途中にギターの伴奏で歌が入ったり、発表者によってフラが踊られたりもするのである。つまり先住民族にとっては、通常の言語だけが発表手段ではない、ということだ。この会議は先住民族でないと発表できないので、私は、シレトコでエコツアーを始めた結城さんほかアイヌのメンバーの代理として参加、シレトコでのエコツアーを、アイヌの若者の教育や雇用をめざすプロジェクトとして発表した（Ono et al., 2007）。

"Decolonizing Methodologies"（「脱植民地化の方法論」）を書いたマオリの女性研究者＝運動家、リンダ・トゥヒワイ・スミスさんの講演を聞けたのも大きな収穫だった。ここでも、講演の直後に、彼女も含めて大勢のマオリの女性たちが講演内容に賛同の意を表して踊るという、先住民族学会ならではの光

景が見られた。リンダさんの著作のタイトルにもなっているように、脱植民地化は、地理学にとっても重要な課題である。植民地主義の犠牲になってきた先住民族や支配され抑圧されてきた側の視点から、植民地化を推し進めてきた西欧近代を批判的にとらえ直そうとするのがポストコロニアリズムである（本橋 2005）が、西欧近代は、近代日本でもある。

写真 10　ハミルトンの WIPCE で、講演後、マオリの伝統的な習慣で、講演内容に賛同する女性たちとともに踊るリンダ・トゥヒワイ・スミスさん（右端の女性）（2005 年 11 月 30 日撮影）

　権利回復に向けて世界の先住民族が集まり、さまざまな問題を、学問的にかつ先住民族独自のやり方で発表・討議するこの会議はきわめて刺激的で、その次にあたる 2009 年のメルボルン大会には、たくさんのアイヌの友人を誘って再度、参加した（写真 11）。そこで学んだことは多岐にわたるが、権利回復への戦略的な問題とともに、先住民族としての独自の方法をいかに研ぎ澄ませていくか、という議論のなかで、強調されていたのは先住民族自らの語り（Story telling）の重要性である。それは、民族の歴史や、土地、伝承に関する語りであったり、家族の歴史についての語りでもあったりする。それを語ることによって、先住民族の側から見た「歴史」や、その土地の「地理」が、明らかにされていくのである。

　2008 年 7 月には、北海道洞爺湖で G8 サミットが開催されることになったが、それに向けて、先住民族の声を世界の首脳に届けたいとの考えが浮かんだ。結城さんに相談すると、ぜひやりたい、ということで、周りのアイヌや協力してくれそうな人に声をかけ、集まってもらったのが 2007 年 10 月のことである。時間的にはかなり厳しかったが、なんとかやろう、ということになって、それから資金集めと組織づくりを行い、なんとか G8 サミットの直前に二風谷と札

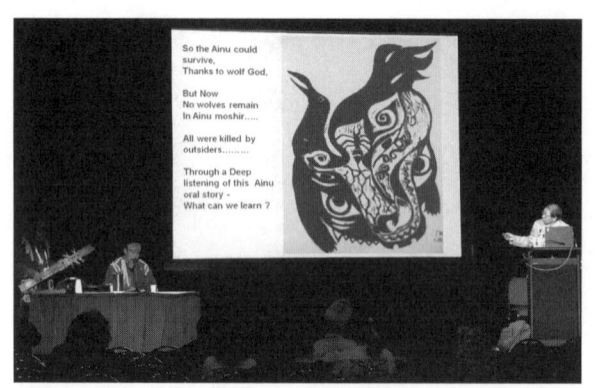

写真11 メルボルンのWIPCEで、独創を加えたホルケウカムイ（オオカミ）のウパシクマ（語り）を自作の木版画の映像、石井ポンペさん（左端）のトンコリ演奏で語る結城幸司さん（中央）。筆者（右端）は通訳と、映像の英語版製作を担当（2008年12月9日）

幌で開催、世界からも30人近い先住民族が参加して大きな成功を収めることができた。とくに前年の2007年9月には、国連で先住民族の権利に関する国連宣言が初めて採択されたばかりだったため、権利宣言の国内法への早期具体化を求める声が大きく、注目された。国連のなかにある「先住民族問題常設フォーラム」の議長で、自らフィリピンの先住民族でもあるヴィクトリア・タウリ・コープスさんが、多忙な日程のなか、最初から最後まで参加してくださったことも大きな成果であった（写真12）。8ヶ月間、アイヌの人たちとの調整、資金集め、海外先住民族の招へい、航空券や宿の手配、プログラムの作成、資料集の出版と、目が回るような忙しさとストレスに重ねて、いざ始まるとさらに多くの問題が続出、G8に向けて出すアピール文の取りまとめはほとんど徹夜状態というすさまじいサミットであったが、多くのメンバーの協力でなんとか成功させることができた。最後に全員が集まり、先住民族の未来に向けて心が一つになったときは、それまでの苦労がいっきょに消えてしまうほどの感動を覚えた（写真13）。

　だが、先住民族の前途は依然として多難である。国連による「先住民族の権利宣言」[注6]を国内法のなかに具体化していく作業はほとんど進んでいない、というよりも、どんどん後退させられているのが現状である。そのために設置された委員会には、最初、アイヌの委員はゼロであった。先住民族サミットからの強い反対意見などもあって、ようやく北海道アイヌ協会の理事長1名が入ったものの、その発言力はさまざまな政治的圧力によって弱められている。アイヌの未来を決める委員会に、そもそもアイヌが排除されているのである。さらに政府は、学者を使い、アイヌは国連の「先住民族の権利宣言」がいうと

7　Imagine　イマジン

写真 12　「先住民族サミット in アイヌモシㇼ 2008」札幌でのフォーラムのもよう。講演しているのは、ポール・トサさん（ジャメス・プエブロ）；後に座っているのは、左端より、ヴィクトリア・タウリ・コープスさん（イゴロット、フィリピン）、ロサリーナ・トゥユックさん（マヤ、ガテマラ）、ローズ・カニンガムさん（ミスキト、ニカラグア）、プアナニ・バージェスさん（ハワイ先住民族）、マイクの後ろがアイザック・ビシャラさん（マオリ）（2008年7月3日撮影）

ころの先住民族には相当しないというような言説を打ち出し始めている。それと期を同じくして、北海道議会では、一道議員が、国と道がつくっている財団法人「アイヌ文化振興財団」が全道の小中学校に無料配布しているアイヌ民族副読本のなかの「1869 年に日本政府は、この島を「北海道」と呼ぶように決め、アイヌの人たちにことわりなく、一方的に日本の一部にしました」という歴史的事実にもとづく記述に異議を申したて、それを受けて財団が、すでに配布済みの副読本の書き換えを命じるという事件すら起きている（小野 2012, 2013）。時代は、まさに逆行しようとさえしているのである。

　いっぽうでは、アイヌの権利回復を遅らせ、阻もうとする政府や行政に対抗できていないアイヌ社会の現状がある。アイヌは全国にいるにもかかわらず、北海道のアイヌしか所属できない「北海道アイヌ協会」が、いまだに全国的な組織をつれくれずにいること、言い換えれば、アイヌ社会全体を代表して政府と交渉すべきアイヌの代表組織がまだできていないことは、もっとも大きな問題のひとつといえよう。マオリのように、アイヌだけの政党があればとの思

写真13 「先住民族サミット in アイヌモシリ 2008」フィナーレのポロ・リムセ（大きな輪踊り）（2008年7月4日撮影）

いから、2012年には「アイヌ民族党」が結成されたが、アイヌ社会でのコンセンサスを得る努力をしないまま結成されてしまったため、かえってアイヌの政治的力を分断してしまう結果をもたらし、2012年末の衆議院選挙でもわずかな票しかとれずにいる。

しかし、アイヌがこのように民族の代表機関をつくれずにいることを、アイヌの能力の欠如とみてはならないであろう。国会や地方議員の選挙を見てもわかるように、民族の代表を選ぶための手続きはそもそも経費と時間のかかる作業である。とりわけ明治期以来、その資産や生業を徹底的に剥奪され、経済力を失ったアイヌ民族に、いきなり代表を選べ、ということ自体が誤りともいえるのである。まずそのような作業にかかるための予算確保や人的支援が行われるべきであろう。先住民族は、あまりにもマイナスを蒙っている。アイヌからすべてを奪ってきた我々は、まずそれをゼロに戻す努力をすべきなのである。

「先住民族のために、先住民族とともにある地理学」、というのは、オーストラリア、マカーリー大学のリチー・ホウイットさんによる「先住民族地理学」の定義であった。ホウイットさんには、2010年秋、北大に来られたときに講演していただいた。彼らが『世界人文地理学事典』に書いた "Indigenous Geography" の説明を読むと、ポストコロニアリズムの視点にたち、先住民族の側からの新しい地理学をめざしているのがわかる（Howitt et al., 2009）。人文地理学者ではない私は、そういう学問分野がすでに地理学のディシプリンのなかで成立していることを、そのとき初めて知って嬉しかった。IGUでは2006年に、"Indigenous peoples Knowledges and Rights"（先住民族の知識と権利）委員会というコミッションができていることも知った。ホウイットさんから、そのメンバーのメイリング・リストに入らないかと言わ

7 Imagine イマジン

図2 2010年，名古屋でのCOP10にアイヌ民族から出したパンフレット（世界先住民族ネットワークAINU 2010）

れ、送られてきたメイルを見ると、なんと2005年にアオテアロアに行ったとき、オークランド大学でお世話になったブラッド・クームさんが、事務局長のような役になっていた。ブラッドさん自身、マオリであり、マオリの自然資源管理についての論文は、シレトコ世界遺産問題でアイヌの管理権を主張するときに役立たせてもらった。

　なんだ、すべてはつながっていたのだ、と思う。日本の地理学界のなかで、まったくそういう動きがなかっただけで、個人的には似たようなことをすでにやっていたことになる。2010年には、ちょうど名古屋で開催された生物多様性条約に関する締約国会議、COP10で先住民族の声を届けようと、アイヌの仲間たちと国際的な集会を行っていた。図2は、そのときにつくったパンフレットである。

　先住民族のイシューに関しては、日本の地理学より歴史学・考古学や文化人類学のほうがはるかに近い分野であった。しかし、学べば学ぶほど、歴史学・考古学がつくり上げてきたアイヌ像には、疑問をもたざるを得なかった。歴史学は文書に書かれた史料しか信用せず、考古学は発掘されたモノしか信用しないからである。しかし、アイヌとは「民族」である前にまず血の通った「人間」

であり（アイヌ語でも
アイヌとは人間をさす
言葉である）、文書や
モノだけで規定できる
ものではない。アイヌ
を、「アイヌ語をしゃ
べる人々」と考えるな
らば、その人たちは、
はるか以前から生きて
いたにちがいない。少
なくとも、東北地方北
部に密に分布するアイ
ヌ語地名は、そこにア
イヌ語を使う人々が生
活していたことを示し
ている。図3に示すよ
うに、アイヌ語地名の
密な分布が続縄文文化
期の後北式土器の分布
と重なっていれば、地

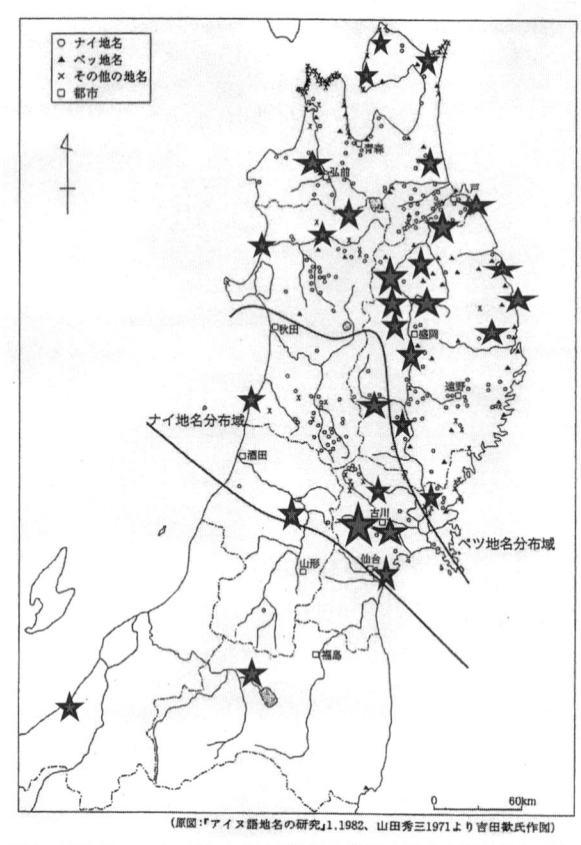

図3　東北地方におけるアイヌ語地名と続縄文期の土器の分布（★印）の重なり（小野 2012）

の使い手とアイヌ語地名の使い手が同一の人間集団であったと考えていいで
あろう。アイヌ語を使う人間をアイヌであると規定するならば、続縄文期に
東北にいた人間集団はすでにアイヌと言っていいことになる。続縄文期にい
きなりアイヌ語が成立するとは考えにくいから、すでに縄文期の北海道には、
アイヌ語を使う人間集団がいたことになる。というのは、後北式土器はもと
もと北海道に広く分布しており、それを使う人間集団が続縄文期に東北まで
南下したことが明らかだからである。

　考古学者の瀬川拓郎さんは、サケを大量に捕獲し、それを商品として交易
する特徴的な生業形態が、考古学的にはこれまでアイヌ文化期以前とされて

きた擦文文化期にすでに成立していたとし、それを「アイヌ・エコシステム」と呼んだ（瀬川 2005）。アイヌのエコシステムがすでに成立しているのだから、擦文文化とは、擦文という土器を使った時期のアイヌ文化であるといえよう。そのように考えて、私は「擦文アイヌ文化期」という時代区分を提唱した。同様に、続縄文期も、続縄文という時期のアイヌの文化であり、北海道の縄文も、縄文という時期のアイヌ文化であるといえる。瀬川さんによる縄文ランドスケープ（私からいえば縄文期アイヌのランドスケープ）とアイヌ・ランドスケープ（私からいえば擦文期アイヌのランドスケープ）の対照（瀬川 2011）は、地理学から見てもきわめて刺激的な発見である。

そのような考えにもとづいて、「日本」の歴史と地理の再構築を試みたのが、ここに再録する、琉球大学の研究所所報に書いた論文と、口絵 27 に示す年表である。沖縄での講演がもとになっているので、沖縄とアイヌの双方を論じているが、どちらも、ポストコロニアルな視点からすれば共通する点が多いことがわかっていただけるであろう。口絵 27 の年表は、アイヌの視点から見て「日本」の歴史を再構築したものである。「日本」という国家の歴史は、単に時間軸だけではなく、地理的空間軸を入れることなしには考えられない。「日本列島」というものが、ひたすら領土を拡大してきた「日本」という国家のつくりだした政治空間だからであり、「日本列島」という名称自体が、政治的な地名であるからである。

歴史学においては、アボリジニにとっての歴史を研究した保苅　実さんの『ラディカル・オーラル・ヒストリー』に大きな影響を受けた。先住民族が大事にする Story telling（物語り）が「歴史」になる瞬間を考察した画期的な著作である。わずか 32 歳でガンを宣告され、残された時間と格闘しながら書きあげられた本であるが、先住民族にとってのランドスケープを考えるうえでも深い示唆に富んでいる。ここでも保苅さんは、徹底してアボリジニの側に立つ姿勢を貫いている。それはけっきょくのところ、西欧文明の作り上げた歴史学や地理学といった学問体系、アカデミズムを相対化し、そうではない立場に身を置くという実践（practice）なのだ。保苅さん自身が英語化したこの本のタイトルは、"Doing History!" である。それにならっていえば、"Active Geography" は、"Doing Geography!" ということであろう。この本で書いてきたさまざまな

実践 (practice) それ自体が、"地理学する！" ということなのである。

サイードは『オリエンタリズム』のなかでこう言っている。
「オリエンタリズムとは、オリエントを扱うための——オリエントについて何かを述べたり、オリエントに関する見解を権威づけたり、オリエントを描写したり、教授したり、またそこに植民したり、統治したりするための——同業者組合的制度とみなすことができる。簡単にいえば、オリエンタリズムは、オリエントを支配し、再構成し威圧するための様式（スタイル）なのである。」〔サイード　E.（1993）『オリエンタリズム　上・下』今沢紀子訳、板垣雄三・杉田英明監修、平凡社ラブラリー、上巻21p.〕

「オリエンタリズム」を「地理学」あるいは「歴史・考古学」、「オリエント」を「先住民族」と置き換えてみてほしい。

最後にスピヴァク（1998）のいう「サバルタンは語ることができない」という命題を考えたい。もっとも抑圧されている存在、先住民族、マイノリティ、さらにそのなかの女性や子ども。そのような、言葉すら発しえない人々（サバルタン）の呻き、声にならない肉声に耳を傾け、聴きとろうとすること。彼女たちと無関係に生きられる自分自身をつくりあげてきた「先進国」における教育、学問、資産、それを支える国家、経済、資本主義といったすべてを疑い、自らが得てきた特権が、逆に多くのものを見失わせていることを認識すること。

それは、ただpassiveに聴きとること、認識することではない。それは自らをactiveに疑い、特権として身につけたことをactiveに捨て去り、サバルタンである人々と新たな関係性をつくりだそうとするactiveな行為なのだ。それを実践するのがActive Geographyである。それがこれからの地理学になることを、イマジンしたい。

（注6）以下のウェブサイトで全文を読むことができる。
　　http：//www.iwgia.org
　　アイヌ語地名の併記やStory tellingに関してはその第13条が重要である。
　　第13条　1：先住民族は、自らの歴史、言語、口承伝統、哲学、表記方法および文学を再活性化し、使用し、発展させ、そして未来の世代に伝達する権利を

有し、ならびに独自の共同体名、地名、そして人名を選定しかつ保持する権利を有する。(訳文は、上村 2008 による)

このテーマで書いた論考・資料集および引用文献
植木哲也（2008）『学問の暴力』春風社
上村英明（2008）『アイヌ民族の視点からみた「先住民族の権利に関する国際連合宣言」の解説と利用法』市民外交センターブックレット 3　市民外交センター
保苅　実（2004）『ラディカル・オーラル・ヒストリー：オーストラリア先住民アボリジニの歴史実践』お茶の水書房
Howitt, R. Muller, S. and Suchet-Pearson, S. (2009) Indigenous Geographies, In Kitchin, R. and Thrift, N. (eds.) "*International Encyclopedia of Human Geography*" Vol.5, pp.358-364. Elsevier.
本橋哲也（2005）『ポストコロニアリズム』岩波新書
小野有五（2006）教育のために世界先住民族会議＠アオテアロアに参加して　先住民族の10年 News　121　12-13.
Ono, Y., Umezawa, M., Ishii, P., Yuuki, K., Nishihara, S., Fujisaki, T.(2007) *Recovering Ainu governance in the Shiretoko World Natural Heritage area in Japan through education and training for the Development of Indigenous Ecotourism,* WIPCE Proceedings.
小野有五編（2007）「道州制とアイヌ」（北大法学研究科ガバナンス・プロジェクト）53p.
小野有五編（2008a）『先住民族サミット in アイヌモシリ　2008』144p.
ONO, Y. (ed.)(2008) *"Indigenous Peoples Summit in Ainumosir 2008"* 143p.
小野有五（2008b）先住民族から見た自然と環境――"先住民族サミットアイヌモシリ 2008 報告　BioCity, No.40, 116-121.
小野有五（2010a）先住民族の視点から見た沖縄とアイヌモシリ　琉球大沖縄国際研究所 2009 年度所報　77-96.
小野有五（2010b）アイヌ・エコツーリズムによる権利回復　マウコピリカ通信　No.1/2　23-24.
小野有五（2010.4.20）アメリカ・インディアン博物館の「遺物返還」　北海道新聞夕刊　文化欄
小野有五（2010c）アイヌ民族の現在　『コヨーテ』42 号　144-146.
小野有五（2011）「先住民族サミット　in あいち 2010」報告　マウコピリカ通信　No.3/4
小野有五（2012a）アイヌ民族党について思う　マウコピリカ通信　No.5/6
小野有五（2012b）　提言 II、および、あとがき、アイヌ民族副読本問題を考える会編『アイヌ民族副読本の書きかえ問題を考える市民の集い　集会記録・資料集』9-11.　80.
小野有五（2012c）東北のアイヌ語地名と考古学　アイヌ語地名研究　15　1-18.
小野有五（2013）大地は誰のものか？　自然と環境をめぐる日本のポリティクス　浅野敏久・中島弘二編『自然環境の社会地理』海青社
サイード　E.（1993）『オリエンタリズム　上・下』今沢紀子訳　板垣雄三・杉田英明監修　平凡社ラブラリー
スピヴァク　G.C.（1998）『サバルタンは語ることができるか』（上村忠男訳）みすず書房
世界先住民族ネットワーク・アイヌ（2010）「アイヌ民族から COP10　AICHI-NAGOYA；Message from the Ainu to theCOP10 AICHI-NAGOYA」(A4 版 8p.)
瀬川拓郎（2005）『アイヌ・エコシステムの考古学』北海道出版企画センター
瀬川拓郎（2011）『アイヌの世界』講談社選書メチェ
Tuhiwai Smith, L.（1998）"Decolonizing Methodologies" Zed Books Ltd.

琉球大学国際沖縄研究所　2009年度所報　pp.77-96.（2010）

先住民族の視点から見た沖縄とアイヌモシㇼ

1. 琉球列島と北海道

　薩摩藩や明国による直接的・間接的支配を受けながらも、沖縄を含む琉球列島は、1879年の琉球処分まで、14世紀以来、「琉球王国」として存続していた[注1]。また、1869年の開拓使設置まで、道南の松前藩を除くと、北海道は、「蝦夷地」、すなわち「アイヌ地」であり、幕藩体制下の「日本」の領土ではなかった。国家体制をもたない先住民族であるアイヌの土地であった「蝦夷地」と、「日本」とは異なる「王国」であった琉球列島とは、同一には論じられない面もあるが、琉球列島と北海道（アイヌモシㇼ）[注2]とは、ともに明治政府の強力な中央集権政策によって、あいついで初めて「日本」の領土とされたという共通性をもっといえるであろう。

　もちろん、沖縄において、「ヤマトンチュ」（「日本」本土人）に対する「シマンチュ」というアイデンティティは一般的にあっても、それが、和人（あるいはヤマト民族）に対するアイヌ民族という民族意識と同等であるかといえば、必ずしもそうではない。自らを「先住民族」と考える「シマンチュ」は、現時点では、きわめて少数派であり、むしろ、そのような見方をしない人々のほうが多いのではないかと思われる。しかし、一方では、昨年のG8サミットに合わせて私たちがアイヌ民族とともに北海道で開催した「先住民族サミット」アイヌモシㇼ2008には、明確に先住民族としての意識をもって参加した琉球列島人（シマンチュ）がいたことも事実である（「先住民族サミット」アイヌモシㇼ2008実行委員会2009）。これは、2008年に国連の自由権規約委員会が、日本政府に対し、琉球民族を先住民族と認めて、その伝統文化と独自の言語による教育、および土地の権利を認めるよう勧告を行ったことと密接に関連している。これを受けて、今年、2009年には、8月にジュネーヴで開催された国連の「第二会期先住民族専門家機構」に「琉球弧の先住民族会」の渡名喜守太氏が参加して意見を述べた（渡名喜2009）。

　本論では、このような最近の動きを踏まえながら、とくに沖縄・琉球列島と北海道の歴史を、シマンチュ（島人）としてそこに先住してきた人間集団や、アイヌのような先住民族の視点から再構築してみたい。それによって、これまで伝統的に用いられてきた本土を中心とする歴史観・文化観の問題点を明らかにすることが本論

の目的である。また、そのような地域からの視点を、人々に広く伝える手段としての先住民族エコツーリズムの意義についてもあわせて論じたい。

本稿は、2009年9月25日、沖縄県立博物館で行った「自然のメッセージを聴く―アイヌモシㇼと沖縄を結んで」という講演の内容をもとに、講演時には提示できなかった資料を補ってまとめたものである。

2. 沖縄および北海道の歴史区分

すでに沖縄では、琉球列島での歴史区分が本土とはまったく異なることから、独自の歴史区分が行われてきた。図1は、高校生向けの歴史教科書、『高等学校 琉球・沖縄史』（新城 2001）にのせられた年表であり、沖縄と北海道での時代区分が、それ以外の「日本」の時代区分とは大きく異なることが強調されている。そもそもこの年表は、『名護市史』編纂のために設けられた名護市史編纂委員会（1998）によってつくられたものであった。

沖縄については、港川人に代表される旧石器時代、本土における縄文時代にほぼ相当する貝塚時代前期、弥生・古墳・飛鳥・奈良・平安初期に並行する貝塚時代後期、平安中期以降の古琉球（原グスク時代、グスク時代・第一尚氏時代・第二尚氏時代前期）および近世琉球（第二尚氏時代後期）といった区分がなされ、さらに沖縄と八重山での違いも考慮されている。また、1879年の琉球処分以降、および1945年から1972年の琉球政府時代を経た「本土復帰」以降は、再び本土の近・現代と同じ区分にされている点に、本土による沖縄・先島の支配という視点が明確に現れているといえよう。このような年表を掲げた本書は、一貫して琉球・沖縄の視点からみた歴史記述を行っている点で、まさに画期的な教科書ともいえる。

しかし、同じ年表にのせられている北海道の時代区分は、これまで一般的に用いられてきた考古学的な時代区分にすぎず、アイヌ民族の視点からの時代区分とは言い難いものである。その最大の要因は、「アイヌ時代」という時代区分にあると言っていいであろう。擦文時代と、近代・現代のあいだに「アイヌ時代」（あるいは「アイヌ文化期」ともよばれることも多い）を置く伝統的な時代区分では、「アイヌ」は過去の限られた時代だけの存在とされ、また歴史的に見ると、「アイヌ」は、せいぜい12世紀からしか存在せず、また、近代の到来とともに消滅したという史観に容易にむすびつく危険性をもっている[注3]。

もちろんこれは、考古学者が従来、土器のちがいや文化のちがいによって歴史を区分してきたためにすぎない。「アイヌ時代」（アイヌ文化期）とは、それまで使わ

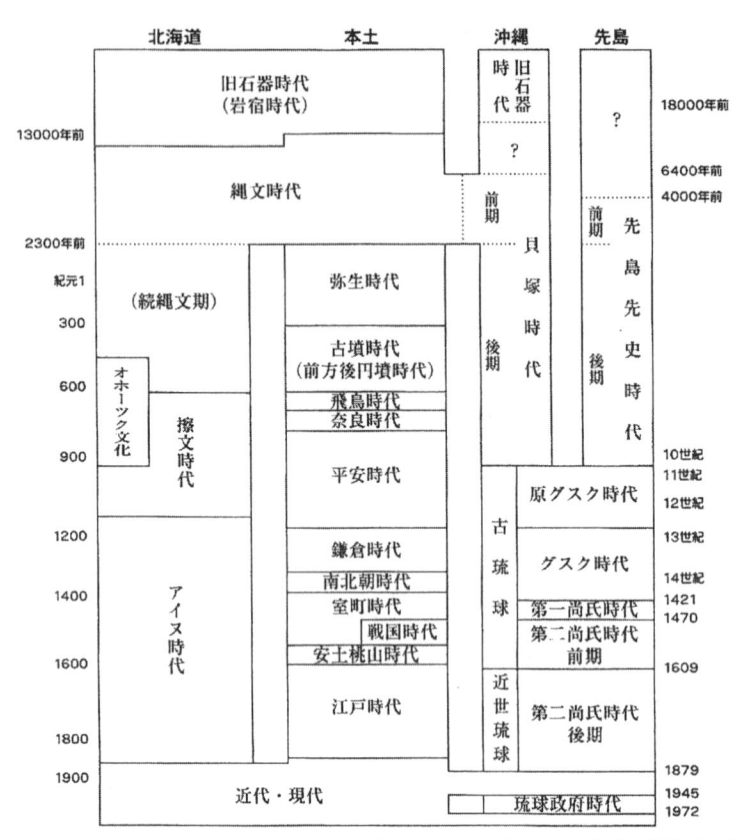

図1 北海道・本土・沖縄の歴史展開の概念図　名護市史資料編4　考古資料集（平成10年3月　名護市史編纂委員会編集・名護市発行：新城、2001による）

れてきた擦文土器が使われなくなり、考古学者が「アイヌ文化」と定義する文化的な遺物が出土する時代に対して命名されたもので、それ以上の意味はない、というのが考古学における考え方であろう。

　しかし、人間の歴史は土器だけで区分されていいものではあるまい。また、「アイヌ文化」というものを、考古学者や歴史学者がまず定義し、その定義にあてはまるものだけを「アイヌ文化」とするのは、アイヌの立場からすれば、あまりに一方的であろう。

　問題なのは、「アイヌ」という、民族や人間集団をも意味する言葉が、文化とともに使われることで二重の意味を帯びてしまうことである。この問題点を解決するに

は、「アイヌ時代（アイヌ文化期）」という用語をやめ、たとえば「グスク時代」のような別の名称に変えることが考えられよう。すでにこの問題の重要性を認めた考古学者の瀬川拓郎は、「アイヌ文化期」を、その時期の遺跡が出てくる二風谷にちなんで「ニブタニ文化期」と変更することを提唱している（瀬川2007）。考古学的には、まずそのような名称変更が望ましいであろう。しかし、圧倒的なマジョリティとしての和人（ヤマト民族）中心の歴史に支配されてきたアイヌ民族の視点にたてば、そもそも「擦文文化」や「ニブタニ文化」という言葉だけで、「アイヌ」の歴史が語られることが問題なのである。すなわちマジョリティであるヤマト民族が、「平安文化」や「室町文化」、「江戸文化」というとき、それらが「日本」（あるいは「日本人」あるいはヤマト民族）の文化であることはすでに自明のことであるが、「擦文文化」や「ニブタニ文化」が、すべて「アイヌ」の文化であるということは、日本においては、まだ自明のことではないからである。これらがすべて、「アイヌ」という人間集団のつくった、それぞれの時期の文化なのだ、という共通の理解があれば、こうした名称でもかまわないであろう。しかし、マジョリティの歴史観においては、ともすれば、これまで「アイヌ文化期」と名付けられた時代の文化だけが「アイヌ」の文化であり、「アイヌ」はその時期になって初めて誕生し、その時期の終わりに（「本来のアイヌ」は）消滅したとみなされがちであったことに留意すべきであろう。

　人間集団としてのアイヌは「アイヌ文化期」になってはじめて生まれたのであろうか。考古学的には、「アイヌ文化期」の前は「擦文文化期」である。「擦文文化期」に北海道に住んでいた人々は、まだアイヌではなかったのであろうか。これまで、アイヌは「擦文文化期」にはいまだ存在せず、「擦文文化」をつくった人々は、「アイヌの祖先」とか、「前アイヌ」とか「原アイヌ」と呼ばれてきた。では「アイヌ文化期」の最初に生まれたアイヌの子供は、「擦文文化期」の「アイヌの祖先ではあっても、まだアイヌではない人々」から生まれたのであろうか。時代とともにその文化には違いがあるのは当然であろう。「擦文文化期」とは、アイヌという人間集団が、「擦文文化」とよばれる文化をつくった時期だ、ということを明確にする意味で、まずそれを「擦文アイヌ文化期」と、言いかえるほうがいいのではないだろうか。

　これまでの考古学は、「擦文文化期」と「アイヌ文化期」における道具の違いや家の構造の違いや、さらにイオマンテなどの祭祖儀礼の有無など、文化的な相違をさまざまに数え上げて、両者を区分してきた。もちろん両者の間に文化的な違いがあるのは明らかであるが、しかし、文化的な連続性もまた明らかなのである。とりわけ、サケの大量捕獲を基盤とする生業・交易活動を「アイヌ・エコシステム」と名づけた瀬川拓郎（2005）は、そのような「アイヌ・エコシステム」が成立したのは、いわゆる「アイヌ文化期」ではなく、それに先立つ擦文文化期であることを明らかに

した。「擦文文化期」に、「アイヌ文化期」以後のアイヌ民族に特有の生業・交易シ
ステムがすでに成立していたのであれば、そのようなシステムをつくった人間集団
もまた、アイヌと考えていいはずである。

3. アイヌという人間集団

　もちろん、だからといって、アイヌという人間集団が、過去から現在まで、まっ
たく同じであったというわけではない。常に島から島への移動・拡散が可能であり、
アジア大陸からの人間の移動も、常に可能であったこの東アジアの弧状列島におい
ては、旧石器時代以降、一貫して変わらない「純粋な」人間集団が存続することな
どありえなかったからである。そうしたことをまず認めたうえで、アイヌ民族の視
点から、アイヌという人間集団の歴史を考えてみたい。現在までの考古学的な研究
の成果からまずいえることは、少なくとも縄文時代以降、現在まで、北海道には連
綿として人が住み続けてきた、という事実である。そこには大きな断絶もなく、ま
た本州や九州で生じたような「渡来人」の大量移住があったという証拠も見つかっ
ていない。明確なのは、オホーツク人とよばれる明らかに異なる人間集団が、ほぼ5
世紀ごろから12世紀にかけてオホーツク海や日本海沿岸に住んでいたこと、および、
本土からは常に「和人」あるいは、東北で「エミシ」と呼ばれた人々がとくに道南
部を中心に入り込んできた、という事実である。しかし、オホーツク人が北海道全
域に拡がったことは一度もない。海岸部を除けば、北海道の大部分には、「擦文（ア
イヌ）文化」の担い手で、あった人間集団が住んでいたことが、考古学的に証明さ
れている。

　しかし、この擦文文化期の人間集団もまた、一様ではなかった。道南部では、本
土から次々に渡ってくる「和人」、「エミシ」との混血が、道央部や道東部に比べれ
ばより多く行われたにちがいないからである。

　1356年に成立したとされる『諏訪大明神絵詞』によれば、当時、蝦夷ヵ千島と呼
ばれていた北海道には、渡党、日の本蝦夷、唐子蝦夷という3種類の人間集団がい
たと記述されている。このうち、渡党は、日本語も通じたので東北からの移住者と
みられているが、後の二者が、通訳をもっても言葉が通ぜず、また近世アイヌと共
通する風習をもっていたと書かれていることから、これらが、当時にあっても、和
人との混交をほとんど受けていないアイヌ集団をさすと考えてよいであろう。14世
紀に広く北海道に存在していたことが史料的に明らかなこのアイヌ集団と、9〜12
世紀の擦文期に北海道の内陸部に広く居住していた人間集団とは連続する、と考え
るのがもっとも合理的である[注4]。

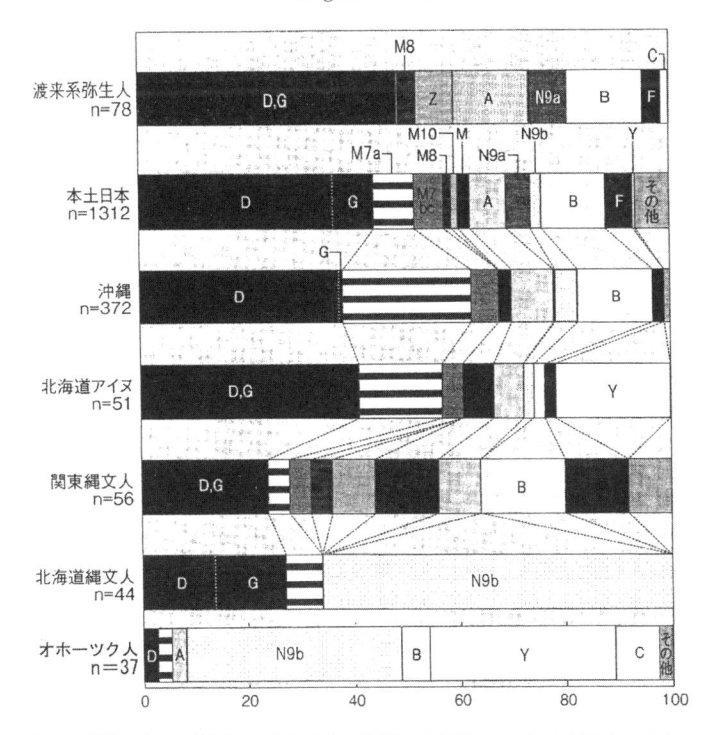

図2 現代日本人3集団（本土日本人、沖縄、北海道アイヌ）と縄文人、オホーツク人、渡来系弥生人のミトコンドリア DNA ハプログループ頻度の比較
（篠田 2007）を一部改変して編集。オホーツク人については、Sato et al.（2008）にもとづく。

　しかし、そうではあっても、約500年間にわたって北海道の大地で共存したオホーツク人と擦文期のアイヌ集団の間でも、戦いや交易を通じて、混血が進んだことは疑い得ない。現在のアイヌ民族が、この二つの異なる人間集団の接触によって形づくられてきたことは、古人骨に対する近年のミトコンドリア DNA 分析によって、一層、確かなものになってきた。

　図2に示すように、現在のアイヌ民族のミトコンドリア DNA は、縄文人を代表するハプログループ Ma7 および、オホーツク人および北方系の集団に特徴的なハプログループ N9b、およびオホーツク人に高い割合で含まれるハプログループ Y が高い割合が含まれていることによって特徴づけられる[注5]（篠田 2007）。もちろん、そこにはまた、「和人」と共通するハプログループ D4 や B も見られ、和人との混血もあったことが示されているが、だからといって、「アイヌ」も「和人」も「同じ民族」で

あるとか、「同祖である」、といった言説（たとえば、小林 2008）がいかに事実をゆがめているかは、明らかであろう。

　ここでとくに注目しなければならないのは、図2に示したように、DNA 分析によって、関東の縄文人と北海道の縄文人には大きな違いがあることが明らかになったことである。

　篠田（2007）が「北海道縄文人」とした古人骨は、道南の噴火湾周辺の遺跡や、北海道最北端の礼文島にある船泊遺跡など、9遺跡からからの44資料を平均したものであったが、その後、船泊遺跡の縄文後期の前―中期の層から出土した多数の古人骨のミトコンドリア DNA 分析を行った Adachi et al.（2009）も、それらがハプログループ N9b の高い割合（64.3%）と、縄文要素 M7a の比較的高い割合（7.1%）で特徴づけられること、また北米先住民族と共通するハプログループ D1 を 28.6% という高い割合でもつことを明らかにした。

　すなわち、これまで考古学的に「縄文人」と一括されてきた人間集団は、ミトコンドリア DNA から見れば、大きく異なる2つの集団に分けられることになる。北海道の「縄文人」は、北米先住民族とも共通するハプログループ D1 や、オホーツク人と共通するハプログループ N9b をもつことから、明らかに北方から移住した人間集団と考えられるのに対し、関東縄文人のハプロタイプは多様であり、篠田（2007）によると、ハプログループ M10 のように中央アジアと類似した要素や、ハプログループ B, F のように東南アジアを中心に分布する要素が入り混じっており、より複雑な起源を想定しなければならないという。しかし、沖縄にもっとも多いハプログループ M7a の存在や、東南アジアに中心をもつ、ハプログループ B, F の存在からすれば、明らかに南方から移住した人間集団の影響が大きいと考えるべきであろう。

　崎谷（2008a, b）は、北海道の「縄文人」にはミトコンドリア DNA の組成が100%、北方系のハプログループ N9b からなる事例もあることから、もはやこれらを、南方から移住した集団である「縄文人」と呼ぶことはできないとして、むしろ「新石器時代人」と呼ぶことを提唱している。もっともな意見であるが、北海道の「新石器人」を、すべて北方からの人間集団として一括できるかどうかは、なお検討の余地があるであろう。

　崎谷（2008b）によれば、北方系のハプログループが 100% を占めるような人骨の分析例は、北海道全体でミトコンドリア DNA が分析されたのは44遺のなかのわずか5遺跡にすぎず、また分析例も各遺跡でわずか1例にしかすぎない。これに対して、22の分析例がある道南の有珠モシリ遺跡では、南方からの縄文系集団を示すハプログループ M7a は 4.8%、道北の船泊遺跡でも、11の分析例の平均は 9.1% にも及んでいるからである[注6]。

すなわち、北海道の「縄文人」は、北方から移住した「新石器人」集団を基盤に、南方から移住した縄文系集団が加わって誕生した人間集団といえるのではないだろうか。そのような人間集団は、この弧状列島においては、北海道を中心にして生まれた。この人間集団は、その後、オホーツク人や和人・エミシなどとの接触によってかたちを変えながらも、連綿として現在まで、北海道を中心して生き続けてきたのであり、この人間集団を「アイヌ」と呼ぶことを小野（2006）は提唱した。

　したがって、共通の縄文系のルーツの上に、一方では弥生人、他方ではオホーツク人の影響が重なったとする、埴原和郎の二重構造説（Hanihara1991）の図式（図3）は、もはやそのままでは受け入れ難いことになる。

　もちろん、5〜10世紀におけるオホーツク人との混血によって、この人間集団にはハプログループYが高い割合でとりこまれ、現在のアイヌ民族に受け継がれていく[注7]。DNAにおいても、また文化においても、オホーツク人との500年間以上にわたる接触が、アイヌ集団に大きな影響を与えたことは事実である。したがって、オホーツク文化が衰弱し、擦文文化に融合され、道東でトビニタイ文化とよばれるようなかたちで吸収されて消滅する12〜13世紀をもって、アイヌ民族や「アイヌ文化」が形成されたとするこれまでの考え方にも根拠がないわけではない。

　しかし、ハプログループYがまだ、取り込まれなかった時期でも、北海道を中心とした地域にいた人間集団は、やはりアイヌであり、したがってその文化も「アイヌの文化」であったと考えるべきであろう。というのは、前述したように、海岸部ではオホーツク人と接触しつつも、むしろ北海道の内陸に中心をもっていた擦文人が、すでにその後の「アイヌ文化」に近い「アイヌ・エコシステム」をすでに確立していたからである。さらに、擦文（アイヌ）文化期に先立つ続縄文（アイヌ）文化期には、北海道に住む続縄文文化の担い手がつくった後北式・北大式とよばれる土器文化が東北北部にまで南下したが、それらの土器の使われた地域は、アイヌ語地名が高い密度で分布する地域（山田1971）とみごとに重なり合うからである[注8]。

　それはまた、大和朝廷によって柵とよばれる砦が造られた、多賀城から出羽を結ぶ線の北側にあたっており、いまだ大和朝廷に属さない民「まつろわぬ民＝エミシ（蝦夷）」の居住するところとされた地域とも重なり合っている。す

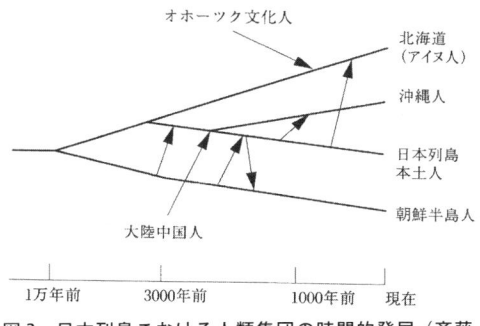

図3　日本列島こおける人類集団の時間的発展（斉藤2005による）

なわち、北海道から、後北式土器をたずさえて東北北部に南下した人間集団は、アイヌ語地名を使用する人々、すなわちアイヌ語の使い手であり、アイヌそのものであると考えるのがもっとも合理的であろう。

アイヌ語地名のもとになるアイヌ語は、当然、それに先だってできていたはずであり、そう考えるならば、やはり、アイヌ語を使う人間集団は、すでに縄文期の北海道に存在していたと考えるほうが合理的であろう。もちろん、ここでアイヌ語というのが、さまざまに記録されている近世以降のアイヌ語とまったく同じであったという証拠はないが、東北北部のアイヌ語地名が現在のアイヌ語で解釈できるていどに、それらは似通っていた、ということは言える。山田（1972）の表現を使えば、こうした古いアイヌ語を用いた「アイヌ語種族」が、少なくとも続縄文文化期にはいたのであり、その誕生は、以上に述べたことから縄文文化期にさかのぼると考えるべきであろう。それを「アイヌ」と呼ぶかどうかは、定義の問題にすぎない。それを最終的に定義するのは、言うまでもなくアイヌ民族自身である[注9]。

4.「ウチナンチュ」という人間集団

これらと比較するならば、「ウチナンチュ」は、東南アジア起源を示すと考えられるミトコンドリアDNAハプログループMa7の割合が図2に示すほかのどの集団よりもはるかに高く、南方系の縄文人の影響を強く示すグループと考えられよう。また、ミトコンドリアDNAだけでなく、Y染色体DNAや、HLA遺伝子群の特徴も、かつて琉球列島を北上した人間集団の存在を想定させる（吉成2009）。

しかし、近年の考古学的研究の成果は、とくに貝塚時代以降の土器文化が南方からそのまま北上してきたものではなく、九州から南下する人間の移動によってもたらされたことを明らかにしてきた（たとえば、高宮2005）。「ウチナンチュ」のDNAで、和人と同様にハプログループD、Gの要素が高いのは、この人間移動の影響を示すものであろう。

こうした矛盾を解くために、考古学、人類学、神話学、言語学など、広い範囲の研究を比較対照して検討した吉成（2009）は、九州から南下した人間集団が最終的に沖縄に定着する大きな人間集団を形成し、それがまたグスク時代の開始に決定的な影響を与えたことは認めつつも、それ以前に、東南アジアなどから北上してきた人間集団が沖縄を含む琉球列島に存在した可能性についても否定できないとしている。現時点でもっとも可能性が高いのは、南方から北上してきた人間集団が沖縄など琉球列島には定着せず、まず九州に定着し、その後、南下してきたという考え方であろう。南九州に丸ノミ型石斧文化をもたらした海人集団（小田2000）、鬼界カルデ

ラの大噴火による火砕流で衰退したとされる「もうひとつの縄文文化」（新東 2006）の担い手が、最初に北上してきた人間集団であった可能性もあろう（崎谷 2008a, b）。

たとえ九州から南下した人間集団が「ウチナンチュ」の形成に大きな役割を果たしたとしても、弥生人が縄文人を圧倒して形成された本土の「ヤマトンチュ」と、現在に至るまで縄文人を特徴づける DNA を高い割合で維持する「ウチナンチュ」とは、明確に異なる人間集団といえよう。沖縄では、結局のところ、弥生文化の直接の影響はきわめて小さかった（高梨 2009）からである。

縄文人の基層ともいえるハプログループ Ma7 が沖縄の人間集団でずぬけて高く、次いでアイヌ集団でも高いこと（図 4）は、従来、指摘されてきた両者の密接な関係、たとえば、図 5 に示すような、耳垢の乾湿による沖縄とアイヌ集団の類似性が、DNA レベルでも実証されたことを意味する。斎藤（2005）は、25 の遺伝子の頻度データを整理して図 6 のような遺伝的近縁関係を図示し、これが、図 3 に示したような、現在の「日本人」は縄文人と弥生人の混血からなり、弥生人の影響の少なかった北海道と沖縄に縄文系の人々が残ったとする二重構造説を裏付けるものであるとしたが、前述したように、この図式は、部分的な改訂が必要である。

しかし、「ウチナンチュ」と「アイヌ」の類似は、たんに DNA や耳垢など、人類学的な特徴にとどまるものではない。とくに注目されるのは、荷物を運ぶ際、前頭部に掛けた帯で荷を支える「前頭帯背負い運搬」のような「身体技法」の類似である（川田 2008）。下野（2007）は、両者の拝み手のしぐさの類似性に着目しており、このような伝統的な作法や行動様式の類似は、今後、文化人類学の視点からさらに検討されるべき重要な課題であろう。川田（2008）はさらに、アイヌのイタオマチプ

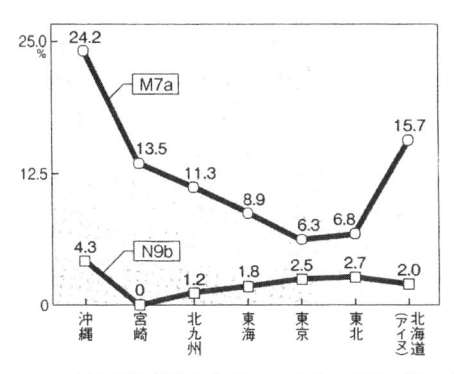

図 4　地域別に比較した M7a と N9b の頻度（篠田 2007 による）

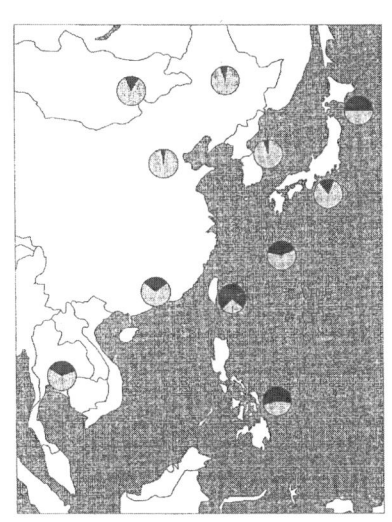

図 5　湿式耳垢の地理的な分布（篠田 2007 による）（（足立 1986）山口 1999 より引用）

（縄綴じ船）と東南アジア島嶼部や西オセアニアの縄綴じ船との類似にも言及しており、南方からの文化が、琉球列島を経て北海道まで及んだことを強調している。

一方、吉成（2009）は、HLA ハプロタイプや、言語における琉球と朝鮮半島での類似にも着目している。アイヌ語のなかにも、（古代）朝鮮語で解釈できる言葉があることから、アイヌのなかにも、朝鮮からの影響は無視できない。これら、弥生文化とは異なる朝鮮半島からの影響についても、今後の研究が必要であろう。

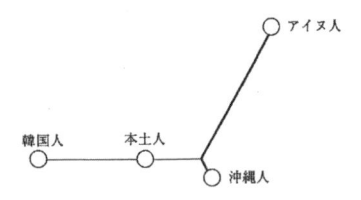

図6　アイヌ人、沖縄入、本土人、韓国人の遺伝的近縁関係（斉藤 2005 による）

5. 歴史の再構築への試み

以上、述べたように、それぞれに人間集団の歴史や文化については、まだ未解明な部分が多く残されているが、現時点で「日本」の歴史および時代区分の再構築を試みたのが口絵 27 である。当然のことながら、「日本」に関わる空間は地理的に南北に大きな広がりをもつ。図では、横軸に、左から沖縄、九州、本州、東北、北海道、サハリン・アムール川地域をとり、縦軸を年代とした。「日本」の歴史は、このような空間的・時間的分布としてしか表現できない、というのが私の主張である。

口絵 27 では、やや単純化して、3 つの人間集団が、「日本」の歴史の形成に関わった、とした。緑色は、旧石器時代以来、サハリンなどを経由してアジア大陸の北方から移動してきた人間集団である。黄色は縄文文化や沖縄の貝塚文化をになった人間集団である。サーモンピンクは、アジア大陸から弥生文化をもたらした「渡来人」が、縄文系の集団と合わさってつくった弥生系人間集団であり、この集団がもとになってつくった国家が「日本」である。「日本」という国家をつくる人間集団は濃いピンク色で示し、その国家の支配の及ぶ範囲を太い赤線で示した。

また、2 つの集団の重なりは、基層をなす集団の色のうえに、重なり合う集団の色をつけた縦線や横線で示した。たとえば、弥生系集団が縄文集団に重なり合う部分では、縄文系の基層（黄色）のうえに、弥生系集団の色をつけた縦の線を重ねて示している。北海道についてはすでに述べた部分もあり、また小野（2006）でも概説したので、ここでは省略するが、時代区分についていえば、崎谷（2008a, b）の強調するように、北海道の「縄文人」は、本州と異なり北方系の人間集団を基盤とすること、また、それが南方系の縄文集団との混交によって生じたのがアイヌ集団であるとの見解から、ここでは「新石器・縄文アイヌ文化期」、「新石器・続縄文アイ

ヌ文化期」という名称をあらたに提案した。

　北海道には、口絵27に示すように、旧石器時代の人間集団に加えて、石刃族文化の担い手の侵入という2回の大きな北方系の人間集団の侵入・定着があったのであり、これらが、北上してきた南方系の縄文人と混じり合うことで、アイヌという人間集団が形成されたと考える。したがって、北海道および少なくとも東北北部の「縄文文化」は、「新石器・縄文アイヌ文化」という、この時代のアイヌの文化であると言いかえるべきであろう。口絵27では、それを、縄文の地色（黄色）の上に、北方系の集団の影響（緑の横線）が重なるような表現で示した。もちろんこれについても今後の検討が必要である。時代区分としては、これまで「アイヌ文化期」と呼ばれてきた13世紀以降、16世紀までについては、サハリンへの進出、元との長期にわたる戦い（海保2006）など、アイヌ史のなかの大きな発展期（榎森2007）であり、これを「中世アイヌ期」と呼びたい。しかしその後に続く近世アイヌ期は、「松前・幕府支配期」であり、アイヌにとっての近代は「日本植民地化期」であった。ようやく現代にいたって、「アイヌ民族復興期」に入ったといえるであろう。

　以下、沖縄と、「日本」、北海道に関わる部分についてだけ述べる。図1では沖縄、本土、北海道の異なる時代区分が、近現代を除くと、たんに並べられ対比されているにすぎなかった。これに対して口絵27では、これら3つの歴史が、「日本」という国家との関係において、一つに結びつけられていること、逆に言えば、常に「日本」という国家の外にあった沖縄とアイヌモシリが、部分的にせよ「日本」に組み入れられたのは、江戸時代以降のことにすぎないことを示そうとした。「日本」によるこれら2つの地域の支配は、赤い横線によって示している。すなわち、沖縄は1609年の薩摩侵攻（注10）以来の薩摩支配期を経て、1879年の琉球処分により完全に「日本」のなかに組み込まれた。一方、アイヌモシリは1604年の松前藩による道南部の支配と、それに続く幕府の直轄領化、さらには、1869年の明治政府のよる北海道開拓使の設置によって、完全に「日本」の支配下におかれたことになる。薩摩支配期の始まりと松前藩・幕府支配期の始まりはわずか5年、琉球処分と開拓使の設置による植民地化期の始まりもわずか10年しか違わないことに注目したい。アイヌモシリと沖縄は、「日本」から見れば、北と南でまさに同時期に植民地化されたのである。

　沖縄では、前述したように、基本的には南方から北上してきた人間集団が、縄文文化の基層を形成し、九州から移住してきた人間集団の影響が重なってグスク時代に移行したと考え、グスク時代から琉球王国期にかけては、九州からの人間の移住を赤い縦線で示した。また、九州からの人間集団や文化の南下は、貝塚時代を通じて何度もあったこと、ただし弥生文化の影響は限定的であったことなどを、矢印の密度で表現した。この部分についても、今後さらに検討が必要である。

1945年から1972年までのアメリカ合衆国による占領期は、「日本」以外の国家による支配期であり、赤の斜線で示した。

東北から北海道南部は、弥生文化、古墳文化の北上によって、基層である縄文アイヌ文化・続縄文アイヌ文化、擦文アイヌ文化の上に西日本からの文化が重なり合った領域である。政治的には、大和朝廷による異民族支配が、柵の北上によって、次第に東北北部へと波及する過程が「日本」の歴史であった。

「日本」の国号は、網野（2000）によれば、689年に施行された飛鳥浄御原令で、天皇の称号とともに正式に定められた。これ以後が「日本」の歴史である[注11]。口絵27では、前述したようにそれを濃いピンク色で示し、その支配の及んだ領域の境界を太い赤線で示した。図から明らかなように、「日本」という国家は、ひたすら北に向かってその領土を拡張する意図をもち、それを約1,200年かけて達成したことがわかる。「征夷大将軍」という官職が、実に江戸幕府が倒れるまで、たとえ名目上だけのこととはいえ、「日本」という国家にとって重要な地位を保ち続けたという事実がそれを裏付けているともいえよう。

「北加伊道」とは、1869年、明治政府から、それまでの「蝦夷地」（＝アイヌ地）に変わる適当な地理的名称を具申することを命じられた松浦武四郎が、選定した6つの地名の1つである。この「加伊」とは、松浦武四郎が、天塩アイヌから聞き取ったアイヌの民族としての自称に基づいており、すなわち幕吏でありながら、心情的にはアイヌ側に立っていた武四郎は、「北のアイヌの国」という意味をこめてこの名称を具申したともいえる。しかし、明治政府は、ただちに武四郎の意図を見抜き、「加伊」を「海」に変え、アイヌという意味を消し去って、「東海道」や「南海道」に相当する「北海道」を地域名として採用したのである。ここでも、漢字化によるアイヌの隠ぺい、という明治政府が意図した植民地政策が露わである。現在、本来の「ホッ・カイ・ドウ」の音と文字に武四郎がこめた真意を、「北海道」の文字から想起できる者はほとんど皆無であろう。植民地政策は、これまでのところは見事に成功したといえる。

6. 脱植民地化に向けて

「北海道」だけではない。あらゆるアイヌ語地名が、すでに幕末から、漢字化されることで、アイヌ語本来の意味や音を消されてきた（小野2008）。写真1に示すように、現在の地名表示では、漢字化された地名だけが正当な地名として大きく書かれ、アイヌ語地名は下に小さく「語源」として、過去の地名として表記されているにすぎない。

アイヌ文化振興法が制定された1997年以降、これをアイヌ文化に対する制度的な差別であるとして、アイヌ語地名の平等な併記を求める運動が始められ（小野1999）、これを受けて、アイヌ語地名を平等に併記した地名表示板が旭川市では2003年からつくられてきた（写真2）。注9でふれた「先住民族の権利に関する国連宣言」の第13条にも、先住民族が伝統的な地名を選択し、維持する権利をもつことが明記されている。

写真1　従来の地名表示板

　このことに照らして考えるとき、沖縄でまず問題視されるのは、「グスク」という地名であろう。すでに「グスク」には「城」という漢字があてられているが、豊見城（グスク）を「トミシロ」としたり、南城（ナンジョウ）市のように、これを「グスク」と読まず「ジョウ」と読ませる地名が増えているからである。問題は、グスクを史跡に指定している文化庁が、これを「グスク」とせず、「今帰仁城跡（なきじんじょうあと）」のように読ませていることである。たまたま私は文化庁の委員会に出席していたため、「UNESCOの認定する世界遺産においては、名称、は"グスク群"となっており、国際的にも、"グスク"という言葉が正当に認められているのであって、文化を尊重する立場からすれば、史跡の名称でグスクをジョウと読むのはおかしい」という主旨の異議申し立てを行ったが、回答は、従来からこうなっているので改める必要を認めない、という理解しがたいものであった(注12)。地域の文化を守るべき文化庁自体が、沖縄の文化を破壊しているのである。ここにも、なお植民地政策が惰性的に続いているのを見ることができよう。

　沖縄には米軍基地が、北海道には自衛隊基地が集中していることも、戦略的な重要性だけが強調されるが、根本的には、この2つの島が現在もなお「日本」の植民地だからに他ならないであろう。同様のことはグアムにも、ハワイにもあてはまる。2008年の先住民族サミットでは、グアムからは先住民族、チャモロの女性ファイナイ・カストロ氏、ハワイからは先住民族の女性プアナニ・バージェス氏ほかが参加して、米軍基地の問題を強く批判した（「先住民族サミット」アイヌモシリ2008実行委員会2009）。普天間基地の移転が問題になっているが、「日本」国内に移転できないからグアムに、という考え方自体が間違っているのである。移転ではなく、基地そのものの縮小、廃絶を、世界の先住民族とともに訴えるべきであろう。

　脱植民地化は、当然のことながら、基地産業や、植民政府からの補助金漬けになった経済からの脱却を必要とする（松島2006）。その意味では、経済的・文化的な自

写真2 アイヌ語地名の平等に表記した旭川市の地名表示板

立を目指す先住民族エコツーリズムがきわめて重要である。

　北海道では、2005年にシレトコでアイヌ自身がガイドをする「アイヌ・エコツアー」が始まった。これは、シレトコ世界遺産が指定される過程において、先住民族であるアイヌが日本政府からも北海道からも全く無視されたことへの批判にたち、世界遺産管理計画へのアイヌ民族の正当な参画と求めるとともに、エコツアーを通じてのアイヌの文化伝承や、アイヌの若者の雇用創出、世界遺産地域における自然資源利用権などの権利回復を目指すという目的をもっていた（小野2007）。アオテアロア（ニュージーランド）では、先住民族のマオリによって、とくに1990年代からマオリによるエコツアーが盛んになっており、アイヌ・エコツアーはこれを一つのモデルとしている。

　これらの先住民族エコツーリズムが共通して目指しているのは、それまでの「見られるもの、語られるもの」としての先住民族の立場を、「見るもの、語るもの」に逆転させ、自らの文化を自由に発信するとともに、「見つめ合う、語り合う」関係をつくりあげることを通じて、「先住民族が置かれている現状への気づき」を促すことであると言えよう。

　「見られるもの、語られるもの」から「見るもの、語るもの」への逆転は、同時に、中央から地域へ向かう「まなざし」や「資本」のベクトルを逆転させようとする試みでもある。エコツーリズムの定義はさまざまであるが、本論では、地域主体のツーリズムで、利益が可能な限り地域に還元されるとともに、地域の歴史・文化伝承、自然環境の保全を目指す持続的ツーリズム、として扱う。

　このような視点で沖縄における「エコツーリズム」を見ると、シマンチュの視点で組み立てられ、できる限りシマンチュに利益が還元され、地域の歴史・文化伝承、自然環境の保全を目指しているといえるエコツーリズムは、まだきわめて少ないのではないか、と考えざるを得ない。そうした、まだ少ない事例のなかで、恩納村の女性たちを中心につくられてきた「恩納村エコツーリズム研究会」による取り組みがある。

　「恩納村エコツーリズム研究会」は、恩納村の仲西美佐子氏を中心とする環境保

写真3　干潟をガイドする仲西美佐子氏

全運動のネットワークによって2000年につくられた研究会である。仲西氏は、1980年代から水環境の保全をめざす活動を始め、1994年には、自宅に石鹸工房をつくって、廃油からの石鹸づくりを普及させていたが、90年代には、目の前にある干潟を開発から守るため、観察会を開くなどして、その保全運動も始めていた（島袋ほか2007）。このような活動のなかで、恩納村の自然環境を守っていくには、開発でそれを壊すより、壊さないでいることに経済的な価値があることを示すことが効果的であるという考えが生まれた。「エコツーリズム」によって、そのようなことが可能になるのではないか、との思いから、運動のネットワークで結ばれた女性たちを中心に、研究会がつくられたといえよう。

　研究会では、数年間、ボランティアで協力した各地の専門家を呼んで勉強会やモデル・エコツアーを行い、会員が地域をガイドする能力を身につけていった。もとより干潟については、自ら詳しい調査を行って観察会などを開いてきた実績があり（恩納村エコツーリズム研究会2007）、自然ガイドについては、それだけの素地があったし（写真3、4）、文化や歴史については、食文化や、農作業を通じての食材についての深い知識を生かすとともに、恩納村出身の伝説的な女性歌人、ウンナ・ナビィに注目することで、伝統的な女性文化、女性からの視点をもとにしたエコツアーをつくりあげていった。2008年からは、修学旅行生の受け入れなどを始め、現在にいたっている。

　「おばあ」（女性のお年寄り）文化は、琉球文化の一つの特徴であるとはいえ、年齢に関わらず、女性からの視点を中心に据えた「恩納村エコツーリズム研究会」の取り組みは、沖縄に限らず、男性主体で行われている多くの「エコツーリズム」を相対化するうえでも、重要な意味をもっているといえよう。

　地域の歴史と文化を掘り起こし、

写真4　旧富着集落のカー周辺の植生をガイドする仲西美佐子氏

地域に根ざしたエコツーリズムを発展させることで、沖縄やアイヌモシㇼが、本来の力をとりもどすことを期待したい。そのためには、先住民族からの視点をもつことが、いまこそ求められているのではないだろうか。

(注1) ただし「琉球王国」については、その独立性を低く見、「日本のなかの特殊性を帯びた一地方政権国で、なかったか」とする仲松（1993）のような評価もある。

写真5　アダンの葉を使ったガイド・プログラム

(注2) アイヌモシㇼ（Ainumosir）とは、アイヌ語では本来、カムイ（Kamuy：神）モシㇼ（mosir：世界）に対する人間（Ainu）の世界（mosir）を意味する言葉であった。本来、アイヌ語の「ainu」は、「アイヌ民族」ではなく「人間」をさすからである。しかし、日本語では、アイヌは民族名となり、一方、アイヌ語の「mosir」には、大地という意味もあることから、それが、アイヌ民族の暮らす大地、すなわち北海道という意味で使われるようになった。アイヌ語では、北海道のことを本来は「レプンモシㇼ」とか「yaunmosir ヤウンモシㇼ」[海の向こうにある世界（たとえばサハリンや本州）に対して、こちら側の世界、という意味]（中川 1995）と言ったが、現在のアイヌの人々も、アイヌモシㇼを北海道の意味で普通に使っているので、ここでは、それに従う。

(注3) たとえば司馬遼太郎の『オホーツク街道』は、数ある「街道をゆく」シリーズのなかでも名著のひとつと言えるであろうが、このなかで司馬は、「アイヌ文化は古くない、せいぜい鎌倉時代にしか遡らない」と、実に7回も繰り返し述べている。それは、伝統的な考古学の時代区分からいえばまさに正しい言説であるが、それが結果として、「東北の縄文人が北海道へゆき、やがて"続縄文"といわれる文化をつくり、樺太にもわたる。要するに、アイヌとは、異民族でなく、縄文文化の直系の末裔なのである。」（431ページ）という史観を導き出していることに注目すべきである。このような史観をもった司馬が、1997年のアイヌ文化振興法の制定に関わる有識者懇談会の一員であった意味は決して小さくないであろう。

(注4) 天野（2008:67-69）は、7～9世紀の日本側史料に出てくる渡嶋蝦夷（わたりしまエミシ）は、6～8世紀の北大期とよばれる続縄文文化、および擦文文化をになった人間集団であり、それが13世紀以降のアイヌ集団に連なるという見解を述べている。

(注5) ただし、アイヌ民族の分析例はわずか51人であり、ここに示されたDNA組成が、アイヌ民族を代表できているかどうかについてはなお疑問が残る。分析例は、本土日本人（1312人）、シマンチュ（372人）に比べると、1ケタないし2ケタ少ない。これは、当然のことながら、アイヌ民族の遺骨の不当な採掘（盗掘）など、過去の人類学が犯した犯罪的行為の清算がなされていないためである。今後は、アイヌ民族が主体となった、自らのルーツを探るための（もし、それをアイヌ民族が望むなら、のことであるが）研究体制の確立が望ましい。そのためには、まず、人類学者、歴史学者、考古学者が、自らの研究をアイヌ民族と平等に分かち合うための努力が必要である。

(注6) もっとも、崎谷（2008a.b）は、北海道の新石器（縄文）時代、続新石器（続縄文）時代のハプログループM7aは、同じM7aでも、日本系のモチーフである16291を欠き、とくに有珠モシリ遺跡の例はシベリア系のモチーフ16140をもつことから、これらの時代のハプログループ

M7aは、南方からの縄文系ではなく、北方からのシベリア系の可能性が高いとしている。したがってハプログループM7aを、篠田（2007）のようにすべて南方系の指標と考えていいかどうかは、なお今後の検討を有することがらであろう。
(注7) オホーツク人のDNAについては昨年、Sato et al.（2008）によって詳しい分析が行われ、オホーツク人がサハリン北部にすむニヴヒやウリチをきわめて近いDNAをもつこと、また現代のアイヌ民族は、オホーツク人と16%の共通するDNAを有することが明らかにされた（図2のなかのオホーツク人のDNA組成も、このデータに基づいている）。
(注8) 松本（2006）は、アイヌ語系地名という言い方をしているが、それが東北北部にもたらされたのは、3〜4世紀、後北C2・D式土器が北海道南部から東北北部に広がる時期であり、その後、7世紀以降、ヤマト系の人々が東北北部に進出するなかで、残存したのが、現在まで残るアイヌ語系地名であるとしている。
(注9) 2007年に採択された「先住民族の権利に関する国連宣言」の第13条では、「先住民族は、自らの歴史、言語、哲学、表記方法、文学を再活性化し、使用し、発展させ、そして未来の世代に伝達する権利を有し、ならびに独自の共同体名、地名、そして人命を選定しかつ保持する権利を有する。」としている（訳は上村2008による）
(注10) 2009年は、薩摩侵攻の400周年であったことから、沖縄ではさまざまな評価や検討がなされた。大城（2009）は、「薩摩侵攻」がこれまでどのような呼ばれ方をしてきたかを検討、批判し、琉球・沖縄史からの視線にたって、これを「薩摩襲来」、「琉球処分」も「日本屈属」と呼ぶことを提唱している。
(注11) ただし、本当の意味での「日本」が生まれたのは、明治維新後のことであろう。幕藩体制下においては、人々の帰属意識は、徳川家あるいは、各藩にあり、「日本」という国家が意識されたことはほとんどなかったと思われる。黒船の来航に始まる幕末期から、初めて、幕藩体制を超えた「日本」が意識され、明治政府によってそれが「大日本帝国」として具体化されたといえよう。しかし、人々に「日本国民」としての意識は薄く、明治政府は、「日本国民」としての一体感を作りあげるために、「万世一系の天皇」への万歳など、さまざまな演出を行った（牧原2006）。
(注12) 2009年10月30日に文化庁で開催された「文化審議会文化財分科会第三専門調査会の総会での質疑応答をさす。回答は、11名の委員からなる史跡委員会の委員長からなされた。なお、この委員会の委員は、すべて東京、大阪、九州などの現職の大学教授からなっており、沖縄からのメンバーは含まれていない。

文献

天野哲也（2009）『古代の海洋民オホーツク人の世界アイヌ文化をさかのぼる』雄山閣
網野善彦（2000）『日本の歴史00「日本」とは何か』講談社
新城俊昭（2001）『高等学校琉球・沖縄史』東洋企画
上村英明（2008）『市民外交センターブックレット3 アイヌ民族の視点からみた「先住民族の権利に関する国際連合宣言」の解説と利用法』市民外交センター
榎森進（2007）『アイヌ民族の歴史』草風館
大城宜武（2009）日本植民地国家論10「薩摩襲来」と「薩摩屈属」のメタ・ヒストリー『うるまネシア』10号 115-120.
小田静夫（2000）『黒潮圏の考古学』第一書房
恩納村エコツーリズム研究会（2007）『巨大絵地図づくりプロジェクトハンディGPSを活用した恩納村の干潟しらべ』恩納村エコツーリズム研究会
海保嶺夫（2006）『エゾの歴史―北の人びと「日本」』講談社学術文庫
川田順造（2008）『もうひとつの日本への旅―モノとワザの原点を探る』中央公論新社

小林よしのり（2008）ゴーマニズム宣言・国民としてのアイヌ 「わしズム」28 巻 特集日本国民としてのアイヌ 11-50. 小学館
崎谷 満（2008a）『WDNA でたどる日本人 10 万年の旅—多様なヒト・言語・文化はどこか来たのか？』昭和堂
崎谷 満（2008b）『DNA・考古・言語の学際研究が示す新・北海道史 アイヌ民族・アイヌ語の成立史』勉誠出版
斉藤成也（2005）『DNA から見た日本人』ちくま新書
司馬遼太郎（1993）『街道をゆく 38 オホーツク街道』朝日文庫
島袋守成・仲西美佐子・藤井靖彦・名和 純（2004）『ヌパル海岸の生き物』エコビレッジ・マキヨ・屋嘉田
下野敏見（2007）アイヌ・ヤマト・琉球民族の比較 拝み手と火の神をめぐって 吉成直樹編『声とかたちのアイヌ・琉球史 叢書 文化学の越境 15』187-244. 森話社
篠田謙一（2007）『日本人になった祖先たち DNA から解明するその多元的構造』NHK ブックス 日本放送出版協会
新東晃一（2006）『南九州に栄えた沖縄文化上野原遺跡』新泉社
瀬川拓郎（2005）『アイヌ・エコシステムの考古学』北海道出版企画センター
瀬川拓郎（2007）『アイヌの歴史 海と宝のノマド』講談社選書メチエ 講談社
「先住民族サミット」アイヌモシㇼ 2008 実行委員会（編）（2009）『「先住民族サミット」アイヌモシㇼ 2008 報告書』「先住民族サミット」アイヌモシㇼ 2008 実行委員会
高梨 修(2009)土器動態から考える「日本文化の南漸」 高梨 修・阿部美菜子・中本 謙・吉成直樹『沖縄文化はどこから来たか』47-132. 森話社
中川 裕（1995）『アイヌ語辞典千歳方言』草風館
仲松弥秀（1993）『うるまの島の古層』泉社
名護市史編纂委員会（1998）『名護市史』
小野有五（1999）アイヌ語地名の併記を考える ことばと社会 1 78-86. 三元社
小野有五（2006）シレトコ世界自然遺産へのアイヌ民族の参画と研究者の役割—先住民族ガヴァナンスからみた世界遺産— 環境社会学研究 12 41-56. 有斐閣
小野有五（2007）『自然のメッセージを聴く 静かな大地からの伝言』北海道新聞社
小野有五（2008）アイヌ語地名の併記に向けて—アイヌ語地名研究の目的と意義— アイヌ語地名研究 11 号 1-10. 北海道出版企画センター
安田喜憲（1970）『環境考古学事始』NHK ブックス
吉成直樹（2009）グスク時代以前の琉球の在地集団 高梨 修・阿部美菜子・中本 謙・吉成直樹『沖縄文化はどこから来たか』227-308. 森話社
山田秀三（1995）アイヌ語種属考 『山田秀三著作集 アイヌ語地名の研究 1』73-104. 草風館
渡名喜守太（2009）国連「第二会期先住民族専門家機構」琉球・沖縄からの報告 先住民族の 10 年 News 159 号 2-5.
Adachi, N., Shinoda, K., Umetsu, K., and Matsuura, H. (2008) "Mitochondorial DNA analysis of Jomon skeletons from the Funadomari site, Hokkaido, and its implication for the origin of Native American." *American Journal of Physical Anthropology,* 138, pp.255-265.
Hanihara K. (1991) "Dual structure model for the population history of Japanese." *Jpn Rev* 2：pp.1-33.
Sato, T., Amano, T., Ono, H., Ishida, H., Kodera, H., Matsuura, H., Yoneda, M. and Masuda, R. (2007) "Origins and genetic features of the Okhotsk people, revealed by ancient mitochondrial DNA analysis." *Journal of Human Genetics,* 52, pp.618-627.

あとがき

　ピアニストであり作曲家でもある高橋悠治さんの『たたかう音楽』が出版されたのは、1978年のことである。その思考にはついていけない部分もあったが、「音楽」と、「たたかう」という行為が一つになりうるのだという感動は、その後も心の底にずっと残った。

　前衛的な音楽家であり、政治的にも明確に「たたかう」姿勢を貫いてきたギリシャのクセナキスをも批判した「たたかう音楽」という、本の表題にもなったエッセイの最後を、高橋さんは次のような文章で結んでいる。

　「音楽の問題は、音楽の領域で解決のつくものではない。文化だけの問題でもない。社会を、個人を、生活を、思想をつらぬいている深い裂け目は、全体の同時的変革を、そのための集団的想像力の苦行を要求している。それは、分裂の結果、抑圧の底に押しこめられてしまった魂の呼吸だ。その声をきくことができる者は、枯れはてた草原に落ちる明日の火花となるだろう。」

　「音楽」を「地理学」と置き換えてみてほしい。

　同時的変革とか、集団的想像力という言葉は難解だが、個人よりはつねに集団を、声を発することすらできない民衆の力を信じ、優先してきた高橋さんならではの表現であろう。

　私の本の最終章を「イマジン」としたのは、もちろんジョンへのオマージュであるが、ジョンとヨーコの「Imagine」には、個人にとどまらない、民衆ぜんたいへのメッセージがこめられている、と思う。Power to the People！------

　それは高橋さんのいう「集団的想像力」にも通じるものだ。「抑圧の底に押しこめられてしまった魂の呼吸」はスピヴァクのいうサバルタンの魂の息遣いであり、声にならない魂の叫びであろう。スピヴァクの原著が出たのは1988年だから、高橋さんはその10年も前に、それを音楽という空間で語っていたことになる。

　ガンに冒されたなかで一時的に完全復活した忌野清志郎が、2007年12月8日、武道館でのジョン・レノン追悼コンサート「Dream Power ジョン・レノン・スーパー・ライヴ」で歌ったのは、彼自身の訳になる「イマジン」であった。

これほどすばらしい訳に出会ったのは初めてである。あのときの清志郎の舞台は、神がかりとでもいうほどだったが、それは重い病から回復した彼の体と魂からほとばしり出たコトバの力にあったのだと思う。そこには、原詩にはまったくない清志郎独自のフレーズも入っていた。それは、困難な夢を実現しようと声を上げるときも、大上段に構えるのではなく、気楽なスタイル、くそまじめな人から見れば不謹慎といわれるかもしれないような身振りで行動することの大事さを、彼なりの歌い方で訴えていた(注1)。そのように発せられた声が、はじめて世界のだれかとつながりうるのだと思う。自分のすべてをかけた行動、投企(アンガジュマン)を、もっとも弱い人たちと通じ合えるようなやり方でさらりとやってのけること。そうした行為だけが、抑圧され孤立している人たちと結びつく可能性をひらくのだという清志郎のメッセージは、高橋さんともスピヴァクとも通底している。

　アカデミズムだけの地理学に Non ということ、Humanistic geography を超えて、言葉の根源的な意味で humanistic になること。それは、もっとも弱い者、しいたげられた者の側にたって、世界と対峙することである。言葉を発しえないという意味では、サバルタンより生きもののほうがさらに弱者だともいえる。そのような生きものの立場を守ろうとすることもまた、たたかう地理学の役割であろう。

　人文地理学者でない私は、そのディシプリンのなかで展開されてきた動きをきちんとフォローしていてきたわけではない。だがもちろん、Active geography は、同じ active という形容詞を使ってはいても、現実の動きを分析するのが地理学の任務であるとしたピエール・ジョルジュ(1961)の géographie active(竹内 1968)そのものではなく、それを乗り越えようとするものである。既成の地理学への異議申し立て、社会的有効性の回復という意味では、むしろ竹内(1980)が精緻をきわめて分析したラディカル・ジオグラフィー(radical geography)を引き継ぎ、それを発展させようとする地理学ともいえよう。マルクシスム地理学の構築をめざしたイヴ・ラコスト(1976a,b)の主張と一部は重なり合うが、それを別な視点から超えようとするものであり、近年の Activism！(Jordan 2002；毛利 2011)とも重なり合うが、同じではない。

あとがき

　1986年以来、試みてきたのは、環境科学と地理学を結びつけ、本当の意味で「環境地理学」とよぶにふさわしい地理学をつくることであった。環境地理学、"緑の地理学"（Géographie《vert》；Babou 2011）とは、必然的に Active geography にならなければならない、というのが私の主張である。社会の中で、日々、自らとたたかい実践すること、保苅　実（2004）さん的に言えば「地理すること（Doing geography！）」、それが Active Geography のめざすことなのだ。

　なぜ、地球上もっとも活発な変動帯で、緑豊かな海岸をコンクリートで固め、日本人は54基もの巨大な原発のドームを聳え立たせるランドスケープをつくってしまったのか。自然のままに流れる川を無用なダムで堰き止め、ギロチン堤防で締め切った諫早湾（山下 2000）をつくりだしたのか。これらのもっとも日本的な「文化景観」を分析しようともしない文化地理学は意味をもたない。空間にこだわる人文地理学者は、その空間そのものが、今や高い放射線量をもった実体としてフクシマを覆っていることを直視すべきであろう。政治地理学も経済地理学も、都市地理学も農業地理学も、日本の原発をまともには分析してこなかった。それを放置してきた。いま、それをやらないで、いつそれをやるのであろうか。3.11 が、日本列島に香川県の面積に匹敵するアネクメーネをつくりだし、いまだに16万の人々が、住処と故郷を失ってさまよっているにもかかわらず、日本の地理学はそれを見て見ないふりをし続けるのだろうか。

　それが日本の地理学ならば、もう、そんなものはいらない、と Active geographer は考える。必要なのは日本の地理学を脱構築することだ。

　竹内啓一さんの『とぽろうぐ』が出たのは1993年だった。そのなかで竹内さんが批判した日本の地理学の根源的な問題は、この20年間、きわめて限られた人たちの努力を除いては、ないがしろにされてきたのではないか。本書に書いたことは、竹内さんへの私なりの回答でもある。

　2011年の地理学評論7月号では、原発における活断層問題で活躍されている渡辺満久さんと鈴木康弘さんによって、震災や原発事故に対して迅速で有効な対応をしようとしない地理学界への批判がなされた（渡辺・鈴木 2011）。お二人の批判に賛同し、さらにそれを強化するメッセージを書くことを約束しながら、私は忙しさにまぎれて果たすことができなかった。書くことよりも、泊原発の廃炉訴訟を起こすという現実の行動を優先してしまったためである。約束

を忘れたわけではない、ということを示すためにこの本を書いたともいえる。

　2011年3月、北海道大学を定年になるにあたって、25年間そこでやってきたことをまとめようとしたことがこの本の最初の構想だった。しかし、活動のために時間をさくことができず、定年記念講演会では『大学と社会を結んで25年』という小冊子（はじめにⅲを参照）をつくって配布しただけであった。次ページに示す見開きの表は、25年の大学院での教育と研究・活動を、そのとき一覧にしたものである。フィールドワークの多さはもとより、さまざまな活動のために学外に出ることが多かった私に対しては、「いつも大学にいない」という陰口が聞かれることもあった。いえ、きちんと院生も教育し、これだけ博士や修士も出しました、という証拠を示したのが左側のページである。右ページは普通なら研究活動となるが、私の場合はそれだけではない。純粋な自然地理学・地球科学の研究活動である左の2つのコラムを除いて、その他の活動についてまとめたのが本書である。書いてきた論文も、純粋に自然地理・地球科学に関わるものはすべて省いた。氷河地形研究に関する論文は小野（2012）でレヴューしたので、関心のある方は、それを見ていただきたい。

　3.11の大地震と原発事故からの1年間は、無我夢中で生きてきたように思う。3.11以後のことも含めて新たにまとめたいと考え、若いころからお世話になった編集部の関田伸雄さんが2013年3月で定年と伺い、それまでに出版する約束をした。しかし、2012年の夏から、泊原発の廃炉をめざす会で『北海道電力　泊原発の問題は何か』（寿郎社）という本をつくることになり、4ヶ月それに没頭したため、執筆は大幅に遅れた。辛抱強く待ってくださり、また締め切りの迫るなか、大量のテキストを整理してくださった関田さんに厚く御礼申し上げる。学術雑誌やその他の出版物に掲載された論文や論考、写真の再録を許可された日本地理学会、日本環境社会学会、岩波書店、青土社、北海道文学館、琉球大学国際沖縄研究所、古今書院にも感謝する。また図・写真の引用を許可された東大出版会、七つ森書館、（株）環境総合研究所、（旧建設省）関東地方建設局下館工事事務所、北海道開発局帯広開発建設部、朝日新聞社、北海道新聞社、美浜の会、ウトナイ・サンクチュアリの各機関、ならびに石橋克彦、渡辺満久、中田　高、氷見山幸夫、有薗正一郎、小高信彦、篠田謙一、斉藤成也、手塚　章、山本純郎、足立　聡、岡井　健、K. V. Koski の各氏、お

よび対話・パネルディスカッションの再録をお許しいただいた山口昌男、本多勝一、野田知佑、藤門　弘、（故）筑紫哲也の諸氏、個人的メールの再録を快諾された吉岡　斉、入倉孝次郎、安成哲三、白岩孝行、吉川謙二、K.N.の各氏およびあとがきに引用させていただいた高橋悠治さんにも厚く御礼申し上げる。

　原発事故が起きる時のように、運動というものは常に待ったなしに始まる。象牙の塔での基礎医学ではなく、「地球の臨床医学」（小野 1998）をめざす Active geographer は、臨床医のように、急患が出ればとりあえず駆けつけ、できるだけの応急処置をしなければならない。問題が長引けば、なんども現場に通わねばならない。そのような繰り返しのなかで、家族より現場を優先することも少なくなかった。「地球環境は守れても、家庭環境は守れない」と家族から言われたこともある。高橋悠治さんが「たたかう音楽」の別なところで自己批判しているように、なにかに没頭する男は「性差別に口では反対しながら、女の家事労働の犠牲の上で、はじめて専念できることを忘れている」のだ。そのような基本的なことからやりなおせたら、と思う。妻や家族のひとりひとりに、またこれまで運動を支えてくれた多くの人たちに、心からありがとうと言いたい。

　　2013年2月1日

　　　　　　　　　　　　　　　　　　　　　　　　　　　小野有五

（注1）著作権の関係から、忌野清志郎の訳になる「イマジン」の歌詞については表示できない。知りたい方は、下記の DVD に当夜のコンサートが収録されているので、清志郎の伝説的なステージを味わっていただきたい。
　　「ブルーノートブルース　忌野清志郎　Live at Blue Note Tokyo; UMBC-1006

引用文献

Baboux,J.-J.(2011) *La géographie, objet, méthodes, débats.* (2ndedition) Armand Colin.309p.
Georges,P. (1961) Existe-t-il une géographie appliquée ? *Annales de Géographie* LXXe Année no.380,337-346.
保苅　実（2004）『ラディカル・オーラル・ヒストリー：オーストラリア先住民アボリジニの歴史実践』お茶の水書房
Jourdan,T. (2002) *Activism!: Direct Action, Hacktivism, and the the Future of Society.*

教育

年	組織	修士号取得者※	博士号取得者※
		※ いずれも、小野が指導教官・主査を務めた人だけをあげた。	
1986年	環境科学研究科	7月：北大・大学院環境科学研究科環境基礎学講座助教授として赴任	
1987年		12月：同・教授となる。	
1988年			（博士）高橋伸幸
1989年		（修士）白岩孝行、武藤晴達	（博士）曽根敏雄
1990年	環境基礎学講座	（修士）福島路生、吉川謙二、吉田真理夫	
1991年		（修士）石丸 聡、小川大介、小澤昭男、依田明実	（博士）山本憲志郎
1992年		（修士）澤柿教伸、竹中 健、長岡大輔	
1993年	地球環境科学研究科	（修士）下田和孝、後藤忠志、南雲不二男	（博士）白岩孝行、山本 博
1994年		（修士）森 由行、渡辺葉紀	
1995年	地球生態学講座	（修士）北野文明、小高信彦、豊島照雄、谷田貝泰子	
1996年		（修士）柴田敬祥、村上隆広、藤田創造	（博士）吉田真理夫、山田周二
1997年		（修士）卜部浩一、竹内尊久、宮坂 仁	（博士）吉川謙二、南雲不二男、劉 大力
1998年		（修士）佐々木俊法	（博士）小高信彦、竹中 健
1999年		（修士）なし	
2000年		（修士）澤田結基	
2001年		（修士）中西宣敬	
2002年	自然ガイドコース設置	（修士）田中あすか、吉川大輔	
2003年		（修士）岡部佳容	
2004年		（修士：自然ガイドコース1期生）飯村幸代、大滝陽美、鈴木晴江、高橋美緒、野島智司	（博士）澤田結基
2005年		（修士：自然ガイドコース2期生）西原重雄、広瀬彩菜	（博士）池田菜穂
2006年	地球環境科学研究院	（修士：自然ガイドコース3期生・起学専攻移行生）岩舘知寛、室瀬秋宏、半沢千文、長津 恵、須永 優	
2007年		（修士：起学専攻1期生）小笠原聡、佐藤 剛	
2008年	共生システム環境起学専攻創成	（修士：起学専攻2期生）油目将司、江口 徹、田中靖人、許斐慶子	
2009年		（修士：起学専攻3期生）菊本光子	
2010年		（修士：起学専攻4期生）王 姣	
2011年		（修士：起学専攻5期生）古賀友子、出村沙代、田沼大和	

2011年4月〜2012年3月、特任教授として起学専攻・実践環境科学コースを担当。

あとがき　　　385

研究と活動

	I			II					III	IV			
	氷河	雪線	古気候	森と川の保全					市民科学・環境教育・エコツーリズムなど	先住民族の権利回復			

主な項目（上から下へ、左から右へ）：

I 氷河／雪線／古気候
- 寒冷地形談話会北海道支部
- スピッツベルゲン調査
- 国際地球圏・生物圏共同研究計画（IGBP・PAGES）
- 雪線高度復元
- 黄砂ダスト・モンスーンアジアの古気候

II 森と川の保全
- 北海道の森と川を語る会
- 千歳川放水路問題
- 検討委員会
- サンル・ダム問題
- 富川水害訴訟

III 市民科学・環境教育・エコツーリズムなど
- ラムサール釧路会議（NPOラムサール会議）
- 『自然をみつける物語全4巻』
- 北大キャンパス：ハルニレ、ポプラ伐採問題
- 山岳エコツーリズム大会
- 水俣・札幌展
- 高山植物盗掘防止ネットワーク
- 『自然のメッセージを聴く』

IV 先住民族の権利回復
- アイヌ文化振興法成立
- アイヌ語地名併記運動
- 知里幸恵記念館建設運動
- シレトコ世界遺産・アイヌエコツアー
- WAINU
- 先住民族サミットinアイヌモシリ2008
- 先住民族サミットinあいち2010

論文・著作：
I			II					III	IV			
A	B	C	A	B	C	D	E	A〜E	A	B	C	D

研究・活動テーマII〜IVに関連する論文・著作A〜Eは、ほぼ本書に引用されている。

Reaktion Books.
Lacoste, Y. (1976a) *La géographie, ça sert, d'abord, à faire la querre.* Maspero, 190p.
Lacoste, Y. (1976b) Pourquois Hérodote ? Crise de la géographie et géographie de la crise. *Hérodote*, 1, 8-62.
毛利嘉孝（2011）「空間」の政治学にむけて―文化研究・「空間」・アクティヴィスム！―　中俣　均編『空間の文化地理』86-112.　朝倉書店
小野有五（1998）めざせ、「地球の臨床医学！」―地球環境科学のすすめ―　岩波書店編集部編『科学のすすめ』213-236.　岩波ジュニア新書
小野有五（2012）日本における1960-2010年の氷河地形研究～一研究者の回顧と展望～　地学雑誌　121　187-214.
高橋悠治（1978）『たたかう音楽』晶文社
竹内啓一（1968）応用地理学について　一橋論叢　59　1　68-85.
竹内啓一（1980）ラディカル地理学運動と「ラディカル地理学」　人文地理　32　428-451.
竹内啓一（1993）『とぽろうぐ』古今書院
山下弘文（2000）諫早湾干拓は公共事業か　環境社会学研究　6　200-208.
渡辺満久・鈴木康弘（2011）沈黙の地理学界　地理学評論　84　390-393.

人名索引

人名のほか、グループや組織・機関名もあげた。(いくつかの人名を除き、多くはフルネームで記載したが、アレキサンダー・フォン・フンボルトが、文中ではたんにフンボルトと記述されているなど、文中では、苗字または名だけのこともある。)

あ

アーノルド・ハイム (Arnold Heim) 9
アイザック・ビシャラ (Issac Bishara) 325, 327, 331, 353
アイヌ文化振興・研究推進機構 335, 347
青山貞一 275
赤坂憲雄 305, 314
アガスィー (ジャン・ルイ・ロドルフ：Jean Louis Rodolphe Agassiz) 9, 24
秋山紀子 50, 114
浅野敏久 182, 184, 186, 188, 202, 280, 359
阿部 一 61
阿部ユポ 348, 349
天野礼子 117, 118, 126, 144
荒井和子 302
有井琢磨 3
有薗正一郎 94, 96, 299, 382
アレキサンダー・フォン・フンボルト (Alexander von Humboldt) 10―12, 15, 16, 20, 21, 26, 27, 51―63, 65, 66, 68, 94

い

イヴ・ラコスト (Ive Lacoste) 201, 380
イー・フー・トゥアン (Yi-Fu, Tuan) 61
飯田哲也 239
五百沢智也 28, 29
池澤夏樹 302
池田安隆 168, 186
石井ポンペ 329, 352
石田英一郎 317
石橋克彦 154, 156, 167, 186, 188, 239, 279, 280, 282, 382
泉 靖一 12
市川守弘 255, 273, 348
伊藤達也 182―184, 186, 188, 203
伊波普猷 317
今中哲二 272
今西錦司 12, 13, 16, 77

忌野清志郎 379, 380, 383
入倉孝治郎 243

う

ヴィクトリア・タウリ・コープス (Victoria Tauli=Corpuz) 352
宇井 純 186, 197
ヴィルヘルム・フォン・フンボルト (Wilhelm von Humboldt) 52
ウォーレス (アルフレッド・ラッセル：Walace, Alfred, Russel) 21, 22
ヴォルフレン (カレル・ファン：Wolfren, Karel van) 159, 201
宇田川 洋 307, 388
内田和子 50, 110, 151
ウチナンチュ 368, 369
ウトナイ・サンクチュアリ 382
ウハノッカの会 338
梅澤征雄 349
ウンナ・ナビィ 375

え

江田五月 122
枝野官房長官 238, 254
エテケカンパの会 338

お

大岡昇平 314
大木たかし 349
大熊 孝 114, 186
大角留吉 3
大畑孝二 115
大林太良 316
岡本達明 175, 188, 197, 201, 202
岡田博有 186, 279, 286
岡田 弘 264
岡 正雄 323
岡村千秋 317

388

小川早苗 349
小川悠治 349
小川隆吉 298, 349
小野英二郎 19, 27
小野俊一 19
小野アンナ 322
折口信夫 318
恩納村エコツーリズム研究会 374, 375, 377

か

カール・トロール（Carl Troll）62, 11, 62, 63, 64, 65, 66, 67, 68, 72, 74, 78, 94, 264, 341
カール・リッター（Carl Ritter）51
貝澤 正 205
核燃料サイクル機構 153, 155, 157, 166, 187
柏崎刈羽原発 287, 289, 290
カズオ・イシグロ 324
ガストン・バシュラール（Gaston Bachelard）308
活断層研究会 166, 170, 187, 276, 279, 281, 287
加藤幸子 302
金澤一郎 261
金森 修 241, 262
金成マツ 76, 77, 78, 86, 322
可児藤吉 76—78, 86
金子史朗 28
加納オキ 349
鹿野忠雄 29
亀井静香 144
萱野 茂 121, 205
河口慧海 13
川那部浩哉 114
環境省 31, 116, 140, 328, 331, 334—339, 341, 342, 347, 348
環境総合研究所 382

き

菊地儀之助 305, 314
気象学会 244, 245, 268, 275
木内石亭 10, 16
京大原子炉研究所 272
郷土会 27, 317
金田一京助 302, 323

く

釧路アイヌ 342
クセナキス（ヤニス：Xenakis, Iannis）379

工藤正廣 310

け

ゲーテ（ヨハン・ヴォルフガンク：Goethe, Johan Wolfgang）52, 61, 389
ゲスナー（コンラッド：Gesner, Conrad）20, 22
ゲルディ（クリスチャン：Göldi, Christian）38, 80, 81
原子力資料情報室 156, 238, 248, 251, 254, 264, 265
原子力保安院 238, 248, 263, 264, 287, 294

こ

小出裕章 238
河野広道 307
国土交通省 159, 178, 179, 230
国際自然保護連合（IUCN）330, 334, 336—339, 341, 342, 345, 346
国土地理院 68
小島烏水 29, 91—93, 96
小高信彦 382
児玉作左衛門 307
後藤田正晴 137
後藤正志 239
子どもたちを放射能から守る福島ネットワーク 278
小林洋二 279, 284

さ

サイード（エドワード・ワディ：Said, Edward Waldie）173, 358, 359
斉藤武一 256
札幌弁護士会 43, 50, 142, 143, 151
佐野眞一 28, 29
サラ・ストロング（Salah Strong）310

し

椎名 誠 131
ジェームス・ハットン（James Hutton）9
志賀原発 170
司馬遼太郎 376, 378
澁澤敬三 28
島津洋一郎 271
清水 徹 160
清水裕二 349
自民党 100, 162
JICA 帯広国際センター 201
ジャック・バルマ（Jacques Balmat）9

人名索引

少数民族懇話会 338
ジョン・ティンダル（John Tindall）9
ジョン・レノン（John Winston Ono Lennon）9, 16, 322, 331, 379
白岩孝行 236, 246, 383
シレトコ先住民族エコツーリズム研究会 345
新野　宏 244, 268

す

杉谷　隆 187
杉村　新 17, 187
杉山憲一郎 271
鈴木　寛 278
鈴木忠志 320
鈴木康弘 168, 187, 279, 280, 287, 381, 386
スタイン（サー　マルク・オーレル：Sir Marc Aurel Stein）13
ストラボン（Strabon：ストラボ：Strabo）8
スピヴァク（ガヤトリ：Spivak, Gayatri C.）358, 359, 379, 380
スペンサー（ヘルバート：Spencer, Helbert）20, 21, 24

せ

瀬川拓郎 356, 357, 359, 363, 378
関　豊太郎 191
関村直人 252, 238
瀬野徹三 280, 284
「先住民族サミット」アイヌモシリ 2008 実行委員会 360, 373, 378

そ

ソースュール（オラス・ベネディクト・ドゥ：Horace-Bénédict de Saussure）9, 10

た

ダーウィン（チャールズ・ロバート：Charles Robert Darwin）11, 20, 21, 22, 24, 26, 27, 55
高木仁三郎 18, 50, 188, 189, 190, 191, 195, 238, 264
高橋悠治 379, 383, 386
田口洋美 316
竹内啓一 183, 186, 187, 201, 380, 381, 386
太宰　治 310
田中角栄 131
田中俊一 267
ダニエル・ビアード（Daniel, P. Beard）118

多原香里 349
多原良子 349

ち

筑紫哲也 118, 119, 120, 122, 124, 127, 130, 133, 135, 138, 383
千歳川流域治水対策検討委員会 43, 44, 47, 50, 145, 234
チョーレイ（リチャード・ジョン：Chorley, Richard John）14
知里幸恵 296, 298, 299, 300, 302, 303, 304, 305, 316, 324, 331
知里真志保 323

つ

津島佑子 302, 310
辻村伊助 3
辻村太郎 1, 3, 4, 28, 29
坪井洋文 316
鶴見和子 17, 25, 27
鶴見良行 300, 303

て

デイヴィッド・シェパード（David Shepard）336
デーヴィス（ウィリアムス・モリス：Wiliam Morris Davis）14, 15
手塚　章 52
電力中央研究所 155, 166

と

東京新聞編集局 278
東京電力（東電）200, 236, 238, 239, 242, 251, 252, 258, 259, 263, 264, 266, 268, 271, 280, 287, 289
ドゥ・ソースュール⇒ソースュール
ドゥ・マルトンヌ（エマニュエル：Emmanuel de Martonne）16
土宜法竜 25
戸田幹雄 349
渡名喜守太 360, 378
泊原発 164, 169, 236, 271, 274, 276, 279, 280, 281, 284, 285, 287, 290, 291, 292, 293, 294, 295, 381, 382
泊原発の廃炉をめざす会 274, 276, 280, 382
豊島照雄 87, 97, 234
トロール⇒カール・トロール

な

内藤正典 183, 187
中沢新一 313, 348
中島弘二 84, 182, 184, 188, 202, 262, 280, 359
中田　高 279, 280, 287, 382
仲西美佐子 374, 375, 378
中野　繁 85, 86, 88, 95, 96
中村　斎 307
中村一明 279, 284
中村太士 38, 50, 97
中山　茂 278
中山太郎 318

に

新島　襄 19
西川　治 16, 61, 94
西原重雄 349
新渡部稲造 27
日本学術会議 234, 241, 242, 243, 244, 245, 260, 261, 262, 263, 264, 266, 267
日本環境学会 332
日本環境社会学会 382
日本観光文化研究所 28
日本気象学会 244, 268
日本経済新聞 144
日本原子力学会 277, 279
日本原子力研究所 155, 166
日本地震学会 280, 293
日本自然保護協会 85, 113, 114, 115, 188, 234, 235
日本政府 116, 259, 268, 330, 334, 347, 353, 360, 374
日本野鳥の会 115, 151, 187

ぬ

沼田　眞 61, 235

ね

ネフスキー（Nevsky：ニコライ・アレクサンロヴィッチ：Nikolai Aleksandrovich Nevsky）317

の

野田知佑 117, 118, 119, 120, 122, 126, 128, 132, 136, 137, 138, 383

野間三郎 55, 61

は

橋本　亘 6
長谷川興蔵 24, 27
ハックスレー（トマス・ヘンリー：Thomas Henry Huxley）21, 22
ハットン 9, 10, 20, 26 ⇒ジェームス・ハットン
埴原和郎 367
浜岡原発 164, 169, 170, 283
早川孝太郎 317
早川由紀夫 274
林　達夫 10
原田正純 175, 188, 197, 198, 200

ひ

ピエール・ガスカール（Pierre Gascar）53, 61
ピエール・ジョルジュ（Pierre George）380
樋口一葉 303
氷見山幸夫 94, 96, 187, 299, 382, 182, 188
平井幸弘 188
平川一臣 6, 186, 188, 279, 299
平田オリザ 98, 150
広重　徹 278, 279

ふ

プアナニ・バージェス（Puanani Burgess）353, 373
ブーゲー（ピエール、Bouguer, Pierre）8, 10, 54
福島原発 115, 236, 247, 249, 250, 251, 259, 265, 271, 272, 273
福島の子どもたちを守る会・北海道 278
福島路生 32, 36, 49, 76, 96, 97
福留脩文 38
福本昌二 329, 330
藤垣裕子 164, 171—176, 344
藤門　弘 118, 120, 128, 130, 132, 135, 138, 383
藤崎達也 329, 349
藤原健蔵 13
ブラッド・クーム（Brad Coombes）355
プリニー（Plini：ガイウス・セクンドゥス・プリニウス：Plinius, Gaius Secundus）20
フンボルト　⇒アレキサンダー・フォン・フンボルト

へ

ヘイエルダール（トール：Heyerdahl, Thor）16
ヘッケル（エルンスト・ハインリッヒ・フィリップ・アウグスト：Haeckel, Ernst Heinrich Philipp August）21
ヘディン（スヴェン；Hedin, Sven）11, 13
ペンク（アルブレヒト； Penck, Albrecht）14

ほ

ポール・トサ（Paul Tosa）353
保苅　実 357, 359, 381
北電 279, 287, 294, 295
北海道アイヌ協会 352, 353
北海道ウタリ協会 332, 334, 336, 337, 338, 339, 340, 341, 342, 343, 344, 345, 346, 347
北海道開発局 40, 45, 46, 47, 50, 83, 86, 95, 100, 101, 103, 104, 105, 108, 109, 140, 142, 145, 148, 151, 159, 160, 177—180, 181, 203, 204, 205, 207, 208, 211, 212, 217, 218
北海道開発局帯広開発建設部 382
北海道教育委員会 338
北海道自然保護協会 30, 100, 113, 115, 151, 187
北海道大学（北大）32, 33, 36, 97, 101, 110, 134, 192, 218, 234, 235, 260, 264, 331, 349, 382
北海道のエコツーリズムを考える会 329, 331
北海道文学館 303, 304, 305, 382
北海道の森と川を語る会 30, 32, 33, 34, 37, 40, 79, 81, 83, 85, 97, 161, 162, 180, 181, 188
堀　淳一 298, 304
本多勝一 117, 118, 120, 122, 125, 130, 133, 134, 137, 138, 383

ま

マオリ 325, 326, 327, 328, 329, 331, 332, 342, 344, 345, 346, 347, 348, 350, 351, 353, 355, 374
斑目春樹 244
松浦武四郎 372
松江幸雄 2, 29
松前藩 360, 371
間宮林蔵 9
マンメリー（アルバート、フレデリック：Mummery, Albert, Frederik）15

み

水内俊雄 183, 188
南方熊楠 11, 17, 18, 27, 55, 319
美浜の会 382
宮沢賢治 18, 138, 189—193, 195
深山直子 348, 349
宮本常一 28
民主党 139, 160, 162

む

むすびば 270, 271, 278
室蘭開発建設部 227

め

明治政府 360, 371, 372, 377
目崎茂和 99, 184, 188

も

最上徳内 9
茂木清夫 170
文部科学省 186, 240, 241, 244, 245, 269, 277, 278, 279, 349

や

安成哲三 187, 241, 258, 260, 263, 266, 383
柳田国男 27, 316
山口二郎 151, 158, 186, 187, 196, 349
山口昌男 302, 303, 305, 307, 326, 383
山崎直方 4, 28
山田家正 145
山田秀三 314, 378
山野正彦 10, 58, 59, 61
山本光二 193
山本純郎 31, 382

ゆ

結城幸司 329, 350, 351

よ

ヨーコ（Yoko ONO, 小野洋子）322, 379
横路孝弘 80, 134
横山（知里）むつみ 302
吉岡　斉 197, 239, 240, 248, 257, 188, 239, 248, 278, 383
吉川謙二 383, 237, 240, 249
吉田栄夫 13
吉成直樹 368, 370

米村喜男衛 306

ら

ライエル（サー・チャールズ：Sir Charles Lyell）21, 26
ライプニッツ（ゴットフリート・ウイルヘルム：Gottfried Wilhelm Leibniz）20
羅須地人協会 190, 191, 192
ラフカディオ・ハーン（Lafcadio Hearn）315
ラルフ・ネーダー（Ralph Nader）125

り

リービ英雄（Ian Hideo Levy）324
リチー・ホウイット（Richie Howitt）354
リッター⇒カール・リッター
リヒトフォーフェン（フェルディナンド・フライファー・フォン：Ferdinand Freiherr von Richthofen）11
琉球大学国際沖縄研究所 360, 382
リンダ・トゥヒワイ・スミス（Linda Tuhiwai Smith）350, 351

リンネ（カール・フォン：Linné, Carl von）20

る

ルイ・アガスィー 9 ⇒アガスィー

れ

レヴィ・ストロース（クロード：Lévi-Strauss, Claude）7, 308
レオナルド（ダ・ヴィンチ：Leonardo da Vinci）8, 17

ろ

ローズ・カニンガム （Rose Cunnigham）353
ロサリーナ・トゥユック（Rosalina Tuyuc）353

わ

渡辺悌二 74, 75
渡辺満久 168, 187, 279, 280, 287, 293, 381, 382, 386

著者紹介

小野 有五　おの　ゆうご

1948年東京都生まれ。北海道大学名誉教授、（現）北星学園大学教授。東京教育大学理学部卒。同大学院理学研究科地学専攻博士課程修了（理学博士）。筑波大学地球科学系講師を経て北海道大学大学院環境科学研究科助教授、同・環境科学研究院教授。
専門は自然地理学、第四紀学、環境科学。
主著：『地形学事典』（共編 二宮書店）、『北海道の自然史』（共著 北大図書刊行会）、『川とつきあう』『ヒマラヤで考えたこと』『自然をみつける物語』（以上岩波書店）、『市民が止めた―千歳川放水路』（共編 北海道新聞社）『日本の地形：北海道』（共編 東大出版会）、『自然のメッセージを聴く』（北海道新聞社）、『トポフィリア』（共訳 筑摩書房）など；第44回産経児童出版文化賞受賞、第1回沼田眞賞受賞、平成16年度河川功労者。
日本地理学会、日本地形学連合、日本第四紀学会の評議員、日本学術会議地球惑星委員会委員、文化庁天然記念物委員会委員、自然保護協会理事、IGBP（地球圏・生物圏国際研究計画―PAGES（古地球環境変化）常任委員会委員などを務めたほか、現在、泊原発の廃炉をめざす会、東日本大震災支援市民ネットワーク・札幌「むすびば」の共同代表。

本書は、2014年度日本地理学会賞、人文地理学会賞、日本第四紀学会賞を受賞した。

書　名	たたかう 地理学 Active Geography
コード	ISBN978-4-7722-5268-3　C3044
発行日	2013（平成25）年4月11日　初版第1刷発行
	2016（平成28）年4月20日　第2刷発行
著　者	小野有五
	Copyright ©2013　ONO Yugo
発行者	株式会社古今書院　橋本寿資
印刷所	三美印刷株式会社
製本所	三美印刷株式会社
発行所	古今書院
	〒101-0062　東京都千代田区神田駿河台2-10
電　話	03-3291-2757
ＦＡＸ	03-3233-0303
振　替	00100-8-35340
ﾎｰﾑﾍﾟｰｼﾞ	http://www.kokon.co.jp/

検印省略・Printed in Japan

古今書院の関連図書　ご案内

とらわれずに考えよう　地震・火山・岩石破壊

茂木清夫著
地震予知連絡会名誉委員・東京大学名誉教授

A5判　並製　196頁
定価 3150 円
ISBN978-4-7722-5227-0　C3044
2009 年 1 月 20 日刊行

★著名な地震学者が語る発想と着眼の研究史
　注目に値する生き方を著者の研究エピソードからひろう。火山噴火の基本的な考えである茂木モデルが世界で認められ、岩石破壊実験の三軸圧縮実験装置を世界で初めて完成させ、東海地震の可能性を最初に発表して対策問題を提起した著者の着想と着眼は、どのようにして生まれたのか。
　[主な内容] 1 山形の頃　2 大学と社会　3 地震研究所に入る　4 火山の噴火　5 実験地震学のはじまり　6 ソ連のネルセソフ博士との出会い　7 高圧下の岩石破壊実験　8 地震の音をとらえる　9 地震群　10 地震の時空間分布　11 地震災害を軽減するために　12 予知問題　13 活断層　14 想定される東海地震問題　15 地震と原子力発電所

3.11 学　地震と原発そして温暖化

横山裕道著
淑徳大学国際コミュニケーション学部客員教授

2012 年 3 月 11 日刊行
A5判　並製　224 頁
定価 2100 円
ISBN978-4-7722-4153-3　C3040

★3.11 の全体像をつかみ、よく考えるための教科書
　本書は東日本大震災や原発事故からちょうど1年後に刊行された。これからの日本は、東北の復興や自然災害に強い国造り、脱原発後の温暖化防止が大きな課題だ。本書は「3．11」の全体像を1冊に整理してまとめた教科書である。筆者は地震、原発、温暖化を追い続けてきた元毎日新聞科学環境部長の大学教員。
〔主な内容〕1 章・互いに絡み合う地震と原発、温暖化問題　2 章・M9のものすごさと大津波の発生　3 章・2万人近い死者行方不明者と苦難の避難所生活　4 章・がれきの発生や液状化などの被害も　5 章・的確に対応できなかった気象庁と地震学界　6 章・原子炉 3 基がメルトダウンし、レベル 7 の重大事故に　7 章・大量の放射能漏れで起きた原発事故　8 章・長期にわたる放射能との闘いと廃炉作業　9 章・「原子力は安全」と言い続けてきた原子力村　10 章・被災地をどう復旧・復興させるか　11 章・地震・津波災害、自然災害に強い日本に　12 章・脱原発を図り、核燃料サイクル計画も見直す　13 章・原発に頼らず温暖化を防止し、低炭素社会を目指す